丛书主编 王育济 韩英

文化投资学

王广振 主编

图书在版编目（CIP）数据

文化投资学/王广振主编. --福州 ：福建人民出版社，2015.8（2021.8 重印）
高等院校文化产业基础教材/王育济，韩英主编
ISBN 978-7-211-07144-9

Ⅰ.①文… Ⅱ.①王… Ⅲ.①文化—投资学—高等学校—教材 Ⅳ.①G124

中国版本图书馆 CIP 数据核字(2015)第 119437 号

文化投资学

WENHUA TOUZIXUE

主　　编：王广振
责任编辑：江叔维
出版发行：福建人民出版社　　**电　　话**：0591-87533169(发行部)
网　　址：http://www.fjpph.com　　**电子邮箱**：fjpph7211@126.com
地　　址：福州市东水路 76 号　　**邮政编码**：350001
经　　销：福建新华发行（集团）有限责任公司
印　　刷：福州万达印刷有限公司
地　　址：福建省福州市闽侯县荆溪镇徐家村 166－1 号
开　　本：787 毫米×1092 毫米　1/16
印　　张：20.5
字　　数：338 千字
印　　数：7001－10000
版　　次：2015 年 8 月第 1 版　　2021 年 8 月第 3 次印刷
书　　号：ISBN 978-7-211-07144-9
定　　价：41.00 元

序

2004 年 1 月，教育部新设“文化产业管理”本科专业，山东大学历史文化学院成为全国首批承担这一专业的四所院系之一，并于当年实现了本科招生。次年春，山东大学文化产业管理学系成立。

任何一门学科的基础与范式，都只能建立在对研究史的总结之上，这是学科建设的第一块基石。山东大学已故史学名师郑鹤声先生有言：历史系每成立一个教研组，其首要工作必是整理学界相关著述之索引。基于这种办学传统，山东大学文化产业管理学系成立伊始，即会同历史系、档案系、考古系等，着手基础资料库的建设，并渐次启动《中国文化产业学术年鉴 1979—2008 年卷》的编纂工作。《中国文化产业学术年鉴》按学术编年史的框架，通过“年度学术论著选编”“评价集成与结论”“研究总目索引”等形式，对改革开放 30 年来中国文化产业研究的学术历程进行了系统的梳理。《中国文化产业学术年鉴》的编纂工作历时 7 年，出版后获得学术界、文化界的广泛好评，被认为是“涵盖了近 30 年相关领域中最完整的学术信息和最丰富的理论内容，既包括文化产业的概念、定义、逻辑内涵、行业边际、学科特点等学理方面的研究，又包括中国文化产业的历史、现状、行业模式、区域布局、新兴业态、业内典范等方面的宏观理论、政策和案例研究……近 700 万字的各类索引，更是为文化产业的学术理论研究和文化产业发展提供了海量资讯”（《光明日报》2010 年 3 月 31 日）；产业界、政府管理层，甚至央视《新闻联播》等，也对这套历时 7 年而成的学术年鉴给予了特别关注。

与《中国文化产业学术年鉴》相类似，现由福建人民出版社出版的这套“高等院校文化产业基础教材”，也是山东大学文化产业管理学系成立伊始即已启动，历时多年才完成的一套大学本科基础教材。该教材所对应的都是山东大学文化产业管理专业的核心课程，从最初的备课教案、自编讲义开始，经历过 2004 年至 2012 年间的若干轮授课实践和若干轮修改。

同时，这也是目前国内唯一一套由同一所院系的一线授课教师完成的本科基础教材。因而，除了相对严谨、扎实之外，这套教材也非常适合大学本科教学。

作为一套完全由山东大学一线授课教师所完成的教材，自然还会表现出某些“山大特色”，即山东大学师生有关文化产业的某些共识性的理念。

第一，关于“文化产业”自身的发展历程，我们的共识有两点：

1. 认为“文化产品”的历史可以追溯久远，但“产业”意义上的“文化产业”则是现代“工业革命”后形成的一种产业体系。工业革命提供了强大的能源动力，如留声机、照相机、印刷机、播放器、摄影机等可以把一件文化产品按产业的需求海量复制，火车、轮船、飞机又足以把海量文化产品的营销链条无限延展。正是伴随着工业文明体系的建立，才产生了真正产业意义上的现代文化产业。

2. 认为“农业文明”关联的只是“文化产品”，“工业文明”关联的是“现代文化产业”，而数字技术关联的则是“当代文化产业”。数字技术对文化产业的最大影响，就是使文化产品彻底突破了时间与空间的限制，从而创造出巨大的利润，“文化产业”也因此而成为“朝阳产业”“黄金产业”，或“最后一块暴利蛋糕”。但是，这也同时提醒我们，不能笼统地把“文化产业”认定为“朝阳产业”，只有数字技术所催生的“当代文化产业”才是“朝阳产业”。从这一意义上说，以“三屏产品”（电视屏、网络屏、手机屏）为代表的数字文化产业，应该成为当代文化产业发展的主要方向。

第二，关于文化产业的公众认知和理论导向，我们的共识有四点：

1. 认为“文化、创意、财富”是文化产业三个最为本质的表达元素，也是“文化产业”最通俗、最平实的诠释。

2. 认为“文化”经过“创意”而产生“财富”，这之间并不存在“阿里巴巴”式的神话，存在的永远是《资本论》中所描述的从商品到货币的“惊险一跃”。而且，与工业、农业相比，文化产业的市场需求是“弹性”而非“刚性”的，这也就意味着这一产业更大的风险性。因而在宣传文化产业是“黄金产业”“最后一块暴利蛋糕”的同时，更应突出“文化产业的高风险性”这一往往被忽视的观点。

3. 认为文化产业的发展对“文化”始终是一把双刃剑，既有普及、提升文化的功能，又始终包含着强烈的“反文化性”。

4. 高度认同“历史文化资源的丰富是中国文化产业的最大特点和最大

的优势所在”。2002年的中国共产党第十六次全国代表大会，首次在大会报告中提出发展文化产业的战略部署。2003年1月，时任中共中央政治局委员、中国社科院院长的李铁映撰文指出：“中华民族有着五千年悠久的历史和灿烂的文化，其文化累积之丰厚、文化形态之多样和文化哲学之深刻，是世界上其他国家少有的。这是一笔怎么估价也不过分的宝贵的文化资源，是我们得天独厚的优势。对于中国新兴的文化产业来说，启动并整合、包装这些文化资源，就有可能形成具有中国特色的文化产业，并在全球市场的激烈竞争中占有可观的优势。”这些关于中国文化产业优势与特征的科学认识，至今仍然有着强烈的导向意义，当下中国文化产业最现实、最积极的发展策略就是如何将“历史文化资源大国”变为“文化产业强国”。这其中，历史文化资源与数字技术的结合，可能是最值得关注的方向。

第三，关于近30年中国文化产业理论研究的“学理架构”和当下的学科建设，我们的共识有三点：

1. 认为“文化产业”这一概念在近30年的中国出现，并不是对法兰克福学派“文化工业”概念的简单转译，它的生成，可以直接追溯到改革开放之初对知识分子地位的认定：由于当时知识分子已从“臭老九”跃升为工人阶级的一部分，于是各个“知识部门”，如教育、文化部门等，也就与“农业”“工业”一样，成为“一种生产部门，一种产业部门”。正是在这种理论思维的推动下，“第三产业”的概念在1980年前后即为中国学术界所关注。“第三产业”作为一个包含着“知识生产”在内的术语，又直接导致了“文化产业”这一概念的生成。因而早在1981年就出现了“文化的产业化”的说法，出现了“第四产业”与“精神经济学”之间的讨论，至1987年就出现了“文化产业”的概念。尽管当时尚无学者对这一概念进行定义，但是这一概念所具有的“望文生义”的优势十分明显，与中国传统思维的路数亦十分吻合——无需定义和解说，即可粗知内涵。正因如此，“文化产业”这一概念才能超越“第四产业”“精神经济学”，以及后来的“文化工业”“创意产业”“内容产业”“版权产业”等外来概念，被中国学术界和社会普遍接受。“文化产业”这一概念在中国首度出现的时间是1987年，远早于20世纪90年代末才为学界所引介的“文化工业”，因而“文化产业概念的内生性”，是近30年来中国文化产业理论最重要的“学理性起点”。

2. 认为作为国家战略层面上的文化产业发展起始于近十年，但关于文化产业的学术研究则贯彻于近30年。其中重要的节点是：1979年以来经济学界关于“精神产品”和“知识价值”的讨论；20世纪80年代学术界关于“第三产业”“第四产业”“精神经济学”“文化市场”“文化个体户与经纪人”“文化搭台与经济唱戏”“大众消费文化与精英文化”的讨论；20世纪80年代中期“文化产业”概念的首度出现，以及20世纪90年代有关“文化产业”“创意产业”“版权产业”“文化经济学”“文化管理学”的诸多讨论；2000年以来关于“文化事业与文化产业”的讨论，以及党的十六大以后国家战略层面上的文化产业研究；等等。对这些节点进行整合性梳理，可以为当下中国文化产业学科奠定坚实的基石，也是创立有中国气派、中国风格的文化产业理论体系的必由之路。

3. 认为文化产业管理专业作为教育部新设的一个十分年轻的应用型专业，就其人才培养目标而言，可以简单表述为：既要有纵贯古今的文化视野，也要有策划经营的文化理念，以及现代产业意识和经营思路的复合型人才。但就课程的设置和教学的重心而言，文化产业管理专业显然应该与具体的工艺美术设计、图书编辑出版、游戏创意、景区规划，以及演艺产业、广告产业、体育产业、旅游产业等有所区别。所以，在文化产业的教学、科研和学科建设中，应该突出“通识意识”“学问意识”和“经典意识”，要从学术史的梳理中奠定这一应用学科的学理基础；要引导学生关注工业革命以来有关“文化工业”“文化产业”的经典文献，关注近30年来中国学术界在文化与文化产业问题上的深度思考，从而保持大学教育应有的内在思想的活力、反省能力、质疑能力和价值动力。换言之，“文化产业”这一学科所面对的问题可能非常现实、非常政治和非常经济，但大学教育和学科建设仍应该与“现实”“政治”“经济”拉开距离，要努力建立并坚持大学自身的学术话语，并依据大学应有的治学逻辑设计学科建设的路径。

以上理念和观点主要体现在《山东大学关于增设“文化产业管理”本科专业的建议报告》（2003年）、《山东大学关于建立山东省文化产业研究基地的论证报告》（2003年）、《培养文化产业管理专业的合格人才》（2004年）、《文化产业：学术阐释的原则与目的》（2006年）、《加强文化产业的基础理论研究》（2006年）、《文化·创意·财富：三论“文博会”主题词》（2006年）、《论文化、创意、财富三者之间的关系》（2006年）、《关于文化创意产业的几点认识》（2006年）、《也谈文化与文化产业的关系》（2006年）、《1987：中国文化产业的重要节点》（2009年）、《中国文化产业学术年鉴 2003—2008 年卷出版说明》（2009 年）、《中国文化产业学术年鉴 1979—2002 年卷特别说明》（2009 年）、《文化产业学科建设要有四大意识》（北京大学第七届文化产业新年论坛主题发言）（2010 年）、《济南历史文化资源与文化产业》（济南市政策研究室委托课题结项报告；文化部基层文化干部培训班讲义）（2012 年）、《数字技术与当代文化产业》（济南市第三届青年科学家论坛主题发言）（2012 年）等相关文献和著述中。山东大学的各位同仁在教学和研究中对这些方面的问题思考和讨论也较多，所形成的共识也都以这样或那样的方式渗透、沉淀在这套教材的相关章节之中。这也使得这套教材有了一些区别于其他著述的显著特色。

这套“高等院校文化产业基础教材”的出版，得益于福建人民出版社的全力支持和赖炳伟先生的促成，从选题调研、审定编写提纲、编稿到今天的付梓，时间已过去了一年多，这期间，赖炳伟先生以及责任编辑们的工作热忱和辛劳，感动了我们每一位作者。可以说，没有他们的努力，这套教材可能还会以内部讲稿的形式存在若干年。

《中国文化产业学术年鉴 1979—2008 年卷》的编纂和这套教材的出版，大致夯实了山东大学文化产业学科建设的基础，但能否在这一基础上更筑层楼，显然还有待更多的努力。

是为序。

王育济

2012 年 8 月 23 日

目 录

第一章　投资学基础

第一节　投资与融资

一、投资

在经济学意义上，资本是指用于生产的基本生产要素，即资金及厂房、设备、材料等物质资源。凡是能够给人们带来经济价值、产生利润的经济量都是资本，资本包括一切投入再生产过程的有形资本、无形资本、金融资本和人力资本。资本与投资紧密相关。

（一）投资的定义

投资是一个多层次、多方面的经济概念，是推动国家经济增长的基本推动力和重要的经济范畴。

马克思（Karl Heinrich Marx）认为，投资即货币转化为生产资本，是用货币购买生产资料和劳动力以形成固定资本和流动资本的一种经济活动。凯恩斯（John Maynard Keynes）指出，投资就是资本、设备价值的净增加。[①] 美国经济学家赫伯特・E・杜格尔（Herbert E. Dougall）与弗朗西斯・J・科里根（Francis J. Corrigan）合著的《投资学》里对投资有如下阐述："投资是投入现在的资金以便用利息、股息、租金或退休金等形式取得将来的收入，或者使本金增值。""广义的投资是指以获利为目的的资本使用，包括购买股票和债券，也包括运用资金以建筑厂房，购置设备、原材料等从事扩大生产流通事业。"[②] 约翰・伊特韦尔（J. Eatwell）等编著的《新帕尔格雷夫经济学大辞典》（The New PalGrave Dictionary of

①② 转引自朱相平，崔永超编著：《投资学》，2、3页，北京，机械工业出版社，2013。

Economics)[①] 对投资一词做了如下描述："投资，即资本形成的过程，投资者以此获取或创造出用于生产的资源。"[②]

综上所述，投资作为人类进行和组织社会生产和再生产的主要行为之一，一般是指投资主体（资源所有者或使用者）为获得某种预期的不确定回报（收益或效益）将资源（货币或其他形式的资产）转化为资本（实物资本、人力资本或金融资本）并投入经济活动以经营某项事业的行为过程。

（二）投资的要素

根据投资的定义，投资必须具备投资主体、投资客体、投资目的、投资方式和投资收益五大要素。在一项完整的投资活动中，五大要素缺一不可。[③]

1. 投资主体，即投资者。在一项投资活动中，必须有掌握资金或资源、能够进行投资决策的主体，这部分主体就是投资主体。投资主体既可以是自然人也可以是法人，它包括个人、企业、政府等不同层次、不同所有制形式的主体类型，这些不同的投资主体在发展中逐步打破所有制界限，体现了投资主体复合化的特点。

2. 投资客体，即投资的对象或目标。投资客体通常呈现出多样性的特征，既可以是直接投入项目建设的固定资产或流动资金，也可以是股票或债券等其他价值对象。

3. 投资目的，即投资者对于一项投资活动所期待的效果。投资的目的是保证资金的回流并实现增值，这种增值既可以是经济利益也可以是某种良性的社会效益。投资除了追求经济效益以进行资本回收和增值外，也应该追求社会效益。不能带来经济效益的投资缺乏生命力，不能兼顾社会效益的投资也非健康性的投资。

4. 投资方式，即投资主体投入资金时运用的形式与方法。投资方式可

---

① 《新帕尔格雷夫经济学大辞典》是由英国经济学家伊特韦尔约请美国经济学家米尔盖特和纽曼为他的合作者，于 1983 年开始编纂，1986 年编成，1987 年 9 月出版的。这部四卷本的大辞典由世界上 34 个国家的 900 多名知名学者（包括 13 位当时在世的诺贝尔经济学奖获得者中的 12 个）撰写。四卷辞典共收词条 2000 多条，大部分是以专题论文的形式出现，涉及经济学各个领域的重要问题和最新发展，还收录了约 700 位近现代世界著名经济学家的小传。这部大辞典堪称最权威的经济百科全书。

② ［美］保罗·A·撒缪尔森，威廉·D·诺德豪斯著：《经济学（第 12 版）》，182 页，北京，中国发展出版社，1992。

③ 郎荣燊，裘国根主编：《投资学（第 3 版）》，4 页，北京，中国人民大学出版社，2010。

分为直接投资和间接投资两种，直接投资是指把资金直接投入项目形成资产或创造物质基础，间接投资则是通过购置有价证券等非直接方式所进行的投资。

5. 投资收益。投资者进行投资行为的目的在于获取投资收益。收益可大可小，既可以是经济效益也可以是社会效益。随着社会经济的发展以及人们生活水平的提高，项目的投资收益日趋多样化，投资人不再仅仅把收益局限在物质和资金等有形收益上，而是会同时考虑社会效益在整个预期收益之中的比重。

（三）投资的特点

作为一种经济活动，投资与一般物质生产和流通领域的活动不同，投资具有复杂性、周期长、系统性、流动性、风险性、连续性和波动性等特点。

1. 复杂性。投资的复杂性主要表现在投资形式的多样化。不同类型的投资形式构成了一个复杂的投资系统，这其中囊括了社会各行业中出现的资产和资本运行流转的所有方式。从宏观经济的投资结构来看，投资涉及国民经济各个方面的投资活动，包括行政部门和国有企业、土地和劳动力等多种资源分配和调动；从微观经济投资活动来看，投资领域内部的经济关系也很复杂，投资者的投资活动涉及从计划到落实、从财务控制到项目跟进、从内部控制到多单位合作等多个方面。

2. 周期长。投资周期是指资金从投入至全部收回所经历的时间，由建设周期与经营周期两部分组成。以建设工程项目等固定资产投资为例，其周期包括前期工作阶段、设计阶段、施工阶段、总结评价阶段四部分，每一阶段都需要花费较长的时间。其他投资项目为获得最佳收益，往往也具有较长的投资周期。

3. 系统性。系统性是投资目的的必要前提和投资经济发展的客观趋势，也是规模经济的客观要求，主要体现在数量与规模上。数量上的系统性是指投资要素必须达到一定的集聚要求才能进行有效投资，而规模上的系统性则是指投资的前提是各个部门的各类资源形成一个完整的系统。只有保证投资的系统性，才能使资金在投资项目中得到通畅运用，同时也有利于抵御或减少投资的风险。

4. 流动性。投资流动性是指投资在地区之间和国家之间进行的流动和移动。投资所需的一切经济要素都具有流动的可能。投资者的目的就是获取利润，因而当资本过剩时，就会对投资进行输出和转移，为过剩资本寻找新出路。所以，随着投资周期的扩大，资本的流动是必然的。同时，落后地区和国家希望通过引进先进地区的资金和技术来发展经济，从这一立足点上出发可以得知，投资地域和空间的流动性有利于打破国内贸易的地区封锁和国际贸易中的贸易保护，有利于市场经济的良好发展。

图表 1-1：2005—2013 年国际直接投资年度金额（单位：亿美元）

年份	2005	2006	2007	2008	2009	2010	2011	2012	2013
全球总额	9458	13059	18330	17441	11850	12437	16944	13500	14500
发达国家	5903	8575	12476	9651	6028	6019	7480	5610	5660
发展中国家	3143	3791	4997	6580	5106	5736	3840	7030	7780

图表来源：卢进勇，杜奇华，杨立强著：《国际投资学》，17 页，北京，北京大学出版社，2012。

20 世纪 90 年代以来，国际投资的规模不断扩大。联合国贸易与发展会议（UNCTAD）发布的《2014 年世界投资报告》显示，2013 年全球外国直接投资达 1.45 万亿美元，比 2012 年增长 9%。2013 年发展中经济体和转型经济体对外投资高达 5530 亿美元，占全球外国直接投资流出量的 39%。[①] 图表 1-1 反映了 2005—2013 年国际直接投资年度总金额和发达国家及发展中国家利用外资金额变化的情况。

5. 风险性。投资的风险性是指由投资自身的特点引起的投入资金发生亏损而不能回收成本的危险。投资是一项复杂而系统的工程，系统的复杂性使得投资项目与外界有着千丝万缕的联系，这些联系必然会导致投资风险的存在。周期越长，影响项目收益的因素就越多，投资风险就越大。投资风险几乎涉及了所有的经济风险范畴，任何一项风险的出现都会对投资项目产生不利的影响。例如，2008 年席卷全球的金融风暴便是投资的高风险所带来的恶果。

6. 连续性和波动性。投资连续性表现在：投资的实施是一个不可间断的过程，决策立项之后就必须源源不断地对投资项目进行资金或资本的投入，以保证建设施工等活动的正常运转，否则将会给投资者和项目相关受益人带来不可估量的损失。而投资的波动性可从两个方面来阐述。首先，

① 《贸发会议报告说 2013 年全球外国直接投资增长》，新华网，http://news.xinhuanet.com/world/2014-06/25/c_1111298088.htm，2014-6-25。

从投资项目的发展周期看，各个发展阶段所需的投资是不同的，实施期的投资要明显大于其他时期。其次，从宏观经济的运行情况来看，各个年度投资规模增长也各不相同。在国民收入增长率较高的年份，固定资产投资规模将会扩大。因此，可以说国民收入的波动也使得投资呈现出明显的波动特征。图表 1-2 反映了我国 1997 年到 2013 年投资增长率随全社会固定资产投资总额变化而变化的情况。

图表 1-2：全社会固定资产投资总规模及投资贡献率（单位：亿元）

年份	固定资产投资总额	投资增长率	同期 GDP	投资贡献率
1997	24941.1	8.8	78973.0	0.32
1998	28406.2	13.9	84402.3	0.34
1999	29854.7	5.1	89677.1	0.33
2000	32917.7	10.3	99214.6	0.33
2001	37213.5	13.0	109655.2	0.34
2002	43499.9	16.9	120332.7	0.36
2003	55566.6	27.7	135822.8	0.41
2004	70477.4	26.6	159878.3	0.44
2005	88773.6	26.0	183217.5	0.48
2006	109998.2	23.9	211923.5	0.52
2007	137239.0	24.8	249529.9	0.55
2008	172828.40	25.9	314045.43	0.55
2009	224598.77	29.9	340902.81	0.66
2010	251683.77	12.1	401512.80	0.63
2011	311485.13	23.8	473104.05	0.66
2012	374694.74	20.3	519470.10	0.72
2013	447074.36	19.3	568845.21	0.79

数据来源：国家统计局 1997—2013 年数据统计年鉴。

（四）投资的分类

投资分类的目的在于认识不同投资类型的性质和活动特点，以便采取相应的措施对投资活动进行科学有效管理。根据不同的划分标准，可以对投资进行不同的分类。

1. 根据投资的运用和筹集方式不同，可以将投资分为直接投资和间接投资。直接投资是指将资金直接投入投资项目以形成固定资产和流动资产的投资。从国民收入、国民生产总值分析，直接投资扩大了生产经营能力，增加了实物资产存量，为生产产品和提供劳务创造了物质基础，是投资的主要方式。

间接投资是指通过购买股票和债券等有价证券，为获取一定的预期收益所进行的投资。间接投资的突出表现是所有权的转移，投资者无权干预投资的具体运用，能够实现社会资金的集中使用要求。随着社会主义市场经济的发展，间接投资在我国投资中的比重日渐扩大。①

2. 根据投资的方向和过程，可以将投资分为实物投资和金融投资（也可称为产业投资和证券投资）。实物投资是指以社会再生产运动对资金投入的客观要求为前提，投入货币资金或其他生产要素后，形成现实的固定资产或流动资产，使得实物资产增加。金融投资依托于资本市场的投资活动，形成的资产是金融资产，即证券或权证形式的收益凭证；金融投资仅涉及货币与金融资产的交易，并不涉及实际的产业经营，因而它是一种间接投资活动。

实际上，金融投资与实物投资代表着不同的资产形成方式。如果没有金融市场的参与，实物投资是一个独立的过程；但在真实的金融市场现状中，投资活动更多地还是实物投资与金融投资融合的过程。②

3. 按投资资金周转方式的不同，投资可分为固定资产投资和流动资产投资。固定资产是指在社会再生产过程中，可以长时间反复使用，并且在使用过程中基本不改变原有形态的劳动资料和其他资料。固定资产大部分的更新价值补偿是通过提取折旧基金③的方法来实现的。流动资产投资是相对于固定资产投资而言的，是对企业生产经营中所需劳动对象、工资和其他费用等方面的资金进行预先支付。

4. 按投资的地域划分，投资可分为国际投资和国内投资。国际投资亦称对外投资或海外投资，指一个国家向国外进行经营资本的输出。从本质上说，国际投资是为过剩资本找出路，利用国外某些有利条件获取高额利润。但同时，国际投资也会给发展中国家带来先进技术，并促使其提高管理水平。国内投资是指国家、企业单位、个人在本国境内所进行的投资，

---

①② 朱相平，崔永超编著：《投资学》，3、5—6页，北京，机械工业出版社，2013。

③ 折旧基金是根据固定资产的磨损程度，逐年从新产品中提取的一部分价值，是以货币形态反映固定资产的物质损耗。

代表了一个国家经济发展水平的高低和经济实力的强弱。

除以上列举的分类方式外，投资还可以根据投资目的不同分为营利性投资和非营利性投资、根据投资经济用途的不同分为生产性投资和非生产性投资、根据投资风险大小分为一般投资和风险投资、按投资是否纳入国家财政预算划分为预算内投资和预算外投资等。

二、融资

融资是以信用为担保，对资金余缺进行调剂集合的一种经济活动，其基本特征是具有偿还性。本书所研究的融资主要是指资金融入，即从融资者的角度通过各种渠道筹措资金。[①] 了解融资需要结合我国的融资现状，并着眼于融资的定义和方式。

（一）融资的定义

《新帕尔格雷夫经济学大辞典》指出：融资是指为支付超过现金的购货款而采取的货币交易手段，或为取得资产而集资所采取的货币手段。[②]从狭义上讲，融资是一个企业筹集资金的行为与过程。[③] 公司需要根据自身情况以及未来的发展需要，通过科学决策并采用一定的方式，向投资者或债权人筹集所需资金，以保证公司的生产经营需要。公司融资需要遵循一定的原则，通过一定的渠道，利用一定的方式去进行。企业融资的根本目的可以归为三大类：扩张目的、还债目的以及混合目的。

（二）融资的分类

融资的资金来源多种多样，因此融资的分类也是多种多样的。按照融资双方是否互相接触和联系进行划分，可把融资分成直接融资和间接融资；按照融资追索权[④]不同可将其分为项目融资和传统融资；按照资金来源不同可以分为内源融资和外源融资。

1. 直接融资和间接融资。直接融资是指资金（资本）的最终需求者以有价证券（如股票、债券）为载体，通过市场直接向资金最初所有者筹资。间接融资是指资金最终需求者通过银行或其他金融中介机构向资金最

---

① 郎荣燊，裘国根主编：《投资学（第3版）》，57页，北京，中国人民大学出版社，2010。

② 姚世斌，李羽：《高校融资渠道分析》，《哈尔滨学院学报》，2004（04），102—106页。

③ 丁琫：《融资，融资即是一个企业的资金筹集的行为与过程》，中国法律网，http://www.5law.cn/info/a/minshang/gongsi/2012/0221/169788.html，2012-02-21。

④ 追索权，是指持票人在汇票到期未获付款、到期前未获承兑或其他法定原因发生时，在采取保全权利行为之后，能够请求前手或其他票据债务人偿还票据金额以及相关损失的票据权利，是法律为补充付款请求权而设定的第二次请求权。

初所有者筹资。[①]

指一定时期内每月、每季或每年实体经济从金融体系获得的全部资金总额，是全面反映金融与经济关系以及金融对实体经济资金支持的总量指标。这里的金融体系为整体金融的概念，从机构看包括银行、证券、保险等金融机构，从市场看包括信贷市场、债券市场、股票市场、保险市场以及中间业务市场等。

目前我国采用的是“以间接融资为主，直接融资为辅”的原则。随着资本市场的发展，间接融资继续呈现上升趋势，但根据美、日等发达国家经验和我国经济发展的状况来看，也应继续保持以债券、股票、证券融资为主体的直接融资方式的规模。因此，要拓宽两种融资方式的多样化渠道，将间接融资的比重控制在政府可控范围之内，保证政府对金融市场的有力监管。

2. 项目融资和传统融资。广义的项目融资是指为某一项目运营进行的融资活动。这种融资活动主要有三种渠道，即国家主导融资、企业信用融资和社会筹措融资。狭义的项目融资则是指融资的一种特定方式。美国银行家彼得·内维特（Peter K. Nevitt）在《项目融资》中将其定义为“为一个特定经济实体所安排的融资。其贷款人在最初考虑安排贷款时，满足于使用经济实体的现金流量和收益作为偿还贷款的资金来源，并满足于使用该经济实体的资产作为贷款的安全保障”。[②]

与传统融资不同，项目融资是一种无追索权[③]和有限追索权[④]融资方式。即如果将来项目无力偿还债务，债权人只能获得项目本身的收入与资产，但对项目发起方的其他资产无权索偿，[⑤] 其追索程度也只能视具体项

---

① 郎荣燊，裘国根主编：《投资学（第3版）》，57、58页，北京，中国人民大学出版社，2010。

② Peter K. Nevitt，Frank Fabozzi，*Project Financing*（*Sixth Edition*），Euromoney Publications PLC，1995.

③ 追索权（recourse）：在金融活动和票据流通过程中，票据持有人在付款人拒绝付款时，向票据的背书人和出票人索回票款的权利。

④ 有限追索权是国际项目融资的专业术语，即债务人无法偿还银行贷款时，银行只能就项目的现金流量和资产对债务人进行追索。其特点在于主办者的追索权是有限的，也就是说仅以主办人投入到项目中的资产为限，不能要求项目主办者承担项目举债的全部责任，贷款人对项目主办者没有完全的追索权。

⑤ 《中华人民共和国票据法》第62条、第65条规定了用以确权的证明文件类型和有关的法律后果。其中，承兑人或付款人应对其拒绝行为做出说明，出具拒绝证明或退票理由书。如果未能出具，一是表明其行为可能是无理拒绝，二是造成持票人丧失对其前手的追索权，所以理应由承兑人或付款人承担民事责任。

目情况而定。此外，项目融资涉及面广，结构更为复杂，因此消耗的成本也比传统融资高。

3. 内源融资和外源融资。这种融资方式分类主要适用于企业融资。内源融资是指公司利用其自身经营活动所产生的资金或收益回报投资于本身的融资行为，即企业不断将自己的储蓄（主要包括留存盈利、折旧和定额负债）转化为投资的过程。外源融资则是指企业通过一定方式向企业之外的其他经济主体筹集资金。

相比较而言，内源融资对企业的资本形成具有原始性、自主性、低成本和抗风险的特点，是一个企业生存与发展的必备条件，任何企业都不可能脱离内源融资。事实上，在市场经济发达的国家，内源融资是企业首选的融资方式，也是企业资金的重要来源。

（三）融资的方式

随着经济的发展和市场经济体制的逐渐完善，在融资环境中出现了多种多样的融资手段和方式，主要的融资方式分为两类：债务性融资和权益性融资。前者包括银行贷款、发行债券等，后者主要指股票融资。这两种主要的融资方式还能细分为以下几种较常见的融资手段。

1. 银行贷款。银行贷款是文化产业融资的主要渠道。可以分为流动资金贷款、固定资产贷款和专项贷款三类。专项贷款一般具有特定的用途，其利率比较优惠。

2. 股票筹资。股票市场可以激活文化产业，促进企业转换经营模式，真正参与到市场竞争中来。随着我国股票市场的逐渐壮大，文化产业正在融入到这个市场中，为资产重组提供了广阔的舞台。

3. 债券融资。债券与股票一样，属于有价证券，可以自由转让。文化企业通过政府担保和扶持发行债券，可以融得更多资金。目前较适用于国有大型文化企业。

4. 基金组织。基金组织作为融资渠道的一种，其主要融资手段就是假股暗贷。所谓假股暗贷是指投资方以入股的方式参与投资但实际上仍然参与项目管理的融资方式。其优点在于有较为专业的人员对金融融资流程进行监管和控制，保证资金的有效利用；缺点在于操作周期长，甚至需要改变公司或项目已有的股东结构。这种融资手段在国外较为常用，在我国采用这种融资方式的多为中外合资项目。

5. 互联网金融。互联网金融利用互联网的网络平台优势，迅速在文化产业投融资领域发挥了巨大的作用，其中以 P2P（Peer-to-peer）融资方式最为常见。这种方式是指个人与个人间的小额借贷交易，一般需要电子商务专业网络平台帮助借贷双方确立借贷关系并完成相关交易手续。2012年以来，P2P金融在国内初步发展，不过政府层面尚未颁布明确立法，国内小额信贷主要靠“中国小额信贷联盟”① 主持工作。

三、投资与融资的关系

投资与融资是两种互相联系的经济行为，两者的统一点在于其价值影响的统一，即投资和融资的收益与风险并存，且投资的风险大小和收益多少都影响着决策者对于融资渠道、融资规模的选择，而融资方式的不同以及规模的大小也决定着投资者投资金额的多少和利益回收的效率。国家的经济制度和金融市场的发展情况以及银行体制的调整、完善都影响着投、融资两种经济行为的方方面面，决定着两者的发展。

投资与融资在本质上统一于一种经济行为，即为某一项目或某一目标进行资金的筹措与应用。在一个项目中，投资人在进行投资，而企业在进行融资，两者在价值行为上实现了统一。不过投资是提供资金来获得收益，融资是运用各种方式和渠道获取资金以满足项目的运行，两者之间存在着一种供求关系。

理顺投融资关系，有利于推动市场经济的快速发展。在经济全球化时代，人们应增强风险意识，更好地运用市场进行投融资，进一步推动投融资关系的和谐发展。

第二节　投资体制

从整体上来说，投资体制适应经济体制及社会生产力发展的需要，对于实现政府对市场经济的宏观调控与微观协调有着重要的意义；着眼细微之处，投资体制是否恰当对于一个企业未来的发展有着十分重要的影响。总的来说，投资体制对于经济稳步发展有着重要的作用。

一、投资体制

（一）投资体制的含义及组成

投资体制（Investment System）一般是固定资产投资活动运行机制和

① 中国小额信贷联盟（China Association of Microfinance，CAM），原名“中国小额信贷发展促进网络”，是由国内小额信贷机构以及国内外支持小额信贷事业的机构和个人组成的首家全国性小额信贷行业协会。其宗旨为通过为会员机构提供服务和支持，提高小额信贷机构的覆盖面和可持续性以及行业的整体能力和水平，为没有充分享受金融服务的群体（特别是贫困和低收入人口）提供普惠金融服务，促进和谐社会建设。

管理制度的总称，是国家经济体制的重要组成部分。设置投资体制是为了规范投资活动，提高投资效率。在复杂多变的经济环境中，建立符合投资活动内在要求、顺应组织管理方式的投资体制尤为必要。①

投资体制主要包括：投资主体的确立及其行为方式、投资资金的筹措途径、投资利益的划分、投资管理权限的划分、项目决策程序、宏观调控方式和机构设置等。从不同的角度来考察，投资体制有不同的组成：

从系统论角度看，一个完整的投资系统需要由决策、调控、动力和信息四大部分组成，四者之间相辅相成：决策系统完成投资决策，调控系统协调、整理投资项目的各个细节，动力系统为投资项目提供基本的资金、资源支撑，信息系统统筹投资项目的各项信息。

从管理组织看，投资体制由投资主体的决策、投资运行机制和投资领域内各经济体之间的关系组成。投资决策主体是指在投资活动中具有独立决策权的法人，它是筹集与运用投资资金的责任、权利、利益紧密结合的统一体，是投资体制的核心要素，也是投资体制必须首先解决的问题。投资主体的决策也决定着投资运行机制以及领域内各经济体之间的关系。

此外，从管理职能看，投资体制包括投资计划管理体制、投资资金管理体制和投资经营管理体制；从管理对象看，投资体制包括投资基础管理体制、设计体制、施工体制等。

（二）投资体制与经济体制的关系

经济体制是指在一定的社会经济制度下，生产关系的具体形式以及组织、管理和调节国民经济的制度、方式方法等。我国经济体制改革的重要任务在于探索与我国现阶段生产力发展水平相适应的生产关系的具体形式，建立中国特色社会主义市场经济体制，其中包括投资体制。② 投资体制运行于一定的经济体制之下，经济体制决定了投资体制，同时投资体制又对经济体制产生着重大的反作用。

1. 经济体制决定投资体制。投资体制作为经济体制的一个重要组成部分，不可能脱离经济体制单独存在，始终要受到经济体制的影响和制约。③

---

① 朱相平，崔永超编著：《投资学》，33页，北京，机械工业出版社，2013。

② 董建中：《构建社会主义市场经济体制探析》，《特区实践与理论》，2013（02），21—26页。

③ 周新城：《建立社会主义市场经济体制是中国共产党的伟大创举》，《学习论坛》，2012（07），28—33页。

因此，投资体制要与整个社会的经济体制相适应，经济体制也要有能够与其相适应的投资体制，这样才能促进社会经济的持续健康发展。

2. 投资体制对经济体制具有反作用。投资体制作为经济体制的中心环节，对经济体制具有重大影响。一方面，投资作为推动经济增长的重要因素，在生产力发展中的地位显而易见。投资结构决定着产业结构和经济结构，投资的技术水平决定着生产的技术水平。不同经济状况和技术水平的国家，在投资结构方面有着明显的层次性差异，这种差异也决定着其经济结构的差异，进而体现在经济体制的差异化选择上。另一方面，投资作为整个经济活动的中心，直接影响政府、社会、企业等多个领域之间的经济关系和权责分配，涉及各个部门的管理职能划分和收益回报调配。投资体制适应经济体制及生产力发展水平的要求，对于“实现宏观经济的有效控制和管理，搞活企业，促进经济协调稳定发展都有重大影响”①。

二、我国投资体制改革

改革开放以来，国家对原有的投资体制进行了一系列改革，打破了传统计划经济体制下高度集中的投资管理模式，初步形成了投资主体多元化、资金来源多渠道、投资方式多样化、项目建设市场化的新格局。

（一）我国投资体制改革之路

1979 年初，全国基本建设工作会议提出“拨改贷”② 试点决定，揭开了投资体制改革的序幕。至今，我国的投资体制出现了四次主要转折点。

1. 第一阶段以 1984 年国务院发布《关于改革建筑业和基本建设管理体制的若干问题的暂行规定》为标志。这一阶段的重点工作是缩小计划性指令，主要针对项目建设实施阶段的管理体制。具体改革措施如下：(1) 适当缩小指令性计划的范围；(2) 下放项目审批权限；(3) 实行承包责任制；(4) 实行“拨改贷”。

2. 第二阶段以 1988 年国务院发布《关于投资体制近期改革》为标志。这一阶段的改革重点在于政府投资和经营方式的转变。改革的主要内容包

---

① 朱相平，崔永超编著：《投资学》，35 页，北京，机械工业出版社，2013。

② “拨改贷”即国家对基本建设投资拨款改为贷款的简称，就是原来实行的列入国家预算由国家直接无偿拨款的基本建设投资，除无偿还能力的项目外，改为由中国人民建设银行（现中国建设银行）贷款解决。

括：(1) 对重大的长期建设投资实行分层次管理；(2) 扩大企业的投资决策权；(3) 成立国家专业投资公司；(4) 强化投资主体自我约束机制，改善宏观调控体系；(5) 实行招标、投标制，充分发挥市场机制和竞争机制的作用。这一时期的改革措施涉及了一些传统投资体制的关键问题，但由于操作力度不够，最终未能圆满实施。①

3. 第三阶段以1992年初邓小平南方谈话为标志。南方谈话以后，经济体制市场化改革的步伐明显加快，以市场为取向的投资指导思想更加明确。这一阶段改革的主要内容包括：(1) 明确了投资体制改革的市场方向，明确提出我国投资体制改革目标，即"在国家宏观调控下发挥市场在资源配置上的基础性作用"；(2) 实行政策性金融和商业性金融的分离，组建国家开发银行；(3) 改革的重点是逐步建立法人投资和银行信贷的风险责任机制；(4) 投融资体制改革的初步到位与运行。这一阶段是适应市场需求、符合中国国情的新型投融资体制的形成阶段。原有投融资领域中存在的问题逐渐暴露，进一步为改革明确了目标和对象。②

4. 第四阶段以2004年7月国务院发布的《国务院关于投资体制改革的决定》为标志。《国务院关于投资体制改革的决定》明确了投资体制改革的指导思想、总体目标和主要措施。

改革开放以来，中国的投融资体制发生了很大的变化，主要表现在投资主体、投资方式和投资计划管理手段的多样化。不过，现行的投资体制依然存在着一些问题，政府的资源调配作用尚存在完善空间，投资宏观调控和监管的有效性需要进一步增强。③

(二) 我国投资体制现状

经过长时间的改革，我国投资体制已初具规模，逐渐走向成熟。但面对日新月异的社会环境，体制中仍然存在着一些弊端需要进一步改善。

1. 我国投资体制的特征

(1) 混合性。主要体现在以下三个方面：①私人投资的市场型投资制度；②公共产品投资的非市场型投资制度；③数量众多的国有企业投资的

---

①② 郎荣燊，裘国根主编：《投资学（第3版）》，31页，北京，中国人民大学出版社，2010。

③ 郑北雁：《完善我国投资体制改革的思考》，《辽宁税务高等专科学校学报》，2007(05)，46—49页。

行政市场混合型制度。[①]

(2) 不对称性。从投资激励和约束的对称性角度看，我国投资体制改革的最大问题在于各投资主体仅有投资激励却没有投资约束，这就使得投资过程出现了权责不对称问题。

(3) 风险性。目前，我国投资收益风险具有非完全市场化的特征。就国有投资而言，投资主体在很大程度上可以获得较大的收益，但由于缺乏约束机制，容易导致风险难以内化。

(4) 政府主导。与西方国家的金融体系不同，我国的金融体系相当程度上具有一定的国家垄断特征，政府在投资体制中处于主导地位。

(5) 差异性。在我国，虽然民间投资在投资格局中占据着一定的比重，但政府和国有企业仍是最重要的投资主体。投资主体结构和投资主体行为之间存在着较大的差异。[②]

2. 我国投资体制存在的问题

(1) 投资主体权责不明确，各机制之间存在矛盾。虽然投资权限已经层层下放，投资主体多元化的格局逐渐形成，但在地方政府决策权得到强化的同时，却没有建立起有效监督机制。企业尤其是国有企业依然依赖政府保护，存在利益与风险不对等的问题，缺乏对风险的正确认知和自我规避的运行机制。例如在银行贷款方面，银行对项目的评价体制缺乏公正的评估与约束。各个层次的投资主体权责不明，造成了我国投资领域的宏观失控。[③]

(2) 宏观调控与灵活经营之间存在矛盾。目前，真正以经济手段为主进行间接调控的宏观调控体系还没有完全建立起来。国家运用税收手段进行间接调控的力度仍然比较薄弱，以国家产业政策为主体的政策体系不够健全，对不同行业投资项目的经济规模标准也缺乏政策约束，投资活动的信息反馈不灵。[④]

(3) 法制不健全，缺乏规范化运行机制。投资活动中有法不依、无法可依的现象比较突出，给投资活动带来许多不利影响。具体表现在：①投资者权责不清；②资源宏观调控缺乏法律权威依据，不利于资源的有效配

---

① 郎荣燊，裘国根主编：《投资学（第3版）》，28页，北京，中国人民大学出版社，2010。

② 林毅夫，李志赟：《中国的国有企业与金融体制改革》，《经济学（季刊）》，2005(03)，913—936页。

③④ 朱相平，崔永超主编：《投资学》，48页，北京，机械工业出版社，2013。

置；③政府投资行为难以规范，无法从根本上解决政府在投资机制中出现的不规范行为，不利于市场体系的培育和发展，影响市场竞争规则的确立。

除了投资体制自身所存在的深层次矛盾，价格体系、要素市场发育不完善等外部环境因素也影响着投资体制的改革和完善。

三、中外投资体制比较

西方国家的投资体制是建立在市场配置资源的经济体制之上的，立足于较为成熟的资本主义市场经济体制，其投资体制的推进是系统、根本的制度变迁。而我国由于国情的特殊性，投资体制只能是循序渐进且由政府主导的局部、非根本性变迁。①

（一）运行对比

图表 1-3：中外投资体制运行机理对比

市场经济国家	中国
市场投资机制为主、政府调控为辅	市场型、非市场型与行政型混合
直接融资和间接融资体系发达	投资体制缺乏规范
收益风险内化于投资者	收益风险非完全市场化
民间投资为主	政府控制为主

第一，在投资制度安排上，市场经济国家以市场投资决定机制为主、政府调控为辅，但不同的国家对于政府角色的划分也不尽相同。日本比较强调政府的干预，美国用政府进行有限的间接调节，韩国则在现代化过程中选择了“政府指导型”的经济增长政策。相比较而言，我国投资制度安排带有明显的行政市场混合型和非市场型色彩。②

第二，西方发达国家为投资体系服务的融资制度中，直接融资和间接融资体系高度发达。而我国的投融资方式缺乏激励和约束机制，过程双方权责不明。

第三，市场经济国家的收益风险能够完全内化于投资者本身，各个投资主体的财产权是独立的，投资者也要对投资可能带来的风险承担完全责任。而就我国国有投资而言，由于缺乏约束责任的机制，风险无法得到合理有效的内化分散。

①② 郎荣燊，裘国根主编：《投资学（第 3 版）》，26 页，北京，中国人民大学出版社，2010。

第四，西方市场经济国家的投资活动以民间投资为主，以政府为投资主体的份额在全社会中一般只占20%—40%。在我国，虽然民间投资已经有了一席之地，但政府和国企仍然是最为重要的投资主体。

（二）经济基础对比

就经济基础而言，中外投资体制差异主要体现在经济制度、经济发展阶段、金融环境与资本市场、基础设施建设和技术条件上。

1. 经济制度。我国长期实行以生产资料公有制为基础的基本经济制度，在向市场经济转型的过程中，投资活动还是会带上一定程度的计划经济特征。而发达国家则长期实行以生产资料私有制为基础和以市场经济为主导的经济制度，其投资活动主要依靠市场机制本身进行运作。

2. 经济发展阶段。英国经济学家克拉克（C. G. Clark）[①] 依据国民收入在各产业部门的分布及变化趋势将经济发展分为三个阶段——低开发社会阶段、工业化阶段和服务业阶段。西方发达国家普遍已经进入了第三阶段，相比之下，我国还处在第二阶段且投资活动存在严重的地区不均衡。

3. 金融环境与资本市场。与西方国家发达的市场经济与完善的金融体系相比，我国的金融体制不仅不够完善而且仍然缺乏稳定性和灵活性，因此我国金融的稳定主要依靠政府的行政干预。此外，我国金融体制还缺乏有效控制，市场化程度不高，运行机制缺乏活力。

4. 基础设施建设。在发达国家，政府十分重视基础设施建设，并且这些投资大多已经通过成本回收期，进入了盈利期，因此可以被有效地利用以降低投资成本。而我国政府还处在基础设施建设的投资阶段，难以满足经济发展和转型的需要，且重工业基础设施项目投资成本高，收益回报慢。

5. 技术条件。中西在科技投入的比例、人均教育水平等方面形成的历史和现实的差距，使得二者在科技创新以及劳动者素质上有着明显的差别，这些差别会直接导致投资竞争力大小发生变化。在发达国家，劳动密

---

① 克拉克·科林·格兰特（Clark Colin Grant）：英国经济学家，提出“配第—克拉克定理”和克拉克大分类法。在产业结构理论中，“配第—克拉克定理”表述为：随着经济的发展和人均国民收入水平的提高，第一产业国民收入和劳动力的相对比重逐渐下降，第二产业国民收入和劳动力的相对比重上升，第三产业国民收入和劳动力的相对比重也开始上升。

集型产业已经成为“夕阳产业”，很多政府以及民间机构都热衷于R&D[①]的投资。在中国的R&D投入中，政府投入过半，而在美、日等国家，工业界投入均超过半数。

（三）宏观经济管理对比

西方发达国家投资运行中的宏观经济管理基本上采取了以间接调控为主、直接调控与间接调控相结合的方式，这是由于在这些国家中政府与市场的投资边界比较清晰。而在我国，由于尚未形成成熟的市场经济体制，投资调控方式的行政性、调控范围和方式的相对单一性、投资系统的信息不对称性等成为我国政府宏观经济管理方式的特点。

第三节　投资结构

投资结构会对整个国民经济的发展和投资经济效益产生多方面的影响。一个国家经济发展的速度和水平，不仅取决于投资总量，而且还取决于投资结构的转变模式、转变速度以及投资结构中各个组成要素之间的协调程度。所以，要研究投资，就必须了解国家的投资结构。[②]

一、投资结构

投资结构是指一定时期内投资总量中所含各类投资的构成及其数量比例关系，是经济结构的重要组成部分。投资结构作为经济结构的一个重要方面，是决定和影响国民经济发展状况与态势的基本因素。研究投资结构的任务，是揭示在一定的生产关系下由生产力发展状况决定的投资结构的变化规律及其调节机制，以建立和维持合理的投资结构。[③]

（一）投资结构分类

投资结构是一个多层次的有机联系的系统，可以从不同角度和不同层次进行分类。

---

① R&D（research and development）：指在科学技术领域，为增加知识总量（包括人类文化和社会知识的总量）以及运用这些知识去创造新的应用而进行的系统的创造性的活动，包括基础研究、应用研究、试验发展三类活动。国际上通常采用R&D活动的规模和强度指标反映一国的科技实力和核心竞争力。

② 朱相平，崔永超编著：《投资学》，73页，北京，机械工业出版社，2013。

③ 王玉玲，刘成良，刘政道：《论后经济危机背景下中国经济结构的优化》，《中国特色社会主义研究》，2010（01），53—57页。

1. 投资分配结构，主要反映投资资金在投资总体各构成要素之间的分配比例关系。因为总体的构成要素复杂多样，所以投资分配结构也有多种表现形式：投资产业结构是指投资资金在三次产业中的分配比例关系；投资部门结构是指投资资金在各部门之间的分配比例关系；投资地区结构是指投资资金在各地区之间的分配比例关系；投资主体结构是指投资在不同投资行为主体之间进行分配后形成的数量比例关系，一般指国家投资、企业投资和个人投资的比例关系；投资再生产结构是指投资资金在更新改造和基本建设之间的分配比例关系；等等。

2. 投资产业结构，是指不同投资主体在不同产业或不同部门中投资的构成和比例关系，包括：第一、二、三产业之间及每一产业内部的比例关系，竞争性产业与非竞争性产业的比例关系，支柱产业与一般产业的比例关系，等等。

3. 投资来源结构，反映不同来源渠道投资资金的相互关系及其数量比例。从国民经济资金运行的角度看，投资来源结构主要表现为国家预算内资金、银行信贷资金、各部门各地区各企事业单位及个人的自筹资金、社会集团资金、国外资金等的数量比例关系。①

4. 投资时期结构，是指不同时期投资资金之间的数量比例关系。投资来源结构和投资主体结构是从横向角度来考察投资结构的，而投资时期结构则主要从纵向角度来考察。投资时期结构还可以从资金投入和提供的固定资产价值两个方面来分析。②

（二）投资结构选择

如何在社会主义市场经济体制下进一步合理化投资结构，是投资领域面临的重要问题。因此，有必要在分析投资结构的基础上，对投资结构的选择进行研究。

1. 投资结构的决定因素。投资结构作为社会再生产过程中的资源配置方式，其决定因素有以下几点：

（1）自然条件。第一，气候条件在很大程度上决定着农业在投资结构中的基础性作用；第二，地理位置对投资结构产生着巨大的影响，优越的地理位置对投资活动起到促进和沟通的作用；第三，再生或不可再生资源

---

① 王双正：《“十一五”投资资金来源结构与“十二五”变动趋势》，《经济研究参考》，2012（46），54—84页。

② 郎荣燊，裘国根主编：《投资学（第3版）》，40页，北京，中国人民大学出版社，2010。

也决定着地区投资结构的选择，这一点在工业化社会表现得尤为明显。

(2) 经济发展水平。20 世纪 40 年代以来，经济学家克拉克（C. G. Clark）、罗斯托（Walt Whitman Rostow）、钱纳里（H. Chenery）一直致力于研究经济发展水平与经济结构、产业结构之间的关系并发现其中存在着高度密切的关联。钱纳里研究了人均 GNP① 水平同产业结构以及劳动力分布结构的关系，得出了“当人均 GNP 处于较低水平时，初级产业的比重就较高；当人均 GNP 超过 1000 美元时，产业就有一个明显的升级”② 的结论。详见图表 1-4。

图表 1-4：不同发展阶段的产业结构（产业总比重为 1）

人均 GNP（美元）	100 以下	100	200	300	400	500	800	1000	1000 以上
初级产业	0.522	0.452	0.327	0.266	0.228	0.202	0.156	0.138	0.127
工业	0.125	0.149	0.215	0.251	0.276	0.294	0.331	0.347	0.379
公共产业	0.053	0.061	0.072	0.079	0.085	0.089	0.098	0.102	0.109
服务业	0.300	0.338	0.385	0.403	0.411	0.415	0.416	0.413	0.386

数据来源：[美] 霍利斯·钱纳里、莫尔塞斯·塞尔昆著，李小青等译：《发展的格局：1950—1970》，22—23 页，北京，中国财政经济出版社，1989。

(3) 技术创新。技术创新对于投资结构的影响，随着现代科技的迅猛发展表现越来越明显。技术的革新引起了劳动工具和劳动对象的革命，同时也改变了人们的生活方式，引起了消费对象和消费观念的转变，加速了新型部门的兴起。

(4) 组织要素。组织要素能够影响政府对投资秩序的监督和管理、项目规模和资金水平、投资主体行为等。国家投资结构中组织政策因素的作用是巨大的。如果投资主体的投资方向选择是短期的局部的，那将会导致大量投资偏移向效率快、周期短、收益高的部门。

除了以上几点因素外，某些外部因素如国际贸易环境与贸易开放程度、经济发展战略和实施方式等也会对投资结构的选择产生影响。

2. 投资结构合理化的标准

投资结构事实上代表着资源配置的格局，投资结构合理化也就意味着

---

① 国民生产总值（Gross National Product，简称 GNP）是最重要的宏观经济指标，指一个国家（地区）所有常驻机构单位在一定时期（年或季）内收入初次分配的最终成果，是一国所拥有的生产要素所生产的最终产品价值。

② 朱相平，崔永超主编：《投资学》，74 页，北京，机械工业出版社，2013。

资源的优质分配。[1] 进行投资结构选择首先必须明确投资结构合理化的标准。

(1) 投资结构要与生产消费结构相适应。只有两者相适应才能够满足人们日益增长的物质文化生活需要，所以投资结构要处理好生产资料生产和消费资料生产之间的关系。

(2) 投资结构要与经济资源结构相适应。一方面，投资在建设过程中要消耗一定的资源；另一方面，项目在建成后依然需要资源的不断投入才能维持运作和使用。归根到底，投资资源和生产资源会制约着投资结构，所以投资结构必须与经济资源结构相适应。[2]

(3) 投资结构内部各要素要有良好的相互协调和自我调节能力。投资结构是一个复杂的有机联系的整体，投资结构诸要素之间相互联系、相互制约。合理的投资结构要有良好的自我调节能力，从不平衡中求得平衡。[3]

(4) 投资结构必须遵循效益最优原则。调整投资结构的根本目的是获得持续或短期的最优效益，因此，在判断投资结构是否合理时需要注意其效益回报情况。

(5) 投资结构必须使投资主体的产出最大化。产出最大化的内涵包括两个：第一，当期产出和消费最大化的资本周转率[4]标准；第二，将来产出和消费最大化的 MRIS 标准（可供投资的剩余产品率最大化标准）。根据哈罗德—多马的经济增长模型（Harrod-Domar model）[5]，投资应该倾向于资本周转率高的部门和产业。而 MRIS 标准则强调未来的实际产出和消费，因此认为投资应该倾向于可能产生高再投资率的部门和项目。

需要注意的是，投资结构合理化是一个动态的含义，其具体标准也是发展变化的。因此既要把投资结构合理化看成一个连续不断的运动过程，

---

① 王双正：《我国投资结构调整优化研究述评》，《经济研究参考》，2013（16），12—24、30 页。

② 徐建明：《保障性住房建设模式及法律风险防范》，《法制与社会》，2012（21），214—221、227 页。

③ 郎荣燊，裘国根主编：《投资学（第 3 版）》，49 页，北京，中国人民大学出版社，2010。

④ 资本周转率又称净值周转率，表示为可变现的流动资产与长期负债的比例，反映公司清偿长期债务的能力。

⑤ R. 哈罗德和 E. 多马分别提出的基于凯恩斯理论的发展经济学中著名的经济增长模型。这一模型出现于 1929—1931 年大危机之后，认为“经济增长是不稳定的”。

也要注意其发展的阶段性特点。①

（三）投资结构的意义

控制投资规模、调整投资结构、提高投资效益是投资领域治理整顿的三大目标。其中，提高投资效益是三大目标的核心，也是控制投资规模和调整投资结构的目的所在。而投资结构则是资源配置状况的重要反映，同时也是控制投资规模、提高投资效益的关键。

1. 投资结构对投资规模的影响。投资规模与投资结构是两个相互联系、相互制约的范畴。一方面，投资规模决定投资结构；另一方面，投资结构对投资规模是否适度合理也具有重要影响。② 从投资规模看，银行贷款和企业自筹投资一般是难以控制的，而国家预算内投资控制则相对容易些。因此，当投资来源结构中银行贷款和企业自筹的比例增大时，投资规模的合理确定和调控就难以实现。从需求的角度看，投资结构需要资本与劳动力、物质资料等生产要素的投入和组合，这就加大了投资规模。③ 从供给的角度看，投资结构合理化，就意味着在投资总量一定的条件下，可以用更多的投资发展瓶颈和基础产业，提高资金的合理利用率，从而有利于抑制投资规模的不良膨胀。④

2. 投资结构对投资效益的影响。投资结构在很大程度上影响着投资效益。同样的投资规模可能会因为投资结构的不同而获得不同的投资效益。目前，我国经济建设中存在投资结构长期失衡的状况，这在一定程度上导致经济结构畸形发展，严重影响了投资效益。对当下的中国来说，合理调整投资结构使得投资项目能够获得更优更多的效益比单方面的扩大投资规模要重要得多。⑤

3. 投资结构对消费结构的影响。投资结构优化是消费结构合理化的重要手段。消费结构影响着投资结构的方向和数量，而投资结构本身也决定着消费的内容和比例。具体来说，投资结构对消费结构不仅仅是简单适应，更重要的是要在正确的方向下引导消费结构的形成和发展；而这些调

---

① 朱相平，崔永超编著：《投资学》，84 页，北京，机械工业出版社，2013。

② 刘春梅：《中国产业投资优化研究》，博士学位论文，哈尔滨工程大学，2004。

③ 陈文通：《改革和发展都离不开马克思主义基本理论》，《中国延安干部学院学报》，2013（02），5—32、82 页。

④ 朱相平，崔永超编著：《投资学》，82 页，北京，机械工业出版社，2013。

⑤ 冯玉成：《调整投资和消费与扩大内需的研究》，《中国商贸》，2013（31），164—166 页。

整则会进一步引起生产结构的变化，进而影响消费品构成以及消费观念的变化。所以，投资结构的调整可以带动消费结构的变化，可以利用这一点使消费结构更加适应市场的需要。①

4. 投资结构对经济结构的影响。投资结构是促进经济结构演进的巨大动力。投资结构的变化对经济结构的调整有着重要的影响，例如在产业结构和部门结构的设置与调整等方面。② 合理的投资结构影响着国民经济的健康可持续发展，而优化投资结构则是实现产业结构优化的重要途径。投资结构的调整和优化能够帮助我国更好更快地进行经济转型，实现整个经济增长方式由粗放型向集约型转变。

二、投资结构与经济结构

经济结构（Economic Structure）指国民经济的组成和构造，其内涵包括：国民经济的组成要素以及这些要素的性质和特点；国民经济诸要素的相互依赖关系和相互联系的方式，包括比例关系；国民经济诸要素的相互作用；国民经济诸要素及其相互关系的发展变化。投资结构与经济结构中的诸多方面有着至关密切的联系。

（一）投资结构与所有制结构

所有制结构是指国民经济中各种经济成分的比例关系，即各种经济成分在国民经济中的地位及相互关系。改革开放以来，我国逐步改变了原来的单一所有制结构，实行以全民所有制为主导、集体所有制为重要组成部分、个体经济和其他经济成分为补充的多种经济形式并存的所有制结构。

投资结构对所有制结构的影响，从长期发展的角度看体现在生产力提高的过程之中，从中短期角度看则体现在各种经济成分的投资比重差异会对下一时期不同经济成分在国民经济中所占的比重产生影响。③ 因此，要建立多种经济成分并存的所有制结构，必须实行相应的投资分配结构，实行以全民所有制单位投资为主导、集体经济投资为重要组成部分、个体经

① 刘刊，范德成，王宏宇：《我国经济系统的结构因素与经济增长的结构依赖》，《经济理论与经济管理》，2012（08），39—46页。

② 李方正：《我国经济结构调整与经济增长的实证研究》，《财经理论研究》，2014（01），1—9页。

③ 马丽娜：《试析我国制度创新中的经济结构演进》，《政法论坛》，2003（01），157—163页。

济和其他经济投资为补充的多种经济成分并存的投资结构。①

相应地，所有制结构对投资结构也有很大的制约作用。一般而言，经济所有制结构即各种经济成分在国民经济中所占的比重，决定了投资结构即各种经济成分投资占社会总投资的比重。②

（二）投资结构与产业结构

产业结构，亦称国民经济的部门结构，是指国民经济中各个物质资料生产部门之间及其分部门之间的组合构成状况，以及它们在社会生产总体中所占的比重。产业结构实质上是生产资料和劳动力在各产业部门之间的分配比例。目前，国际上普遍采用的产业划分方法是前文提到的克拉克（C. G. Clark）等提出的三次产业划分法：第一产业指农业（包括林业、牧业、渔业等）；第二产业指工业（包括采掘业、制造业、自来水、电力、蒸汽、热水、煤气）和建筑业；第三产业指除第一、第二产业以外的其他行业，可概括为流通部门和服务部门两大部分。

结合我国目前的实际情况和世界各国产业结构的演化规律，我国应该充分重视第三产业的投资，提高第三产业投资的比重，加快农业现代化和国民经济转型的步伐和进程；同时也要加快技术革新，提高第一和第二产业中的科技含量。

图表 1-5：我国 2000—2013 年三次产业对 GDP 的贡献率

年份	第一产业	第二产业	第三产业
2000	4.4	60.8	34.8
2001	5.1	46.7	48.2
2002	4.6	49.8	45.7
2003	3.4	58.5	38.1
2004	7.8	52.2	39.9
2005	5.6	51.1	43.3
2006	4.8	50.0	45.2
2007	3.0	50.7	46.3
2008	5.7	49.3	45.0

① 郎荣燊，裘国根主编：《投资学（第 3 版）》，44 页，北京，中国人民大学出版社，2010。

② 李艳秋：《中国特色社会主义所有制结构的演变及启示》，《中国特色社会主义研究》，2014（02），36—43 页。

续表

年份	第一产业	第二产业	第三产业
2009	4.5	51.9	43.6
2010	3.8	56.8	39.3
2011	4.6	51.6	43.8
2012	5.7	48.7	45.6
2013	4.9	48.3	46.8

数据来源：国家统计局2000年到2013年《中国统计年鉴》。

投资结构对产业结构的影响可以从需求和供给两个角度来考虑。

从投资需求的角度看，投资需求强烈地影响着产业结构的变化方向。某一投资品的需求增多，就会促使生产该投资品的产业的扩张。[①] 投资规模过大又会造成供应紧张，导致物品价格上涨，从而带动相关行业的发展。相反，如果投资需求不足，生产投资品的产业就会萎缩。[②]

从投资供给的角度看，投资供给将形成新的生产能力，从而直接影响到产业结构。影响产业结构的投资供给由两部分构成，即净投资和重置投资。净投资来自当年的国民收入，而重置投资则来自固定资产折旧。通过重置投资可以实现投资存量在产业之间的转移。[③]

（三）投资结构与地区经济结构

地区经济结构是指生产力在各个地区之间的空间分布及其相互制约关系，是国民经济结构的一个重要方面。合理安排生产力的空间布局，协调地区经济之间的相互关系，是一个具有长远性和全面性的重大战略问题。

地区经济结构的形成和改善，主要是由投资在各地区的分配比例关系决定的。我国在改革开放以前，国家掌握着预算内投资的资源分配权，国家的投资决策会直接影响到地区的经济结构。改革开放以后，投资结构对地区的经济发展起到越来越重要的作用；资金在地区之间的流动性增强，使得投资结构能够充分发挥其金融作用。

三、我国投资结构格局

我国经济体制实现了从计划经济到中国特色社会主义市场经济的转

---

① 范德成，刘希宋：《产业投资结构与产业结构的关系分析》，《学术交流》，2003(01)，68—71页。

②③ 郎荣燊，裘国根主编：《投资学（第3版）》，45页，北京，中国人民大学出版社，2010。

变，国民经济也以年均近10%的速度实现了跨越式增长。在新形势下，结构的塑造和组合比经济发展总量更加重要。“十二五”规划提出：“把经济结构战略性调整作为加快转变经济发展方式的主攻方向。”而投资结构调整是经济结构调整的重要手段，经济结构调整要以投资结构调整为基础与前提。

（一）我国投资结构历史变迁

1. 1949—1979年：优先发展重工业，初步建立工业体系。

20世纪40年代末，我国尚未形成成熟的市场规模和经济体系，国民经济结构畸形，近代工业产值在工农业总产值中仅占17%。[①] 纺织和饮食、烟草业的产值占了工业产值的58.4%，能源机械制造等重工业产值比重很低。重工业的严重落后成了制约我国经济发展的瓶颈。

图表1-6：建国后30年我国农业、轻工业、重工业基本建设投资比重

时期	农业	轻工业	重工业
“一五”	7.1	6.4	36.1
“二五”	11.3	6.4	54.0
1963—1965年	17.7	3.9	45.9
“三五”	10.7	4.4	51.1
“四五”	9.8	5.8	49.6
1978年	10.6	5.8	48.7

数据来源：国家统计局《中国统计年鉴1984》。

从图表1-6可以看出，1978年以前，我国在基本建设投资总额中，重工业投资比一般都超过了45%。这30年中，用于工农业的投资相差悬殊，工农业投资额占基本建设投资总额的比重差甚至达到50余个百分点。对重工业的倾斜投资使得工业体系得以很快建立。[②]

2. 1980—2010年：以改革开放推动投资结构变化。

我国投资结构的转折始于1979年的经济战略调整。在改革开放的新形势下，我国对固定资产投资战略进行了重大调整与变更。主要表现为：

第一，投资的资金来源结构变化。单一的国家财政投资方式逐渐被财政投资、银行贷款、利用外资和自筹投资等方式所取代。

---

① 《1949—1952中华人民共和国经济档案资料选编·综合卷》，第63页。

② 董志凯：《投资结构调整与经济结构变迁的回顾与展望——兼及增长方式转变（1950—2010）》，《中国经济史研究》，2012（01），7—18页。

第二，投资的产业结构变化。对第三产业的投资有较大增幅，对第一产业的投资比重逐渐减少。图表1-7反映了1953—2000年我国三大产业投资构成的变化情况。

第三，投资的区域结构变化。东部地区基本建设投资的比重有明显的增加趋势，并在“八五”时期（1991—1995）达到最高点；中西部基本建设投资的比重相应有所下降，其中中部地区在“九五”时期（1996—2000）降至最低点，西部地区在“八五”时期降到最低点。①

20世纪90年代以来，东部与中西部的资金、技术和人才等资源难以相互交流和扩散，加剧了区域的两极分化，增加了社会不稳定因素。21世纪初期，国家做出西部大开发的重大战略决策，不断增强中西部地区承接产业转移的能力。

图表1-7：我国各个计划时期三次产业的基本建设投资

时期	投资额（亿元）			比重（以投资额为100%）		
	第一产业	第二产业	第三产业	第一产业	第二产业	第三产业
1953—1957	16.04	271.80	300.64	2.7	46.2	51.1
1958—1962	40.96	744.60	420.53	3.4	61.7	34.9
1963—1965	31.95	219.09	170.85	7.6	51.9	40.5
1966—1970	36.18	558.89	380.96	3.7	57.3	39.0
1971—1975	70.45	1006.54	686.96	4.0	57.1	38.9
1976—1980	90.91	1275.05	976.21	3.9	54.4	41.7
1981—1985	80.12	1610.14	1719.83	2.3	47.2	50.4
1986—1990	110.13	3875.56	3363.39	1.5	52.7	45.8
1991—1995	257.93	11042.75	12283.62	1.1	46.8	52.1
1996—2000	966.12	21023.89	34336.87	1.7	37.3	61.0

数据来源：国家统计局固定资产投资统计司编：《中国固定资产投资统计数典》，112页，北京，中国统计出版社，2002。

（二）我国投资结构面临的问题

目前我国投资结构面临的主要问题在于投资结构失衡，具体表现在投资产业结构、投资需求结构、投资要素投入结构和投资项目劳动力就业结构四个方面。

---

① 国家统计局固定资产投资统计司编：《中国固定资产投资统计数典》，151页，北京，中国统计出版社，2002。

1. 投资产业结构失衡。近年来我国对第三产业的投资增幅很快，但在第三产业的投资中，大量资金用于交通通信等基础设施；投资于服务业特别是现代服务业的比重仍然偏低，服务业发展仍然滞后。同时，2003年以来，房地产行业投资繁荣，但我国房地产行业中存在的高房价问题可能成为影响国家未来可持续发展和经济安全的重大隐患。

2. 投资需求结构失衡。消费、投资和出口是拉动经济增长的三大需求和动力源泉。从需求本身来看，内需始终是我国的需求主体。中国总需求结构失衡的重要表现为：投资率（投资占GDP的比重）过高而居民部门消费率（居民部门消费占GDP的比重）过低。中国社会科学院发布的《中国宏观经济运行报告2012》显示，中国经济结构失衡程度日益加剧，经济结构失衡指数[①]已经从2000年的0.45提高到了2011年的0.62，而总需求结构失衡指数更是达到了0.96。在投资率持续走高的同时，中国居民部门的消费率一路下滑，目前已经降至国际和历史低位：从20世纪70年代的65%降到了目前的34%，大幅低于全世界的平均水平（60%以上）。[②]

3. 投资要素投入结构失衡。改革开放以来的很长时间内，我国各地政府在GDP导向下，注重对资源、资金、劳动力等消耗要素的投入，一定程度上导致了高投入、高排放、高消耗、低效益的投资收益局面。这种状况进而导致了我国经济结构的失衡，经济发展与环境保护之间出现严重矛盾。在可持续发展观指导之下，投资要素的投入结构势必要向技术、文化等非消耗要素倾斜。

4. 劳动力就业结构失衡。随着我国产业结构的调整，第一产业GDP贡献率降低，第三产业GDP贡献率提高，就业结构随之出现变化。2012年，第一产业的就业劳动力比例在35%左右，但其创造的国民生产总值却远不如第二产业和第三产业。从投资的角度来看，目前国内对于第二产业和第三产业的投资欲比较旺盛，但这部分的劳动力就业却未能及时同步。

（三）我国投资结构调整建议

1. 深化国有企业改革，协调各投资方关系。2005年2月和2010年5月，国务院两次推出促进非公有经济发展的“36条”，后者也称“民间投

① 该指数区间为0—1，0代表完全均衡，1代表完全失衡。如果指标值落在0.75—1之间，则意味着该指标出现预警提示，处在非均衡状态。其下又分为投资消费结构、产业结构、金融结构、收入分配结构和国际收支结构五个二级指标。

② 张连城，李方正：《中国需求结构失衡判定的国际比较》，《首都经济贸易大学学报》，2014（04），12—23页。

资36条”[①]，允许非公有资本进入电信、石油、金融等垄断行业和领域。但由于政策缺乏具体的实施细则，民营企业在市场运行中依然很难进入垄断行业。据统计，目前中国的垄断行业中，民营资本的比重不超过20%。在此背景之下，产业资本不约而同地涌向暴利的房地产行业。[②]

同时，加快国有企业改革，形成有利于投资结构合理化发展的企业经营机制。改革的关键在于将“产权清晰、权责明确、政企分开、管理科学”的现代企业制度推广运用，处理好国家与国有企业投资、外商投资及民间企业投资三者的关系。[③]

2. 深化科技体制改革，加大第三产业投资力度。深入推进科技体制改革工作，促进科技成果向产业的转化，解决科技与经济结合的核心问题；建立和完善科技运行机制，形成以企业、科研机构和高等院校为主体的产、学、研三者一体的技术开发体系，逐步把企业投资的重点转到科技开发和技术革新上来。[④]同时应加大对第三产业的投资力度，提高第三产业的技术水平和科技在第三产业增长中的贡献率。

3. 加强对投资结构的宏观调控和指导。政府要建立投资信息咨询系统，加强对投资结构调整的信息指导。多方引导社会资金流向实业投资，为公共服务均等化增加财政投资。增加公共财政用于教育、医疗卫生、社会保障和就业、文化方面的支出。在总量投入加大的情况下，也要注重向农村倾斜，向老、少、边、穷、后发地区倾斜，向困难地区倾斜。[⑤]

---

① 即2010年5月7日，国务院印发的《关于鼓励和引导民间投资健康发展的若干意见》，共12部分36条，旨在进一步拓宽民间投资的领域和范围。

②④ 敖琴：《投资结构及投资效益问题探讨》，《成都纺织高等专科学校学报》，2009(02)，44—46页。

③ 季晓南：《关于国有企业改制和整体上市》，《国有资产管理》，2008 (01)，30—38页。

⑤ 董志凯：《投资结构调整与经济结构变迁的回顾与展望——兼及增长方式转变(1950—2010)》，《中国经济史研究》，2012 (01)，7—18页。

第二章　文化产业与文化投资

第一节　文化资本与文化资源

一、文化资本

（一）文化资本的定义

资本最初是纯粹的经济学概念。在古典经济学中，资本指以货币为表现形式的价值凝结物。马克思政治经济学发展了资本理论，构架了完整的资本理论体系。他指出资本“不仅包括生活资料、劳动工具和原料，不仅包括物质产品，并且还包括交换价值”①。马克思对资本的研究主要集中在物质资本领域，认为资本包含阶级属性和社会属性。19世纪晚期，英国经济学家阿尔弗雷德·马歇尔（Alfred Marshall）和美国的欧文·费雪（Irving Fisher）提出财富资本论，否定资本的历史性和社会性，认为一定程度上财富即资本。② 随后又有“非生产要素论”“时间资本论”“人力资本论”等观点陆续提出，扩展了资本的内涵和外延。随着市场经济的发展，21世纪以来，在理论和实践中人们普遍认为资本不仅仅限于物质资本，也包含精神资本；无论物质资本还是精神资本，其根本目的都在于实现资本增值。

文化资本是资本的一种形式，这一概念最初来源于社会学。法国著名社会学家皮埃尔·布迪厄（Pierre Bourdieu）于1986年在《资本的形式》（*The Form of Capital*）一文中将资本分为经济资本、社会资本（social capital）和文化资本（cultural capital）三种形式，首次完整提出了文化资

① 《马克思恩格斯选集》第1卷，363页，北京，人民出版社，1972。

② 参考崔友平：《资本理论述评及启示》，《当代经济研究》，2000（8），33页。

本理论。他认为，经济资本指的是经济学意义上的资本形式，即可以直接兑换成货币的资本形式；社会资本是指当一个人拥有某种持久性的关系网络时，这个由相互熟悉的人组成的关系网络就意味着他实际或潜在所拥有的资本；文化资本指的是借助不同的教育行动传递的文化产品，包含具体化的文化资本、客观化的文化资本和体制化的文化资本三种形式。[①] 此后，美国社会学家科尔曼（James S. Coleman）在对文化因素的作用进行详尽分析后指出："文化因素对于如何有效地转化劳动、资本、自然这些物质资源以服务于人类的需求和欲望具有重要影响，可以将文化因素看作文化资本或社会资本。"[②]

显然，上述"文化资本"是在文化社会学范畴中论述的。随着时代发展和认识深化，人们逐渐将文化资本引入经济学范畴中。1999 年，澳大利亚经济学教授戴维·思罗斯比（David Throsby）正式将文化资本的概念确定为经济学框架内除实物资本、人力资本与自然资本之外的第四种资本，与经济学中的资本概念并列；[③] 文化资本的存在形式或是有形的或是无形的。[④] 在此后的研究中，西方学者普遍认为文化资本具有经济学意义，并且是经济增长的重要动因。

我国一批学者也遵循这一共识，从经济学角度对文化资本理论进行探讨和补充。皇甫晓涛借鉴并引申了布迪厄的观点，提出了文化资本的五种形态：科技资本、人力资本、虚拟资本、产业资本和战略资本。[⑤] 李祝平、宋德勇提出："文化资本是以财富的形式表现出来的文化价值的积累，这种积累引起了物品和服务的不断流动，与此同时，也形成了本身具有文化价值和经济价值的商品。有形的文化资本的积累存在于被赋予了文化意义的建筑、遗址、艺术品和诸如油画、雕塑及其他以私人物品形式而存在的人工制品之中；无形的文化资本包括一系列与既定人群相符的思想、实

---

① 转引自滕国宁，李珍连：《布迪厄文化资本理论之我见》，《中外企业家》，2011（11），210 页。

② 转引自陈赞晓：《论文化资本及其营造》，《学术研究》，2007（05），57 页。

③ 刘丽娟：《文化资本运营与文化产业发展研究》，博士学位论文，吉林大学，2013。

④ ［澳］戴维·思罗斯比著，潘飞编译：《什么是文化资本》，《马克思主义与现实（双月刊）》，2004（1），52—53 页。

⑤ 皇甫晓涛：《文化产业的资本形态与创新体系——非物质经济与文化生产力研究导论》，《中国文化产业评论》第四卷，2006，104—105 页。

践、信念、传统和价值。”[①] 王云、龙志和认为：“文化资本是文化价值积累而成的能够带来收益的财富存量，具有文化价值和经济价值双重属性，其经济价值主要取决于文化价值含量；文化资本具有资本的共性，即以增值为根本目的；文化资本表现为物质化、产品化和身体化三种形态。”[②] 林子赛认为：“文化资本是任何与文化及文化活动有关的有形及无形资产。”[③]

综上所述，文化资本具有经济价值和文化价值双重属性。文化资本的价值大致体现在两个方面：一是通过投入有形或无形的文化资本直接生产出具有经济价值和社会价值的文化产品和服务；二是在生产、再生产过程中融入创意、智力等因素，使生产出的物质产品带有广义的文化附加值。

（二）文化资本的特征

文化资本作为一种广义资本，具有一般资本的共性；但文化资本又属于精神性资本，因此具有自身的文化特性。

1. 文化资本的资本共性

一是增值性。文化资本以增值为根本目的，文化资本运动是为了获取经济或非经济回报。

二是运动性。资本增值只有在资本运动中才能实现，文化资本亦如此。作家写一本小说，如果只是放在家中自我欣赏，就无法创造新的价值；只有将小说带入市场进行流通，才能实现增值。

三是独立性。在资本运动过程中，不同资本之间既相互联系又相互区分，各自发挥其独特作用。[④]例如，在文化企业项目运作中，文化资本与货币资本、实物资本既各司其职又共同发挥着投融资的作用。

此外，与一般资本一样，文化资本也具有价值性、风险性、扩张性、竞争性等其他特征，在此不一一赘述。

2. 文化资本的文化特性

文化资本往往具有一定的物质载体，通过物质载体将内化于其中的文化价值释放出来，并在释放、利用的过程中实现价值体系的积累和扩展。

---

① 李祝平，宋德勇：《论文化资本投资与经济增长关系》，《求索》，2007（4），74页。

②④ 王云，龙志和：《产业价值链视角下的文化资本特征与经营模式》，《经济地理》，2009（12），2029、2030页。

③ 林子赛：《霸权与抵抗——文化资本的扩张和民族文化的自觉》，《理论界》，2012（8），116页。

可见，文化资本具有内在文化特性。

一是文化性。这是文化资本与其他资本最本质的区别。正如烧制瓷器的泥土并不值钱，但是融入历史价值、学术价值、审美价值后的古代瓷器却价值连城。在现代市场经济中，品牌价值或许是文化资本文化性的最好注解。

二是创新性。有些文化资本的价值并不是显而易见的，需要通过创新性技术或手段释放出来，并最终表现为文化产品或服务。例如，花木兰代父从军的故事存在于我国古代文献记载中，美国制片商通过对故事情节的现代化编排将其改编成动画电影作品搬上银幕，由此获得巨大的投资回报。

三是共享性。文化资本经济价值的根源在于无形的文化价值，人们可以共享无形的文化价值而不损害其有形的文化载体。[①] 书法、绘画、雕塑、音乐等文化作品莫不如此。

四是反复利用性。文化资本中的文化价值不会在一次生产投入和资本循环中消耗殆尽，而是会不断地扩大原有价值，并可以无限、反复地投入到社会再生产中。换句话说，文化资本的积累是一个动态的历史过程，文化资本投资和积累的实质是价值体系的不断扩展。[②]

二、文化资源

（一）文化资源的定义

文化资源对于文化产业的发展具有极其重要的意义。文化资源是文化产业生产过程中文化形态演变的第一环，是创意的基础。国内学术界对文化资源的内涵和外延进行了多方位的研究。

程恩富认为：文化资源是人们从事文化生产或文化活动所利用的各种资源的总和；[③] 吴圣刚认为：文化资源包含民族文化传统和民族精神、科学和教育发展水平、文化事业和文化产业、体制建设和民主法制建

---

① 王云，龙志和：《产业价值链视角下的文化资本特征与经营模式》，《经济地理》，2009 (12)，2031 页。

② 高波，张志鹏：《文化资本：经济增长源泉的一种解释》，《南京大学学报》，2004 (5)，105 页。

③ 程恩富主编：《文化经济学》，北京，中国经济出版社，1993。转引自《文化资源的特征及其开发利用》，人民网，http：//media. people. com. cn/GB/137684/9988829. html，2009-9-4。

设、信息技术等多方面的内容，“在这诸多内容中，以社会价值观为核心的民族精神、人文精神和科学精神是最重要的文化资源”；[①] 郭惠英、米子川等在《山西省文化资源评估指标体系及评估方法研究》中将文化资源定义为“凝结了人类无差别劳动成果的精华和丰富思维活动的物质和精神的产品或者活动”，并指出“广义的文化资源是难以给出具体的界定的，一般地，只要体现人类追求和满足人类精神需求的产品或活动，均应划入文化资源的范畴。……我们把文化资源区分为可度量的文化资源和不可度量的文化资源两类”；[②] 施惟达认为文化资源可分为“遗存资源、产品资源、制度资源、观念资源、习俗资源、人力资源等”，并指出“广义的文化资源也就如广义的文化一样，是一个无所不包的概念；而我们所指的文化，主要是与政治、经济相区别的概念，因此文化资源也就是与政治资源和经济资源相区别的概念”；[③] 刘吉发等认为“所谓文化资源，一般是指前人所创造积累的文化遗产库和今人所创造的文化信息的总和……由两部分组成，一部分是千百年来人类所积累的文化财富，一部分是当今的文化信息。这些是构成文化产业中所有文化产品价值的要素，也是文化产品生产、销售的本质所在”，并将文化资源分为四种形态：符号化意义的文化资源、经验型的技能文化资源、垄断性的旅游文化资源和创新型的智能文化资源；[④] 李沛新认为“文化资源是人们从事文化生产或文化活动所利用或可资利用的各种资源……包括自然资源和社会资源。其中，社会资源是文化资源的主体部分，文化内容的生产主要源自社会资源的开发和利用；自然资源通常作为文化生产的条件而存在，其重要性远不及社会资源”[⑤]；吕庆华认为“文化资源是人类劳动创造的物质成果及其转化。按历时性标准，文化资源可以分为文

---

① 吴圣刚：《文化资源及其特征》，《河南师范大学学报（哲学社会科学版）》，2002(4)，11—12页。

② 申维辰主编：《评价文化——文化资源评估与文化产业评价研究》，7—8页，太原，山西教育出版社，2004。

③ 胡惠林主编：《文化产业概论》，170页，昆明，云南大学出版社，2005。

④ 刘吉发，岳红记，陈怀平著：《文化产业学》，84—85页，北京，经济管理出版社，2005。

⑤ 李沛新：《文化资本论：关于文化资本运营的理论与实务研究》，博士学位论文，中央民族大学，2006。

化历史资源和文化现实资源。文化历史资源按是否有实物形态又可分为有形文化历史资源和无形文化历史资源，其典型代表是文化遗产；文化现实资源按物质成果转化的智能含量，又可分为文化（现实）智能资源和文化（现实）非智能资源，文化（现实）智能资源的核心要素是知识和智力”①。

综合以上研究成果，为了避免泛化、空洞和混乱，我们认为认识文化资源应该注意以下两个关键点：

一是区分文化（culture）与文化性（cultural）。文化资源的基本性质是文化性，而其文化性可能表现在两个方面：一方面，资源本身具有文化性，是人类的文化产物。像各种物质文化遗产、非物质文化遗产等属于此类。另一方面，资源本身不具有文化性，但是能够满足人的文化需求。像自然遗产本身并非人类的产物，但是可以满足人们的审美、求知等需求，因此也属于文化资源。另外，智能文化资源兼备两方面的特性。

二是区分“文化资源”与“文化产业资源”。马克思将人类的生产劳动划分为劳动者、劳动工具和劳动对象三部分。传统上仅把劳动对象理解为资源；而当前对于资源的理解越来越宽泛，趋向于把生产劳动的不同要素都理解为资源，这就增加了资源的复杂性。一般认为，文化产业资源包括文化产业运行所需要的所有资源，包括文化资源、金融资本、人力资源、传播渠道和平台等等；其中文化资源是基础和生产对象。

因此，可以将文化资源定义为：能够满足人类文化需求、为文化产业提供基础的自然资源或社会资源。

（二）文化资源分类

结合文化资源的定义和内涵，文化资源可分为物质文化遗产、非物质文化遗产、自然遗产和智能文化资源四部分，其中物质文化遗产与历史文化资源相对应，非物质文化遗产与民俗文化资源相对应，智能文化资源属于现实文化资源。② 详见图表 2-1。

图表来源：王广振著：《地方文化产业发展策略系统研究》，35—38 页，福州，福建人

① 吕庆华著：《文化资源的产业开发》，49 页，北京，经济日报出版社，2006。

② 参见王广振著：《地方文化产业发展策略系统研究》，35—38 页，福州，福建人民出版社，2013。

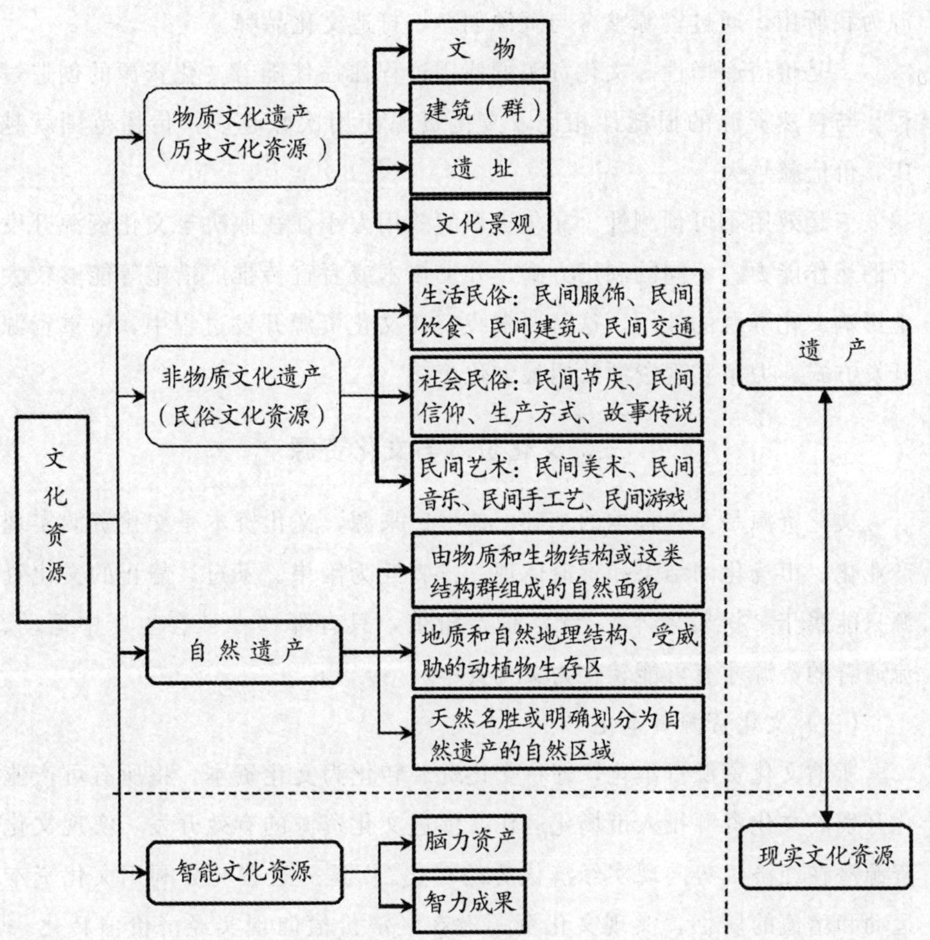

图表 2-1：文化资源分类

民出版社，2013。

（三）文化资源的特征

文化资源是文化产业发展的基础，具有显著的自身特征。具体到文化投资学领域，文化资源的特征主要表现在以下三方面。

一是非独占性。经济全球化时代以及信息时代，文化资源“虽说也有较强的地域性，并在一定程度上有知识产权的保护，但它一旦被创造出来，便成了一种可供全人类共享的精神财富，成了其他人进行文化再创造的资料”①。好莱坞动画电影《功夫熊猫》借鉴了我国的文化元素——熊猫和功夫，并在对其组合、创新的基础上收获了票房和口碑。因此，在文化产业发展中，要利用文化资源的非独占性特征，善于合理借鉴，取优秀资

① 丹增：《发展文化产业与开发文化资源》，《求是》，2006（01），44—45页。

源为我所用，通过资源整合与资源创新，打造文化品牌。

二是价值递增性。文化资源的使用过程往往伴随着文化资源的创造过程。与自然资源的损耗性相比，文化资源使用次数越多，传播范围就越广，价值就越大。

三是效用不可预测性。文化资源的效用大小往往取决于文化资源开发者的运作能力。不同的利用方式、开发技术或者宣传推广措施等能够较大地影响文化资源的效用。这就要求我们在文化资源开发过程中，注重资源开发方式，力争实现资源效用最大化。

三、文化资本与文化资源

文化资源是文化资本的基础、前提、来源，文化资本是文化资源实现产业化、市场化的结果和价值体现，二者互为因果。不过，静止的文化资源只能属于“沉没资本”，无法创造价值，只有那些在社会生产中运动、流通着的资源才有可能转化为文化资本。

（一）文化资源资本化

所谓文化资源资本化，即将文化资源转化为文化资本，将所有可产业化开发的文化资源投入市场化运作，促进文化资源的有效开发，实现文化资源潜在经济优势向现实经济优势的转化。[①] 这一过程充分利用文化资本运动和增值的属性，实现文化资源潜在经济价值向现实经济价值转化。[②] 可以说，资本的运动性是区分文化资本与文化资源的显著分水岭。

在当前市场经济条件下，资源流通速度加快，流通和交换行为推动了“文化资源→文化资本→经济资本”链条的有序演进。不过，从投资角度看，并不是所有的文化资源都可以转变为文化资本，只有那些在现有条件下能够开发并且具有市场潜力的文化资源才有进行资本转化的可能性；同时，这种转化并不能伴随破坏性利用，也不可违背国家相关法律法规。因此，在文化资源资本化过程中要遵循一定的原则，即效益原则、优化原则、创新原则和持续原则。

（二）文化资源资本化方式

---

① 于嘉：《浅析文化资源到文化资本的转化》，《消费导刊》，2009（13），216 页。

② 徐望：《结合文化产业发展重新界定“文化资本”概念》，《艺术百家》，2013（S2），30 页。

实现文化资源向文化资本的转化应以资源为依托，在对文化资源合理继承、积极创新的基础上，实现产业化开发。具体来看，实现文化资源的资本化有两种方式，一种是外延型的，一种是内涵型的。前者指采取各种有效的手段，以增加文化资源的数量为主来实现对文化资源的利用。例如，某区域挖掘历史遗迹并将其打造成景点。社会技术水平和管理水平的提高为文化资源的外延式开发创造了条件，不过由于区域内文化资源总量有限，外延式开发不可能无止境地进行下去；更何况开发过程会伴随着不同程度的破坏，影响文化资源的文化价值。内涵型的文化资源资本化则是指对现有文化资源进行深度挖掘和开发，提高资源利用效率。例如，某区域依托当地神话传说打造旅游景区。与前者相比，这种方式能够实现文化资源价值最大化，在保护的基础上提升文化资源利用效率。

（三）文化资源资本化的意义

首先，文化资源向文化资本转化，能够最大程度地开发文化资源的内涵价值，推动文化资源的有效利用，激发文化资源的经济效益和社会效益。

其次，文化资源向文化资本的转化是文化产业发展的迫切需求。文化产业属于资本密集型产业，文化产业的又好又快发展需要优质资本的持续投入。我国历史悠久，文化资源极为丰富，通过技术创新和手段创新推动文化资源向文化资本转化是文化产业进一步发展的迫切需求。

再次，文化资源向文化资本转化是企业、地区乃至国家实力提升的必然要求。文化软实力是企业、地区乃至一国综合实力的重要体现，文化软实力体现在文化资源向文化资本的转化能力以及转化成果之中。只有高效地实现文化资源资本化才能在市场竞争、国际竞争中处于优势地位。

总之，研究文化资源资本化机制、推动文化资源向文化资本转化，对于优化文化产业价值链、加快文化产业发展大有裨益。

第二节　文化经济与文化产业

一、文化经济

（一）文化经济的含义

1966 年美国经济学家鲍莫尔（William Jack Baumol）和鲍恩（W. G. Bowen）《表演艺术——经济的悖论》一书的出版标志着文化经济作为一门独立学科产生。21 世纪以来，国外对文化经济的研究形成了边界清晰的两种学科方向：以文化艺术产业、文化商品和文化市场为研究对象的狭义文化经济学和以文化与经济发展之间的关系为研究对象的广义文化经济学。①

20 世纪 80 年代后期，“文化经济”一词传入我国。1991 年，国务院在批转《文化部关于文化事业若干经济政策意见的报告》中正式提出“文化经济”概念。② 此后随着经济发展和社会进步，特别是党的十六大召开以后，越来越多的国内学者对文化经济理论进行了研究和探讨。如陈赞晓从文化资本角度阐述，指出：“文化经济与物质经济相对而言，文化与经济相结合即为文化经济。它有两种表现形态，可称为广义文化经济和狭义文化经济。广义文化经济是指文化与经济密切结合，相互融合，文化中有经济，经济中有文化，既有‘文化经济化’也有‘经济文化化’。狭义文化经济是指以文化资本为主导的经济形态。”③ 孔建华从国民经济角度考量，认为对文化经济有两种理解：“一种是指文化的经济属性，实际上指的是基于国民经济统计的文化及相关行业分类的文化事业和文化产业；一种是指国民经济中一种新的经济类型，即具有知识经济特征的文化含量较高的现代服务业。”④ 吴琼则从经济形态着手，指出：“文化经济是人类社会发展到高级阶段的产物，是人类在物质生活需要满足之后，以精神生产为出发点，以文化产业为表现形态，创造生产文化产品和提供文化服务的一种新型经济。文化经济涵括文化事业、文化产业、文化消费，呈现出文化经济化、经济文化化的文化与经济相互交融的情形。”⑤

综合各种观点可知，当前学者们对文化经济内涵的争论主要集中于一点，即文化经济是否包含文化产业和文化事业的问题。本书认为文化经济概念有广义和狭义之分，狭义的文化经济仅指以获取经济利益为首要目的的文化产业，但将文化产业与以满足公共文化需求为目的的文化事业截然分开的观点存在很大的局限性。基于成本和效率的考量，文化事业需要借助文化产业的生产和传播体系，也需要借鉴文化产业的组织模式和管理方法，未来社会的文化事业必然是与文化产业紧密融合的。因此，文化经济

---

① 梁碧波：《文化经济学：两种不同的演进路径》，《学术交流》，2010（6），74 页。

② 张来春：《文化经济：国内研究现状、问题与展望》，《学习与探索》，2008（5），148 页。

③ 陈赞晓：《关于文化经济理论渊源及其发展的驱动力原理探析》，《理论界》，2007（8），6—7 页。

④ 孔建华：《十年来北京文化经济政策的演变》，《新视野》，2008（4），46 页。

⑤ 吴琼：《文化经济视域下文化资源资本融合的实践路径》，《求实》，2014（05），52 页。

在广义也应包括文化事业。当然，在文化投资学语境中，我们指的文化经济更偏向文化产业。

（二）文化经济参与主体

我国文化经济的参与主体主要包括文化企业、文化单位和政府。不同主体发挥着不同作用。

一是文化企业。文化产业是现阶段我国文化经济的最直观表现形态之一，而文化企业是文化产业的微观主体，因此，文化企业在文化经济发展中扮演着重要角色。文化企业是自主经营、自负盈亏、以获取经济利润为导向的经营实体，一般而言又可分为两类：一类是“完全文化企业”，即生产文化产品、提供文化服务的企业；另一类是“不完全文化企业”，这部分企业以文化资本进行投资，最终提供的是物质产品，但其物质产品中不可避免地携带明显的文化因素。无论是哪类企业，为充分实现经营目的，都应该充分认识文化经济的价值，努力实现企业内外部文化经济化和经济文化化，打造文化品牌，增强竞争力。

二是文化单位。在我国现有体制下，文化经济的参与主体必然包含文化单位。我国现有文化单位，包括政府的、集体的、民间的多元化文化单位，如今这些单位已经参与了文化产业的生产经营和文化服务的提供，承担着“以文育人”和“以文娱人”的双重任务。[①] 发展文化事业，除了能够向社会提供公共文化服务外，还能起到创造、积累文化资源的作用，形成社会群体稳定的价值观念，进而为文化产业的发展创造条件。在深化文化体制改革进程中，我国部分国有文化事业单位转企改制，积极开展文化经营，成为文化经济的重要组成部分。我国应继续推进对适合产业化运作的文化单位的改革进程，为文化产业化贡献力量。同时，2006 年《中共中央关于构建社会主义和谐社会若干重大问题的决定》指出：“坚持把社会效益放在首位，坚持把发展公益性文化事业作为保障人民文化权益的主要途径，推动文化事业和文化产业共同发展。”因此，在产业化运作中，文化单位尤其是文化事业单位仍要以思想教化、价值观引导为前提，承担自身的文化任务。

三是政府。作为“看得见的手”，政府在文化经济发展中起到十分重要的作用，文化企业和文化单位的经营行为皆受到政府宏观调控的约束。

---

① 陈赞晓：《论当代中国发展文化经济的五个关系》，《韶关学院学报》，2007（08），99 页。

随着经济发展和社会进步，政府应当适时转变职能，由文化经济发展的主导者变为服务者，抛弃过分行政化的束缚，将工作重心放到为文化产业发展营造良好的制度和法律环境上。

综上所述，发展文化经济，要在政府宏观管理下，以市场为导向，正确处理文化产业与文化事业、文化企业与文化单位之间的关系，大力推动文化产业化和经济文化化，满足人民群众日益增长的文化需求，增强我国文化经济核心竞争力。

（三）文化经济运行

从运行过程看，文化经济可以划分为文化投资、文化生产与传播和文化消费三个部分。其中文化投资是用货币购买资本的过程，是整个文化经济体系有效运行的前提，没有文化投资就不可能有后续的文化生产与传播和文化消费；文化生产与传播则是消费资本的过程，是利用资本将文化资源转化为文化产品并分配给消费者的过程；文化消费是整个文化经济的目的所在，是收回垫付资金并实现价值增值的过程。在文化消费过程中，投资者和生产者得到资金和品牌价值，这是文化产品再生产的基础；而消费者则得到了意义和快感等文化价值，完成了人的再生产。

二、文化产业

发展文化经济对于提升一国文化软实力和综合国力大有裨益，而现阶段，在我国，文化产业是文化经济最直观的体现形式。在我国传统语境中，文化产业与文化事业相对，是在改革开放和文化体制改革的大背景下、在发展社会主义市场经济的条件下，对文化事业进行的市场化改造。如今一般认为，文化产业是生产者以市场为基础、以专业分工为条件、以资本为动力，通过创意、复制将文化资源转变为文化产品并将文化产品传播给消费者，为消费者提供意义和快感以满足其审美、求知、群体认同等文化需求的过程。

（一）文化产业的属性

由定义可知，文化产业具有文化性和产业化双重属性。

1. 文化产业的文化性

从共时性角度看，“文化产业”并不是严格经济学意义上的一个产业或行业，而是一类产业，是一个产业群。这类产业中的每一个与“文化产业”的关系可以用西方著名哲学家路德维希·维特根斯坦（Ludwig Wittgenstein）的“家族相似”概念来解释。“我们根本不是因为这些现象（一类产业）有一个共同点而用同一个词（‘文化产业’）来称谓所有这些现象，——不过它们通过很多不同的方式具有亲缘关系”，新闻服务业、广播电视产业、电影产业、新媒体产业、演艺产业、动漫产业、艺术产业、旅游产业、体育产业、广告会展、顾问咨询、设计策划、教育培训……“你睁着眼睛看，看不到所有这些活动有什么共同之处”，甚至很多产业之间是完全不同的，“但你会看到相似之处、亲缘关系，看到一整系列这样的东西”。[①]由此可以看出作为“家族相似”概念的文化产业的基本结构和存在状态：透过现象看本质，贯穿“所有这些活动”的“相似之处”或“亲缘关系”正是文化性，也就是说文化产业本质在于文化性。

文化产业的文化性具有三个层次的内涵：第一层是表现为“人类完满的一种状态或过程”的某些绝对的或普适的价值，这是文化性的终极表现；第二层是表现为“理智的和想象的作品”的“人类思想和经验”，这是文化性的具体和典型表现；第三层是蕴涵于艺术、习得以及社会制度、日常行为等特殊生活方式中的某些价值和意义，这是文化性的一般表现。

文化产业正是以其文化性来满足个人的审美、求知、群体认同等文化需求，进而促进人类社会整体的维系和发展。正是文化产业的文化性本质将文化产业与其他产业区别开来。

2. 文化产业的产业化

文化性是文化产业的必要条件，但不是充分条件，因为在文化产业出现之前的漫长历史中，文化性就一直存在，并以某种方式满足着个人和社会的文化需求。文化产业的出现有着深刻的历史根源，它是文化生产的一种特殊形式、一个特殊阶段。由一般形式的文化生产到文化产业有三个关键因素：首先是市场化，即现代市场体系的形成；第二是在高度劳动分工基础上形成的专业化；第三是资本化，追逐利润的资本是隐藏在文化产业背后最为重要的动力，大规模的资本运动促成了文化产业的大规模发展。如此，市场化、专业化和资本化便构成了文化生产的产业化。

总之，从共时性角度分析，文化产业形成的关键为文化性；而从历时性角度分析，文化产业生成的关键为产业化。文化性的目的在于满足个人和社会的文化需求，产业化关注的是生产效率、成本控制、市场竞争以及攫取利润等等。表面上二者毫不相干甚至互相冲突，但实质上，文化性是

---

① ［英］路德维希·维特根斯坦著，陈嘉映译：《哲学研究》，37—38页，上海，上海人民出版社，2005。

文化产业的目的和本质，产业化是文化产业的手段和工具，二者处于文化产业的不同层面，所以不会产生根本矛盾和冲突。而且在实践中文化性与产业化二者是可以相互促进的：一方面文化性的改善可以吸引更多的消费者、扩大市场规模，从而促进产业化目的的实现；另一方面基于现代市场体系、高度专业分工和快速技术革新的产业化是一种高效的手段，可以极大地提高文化产品的生产和传播效率。

（二）文化产业解析

文化产业的文化性与产业化双重属性交互融合，构成了文化产业与其他产业既相似又有极大差别的本质原因。从产业化层面看，文化产业扩大再生产同样需要资本介入；而从文化性角度看，文化产业投资比一般产业投资更为复杂。要想对文化产业投资有更为深刻的理解，还需对文化产业自身进行深入的剖析，找出文化产业所包含的所有行业、所有因素中的“某些共同标志，共同规定”，并构建逻辑清晰的解析框架。

本书综合考虑文化产业实践和理论的研究需要，并以马克思对生产所做的辩证分析为基本参照，结合斯图亚特·霍尔（Stuart Hal）的表征分析框架和联合国教科文组织的文化统计分析框架，构建出一个文化产业解析框架模型，详见图表 2-2。

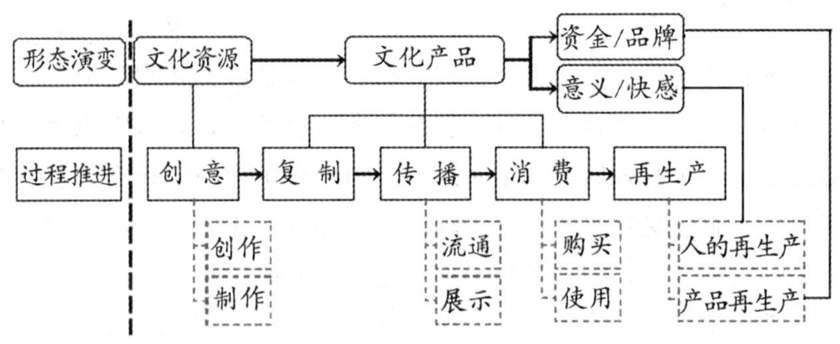

图表 2-2：文化产业解析框架

（注：1. 图表中层表示文化产业运作过程的逐步推进，上层表示文化产业运作过程中文化表现形态的演变，下层是对过程的解释和补充；2. “→”表示逻辑上的递进关系，“—”表示对应关系，“...”表示解释和补充关系。）

如图所示，文化产业基本运作过程包含“创意→生产→传播→消费→再生产”五个基本环节，这是解析文化产业的主线；文化产业运作过程的推进对应着文化表现形态的演变，即“文化资源→文化产品→意义和快感十资金和品牌”。

在文化产业运作过程中：（1）“创意”包括创作和制作两类过程：创作指创造点子和编写内容；而制作是指制作单件作品，比如手工艺和美术等。① （2）狭义上的“生产”指复制，指通过技术化手段、标准化管理，将文化资源和创意转变为批量化的终端产品的过程。（3）“传播”包含流通和展示两类并列的过程：流通是指可复制的有形文化产品从生产者转移到消费者的过程；展示实质上包含了联合国教科文组织分析框架中的展览和播送两种情况，指借助一定平台（如博物馆、艺术馆，戏院、剧场、影院等院线，广播电视系统）将不可复制的（如文物、艺术品、表演活动）或无形的（如广播、电影、电视节目）文化产品送达消费者的过程，两类过程都暗含着文化产品所包含的信息的传播。（4）“消费”包含购买和使用两个逻辑上前后相连的过程：购买是产品价格的实现，指资金与产品的交换过程；而使用是产品价值的实现，指消费者利用文化产品满足文化需求的过程。（5）“再生产”包含人的再生产和产品的再生产两个方面，前者指消费者通过使用文化产品获得意义和快感的过程，后者指生产者通过文化产品被消费而获得资金和品牌的过程。

（三）文化产业分类

国际上比较流行的文化产业分类体系有《联合国教科文组织文化统计框架》（UNESCO Framework for Cultural Statistics，1986 & 2009）的文化范围界定、以《北美产业分类体系》（NAICS）为基础的版权产业分类体系和以英国《创意产业规划文件》（Creative Industries Mapping Document，1998 & 2001）为基础的创意产业分类体系。

2002 年党的十六大做出发展文化产业的战略部署后，我国开始着手制定统一的文化产业分类标准。2004 年出台了以《国民经济行业分类》（GB/T4754-2002）为基础的《文化及相关产业分类》；2011 年 9 月开始参照《国民经济行业分类》（GB/T 4754-2011）和《联合国教科文组织文化统计框架 2009》对《文化及相关产业分类》进行修订，最终形成了《文化及相关产业分类（2012）》。这是当前我国进行文化产业统计分析的基本参照。另外，我国还出现了一些具体的文化产业分类方式，比如王琳的《中

① *The* 2009 *UNESCO Framework for Cultural Statistics*（*FCS*），UNESCO Institute for Statistics，2009，p. 20.

国大城市文化产业综合评价指标体系研究》①、郭惠英的《山西省文化产业评价指标体系及评价方法研究》②、自2006年开始实施的《北京市文化创意产业分类标准》等。

以上分类体系当中以《联合国教科文组织文化统计框架》和我国的《文化及相关产业分类（2012）》最为完善，但仍然不能直接应用于地方文化产业发展策略的制定。首先，以上分类体系是以原来的以工业为主的统计体系为基础的，划分虽然具体详细，但也存在很多人为的分割；其次，以上分类体系侧重于技术、物质等有形维度，并不能完全反映文化产业在无形价值方面的复杂性；第三，以上分类体系对于文化产业内涵的把握稍显粗糙，并未体现文化产业特殊的内在逻辑。为了弥补以上不足，我们从学理上对文化产业进行了重新分类，如图表2-3所示。

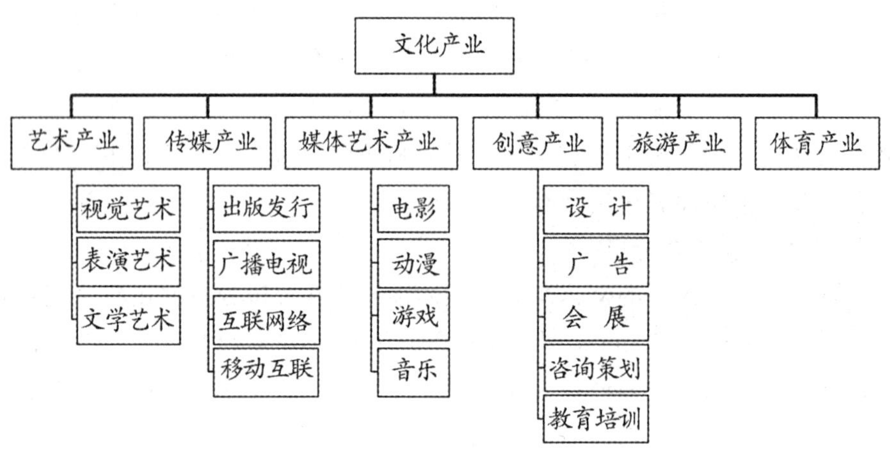

图表2-3：文化产业行业分类示意图

文化产业包含艺术产业、传媒产业、媒体艺术产业、创意产业、旅游产业和体育产业六大类。其中艺术产业根据艺术形态的不同可以分为视觉艺术、表演艺术和文学艺术三类；传媒产业根据媒体形态的不同可以分为出版发行、广播电视、互联网络和移动网络四类；媒体艺术产业是传统艺术与现代传媒结合而成的相对独立的文化形态，主要包括电影、动漫、游戏和音乐四类；创意产业是指以智力和创意为主要资本的一类产业形态，包括设计、广告、会展、咨询策划和教育培训等；旅游产业和体育产业已

① 王琳：《中国大城市文化产业综合评价指标体系研究》，中国网，http：//www.china.com.cn/ch-whcy/5.htm，2002-01-25。

② 参见申维辰主编：《评价文化——文化资源评估与文化产业评价研究》，93—96页，太原，山西教育出版社，2004。

经分别形成了相对独立的运作模式和较为完整的产业链条，由于二者的最终产品或服务满足的都是人的精神需求，是当代社会重要的休闲方式，因此也归入文化产业。

当然我们应该认识到，文化产业总体上还处于成长期，产业形态还处于急剧变动当中，因此现在建立一套完全独立的分类统计体系是不现实的。以上分类将成为我们使用《文化及相关产业分类（2012）》的参考和补充。

三、文化产业投资

（一）文化产业投资的定义

党的十八大以来，在各种因素综合交织下，我国文化产业投资风头正劲。文化产业投资是指“在法律规定的范围内将实物资产、货币资产或无形资产等，通过不同的渠道投入文化产业生产各领域，形成生产必不可少的要素——资本，并最终参与利润分配的过程”①。

文化产业投资是产业投资在文化产业领域的具体体现，因此对文化产业投资概念及内涵的理解也要着眼于产业投资主体、产业投资目的和产业投资对象三大要素。在这三大要素层面上，文化产业投资与产业投资一致。不过，具体来看，文化产业投资与一般投资仍有较大差异。这种差异主要表现在文化产业投资机制上。

（二）文化产业投资机制

1. 文化产业投资主体形成机制。一般而言，企业、机构或个人都可以作为投资主体。由于文化产业在我国发展时间较短，为推动其发展，现阶段政府会进行引导性投资，并通过财政、税收政策为其他投资主体创造良好的制度环境。不过，单纯依靠政府投资，不仅容易对社会投资产生“挤出效应”，而且难以形成产业化运作机制。② 随着文化产业的不断发展，文化企业会成为文化产业中最为重要的投资主体，文化企业和相关文化项目会连接、粘合其他投资主体及其投资行为。

2. 文化产业投资宏观管理机制。文化产业提供的文化产品或服务与一般产品相比往往具备意识形态属性和政治属性等。从这一点上看，文化产

---

① 张炜，张勇，刘嘉汉：《文化产业投资及其政策研究》，《中共成都市委党校学报》，2013（03），62页。

② 姚小雄：《改革文化投资体制与发展先进文化》，《特区理论与实践》，2003（1），51页。

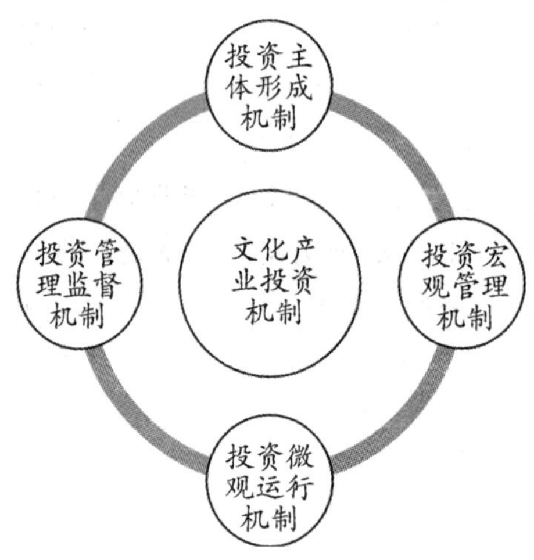

图表 2-4：文化产业投资机制

资料来源：陈清华：《中国文化产业投资机制创新研究》，博士学位论文，南京航空航天大学，2009。

业投资与一般产业投资极为不同，前者与国家文化安全密切相关。因此，文化产业投资必须在一定的宏观管理机制中运行，国家会通过行政、法律、经济手段保证文化产业合理有序发展。

3. 文化产业投资微观运行机制。每项文化产业投资，最终还是会具体落实到一项文化产业项目上。文化产业投资过程一般包括项目寻找、项目评估、项目融资、项目投资、项目管理、资金抽出等。[①] 为保证上述环节的良好运转，必须建立文化产业投资微观运行机制，从投资计划、资金筹措与使用、决策程序、决策权限等角度出发，保证文化产业投资工作的顺利开展。

4. 文化产业投资管理监督机制。文化产业属于知识密集型、资本密集型产业，与一般产业相比，投资环节更为复杂，专业性要求更高。大中型文化产业投资涉及资金多，利害关系复杂。为保证投资收益和文化安全，必须加强文化产业投资管理监督机制的建设。该监督的主体主要包括党政纪检部门、监察部门、审计部门、新闻媒体、文化产业相关行业协会和从业人员等。[②] 当然，文化产业投资项目内部也可以自发成立管理监督小组，加强投资规范性建设。

随着我国文化产业的不断发展，文化产业投资机制逐渐成熟，投资环境建设颇有成效，多元化投资主体初步形成，投资方式也更为多样化。

（三）文化产业投资的特点

我国文化产业投资实践是对产业投资理论以及文化产业理论的验证和发展。一般来说，文化产业投资主要具有三方面特点。

1. 文化产业投资资本多样化。“问渠那得清如许，为有源头活水来”，资本是文化产业发展的源头活水。全球化趋势下，文化产业的竞争不再是

---

①② 陈清华：《中国文化产业投资机制创新研究》，博士学位论文，南京航空航天大学，2009。

单纯的物质资本竞争，文化产业投资资本趋向多样化与组合化。货币资本、实物资本与智力、技术、信息等无形资本相融合，创意、知识、品牌、管理等在文化企业运营中的作用凸显。诚然，投资于其他产业的资本同样亦可投向文化产业领域，但文化产业投资视角下的资本更强调无形文化资本。

2. 跨界投资渐成风潮。近年来我国政府对文化产业发展寄予厚望，陆续推出了一系列鼓励、扶持政策，这为文化产业的发展营造了良好的市场环境；再加上文化产业本身属于渗透性、关联性较强的产业，产业融合趋势十分明显，跨界投资渐成风潮。一方面是行业内跨界投资，如传统报业集团投资新媒体、图书出版行业等；另一方面是行业间跨界投资，如恒大、万达等房地产企业和阿里巴巴、百度等互联网企业均涉足文化产业，开展了影视、娱乐等投资业务。

3. 投资回报周期长。文化产业前期投入大，影响收益的不确定因素多，产业链条长；同时文化产业投资回报往往不是一次性的，而是伴随多次售卖，持续取得收益。上述因素交织，导致了文化产业投资回报周期较长。影视、游戏、图书出版等典型文化产业行业莫不如此。

文化产业投资是推动我国文化产业发展成为国民经济支柱性产业的重要力量，因此相关部门要深入研究文化产业投资运行机制，有计划、有步骤地创设有利于文化产业投融资的环境，清除文化资源资本化障碍，提高文化资本利用效率，积极实现文化产业投资的规模扩大和效益提升。

第三章　文化投资体制、结构与政策

随着市场经济体制的日益完善，文化投资作为推动文化产业发展资金保障的作用越来越明显。我国的文化投资从宏观上讲主要包括文化投资体制、文化投资结构和文化投资政策等三个方面。其中，文化投资体制是文化体制的重要组成部分，是文化投资的管理制度和运行方式，是文化投资的行政基础。文化投资政策可以充分运用行政、法律和经济等手段对投资活动进行规范和引导，从而形成合理的文化投资结构，引导文化资本在文化产业各领域合理流动。本章旨在揭示三者的内在关系，找出它们的运行规律和当前我国文化投资存在的问题；对欧美、日韩国际经验的对比借鉴，有利于更加全面地发现问题的解决办法，进而指导我国社会主义文化建设和文化产业的发展。

第一节　文化投资体制

科学、有序的文化投资是推动国家文化事业、文化产业发展的有力保障。为实现文化投资的常态化、科学化、有效化，我国需要构建完善的文化投资体制。

一、文化投资体制的内涵

投资体制是固定资产、无形资产投资活动的运行机制和管理制度的总称。与一般投资体制相同，理解文化投资体制，也要从投资主体的确立及其行为方式、投资资金的筹集途径、投资资金的使用方式、投资利益的划分、投资管理权限的划分、项目决策程序，以及法律、法规、政策设置和机构设置等角度出发。

（一）文化投资主体的确定

文化投资主体的确定是文化投资体制的首要问题和核心要素，它表明投资体制的真正属性。在我国，文化产业投资主体主要有政府、文化单位、业外资本①持有者、国内外各界捐赠人士、资本市场等。② 其中政府通过行政、法律和经济等手段，采用直接拨款、以奖代补、政策贴息等方法向文化单位投资，促进文化产业发展；文化单位是文化投资过程中最主要的投资主体，具有资金积累和项目投资的能力，可以通过资产重组、无形资产融资、兼并重组、投资并购等方式进行融资和投资活动；业外资本持有者可以通过直接向文化单位投资或自己建立文化单位来参与文化产业；国内外各界捐赠人士由于对某些文化产业项目有特殊的感情、爱好或其他原因，可能以无偿捐赠或投资入股等形式将资金投入文化产业领域；资本市场出于资本增值的本性而钟情于文化产业，也可能将资金投向这一领域。

文化投资主体的层次和结构决定文化投资运行机制。投资主体单一，必然导致投资方式单调；投资主体多样化，会促使投资方式、融资渠道多元化。因此，我国应构筑各类投资主体进入文化领域的平台，降低投资主体的进入门槛，完善文化投资主体形成机制，为社会投资主体进入文化产业领域创造优越的环境。③

（二）文化投资管理体制

文化投资管理体制是指国家组织、领导和调控文化投资活动所采取的基本制度和主要方式。它在宏观管理层面将相关组织结合成一个合理的有机系统，并实现文化资产管理的任务和目的。由于文化投资除了具有一般投资的特征外，还有极强的政治属性、意识形态属性，甚至涉及国家、民族文化安全等，所以文化投资更需要政府使用法律、行政、经济等手段进行宏观管理和引导。

在市场经济条件下，完善文化产业投资宏观管理机制的关键在于各级政府部门进一步加强在文化投资中的服务地位和作用，转变文化投融资管理方式。例如，政府可以更新、完善文化产业分类管理与投资指导目录，组建文化产业热点创业投资基金、风险投资，建立文化产业创业中心与孵化基地等；此外，政府还可以通过制定相关投融资政策、加大投资力度等方式来营造文化投资环境。④

---

① 业外资本既包括文化产业领域以外的行业资本，也包括国外资本。

②③④ 陈清华：《中国文化产业投资机制创新研究》，博士学位论文，南京航空航天大学，2009。

（三）文化投资运行机制

文化投资运行机制主要是指在文化投资主体筹集资金及使用资金的过程中文化资本的运行规律。它贯穿于项目寻找、项目评估、项目融资、项目投资、项目管理、资金抽出等运行过程中，主要是针对文化投资的微观运行。①

文化投资微观运行机制必然涉及的问题包括文化投资主体的目标、面对风险时投资者的态度和行为、针对项目所采取的组织管理形式以及各文化经济实体之间相互联系和制约的经济关系。这些对于文化投资的正确运用和投资效益的提高具有重大意义，是文化投资体制的重要组成部分。

（四）文化投资保障机制

文化投资保障机制的发展重点在于建立中介机构和第三方机构（包括专业化的评估、保险、担保机构等）来分散、化解风险，完善整个文化产业的投融资链条，解决文化企业的投融资问题。

针对文化企业可供抵押的实物较少、无形资产评估难、抵押变现难、抵押担保信用程度低等问题，融资担保机构、保险机构、无形资产评估机构等专业化的中介机构能为无形资产的评估、质押、登记、托管、流转和变现的管理提供证明和保障，从而将文化投资的风险性降到最低，有效保障投资者、债权人和消费者的利益。② 在我国，文化投融资保障机制的相关法律、法规尚不完善，从事文化投资服务的中介机构数量少、专业性不强，整个文化产业投融资链条还有待完善。

（五）文化投资监督体制

监督是保证文化投资取得较好的经济效益和社会效益的重要手段。由于文化的独特性和中国文化产业发展的经验缺失，在投资的过程中难免会出现各种问题，这就需要对文化投资的过程进行监督管理。

文化投资运行监督的内容包括文化产业项目投资资金量是否合理、投资方式是否合适、项目投资决策是否合法、项目投资步骤是否合规、项目投资担保是否健全等。③ 对文化投资运行的监督要依靠党政纪检部门、监察部门、审计部门、新闻媒体、行业协会等组成的专业的文化投资监督体系来执行。

---

①③ 陈清华：《中国文化产业投资机制创新研究》，博士学位论文，南京航空航天大学，2009。

② 楮晓琳：《文化产业融资问题、现状与建议》，《经济导刊》，2010（9），78—79页。

二、文化投资体制沿革

中国的文化投资体制并不是一蹴而就的，而是伴随着文化体制改革和投资改革并行发展的。大体来说，中国文化投资体制改革经历了三个阶段。

（一）包办阶段（1949—1977 年）

中国传统的文化投资机制是在建国后计划经济体制框架下形成的。在计划经济体制下，文化的意识形态特征得到强化，而其市场价值和产业特征弱化。国家对文化投资实行统包统管的政策，几乎所有的文化部门都收归国有，文化从业者实行固定工薪制，国家拨款逐渐取代了私人投入和文化市场而成为唯一的资助方式，文化的事业化发展取代了文化产业。

“文革”期间，文化被更加严格的政策所管制，资源配置方式的低效率导致投资主体和渠道单一，国有文化单位运行机制僵化，文化产品和服务供给严重不足。

（二）改革调整阶段（1978—1999 年）

党的十一届三中全会召开后，国家的建设中心转移到经济建设和改革开放当中，文化事业的统包统管制度受到冲击，国家开始调整有关文化经济的政策。

改革开放初期，文化投资政策以文化事业的复苏为主要目的，文化市场开始兴起，但是文化事业的大多数领域还是被严格控制在党的宣传部门和文化管理部门。从 20 世纪 80 年代中期开始，文化经济政策开始逐步改革，与意识形态关系不密切的部分文化行业出现了市场化、产业化的趋势；文化艺术被纳入了第三产业的范畴，在国民经济和社会发展指标中获得了产业身份。为缓解文化事业发展困境，我国出台了“以文补文”“多业助文”的政策，允许文化单位从事经营性活动。1989 年 1 月，财政部发布了《关于事业单位财务管理的若干规定》，根据文化单位是否有“稳定的经常性业务收入”，将国家预算内事业单位区分为“全额预算管理”“差额预算管理”“自收自支预算管理”三种类型，从而将文化单位划分为公益性、准公益性和经营性文化单位。国家财政对这三类文化单位的经费投资量和投资方式逐渐有所区别，可经营性和准公益性的文化单位逐渐进入市场。

20 世纪 90 年代以后，随着国家文化管制的放宽，非公有资本开始进入文化产业链的某些环节如图书销售等。1992 年，中共中央、国务院出台了《关于加快发展第三产业的决定》，把文化旅游、文化娱乐业、咨询业、信息业和各类文化技术服务业列为发展重点，明确提出“谁投资，谁所有，谁受益”，“充分调动各方面的积极性，国家、集体、个人一起上，放手让城乡集体经济组织和私营企业、个人兴办投资少、见效快、劳动密集、直接为生产和生活服务的行业”。这一决定事实上已经放开了一些竞争性文化产业的投资门槛。

（三）规范引导阶段（2000 年至今）

在 2000 年 10 月党的十五届五中全会通过的《中共中央关于制定国民经济和社会发展第十个五年计划的建议》中，“文化产业”第一次在中央正式文件里出现，标志着我国对文化产业的承认和对其地位的认可。2003 年，国家开始进行文化体制试点改革，改革试点地区的文化单位在市场经济条件下逐步按照文化产业发展的需要，积极探索新的文化投资体制。2004 年 7 月，投资体制开始进行改革，非公有资本迅速进入文化产业领域，初步形成了多种所有制并存的文化产业投资格局。随后，国家从多个角度入手，大力推进文化产业与金融资本的融合。

在政府资金支持方面，加强扶持力度。2003 年 9 月，《文化部关于支持和促进文化产业发展的若干意见》提出“争取一定数量的政府投资，作为文化产业引导资金，对重点文化产业项目的开发与运营，特别是内容产业文化产品的生产给予资金补助和信贷贴息等支持”。2009 年 9 月，国务院发布的《文化产业振兴规划》提出，将设立我国文化产业投资基金，由中央财政注资引导，实行市场化运作，通过国有企业和金融机构等的股权投资、认购等方式，推动资源结构调整。2014 年 7 月，文化部发布的《关于大力支持小微文化企业发展的实施意见》提出“充分发挥财政政策引导示范作用，着力改善小微文化企业发展环境，促进小微文化企业创业发展”。2014 年 8 月，文化部、财政部联合发布《文化部财政部关于推动特色文化产业发展的指导意见》，加大对特色文化产业的财政支持。

在资本准入方面，降低准入门槛。2005 年 8 月，国务院颁布《关于非公有资本进入文化产业的若干决定》，鼓励支持非公有资本进入政策许可的文化产业领域，支持非公有制文化企业的发展。2006 年 9 月，《国家“十一五”时期文化发展规划纲要》提出要“充分利用国内外资本市场，拓展文化产业投融资渠道。鼓励文化企业通过发行公司股票、企业债券在资本市场直接融资”。2014 年 4 月，《关于推动 2014 年度文化金融合作有关事项的通知》要求进一步加强文化企业与金融各界的联系，降低文化资本市场的准入门槛，拓宽投融资渠道。

三、中国文化投资体制现状

计划经济体制的惯性使得我国文化投资体制与市场经济的对接极不充分，文化企业难以获得资本市场的投资。概括起来说，我国文化投资体制存在的问题主要集中在以下四方面。

一是政府投入不足，投资效率较低。我国文化产业的管理经费主要来自中央与地方财政，但由于财政总量有限以及政策导向不明等多方面原因，每年投入到文化产业的资金相对微薄。如图表 3-1 所示，虽然 2007—2013 年度国家财政对文化产业的投入额度总体呈增长趋势，但其在财政预算总支出中占的比例却很低。同时，某些地方政府在文化产业发展中，存在着明显的越位、缺位、错位现象，导致政府投资效率低下。

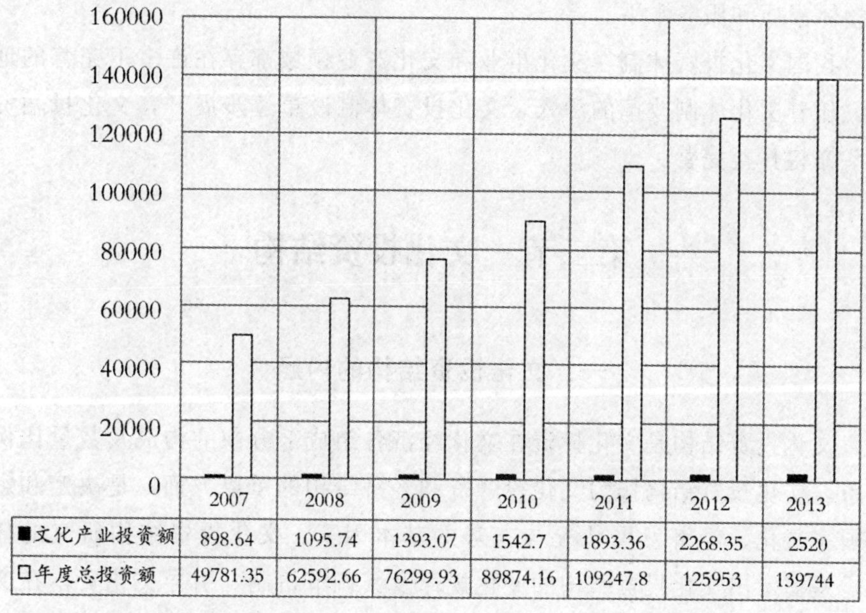

	2007	2008	2009	2010	2011	2012	2013
■文化产业投资额	898.64	1095.74	1393.07	1542.7	1893.36	2268.35	2520
□年度总投资额	49781.35	62592.66	76299.93	89874.16	109247.8	125953	139744

图表 3-1：2007—2013 年国家财政总投资额与文化产业投入额对比图（单位：亿元）

资料来源：国家统计局《中国统计年鉴》和财务部统计数据。

二是投资主体单一，融资渠道不畅。发达国家文化产业发展过程中所需要的资金投入来自政府、民间和国外资本等多种渠道，而在我国由于文化产业曾长期被认为是纯粹的公益事业，因此其开支主要来源于政府财政。再加上当前文化产业的投资门槛较高，民间资本、海外资本进入困难，导致了我国文化产业的投融资主体过于单一，文化市场融资渠道闭塞。

三是法律保障机制不完善，投资风险高。健全的法制和市场环境是文化产业实现可持续发展的必要条件。然而到目前为止，我国文化产业的法制体系建设尚不完善，投资者所关注的法律地位、权益保护等核心问题尚未得到较好解决，而产权界定、资产评估、资本流转等方面的诸多问题亦有待讨论。这增大了投资者的投资风险，导致部分有投资意向的投融资主体处于观望状态。

四是信用缺失，限制了文化产业担保机构的风险管控能力。完善的市场信用体系建设是文化市场稳定、持续发展的基础和保障。由于我国社会信用制度和征信系统建设滞后，文化投资体制建设受阻。政府要积极培育文化产业投资信用担保服务中介，完善文化产业投资信用担保服务中介体系。对现有的文化产业投资咨询、评估、会计、法律、审计、设计、监理、招标代理等中介服务机构，要加强指导、监督，促使它们通过竞争提高整体素质和服务水平。

我国文化投资体制在文化事业和文化产业领域都存在许多不完善的地方。随着文化体制改革的深入，文化投资体制改革逐步展开，文化投融资体系亦将日益完善。

第二节　文化投资结构

一、文化投资结构的内涵

文化投资结构是文化投资在文化经济各组成部分中的构成及数量比例关系。文化投资结构作为文化投融资和经济结构的重要方面，是决定和影响国家文化、经济发展状况与态势的基本因素。文化投资结构研究的任务，是揭示出文化投资结构的变化规律及其调节机制，引导文化资本在文化产业各领域进行合理化流动，进而指导社会主义文化建设。

（一）文化投资结构分类

文化投资结构是一个有机联系的系统，一般可分为文化投资来源结构、文化投资分配结构和文化投资时期结构。

文化投资来源结构反映不同文化投资主体的投资在投资总量中的相互关系和数量比例。从国民经济资金运行的角度看，文化资金的来源主要有：国家预算资金，银行信贷资金，各政府部门、各地区、企事业单位及个人的自筹资金，民间资本，国外资本，等等。

文化投资分配结构主要反映投资资金在文化投资各构成要素之间的分配比例关系，这里的投资资金可以是存量也可以是增量。文化投资分配结构又可以细分为文化投资部门结构、文化投资地区结构、文化投资主体结构①、文化投资项目规模结构②和文化投资固流结构③等。

文化投资时期结构是指投资资金在不同时期之间的数量比例关系，是一种纵向角度的分类。文化投资时期结构可以揭示出文化投资的演变规律。

（二）文化投资结构的影响因素

21世纪以来，我国投资结构出现很多变化。并购热潮下货币资本与智力、技术、信息、品牌等资本相互融合，文化资源和资本不断整合，寻求规模优势；政府不断出台金融方面的扶持政策，推动投资结构多元化。影响文化投资结构的因素有以下几方面：

一是政府政策。政府可以通过税收、信贷等方面的倾斜直接影响文化投资结构，财政政策、金融政策、外贸政策等也会间接影响文化投资结构。

二是资本构成。文化投资的资本主要有无形资产（包括创意、知识、品牌、管理、科技等）、实物资本（主要指的是文化资源等有形资产）、金融货币资本（即政府、企业、银行对文化产业的货币投资）、组合投资（即投资于两种或两种以上的证券或资产，以降低风险）等。在资本构成中，“无形资产所占比重越大，资本增值的幅度就越大；而在无形资产中创意、知识、品牌、管理、科技等组合得越好，对资本增值的贡献力就越大”④。

诸多因素交织，共同影响了当前我国文化投资结构的走向和趋势。相关部门应从全局出发制定战略性政策，从实际出发强化资本组合，大力推动文化投资结构合理化。

---

① 投资主体结构指各种投资主体投资的数量比例关系，可以按所有制划分，也可以按照国民经济管理系统划分为政府、企业、个人投资主体。投资主体结构是否合理，直接关系到能否调动各投资主体的积极性。

② 投资项目规模结构指投资资金在不同规模（大、中、小型）项目上的分配比例关系。

③ 投资固流结构指分配于固定资产和流动资产上的投资资金之间的比例关系。

④ 岳红记，刘吉发：《优化陕西文化产业投资结构的探讨》，《经济师》，2007（10），264—267页。

二、文化投资结构合理化

社会资源在产业间的配置是通过产业投资来实现的，产业投资结构直接决定了产业结构的发展方向和发展过程。因此，合理的文化投资结构是优化文化产业结构的重要条件。

合理的文化投资结构意味着文化资源、资本的最优分配。文化投资结构是否合理要根据一定的标准来评判。首先，文化投资结构要和生产消费结构相适应，根据人民日益增长的文化水平的需要来调整文化投资结构。其次，文化投资结构要和文化资源结构相适应。我国有形文化资源和无形文化资源都很丰富，但是如何去开发这些资源，如何将文化资源与投资资本结合起来，是文化投资结构要解决的一个难题。再次，文化投资结构内部各要素要具有良好的相互协调和自我调节能力。投资结构是一种复杂的有机联系的整体，诸要素之间相互联系、相互制约，客观上存在一定的比例，因此合理的文化投资结构要有良好的自我调节能力。[①] 最后，文化投资结构必须符合收益最大化原则。调整文化投资结构的目的是提高文化投资收益，使各投资主体的产出最大化。

总之，文化投资结构合理化是一个动态的变化过程，它永远处于一种由不合理向合理的转变之中。推动这一转变的根本动力是社会经济结构、文化体制和消费者需求结构的变动。国民经济的发展、科技的进步、文化制度的变革及消费者文化水平的日益提高必然会导致文化产业结构和需求结构的变化，这就要求文化投资结构做出相应的变动适应之。

三、优化文化投资结构的意义

控制文化投资规模、调整文化投资结构、提高文化投资收益是文化投资领域治理整顿的三大目标。文化投资结构的变化，会对文化投资的规模和收益产生一定的影响。从这个角度来说，实现文化投资结构合理化具有重要的现实意义。

一是有利于合理扩大文化投资规模。文化投资结构是文化资源配置状况的重要反映，是控制文化投资规模的关键。文化投资结构不合理，必然导致有限的资金浪费在并非真正紧缺甚至发展过度的产业上，而真正的投资需求却得不到满足，造成一方投资规模膨胀、另一方资金短缺的状况，

---

① 郎荣燊，裘国根主编：《投资学》，49 页，北京，中国人民大学出版社，2010。

最终造成文化产业结构失衡。反之，如果文化投资结构合理，则会有足够的资金被调控到投资需求量大的产业上，从而扩大相应的产业规模，实现文化产业的集体均衡发展。

二是有利于提高文化投资效益。文化投资结构是文化产业发展的重要影响因素。只有根据文化产业发展的需要合理安排文化投资结构，才能提高经济效益，促进文化产业的发展。文化投资结构的优化程度影响着资金效益。如果文化投资结构不合理，多大的文化投资规模都无助于文化产业的协调有序发展，更无助于文化投资效益的长远增长。

总之，实现文化投资结构的合理化，能够有力地实现投资收益最大化，并最终推动文化市场的繁荣和社会主义文化的发展。

第三节　文化投资政策

文化产业政策是国家根据文化经济与社会发展的要求以及一定历史时期内文化产业发展的现状和变动趋势，以市场机制为基础，规划、干预和引导文化产业形成和发展的政策系统。文化投资政策是文化产业政策中的一个重要部分，是文化资本时代对资本在文化产业间的流动进行的政策性规范和引导。

一、中国文化投资政策实施环境

（一）经济环境

目前，随着以信用交易为主要内容的金融业迅速发展，中国的资本市场正在日益成熟。文化企业可以通过发行股票、债券或者进行社会集资等直接融资方式来获取资金，也可以通过流动资金贷款、固定资产贷款、房地产开发贷款、项目贷款、国际银团贷款、出口信贷等间接融资方式来解决资金短缺的问题。这极大扩展了文化产业发展的筹资渠道。由于投资文化产业的利润回报高于传统产业，越来越多的企业、银行和基金会纷纷涉足文化产业，而资金投入的多元化也为提高文化产业的投资效益创造了重要条件。

当前我国正值产业转型之际，政府大力提高文化产业在国民经济中的地位，文化产业的发展走上快车道。如今资本市场对文化产业重视程度加深，两者不断融合，这为我国文化投资政策的制定与出台营造了良好的社会氛围。

（二）制度环境

市场经济体制的建立奠定了文化产业发展的制度基础。文化产业的产生和发展同市场经济时代的发展是相联系的，是市场经济走向成熟的表现，也是产业分化和社会进步的必然结果。

2000年，中共中央在有关国家“十五”规划的建议中提出了要“推动有关文化产业的发展”，为文化产业在中国合法性地位的确立提供了可能。

2002年的《政府工作报告》在阐述“如何进一步解决经济发展的结构性矛盾和体制性障碍”的相关政策时，提出要“大力发展旅游业和发展文化产业”，第一次明确指出文化产业发展在国家经济战略目标中的具体定位，不过此时的文化产业在理论和政策上缺乏主体性定位。同年，党的十六大以国家战略目标的实现和文化自身的发展需求为前提，将发展文化产业提升至全面建设小康社会、大力发展社会主义文化的层面上来，这就使得发展文化产业成为满足国家经济战略需求的政策选择。①

2007年，党的十七大报告旗帜鲜明地提出要“加快文化产业发展，增强国家文化软实力，促进文化大发展大繁荣”。2009年《文化产业振兴规划》的通过，标志着我国文化产业政策体系的进一步完善。

2012年，党的十八大报告提出文化产业发展的明确目标：到2020年文化产业成为国民经济支柱性产业。这为我国文化产业的进一步发展指明了方向。

（三）文化与科技环境

科学技术驱动了文化产业的快速发展。每一次技术革命都对文化的传播起着巨大的推动作用。任何一种产业的发展都是建立在一定技术生产力基础上的，当代中国文化产业的产生与发展同样离不开现代科学技术的支持。高新技术在文化领域的应用，使文化产品的生产和传播呈现出与以往截然不同的特点，从而催生了以工业生产方式发展文化产业的途径；现代科学技术为文化产品大众化的生产和销售创造了条件，给文化产业带来空前的发展机会。

二、中国文化投资政策主要内容

文化投资政策通过运用行政、法律和经济手段，促使政策作用客体调整自己的经营行为和方向，从而达到优化文化产业和文化事业格局、促进社会资源合理配置、规范文化产业市场秩序以及提升文化产业竞争力的目

① 李宝虹主编：《文化产业投资》，54页，北京，清华大学出版社，2013。

的。当前，我国文化产业投资政策主要是从投资主体、投资方式、投资渠道等层面进行一定的规定和引导。

（一）政策推动投资主体多元化

1. 确立国有文化资本的投资主体地位。文化产业的特殊性决定了国有文化企业在文化产业整体发展格局中的主体地位。政府在文化产业投资领域可以拥有优先权，但不应拥有垄断权。对于涉及国家文化主权和文化安全的领域，政府则应根据宪法和法律赋予的权利，坚决地控制和掌握在自己手里。①

2. 充分发挥民营经济的重要作用。现阶段，单凭政府的力量无法解决长期困扰中国文化产业发展的资金、技术、人力和管理等诸多问题。要有效地克服这些困难，需要借助民营经济的力量。在鼓励民间资本方面，2005 年 8 月，国务院颁布《关于非公有资本进入文化产业的若干决定》，鼓励支持非公有资本进入政策许可的文化产业领域，支持非公有制文化企业的发展；2006 年 9 月，《国家“十一五”时期文化发展规划纲要》提出要“充分利用国内外资本市场，拓展文化产业投融资渠道。鼓励文化企业通过发行公司股票、企业债券在资本市场直接融资”；2010 年 6 月，国务院下发《关于鼓励和引导民间投资健康发展的若干意见》，详细规定了文化投资的领域和范围；2012 年 6 月，《文化部关于鼓励和引导民间资本进入文化领域的实施意见》出台，要求通过具体措施为民间资本进入文化领域创造良好发展环境。这些政策不断降低文化市场准入的门槛，利用民间资本为文化产业的发展筹集资金。

3. 积极利用国外资本。在立足国内的基础上，努力扩大对外文化交流，扩展对外文化产业经营和投资。这方面的政策主要有：欢迎外籍团体和友好人士、海外侨胞对文化事业资助捐赠；允许境外机构和个人投资国家允许和倡导进入的文化产业；与境外合作摄制影视片、出版图书、制作音像制品和其他文化产品，或兴建公共文化设施；允许文化馆、博物馆等机构利用外资合作开展考古挖掘、文物研究和保护工作。②

（二）政策支持文化产业与金融业相结合

2000 年以来，国家出台了一系列具体措施鼓励金融界进入文化产业领域，旨在解决文化企业的融资难题，建立完善的文化产业投融资体系。图表 3-2 汇总了 2003 年以来我国支持文化产业与金融融合的主要政策。

①② 李宝虹主编：《文化产业投资》，61、62 页，北京，清华大学出版社，2013。

图表 3-2：2003—2014 年我国推动文化产业与金融融合发展相关政策汇总（至 2014 年 8 月）

行业	时　间	政策名称	政策内容
银行业	2003 年 2 月	《2003—2010 年文化市场发展纲要》	指出要继续扩大文化市场准入，完善投融资体制，并将信贷支持提上日程
	2009 年 3 月	《关于扶持培育文化出口重点企业、重点项目的合作协议》	文化部鼓励中国进出口银行计划向文化企业提供信贷资金
	2010 年 3 月	《关于金融支持文化产业振兴和发展繁荣的指导意见》	促进银行业金融机构与融资性担保机构加强规范合作，为文化企业融资提供增信服务
	2014 年 2 月	《国务院关于推进文化创意和设计服务与相关产业融合发展的若干意见》	拓展贷款抵（质）押物的范围，完善无形资产和收益权抵（质）押权登记公示制度，探索开展无形资产质押和收益权抵（质）押贷款等业务
	2014 年 4 月	《关于推动 2014 年度文化金融合作有关事项的通知》	针对信贷融资，财政部将从 2014 年度文化产业发展专项资金中单独安排资金，专门用于支持相关贷款贴息项目。贷款贴息资金安排与其他项目资金安排相互独立
证券业	2002 年	《上市公司行业分类指引》	传播与文化产业被确定为上市公司 13 个基本产业门类之一
	2009 年 9 月	《文化产业振兴规划》	提出支持有条件的文化企业进入主板、创业板上市融资
证券业	2010 年 3 月	《关于金融支持文化产业振兴和发展繁荣的指导意见》	支持处于成熟期、经营较为稳定的文化企业在主板市场上市。鼓励已上市的文化企业通过公开增发、定向增发等再融资方式进行并购和重组
	2014 年 2 月	《国务院关于推进文化创意和设计服务与相关产业融合发展的若干意见》	支持符合条件的文化企业上市，鼓励企业发行公司债、企业债、集合信托和集合债、中小企业私募债等非金融企业债务融资工具
保险业	2010 年 3 月	《关于金融支持文化产业振兴和发展繁荣的指导意见》	“积极培育和发展文化产业保险市场”：一方面“进一步加强和完善保险服务”，另一方面要“推动保险产品和服务创新”
	2011 年 1 月	《关于保险业支持文化产业发展有关工作的通知》	细化了保险业支持文化产业的政策措施，公布了第一批 11 个文化产业保险试点险种，并鼓励保险业发挥支持文化产业发展的融资功能
	2014 年 2 月	《国务院关于推进文化创意和设计服务与相关产业融合发展的若干意见》	探索设立专业文化产业保险组织机构，促进文化产业保险发展

(三) 政策提供文化产业投融资财政、税收优惠

随着文化投资体制改革的深入，我国文化投资政策日益丰富、完善。为进一步推动文化产业发展，各级政府出台了一系列财政税收政策。

中央层面，2003 年 2 月，《2003—2010 年文化市场发展纲要》指出要“利用财政、税收、信贷等经济杠杆，引导资金投向，调整文化产业布局，支持文化产业发展”；同年 9 月，《文化部关于支持和促进文化产业发展的若干意见》提出“争取一定数量的政府投资，作为文化产业引导资金，对重点文化产业项目的开发与运营特别是内容产业文化产品的生产给予资金补助和信贷贴息等支持”。2008 年 4 月，文化部落实全国文化体制改革工作会议明确要求“设立国家文化产业发展专项资金，采取贷款贴息、资助、奖励、设立投资风险基金等方式，扶持重大文化产业项目和优秀文化产品生产”。2011 年 6 月，财政部、海关总署、国家税务总局印发了《动漫企业进口动漫开发生产用品免征进口税收的暂行规定》的通知。2014 年 2 月，《国务院关于推进文化创意和设计服务与相关产业融合发展的若干意见》明确提出对文化产业加大财税支持，“对经认定为高新技术企业的文化创意和设计服务企业，减按 15%的税率征收企业所得税”，“对国家重点鼓励的文化创意和设计服务出口实行营业税免税”。

地方层面，在文化产业较发达的北京、上海、广东、湖南、浙江等地，政府采取拨出专项资金、银行贷款贴息、配套资助、奖励、项目补贴等资助方式，加强对文化产业的财税支持。

三、中国文化投资政策所存问题及解决思路

文化产业独有的属性和发展阶段决定了其在发展过程中仅仅依靠市场机制很难实现资源的合理配置；同时，作为新兴产业，由于市场机制不健全，文化产业的许多领域存在市场失灵现象。因此，对文化产业领域进行必要的政府规制与干预，寻求政府与市场的有效结合，是促进文化产业持续健康发展的必然选择。我国的文化投资政策推动了文化产业的快速起步与发展，但受制于经验不足等原因，现有文化投资政策仍不够完善。

(一) 文化投资政策的不足

受特殊历史原因和文化意识形态性的影响，中国的文化产业起步比较

晚，真正意义上的文化投资也是到21世纪才得到发展，目前正处于摸索阶段。我国文化投资政策尚不完善，主要体现在下述三个方面。

一是对社会资本进入文化产业的限制依然过严。虽然我国对社会资本进入文化产业的限制逐步放宽，但相较于发达国家依然较为严格，具体表现在社会资本进入新闻报刊、出版、广播电影电视等媒体行业时被严格地限制，即使部分允许社会资本进入的文化产业领域也有着苛刻的资本比例要求，如民营资本持股比例不得超过49%、不能取得控股权等。此外，外资的进入门槛更为严格，不仅对投资方资质有明确的要求，而且还要从严审批，严格限制许可证发放，这在一定程度上阻碍了社会资本的进入。

二是税收优惠政策对文化产业的激励和引导作用尚未充分发挥。首先，税收优惠政策大多散见于各税种，而各税种之间缺乏协调，从而使得税收优惠政策体系比较松散，不够完整；其次，税收体制的衔接不够，如我国在文化产业领域还普遍存在着增值税与营业税混征的现象，导致税制的复杂化，从而加重了文化企业的税收负担。

三是税收优惠设计不合理。文化产业发展的每一个环节都会影响产业的发展质量，但我国现有税收优惠措施并没有与文化产业各链条相呼应配套，如对研发、设计和服务营销等不同环节并没有相应的税收优惠手段，对不同文化企业的税率设计也没有体现出差异性，从而影响了税收优惠对文化企业的激励作用。

（二）完善文化投资政策的建议

政策具有全局性、先导性的作用，对文化产业投资发展的指导意义巨大。各级政府应在全面调研、科学考察、慎重决策的基础上继续加快相关政策的制定与出台，从上层建筑层面推动文化产业又好又快发展。

当前，我国大力推进文化产业金融服务体系建设，走一条“政策鼓励发展，搭建平台建设，创新文化产品，扩宽融资途径”① 的道路。根据政府在文化投资方面的优惠政策，文化部等各部委及地方政府积极推进第三方平台建设，加强金融机构与文化产业的对接，鼓励银行、证券、保险等深度参与文化投资，促使文化产业实现跨越式发展。图表3-3给出了文化产业投融资体系建设的一个框架。

---

① 张青超，李学文：《支持文化产业发展的金融政策》，《地方财政研究》，2012(01)，11页。

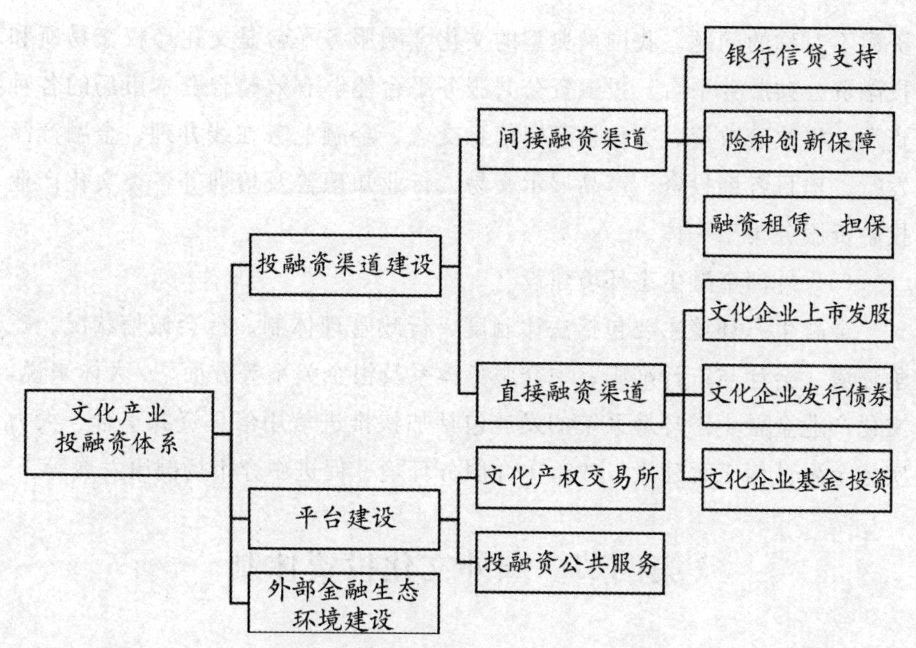

图表 3-3：文化产业金融服务体系建设框架图

资料来源：张青超，李学文：《支持文化产业发展的金融政策》，《地方财政研究》，2012（01），11 页。

（1）文化产业投融资渠道建设

通过多种途径鼓励金融业为文化产业输血，必须依靠相关部门和金融机构大力推动渠道建设。文化产业的投融资渠道可以分为间接融资渠道和直接融资渠道。

间接融资渠道的支持离不开银行业、保险业等的配合。以银行业为例，银行需要给予文化企业信贷支持。这不仅需要银行改变以往的资产评估体系，创新无形资产评估体系和信贷产品，还需要文化企业根据银行信贷的指标完善自身的管理制度。

文化产业直接融资渠道建设包括文化企业上市发股、发行债券、基金投资等三个方面。无论是 2009 年的《文化产业振兴规划》还是 2010 年的《关于金融支持文化产业振兴和发展繁荣的指导意见》，都为文化产业股权投资提供了政策支持。过去多投资于互联网和生产型企业的 PE（Private Equity，私募股权）机构，开始将更多的目光投射到文化产业上。政府也要从政策层面支持金融机构投资文化企业债权和股权，引导社会机构和个人投资者及境外投资机构的资金流向文化产业。

（2）文化产业金融平台建设

文化产业金融服务平台能够有效解决文化企业和资本市场之间信息与

资源不对称的问题。我国最典型的文化金融服务平台是文化产权交易所和投融资公共服务平台。投融资公共服务平台能够有效整合资本市场的各种资源，将政府政策、文化投融资信息交流、金融业务在线办理、金融产品发行、项目咨询投资、产品展示交易、行业知识普及培训等各类文化产业投融资服务集于一体。

(3) 外部金融生态环境建设

金融生态环境主要包括法律制度、行政管理体制、社会诚信状况、竞争环境、会计与审计准则、中介服务体系及银企关系等方面。[①] 大体来说，文化产业金融生态环境系统的发展包括加快推进信用信息资源整合、大力实施金融诚信工程建设、改善中介服务环境、促进中介市场健康发展等。

第四节　国外文化投资体制

文化产业曾被称为“20 世纪最后一块暴利蛋糕”，世界主要发达国家竞相发展文化产业，美、欧、日、韩等已建立起较为完备的文化投资体制。“它山之石，可以攻玉”，通过剖析各国文化投资体制的主要特点，取其精华为我所用，有利于推动我国的文化产业发展及文化投资体制建设。

一、美国文化投资体制

在美国，文化产业是仅次于军工产业的国民经济第二大支柱产业，其电视节目、广播节目、电影、音乐等产量在世界占很大比例。美国文化产品的出口已成为美国对外贸易的重要组成部分，其中仅核心版权产业出口一项就已经超过化学品、医药品、汽车、航天及相关设备等产业部门的出口总额。美国文化产业运作如此成功，离不开成熟的市场投融资体制。

(一) 美国文化产业投资体制模式

根据政府在文化产业发展中扮演的角色划分，美国的文化投资体制属于市场主导模式。美国在文化产业领域倡导自由主义政策，这并不代表美国政府任由文化产业自生自灭；恰恰相反，美国政府对文化产业投融资的影响无处不在。这种影响在三个方面表现得尤为突出：一是通过制定优惠的财税政策来鼓励各州和全社会支持文化产业，积极引进外资。二是政府

---

① 张青超，李学文：《支持文化产业发展的金融政策》，《地方财政研究》，2012 (01)，11 页。

很少直接介入风险投资等投资过程中，而是用公共权力为文化投资活动提供法律保护和政策支持，采取以私营风险投资机构为主体的模式。三是美国利用贸易保护主义保护本地文化产品，对外国文化产品课以重税，别国的文化产品要打入美国市场，只能采取直接投资的方法。美国实施贸易保护主义政策的目的是限制文化产业国际竞争国内化，这在一定程度上促成了美国国内较高的利润回报率，客观上造成了大量国际投资进入美国文化产业。[①]

（二）美国文化产业投资体制特点

1. 政府的引导支持体制。在市场主导模式下，美国国内没有设立专门管理文化产业的政府机构，而是坚持由市场机制进行引导和调节。根据文化产业的属性，美国的文化产业政策分为非营利性文化产业政策和营利性文化产业政策。

（1）非营利性文化产业政策

对于非营利性文化产业的发展，美国建立起以政府资助为引导、社会资助为主体的多元化混合融资体制。在这一体制中，政府的作用更多是通过完善法律法规和制定相关的税收优惠政策对公益性文化产业领域提供支持。比如政府会通过文化组织基金对美国博物馆及图书馆服务协会（The Federal Institute of Museum and Library Services，IMLS）、国家人文基金会（National Endowment for the Humanities，NEH）、国家艺术基金会（National Endowment for the Art，NEA）和肯尼迪中心（Kennedy Center）等文化组织进行资助。

为了减少艺术团体等非营利性文化产业对政府资金的过度依赖，政府对文化产业的资助采取的是有限拨款的方式，并且政府资助资金一般不会超过文化团体所需资金总额的20%。文化团体必须自己筹集到至少80%的所需资金，才能获得政府的资金资助。[②] 除此之外，美国政府还鼓励非营利性的文化机构从事营利性的经营活动，在免税待遇范围内的经营活动可以免除相应税款，其余的须按标准缴纳税款，以此激励非营利性文化机构的自身发展。

（2）营利性文化产业政策

对于营利性文化产业，美国政府不会给予直接的资金资助，而是将其

① 余晓泓：《美国文化产业投融资机制及启示》，《改革与战略》，2008（12），153—155页。

② 辛阳：《中美文化产业投融资比较研究》，博士学位论文，吉林大学，2013。

与其他产业部门一视同仁，使其共同参与市场竞争（为了鼓励本地区文化产业的发展，一些州和地方政府也制定了相关的优惠政策）。美国政府对营利性文化产业的支持主要表现在为其提供优越的外部环境和法律保障上。

在优惠政策上，美国政府出台了《文化产业优税法》《文化产业捐赠者减免税法》，对文化产业的营业税、所得税、研发税等进行优惠或减免。在法律保障方面，美国已基本建立起包括《专利法》在内的一套完整的知识产权法律体系，其中，《版权法》适用于艺术等创造性产业，《贝多尔法案》《联邦技术转移法》界定了知识产权的权益分配，《专利质量提高法》《专利改革法》规范了专利市场，而《数字化千年版权法》则提供了应对网络时代版权发展变化的对策。

（3）鼓励社会资本和外资政策

美国《文化产业捐赠者减免税法》鼓励了大量社会资金无偿流向文化产业。文化产业发展的资金来源中，来自各大公司、基金会和个人捐赠的数额占很大部分，特别是对于特定的文化活动来说，“私人捐赠者的捐献额是政府来源的2倍或3倍”①。

此外，美国政府对外资进入文化产业的限制较少，在外资所占比重、投资形式、投资领域、投资程序等方面基本上都不予限制。这鼓励了加拿大、英国、日本等许多国家通过跨国公司对美国文化产业进行投资。

2. 多层次的文化投资体制。在政府对文化产业的大力扶持和引导以及文化产业自身长期的发展探索中，美国形成了一种成熟的多层次文化投资体制。

（1）多层次的投资主体。美国文化产业的投资主体包括政府，也包括国内各类社会团体、大企业财团。美国是完全的市场经济国家，对文化产业投资主体准入限制少。如美国二战后所形成的十大财团中，有不少财团都涉足文化产业，其中洛克菲勒财团除了控制石油工业、航空工业和金融业外，也渗透到了电信事业、现代博物馆、艺术馆等文化领域。除此之外，美国文化产业还有着国际大型跨国资本的支持。由于美国文化产业的市场化程度高，并购频繁，如今美国文化市场上活跃着众多跨国公司。例如，日本索尼公司、澳大利亚新闻集团等纷纷活跃在好莱坞电影行业当中。这些跨国公司不仅给美国文化产业带来了大量的人力、物力、财力，

---

① 辛文：《国外文化产业投融资体系简析》，《文化月刊》，2010（03），30页。

也为美国文化产业带来了新鲜的活力和创意，大大加强了美国文化产业在国际上的实力。

（2）完善的中介服务组织。美国文化产业具有完善的金融、保险、会计、法律等营利性中介服务组织和行业协会、商会等非营利性中介组织。证券市场提供的金融创新产品拓宽了文化投资渠道，为股权交易提供了便捷的通道；对保险产品如财产损失保险、责任保险、艺术品综合保险的创新分散并降低了文化产业的投资风险；会计、法律、交易平台、担保公司等中介机构和担保机构为文化产业投资提供专业咨询和担保，提高了文化投资的质量和效率。[①] 这些中介组织互为补充，不仅为文化企业提供信息情报，也促进了文化企业与金融机构、政府之间的沟通。

（3）资本市场上市融资。美国拥有世界上最为发达的资本市场，其多层次、多制度、多门槛的证券市场体制为企业提供了畅通的融资渠道。美国股票市场大体可分为四个层级：第一级为向大企业提供服务的全国性市场，包括纽交所（NYSE）和纳斯达克（NASDAQ）全国市场；第二级是向中小企业提供服务的全国性市场，包括美国证券交易所（AMEX）和纳斯达克小型资本市场；第三级是地方性、区域性股票交易市场，如波士顿股票交易所、芝加哥股票交易所等；第四级则为达不到前三级市场上市要求的为中小企业提供融资服务的非交易所市场，如 OTCBB 板块（场外柜台交易系统）和粉单板块市场等。多层次的资本市场结构，为不同文化企业提供了畅通的投融资渠道。

（4）风险投资。风险投资（Venture Capital，VC）是风险投资者提供的投向快速增长并且显示出巨大成长潜力的高科技企业或技术创新型企业的权益资本。投资者在承担高风险的基础上，为融资人提供长期股权资本和增值服务，并在多年后通过退出机制退出投资，以获得高额回报。风险投资是美国金融创新的产物。经过多年发展，美国已经形成了从项目投资前的审核和筛选到中期的项目辅导和风险控制再到最终退出的较为成熟的文化产业风险投资运作机制。

3. 完善的金融服务制度。美国的金融制度灵活，金融创新手段丰富。文化产业特有的轻资产、高风险的特点阻碍了其与金融资本的有效对接。为解决这一问题，美国采取的金融手段创新主要体现在以下三个方面。

① 张炜，张勇，刘嘉汉：《文化产业投资及其政策研究》，《中共成都市委党校学报》，2013（03），62—66 页。

(1) 投资组合。投资组合指由投资人或金融机构所持有的股票、债券、衍生金融产品等组成的集合，其目的在于分散风险。美国首开将投资组合运用于文化产业投资的先河。以电影业为例，早在 20 世纪 90 年代，美国电影投资就采用了投资组合的方法，即将不同类型的影片组合在一起，极大地降低投资人的投资风险。

(2) 文化产业投资基金。21 世纪初，美国的私募基金（Privately Offered Fund）进入电影投资，形成了电影投资基金。电影投资基金通过发行高收益债、低收益债以及优先股的方式吸引着众多投资者加入到电影产业投资中，一定程度上保证了电影制作的资金来源。按常规估计，在美国，仅有约 25%的影片投资来自银行贷款，50%以上的影片投资来自投资基金。

(3) 文化创意资产证券化。所谓文化创意资产证券化是指以文化资产版权所蕴含的未来预期收益为基础保证，通过证券公司发行证券，从资本市场募集项目所需资金的一种融资方式。文化创意资产的证券化是资本快速流转的重要方式。如美国的投资银行可以以影片 DVD 销售收入和票房收入为基础资产，向投资者发行证券化产品，以融得资金。①

二、欧洲文化投资体制——以英、法为例

欧洲各国的文化产业产值在 GDP 中的比重一直较高，其中英国和法国的文化产业尤为发达。完善的融资体制、多样化的融资方式、多元的融资渠道为其文化产业的迅速发展提供了重要的保障。

(一) 英、法文化投资体制模式

1. 英国的“政府引导模式”

英国是文化创意产业的发源地，是最早提出“创意产业”概念的国家。英国政府从 1991 年开始着手发展文化创意产业，至今已经形成了世界上最完善的文化创意产业体制和架构最完整的文化创意产业政策。

在政府组织架构上，英国除设立国家文化委员会外，还在 1997 年 6 月成立了创意产业行为领导小组，其成员包括外交部、文化委员会、财政部、贸易工业部、教育和就业部、北爱尔兰事物部、妇女部、唐宁街 10 号政策研究室、科学和技术部的高级官员以及文化企业负责人和社会知名人士。1998 年，英国又成立了文化创意产业出口推广咨询小组，推广和监

① 辛阳：《中美文化产业投融资比较研究》，博士学位论文，吉林大学，2013。

督国际文化贸易。

在财政资助上，英国政府对文化事业和文化产业采取不同政策。首先，面对不能充分市场化的文化事业，英国通过各类非政府公共文化中介机构对其进行赞助，但政府对文化事业的财政资助是有条件的：一是资助比例一般只能占所需资金的30%左右，其余部分仍需自筹解决；二是实行“政府陪同资助”，即如果企业决定资助文化事业，政府将陪同企业资助同一项活动。其次，对于能够充分市场化的文化产业，政府则主要通过财税政策引导社会投资。英国的财税政策几乎覆盖了文化产业整个领域。如英国政府不对图书、期刊、报纸征收增值税，对一些大学出版社的经营则采取全部免费措施。再如从1950年开始，英国政府开始根据电影门票价格向影院征收伊迪税（为纪念参与制定该税种的财政官员而命名），政府将税款用来资助国家电影投资公司、英国电影学院制片委员会以及英国电影电视艺术学院。20世纪50年代以后，伊迪税成为英国电影制作的主要资金来源，它促使美国公司在英国组建子公司生产英国影片以符合取得伊迪税基金资助的资格，这极大地引起了美资的进一步涌入。

2. 法国的“政府管理模式”

法国是文化大国，其以电影、出版和旅游业为突出代表的文化产业在欧洲乃至世界均占有一席之地。法国政府特别注重对文化产业意识形态领域的严格管控，积极抵制外国文化对本国文化的渗透和侵略。基于此，法国早在1959年就成立了文化事务部，管理和保护本国的文化产业、文化事业。

法国政府对文化产业的不同行业采取不同的管理政策。影像事业（包括广播、电影、电视、图书馆、档案、博物馆、文化展及其相关领域等）被称为不可妥协部分。法国对这一部分主要采取政府支持方式，如直接提供赞助、补助和奖金。法国文化部每年对文化产业的预算占国家总预算的1%以上，地方政府还要另外投入两倍的预算来支持文化产业发展。法国西部拉罗歇尔电影节（La Rochelle Film Festival）的组织者每年从中央、大区、省、市政府分别得到17%、13%、9%和22%的补助，再加上欧盟5%的赞助，应付电影节的一般活动绰绰有余。出版、戏剧、新闻、建筑等行业则由个人、企业和中介等以市场化方式运作。法国市场经济发达，银行业繁荣，市场融资体制健全，为吸引外商投资文化产业创造了优越条件。

税收方面，法国政府对文化企业执行7%的增值税率，远远低于其他行业的18.6%。另外，为了保护法语文化体制，法国对本国市场化企业也建立了一套完善的保护和资助体制，以培育壮大国内文化企业。法国政府独有的文化产业扶持模式使得法国的文化消费高雅而不高价，从而促进了法国人民的文化消费并促进了法国文化产业的繁荣发展。

（二）英、法文化产业投资渠道的特点

1. 政府财政税收政策

为扶持文化产业发展，英、法政府给予本国非营利性文化产业以巨额财政拨款，而对营利性的文化产业则主要采取税收优惠政策。

2. 企业和专业协会的投资与运作

企业介入文化产业发展是民营资本参与文化投融资的重要方式之一，而专业协会的参与则为文化产业发展及资金运作提供了重要的专业支持。其中，企业在推动文化产业发展中的作用日益明显，并成为推动文化事业发展的重要力量。在英、法两国，无论大企业还是中小企业，都能依法参与文化赞助活动；而作为补偿，企业可获得减免税收或者享有冠名权等各种不同的回报。因此，在一系列大型古文物修复和重大国际性文化交流活动中，都能见到企业的身影。

英、法两国的专业协会多数属于非营利性组织，一般是由因情趣相投而聚合在一起的文化活动爱好者组织。这些组织的活动经费主要是靠会员缴纳的会费或募捐与赞助，少部分来自地方政府补贴；协会的资金来源和用途要受到财务及税务的严格审计，那些享受政府补贴的协会更是如此。每当全国或地方举办公共文化活动时，这些协会都会应邀参加，负责组织和服务方面的工作。专业协会在号召志愿者的过程中发挥了不可忽视的作用。①

3. 基金与资产证券化

基金是指为了特定目的而设立的具有一定数量的资金；资产证券化是以特定资产组合或特定现金流为支持发行可交易证券的一种融资形式。欧洲金融市场发达，基金与资产证券化为文化产业的迅速发展提供了重要的资金支持。

文化产业投资基金是文化产业投融资方面最主要的基金之一，它是

---

① 辛文：《国外文化产业投融资体系简析》，《文化月刊》，2010（03），30—32页。

"所有以投资形式专用于文化产业的资金的统称"①。利用文化产业投资基金直接解决企业融资问题是英、美两国较常采取的做法。按照资金来源划分，政府负责管理的文化产业投资基金可分为财政资金基金和社会募集资金。

资产证券化是现代经济生活的一大趋势，以英、法为代表的欧洲国家的资产证券化早已从最初的房产等有形资产扩展到无形财产权，并发展成为资本快速流转的重要方式。在本书的第五章，我们将以"鲍伊债券"(Bowie Bonds) 为代表讲述英国的资产证券化模式。

三、日、韩文化投资体制

(一) 日、韩文化产业投资政策模式

针对法律法规和市场各项制度尚不健全的状况，韩国和日本在文化产业投资体制上采取了政府主导模式。韩、日政府为了实现经济转型，将发展文化产业定位为国家战略，这一点与我国十分相似。

1. 韩国文化产业投资政策模式

韩国在1998年提出"文化立国"战略后，迅速摆脱了金融危机的消极影响，其文化产品不断涌入世界各地，使其一跃成为世界五大文化产业强国之一。韩国在财税等经济政策上的主要做法是：第一，集全国之力，以财政资金为主，按照"集中与选择"的原则，有重点地扶持提升文化产业竞争力，优化国内文化产业结构；第二，以国家财政资金为主设立文化产业基金，建立多层次、全方位的资金扶持体制；第三，制定文化产业税收政策，以税收优惠政策为导向，明确国家文化产业发展战略并制定中长期发展计划。除财税政策之外，韩国还对《影像振兴基本法》《著作权法》《电影振兴法》《演出法》《广播法》《游戏产业振兴法》等做了部分或全面修订，并专门制定《文化财产保护法》，保护和发掘本国优秀传统文化；韩国还设有一个无形文化财产厅，专门管理无形文化财产，对传统的说唱、假面舞、摔跤、拳击等无形文化财产及掌握该绝活的民间艺人实行编号管理。

2. 日本文化产业投资政策模式

日本政府早在1986年就制定并实施了《研究交流促进法》，鼓励国家

① 李华成：《欧美文化产业投融资制度及其对我国的启示》，《科技进步与对策》，2012 (07)，107页。

机构的研究人员到民间企业参加共同研究，为各类文化产业项目的开发提供智力保障和人力支持。1995年，日本文化政策推进会议发表了重要报告《新文化立国：关于振兴文化的几个重要策略》，明确提出了日本在21世纪的文化立国方略，此后财税政策扶持文化产业的力度不断增大。日本财税政策的施政目标取向和定位介于美国与韩国之间：一方面日本主要依靠市场机制发展文化产业，另一方面政府主导的特点也很明显。比如，政府对具有地方特色的文化艺术产业提供包括动用财政资金在内的综合援助、中央政府与地方政府联合举办全国规模的文化节等。

为把文化立国战略落到实处，日本设立了具有文化管理职能的经产省和文部省。为加强政府对振兴文化的立案职能，2001年日本内阁对中央省厅进行大规模的改组，在文化厅设置了文化审议会。此外，日本政府还通过设立战略会议、恳谈会、幕僚会议、审议会等形式，研究商讨具体对策，推动文化产业发展。

（二）日、韩文化产业投资渠道分析

1. 政府财政支持与税收优惠

韩国政府在财税金融等经济政策上对文化产业的支持主要有以下几点：一是财政扶持重点文化产业，优化文化产业结构；二是依靠国家财政设立文化产业投资基金；三是详细制定文化产业税收优惠政策；四是设立政府财政资金奖励制度，促进文化产业的人才培养，大力推动本土文化产业发展。

日本也日渐形成了完善的文化产业投资政策优惠体制。政府通过财政补助、财政基金、财政投资相结合的方式投资民间特色文化遗产与特殊工艺，继承和发扬传统文化；通过出口退税、再投资退税等优惠税制与折旧制，给予文化企业投资研发以一定补贴；通过利率优惠、政府担保等金融手段以及募集彩票等形式广泛吸收社会资本参与文化产业投资。

2. 基金与证券

1990年，日本政府主导成立了艺术文化振兴基金①。该基金的主要宗旨是为日本的文化艺术活动提供一个健康良好的市场环境，支持团体和个

---

① 隶属于日本文化艺术振兴委员会，1990年3月成立。其资金来源包括政府出资541亿日元和民间出资112亿日元，民间出资主要由有意向的企业或个人寄付到基金。该基金的资助活动一年一次，由申请人根据申请指南填写表格和相关报告，提交后由委员会审议决定是否资助。

人从事文化艺术的创作和传播，促进文化艺术事业的发展。资助对象包括艺术创造者或传播者的演出活动、以地方文化振兴为目的的文化团体推广活动和其他传播文化的活动等。文化艺术基金在确定资助项目时，先由运营委员会委托下设的四大部门（舞台艺术部、影像艺术部、地域文化和文化团体活动部、文化财产部）及四部下设的 12 个小部门进行评估审议，审议结果再报告给运营委员会，最后由基金理事长签字确认并公布资助项目。

日本的知识产权证券化是指将知识产权产生的债权利益证券化，主要模式是建立一组能够产生未来现金流的资产组合，再以资产池中的未来预期现金流为支持发行证券。日本实行的是政府主导型的知识产权证券化模式[①]，因此日本的知识产权证券化主要是为拥有专利权、商标权和著作权的广大中小企业服务，解决其融资难题。

韩国同样先后设立了文艺振兴基金、文化产业振兴基金、信息化促进基金、广播发展基金、电影振兴基金、出版基金等若干促进文化产业发展的专项基金。

3. 多元化投资联盟体制

日本动漫业的成功很大程度上取决于其产品开发的投资联盟体制。在日本，一部动画作品往往是由产业链中的多家公司（包括动漫作品原创工作室或出版商、负责上市包装的广告公司、负责播映的电视台或电影公司、衍生产品生产商、游戏软件公司等）共同投资的。共同投资不仅分散了新产品开发的风险，而且拓宽了资金的筹集渠道，保证了产品开发的资金来源，同时又调动了参与各方的积极性。吉卜力工作室的代表作《千与千寻》就是该体制成功运作的案例之一。《千与千寻》由 TokumaShoten 出版社、Nippon 电视网、Dentsu 广告公司、Tohokushinsha 电影公司等机构共同投资制作，投资方根据各自的投资比例分担风险和获取收益。2001 年《千与千寻》的票房已达到 304 亿日元，以高业绩回报了各投资机构。

韩国文化产业投资联盟体制主要表现在通过运作"文化产业专门投资组合"来发展融资。这是一种以社会资金为主、官民共同投融资的运作方式，能够多渠道筹措资金以保证有目的、有重点地实施资金支持，确保文

① 2003 年，日本成功利用光学专利发行证券（即 Scalar 案），成为日本首例知识产权证券化案例。它的具体做法是：由政府成立专门的知识产权管理公司，将知识产权交给该公司经营。该公司以证券的形式将知识产权投入市场供企业和投资家买卖，以收取的专利使用费作为发行证券的原始资本，将发行知识产权证券化的部分盈利返还给知识产权拥有者。

化产业的健康发展。韩国文化产业振兴院可以通过国家预算拨款、投资组合、专项基金等多种方式为文化创作和基础设施建设、营销和出口、人才培养等进行融资。

4. 民众与企业参与投资

日、韩政府高度重视文化产业，但并不包办，而是采取了政府推动、政府和民间一起投入的机制。这在日本表现尤为明显。日本民众与企业参与本国文化产业投融资的行为十分活跃，具体体现在以下几方面。

(1) 企业直接投资。企业是日本文化产业发展壮大的重要支柱，它们对文化产业的投资主要通过两个方面来实现：一是积极支持、赞助各类文化活动，获得活动冠名权，提升企业的社会形象，例如 NEC 公司冠名举办中日围棋擂台赛；二是出资建设高质量的文化艺术场馆，支持文化产业基础建设，例如日本众多民营企业都拥有自己的博物馆和美术馆。

(2) 中小文化企业融资担保体制。由政府和企业共同出资成立的中小企业信用担保公司在为中小企业提供担保后，可以将担保贷款的金额向政府设立的中小企业信用保险金库申请再保险。文化企业在初创阶段多为中小型企业，鲜有固定资产用于抵押，融资比较困难。当企业无力还款时，担保公司可以从保险金库领取相当于贷款金额 70%—80%的保险金。除此之外，日本民间还成立了信用担保协会，保险金库和信用担保协会订立一揽子合同，只要担保金额在一定限额内，协会对某一企业的担保就自动生效。

(3) 成立证券基金。日本券商常常发起成立文化产业基金来吸收日本民众和企业的资本，满足文化产业发展的资金需求。例如，2004 年日本动画制作公司 Gonzo、数字内容协会、Rakuten 证券和 JET 证券共同发起、建立了日本第一家动漫基金。这种证券化融资模式还可采取类似于公募基金（Public Offering of Fund）的形式来运作。例如，日本最大的文化产业投融资创新企业——日本数字内容信托公司（JDC）就曾与网络券商联合推出了“新人明星写真基金”。该基金以 5 万日元（约合 3400 元人民币）一手、每名新人接受投资额 500 万日元的方式募集个人投资，用于写真集和 DVD 的部分制作费用；投资者可从相关作品的销售收入中获取收益。

由于国情的不同以及文化产业发展水平的差异，不同国家存在着不同的文化体制和文化政策。我国文化产业起步晚，经验有限，因此需要学习发达国家文化投资体制的成功之处；但是我们绝不能原封不动地照搬硬抄，而是必须立足于我国文化产业发展的实际情况，探索出符合自己特征的文化投融资体制。

第四章　文化投融资工具

20世纪90年代以来，随着全球化步伐加快和科学技术迅猛发展，以知识、技术、智能为特征的文化产业在全球范围内迅速崛起，成为许多国家国民经济新的增长点。文化产业发展水平也成为衡量一个国家和地区软实力的重要标志。然而，融资难成为困扰文化产业进一步发展的瓶颈。在此背景下，我国产业发展、市场发展的需求催生出越来越多的融资工具①，它们各具特色且各有适用领域。本章将介绍融资过程中比较常见的几种融资工具。

第一节　信贷

信贷是企业进行投融资运作的重要工具。在我国，信贷甚至是唯一对中小企业有实质性影响的外部融资形式。②

一、信贷的定义及特征

（一）信贷的定义

信贷即信用贷款，是指债务人无需提供抵押品或第三方担保，仅凭自己的信誉就能取得贷款，并以借款人信用程度作为还款保证。信用贷款是我国银行业长期以来的主要放款方式。不过由于这种贷款方式风险较大，因此一般要对借款方的经济效益、经营管理水平、发展前景等情况进行详细的考察，以求尽可能地降低风险。

文化企业使用信贷作为投融资工具，是指在融资过程中，企业或企业

① 指在融资过程中产生的证明债权债务关系的凭证，它记载着融资活动的金额、期限、价格（或利息）等，对债权债务双方具有法律约束效力。融资工具也可称为信用工具或金融工具。

② 董彦岭：《中小企业银行信贷融资研究》，博士学位论文，南开大学，2003。

法人代表凭借借款人的信誉向银行提出贷款申请。

（二）文化产业信贷的特征

与普通企业进行融资贷款不同，文化产业从业企业的信贷投融资具有自身特征。

1. 收益回报周期长。银行投资实物型项目（如建筑工地项目、房地产项目）时收益回报周期短且安全性较高，而文化产业的运行周期（从立项到获利）长于一般项目，这就导致银行投资文化产业的收益回报周期相对较长。

2. 单一信誉担保效力低。文化项目向银行提出贷款申请时需要提供项目相关人或企业法人的信誉作为担保，然而相比一般企业，文化企业的信用级别一般较低，这就直接导致文化项目信贷门槛升高。此外，文化项目信贷融资中，信誉作为单一的“抵押物”显得身单力薄，因此银行一般不仅仅要求提供项目相关人的银行信誉进行抵押，还需要一个实质性的抵押物，例如版权或项目收益抵押等。

3. 贷款数额难估量。文化项目信贷数额难估量的重要原因之一是文化项目的价值难以估量。从外部因素分析，市场的多变性、复杂性使得文化项目的价值在评估时和真正投入市场时往往相差数倍；价值评估者主观判断变化幅度大以及项目所有权转让过程导致价值变化等因素也导致了价值评估的困难。从内部因素分析，文化产业项目本身较高的专业性和复杂性使其价值评估受到多方因素的叠加影响，具体量化评估的难度系数很大，实际价值难以估算。

4. 融资过程简单快捷。相较于其他融资工具，信贷的最大优势在于简单快捷。基金、保险、信托等融资工具在很大程度上都是依托于信贷工具而产生的，可以说信贷是最基本的融资工具。近年来在国家政策的积极鼓励下，银行业开始重视文化产业信贷融资业务。

二、我国文化产业信贷投融资现状

自 2003 年文化体制改革试点以来，我国政府、金融部门针对金融支持文化产业发展问题做了不少努力。其中政府主要扮演了政策制定者和市场组织者的角色，从宏观政策层面为金融部门支持文化产业提供相关指引，为金融与文化结合营造良好的外部环境；各金融部门则将自身经营业务范围内的金融工具与文化企业产品特征做了有效结合，从微观业务层面进行有益的尝试和创新，为文化产业提供了不少切合产业发展需求的金融产品和服务，有效地推动了文化产业的发展。

（一）政府政策

2010 年 3 月，中国人民银行、财政部等九部委联合下发了《关于金融支持文化产业振兴和发展繁荣的指导意见》。这是我国第一部关于金融全面支持文化产业发展的指导性文件，明确指出支持文化产业发展是各金融部门拓展业务范围和培育新盈利增长点的重点努力方向，是一项重要战略任务。我们将该文件对银行类金融机构提出的指导意见进行总结概括，制成图表 4-1。

图表 4-1：《关于金融支持文化产业振兴和发展繁荣的指导意见》

对银行信贷支持文化产业发展的指导意见表

业务要求	服务内容	备　注
开发信贷产品	供应链融资、并购融资、应收账款质押、仓单质押①贷款、融资租赁贷款、收益权质押贷款	构建无形资产评估体系，加大文化产业信贷投放额度
完善贷款模式	银团贷款②、联保联贷③	对融资规模大、项目多的文化企业集团采取银团贷款；对中小文化企业采取联保联贷方式
完善授信④模式	利率定价差别化、贷款期限灵活化	对于国家重点支持的文化企业和项目，可简化审批流程、适当延长贷款期限
建立信用评级制度	构建文化企业内部评级指标体系、评级模型和评分标准	/

① 以仓单为标的物而成立的一种质权。仓单质押作为一种新型的服务项目，为仓储企业拓展服务项目、开展多种经营提供了广阔的舞台，特别是在传统仓储企业向现代物流企业转型的过程中应该得到广泛应用。

② 指由两家或两家以上银行基于相同贷款条件，依据同一贷款协议，按约定时间和比例，通过代理行向借款人提供的本外币贷款或授信业务。

③ 指小企业自愿组成一个联合担保体（以下简称“联保小组”），联保小组成员之间协商确定授信额度，向银行联合申请授信，每个借款人均为联保小组所有借款人以多户联保形式向银行申请借款而产生的全部债务提供连带保证责任，银行给予一定额度的授信业务。

④ 授信指商业银行向非金融机构客户直接提供的资金，或者对客户在有关经济活动中可能产生的赔偿、支付责任做出的保证，包括贷款、贸易融资、票据融资、融资租赁、透支、各项垫款等表内业务，以及票据承兑、开出信用证、保函、备用信用证、信用证保兑、债券发行担保、借款担保、有追索权的资产销售、未使用的不可撤销的贷款承诺等表外业务。

续表

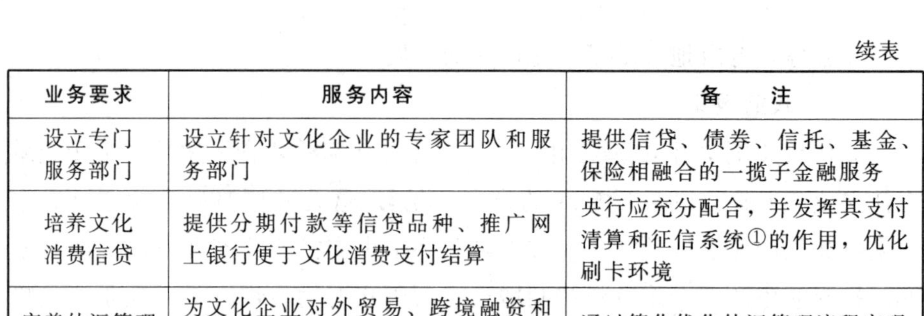

业务要求	服务内容	备　注
设立专门服务部门	设立针对文化企业的专家团队和服务部门	提供信贷、债券、信托、基金、保险相融合的一揽子金融服务
培养文化消费信贷	提供分期付款等信贷品种、推广网上银行便于文化消费支付结算	央行应充分配合，并发挥其支付清算和征信系统①的作用，优化刷卡环境
完善外汇管理	为文化企业对外贸易、跨境融资和投资等用汇需求提供便利	通过简化优化外汇管理流程实现

2010 年 5 月，文化部与中国工商银行签订了《支持文化产业发展战略合作协议》，双方将在文化产业领域建立长期稳定的战略合作关系。

2010 年 6 月，文化部办公厅《关于推进文化产业投融资服务巩固部行合作机制的通知》下发，宣布自 2010 年 5 月 14 日起“文化部文化产业投融资公共服务平台”正式上线，同时开通“文化企业信贷申报评审系统”、首批进入“文化企业信贷申报评审系统”、与文化部建立部行合作机制的银行机构有中国进出口银行、国家开发银行、中国银行、中国工商银行和北京银行等。

2010 年 8 月，文化部与中国农业银行签署《关于加强全面战略合作的通知》，一致同意建立全面长期的战略合作关系，将对方作为最重要的战略合作伙伴。

2014 年 2 月，《国务院关于推进文化创意和设计服务与相关产业融合发展的若干意见》发布，指出“支持金融机构选择文化创意和设计服务项目贷款开展信贷资产证券化试点”。

2014 年 3 月，《文化部、中国人民银行、财政部关于深入推进文化金融合作的意见》发布，进一步明确了金融支持文化产业项目的信贷融资。

2014 年 4 月，国务院《进一步支持文化企业发展的规定》颁布，指出进一步加大对文化企业的有效信贷投入。

（二）银行业信贷投资

近年来，我国银行业针对文化产业的信贷业务在规模和数量上都有较大发展。数据显示，截至 2011 年末，国内主要银行类金融机构发放的文化类贷款余额②累计达 4803 亿元，比年初增长 720 亿元，增长率为

---

① 个人征信系统又称消费者信用信息系统，主要为消费信贷机构提供个人信用分析产品。

② 贷款余额指至某一节点日期为止，借款人尚未归还放款人的贷款总额。

17.6%，比同期金融机构全部贷款同比增长率高 1.9 个百分点，文化类贷款余额占 2011 年银行业金融机构贷款余额的 0.87%。[①] 2012 年度文化产业银行信贷额度超过 1000 亿元。2013 年末文化产业中长期本外币信贷余额 1574 亿元，比年初新增 419 亿元，同比增长 36.3%。截至 2014 年 6 月末，中国工商银行对文化产业的融资余额[②]已达 1813 亿元，比年初新增 372 亿元，增量超过 2013 年全年。

银行业针对文化产业的信贷投放总量提高的同时，文化类贷款不良率也持续下降。这说明随着银行业与文化企业合作增多，银行业对文化产业的了解程度日益加深，银行对文化类贷款的信贷审批、风险防控经验也有所提升。[③]

虽然信贷投放总量有较大提升，不良贷款率也有所下降，但是文化类贷款总体规模还是很小，尚有很大提升空间。此外，银行业信贷投放集中于大城市，对中小城市的文化类信贷投放较少。[④] 同时，银行信贷集中于大企业、大项目的情况也比较严重，构成文化产业主体的中小文化企业的信贷需求很难满足。

（三）信贷融资成功案例

2012 年以来，各大银行频繁与文化产业企业及地方政府签署合作协议，增加文化产业授信。

2012 年 4 月，陕西广电网络产业集团与中国农业银行陕西省分行在西安签署战略合作协议。在此后 3 年内，陕西广电网络产业集团将获得该行 80 亿元的意向性信用额度支持。

2012 年 6 月，北京市国有文化资产监督管理办公室成立，并与国家开发银行北京市分行、中国银行北京市分行、中国农业银行北京市分行、中国工商银行北京市分行、中国建设银行北京市分行、北京银行、华夏银行、北京农商银行、中信银行和民生银行等 10 家银行签订文化金融创新发展合作协议，为北京文化产业发展提供授信额度 1000 亿元。

2012 年 8 月，中国工商银行无锡分行与无锡市文广新局签订《金融支持全市文化产业发展战略合作协议》，计划在 5 年内为无锡市文化和相关

① 李凌：《社会资本进入文化产业的投融资体系建设探究》，《新西部（理论版）》，2013（21），77—78 页。

② 融资余额指投资者每日融资买进与归还借款间的差额。

③ 张云峰：《全国性商业银行财务分析报告》，《银行家》，2012（08），23—36 页。

④ 陈洁民，尹秀艳：《北京文化创意产业发展现状分析》，《北京城市学院学报》，2009（04），9—19 页。

企业提供100亿元的意向性融资支持。

2012年8月，山西出版传媒集团与交通银行山西省分行签署战略合作协议，将在已有的合作基础上进一步提高合作的层次，加强金融衍生品方面的合作，拓展合作的范围和领域。

2012年以来，由于我国钢铁、房地产等传统行业以至太阳能、风电等新兴行业陷入发展低谷，银行信贷资金急于在市场上寻找新的盈利点。此时在中央及地方政策大力支持的背景下，文化产业自然成为银行信贷资金的新宠。图表4-2汇总了近年我国文化产业信贷融资的主要成功案例。

图表4-2：主要银行类金融机构信贷融资成功案例

银行	信贷产品	合作企业	支持项目	特色服务	文化类贷款余额
国家开发银行	开发性金融产品，重点支持大型文化骨干企业做大做强和兼并重组	上海文广集团、电广传媒、出版传媒等大型文化企业	上海世博文化中心、迪士尼、东方传媒综合授信，移动多媒体广播（CMMB）、陕西大明宫国家遗址公园、电广传媒广电网整合、深圳华强主题公园等重大项目	①设立华人文化产业基金；②“投贷债租证”综合服务	1204亿元（截至2011年末），预计2015年末突破2000亿元
中国工商银行	“影视通”、“融慧贷”供应链贸易融资业务产品、应收账款保理、集合放款、版权质押和实际控制人连带保证贷款	中国对外文化集团公司、中国动漫集团有限公司、中国东方演艺集团有限公司、中国文化传媒集团有限公司	常州恐龙园、湖南张家界、大连老虎滩海洋公园和杭州西溪国家湿地公园等国家级重点项目、园区，《唐山大地震》《狄仁杰之通天帝国》《风声》《追影》《借枪》《黑狐》等30余部影视剧	“特色定制”服务（每年为文化创意企业提供100亿信贷额度）、“固定资产支持融资+收入账户封闭管理”、将支持中小文化企业明确列入战略规划	630亿元（截至2011年末），每年新增不低于200亿元，2015年目标达1500亿元
中国农业银行	文化创意企业应收账款质押，文化创意企业应收账款融资	河北电视台、新疆电视台、山东大众报业集团、重庆广播电视集团、湖南电广传媒公司、广东广播电视网络公司、云南民族出版社、陕西文化产业投资集团	《印象·刘三姐》《印象·丽江》、“新华08”新闻出版行业重点项目	专立文化创意产业特色机构——北京分行文化金融中心	504亿元（截至2012年3月）

续表

银行	信贷产品	合作企业	支持项目	特色服务	文化类贷款余额
中国银行	“影视通宝”“西泠通宝”“家居银行”等收视费权益类支持贷款	中国对外文化集团及10余家影视剧制作企业	①苏州香山工坊、常州春秋淹城等6个重点文化项目；②主力支持浙江东阳横店影视产业实验区，《永不消逝的电波》《风语》《梨花泪》《风声》《遍地狼烟》等影视剧	①总行与一、二级分行成立文化产业专业研究、营销团队；②中国银行集团的商业银行、投资银行、直接投资、保险、中银文化产业基金之间建立信息共享、客户共享的联动模式	250亿元（截至2011年9月份）
北京银行	“创意贷”“影视贷”“动漫贷”“创意卡”，版权质押、商标权、专利权、应收账款质押、未来收益权质押；无限连带责任、中小企业联保、打包贷款模式	中国传播集团、中国电影集团、凤凰卫视、北京演艺集团、八一电影制片厂、央广传媒、华纳兄弟、万达院线等700多家文创企业	《非诚勿扰》《画皮》《叶问》《孔子》《第一书记》《龙门飞甲》《白银帝国》《杨光的快乐生活》等影视剧；《郎咸平说》等出版发行作品；舞台剧《功夫传奇》；话剧《图兰朵》；动画片《奇趣宝典俱乐部》	①设立3家文化创意专营支行，预计再设8—10家专营支行、团队；②每年对文创企业提供不少于100亿元的信贷支持	270亿元（截至2011年末），占北京文化产业金融服务市场份额70%以上

图表来源：作者整合中国经济网等网站资料后绘制。

三、我国文化产业信贷发展所存问题及对策

截至2014年，尽管国内部分商业银行探索出了支持文化企业融资的新模式，但总体来看商业银行向文化企业提供融资信贷服务的障碍还有很多。

（一）文化产业信贷发展所存问题

1. 银企信息不对称。在文化产业项目信贷融资中，银行和企业双方所掌握的信息不完全相同，企业作为拥有更多信息的一方在缔约过程中处于有利位置。而银行缺乏对文化产业以及贷款企业的系统研究而处于信息上的弱势地位，再加上贷款企业为取得贷款可能会有意隐瞒信息，使得银行在信贷中面临较高风险。要推动文化企业信贷融资的发展，必须建立一个

信息发布平台，促进银行及企业信息的透明化。

2. 银行信贷体制不完备。一般情况下，我国商业银行自行决定信贷资金组织与运用的数量、方向，并根据市场资金供求状况决定自身资金运用的价格。由于中小微型文化企业信用等级较低、还款能力较差，加上我国信贷体制不完备，银行为规避风险不愿面向这些企业开展信用贷款业务。长此以往容易形成行业内的恶性循环，不利于银行信贷业务的开拓，更不利于文化企业的扩大再生产。

3. 文化项目价值难评估。大多数文化企业缺少固定资产，其企业资产主要体现为文化创意和知识产权等无形资产。国内无形资产评估难的窘境使得文化企业的市场价值评估难度加大。尽管已有少数银行开始探索无形资产抵押贷款业务，但由于缺乏权威的运作体系和方法，大多数银行对文化企业借贷也备感无奈。①

4. 中小企业信用等级低。计划经济向市场经济转轨的特定发展历程导致了我国社会信用制度②的发育不足。为计划经济服务的金融体系主要依靠行政管理实现对交易主体的约束，不需要一个发达的社会信用体系。③ 在经济改革的过程中，很多文化企业（主要是中小企业）已经演变为市场活动主体，但约束其交易和市场行为的基础设施（包括信用体系）还远未健全。中小文化企业的发展和融资需求对社会信用体系提出了“制度需求”④。

5. 贷款利率管制严。利率管制（Interest rate control）是指国家将资金利率调整到高于或低于市场均衡水平的一种政策措施。从实践来看，由于文化企业贷款风险较大，贷款的单位费用水平也较高（即便采用了适当的贷款技术，这个问题也会存在），只有比较高的利率才能吸收文化企业贷款的高风险和高费用，才能使金融机构具有对文化企业进行贷款的动力。⑤ 然而，我国信贷利率的严格管制限制了文化企业信贷契约的达成。

---

① 谢伦灿：《文化产业融资的现状透视及对策分析》，《同济大学学报（社会科学版）》，2010（05），40—44页。

② 社会信用制度指维持社会信用活动正常进行的外部约束机制。信用制度是信贷交易范围扩大的基础条件和基本要求。

③ 林钧跃：《社会信用体系理论的传承脉络与创新》，《征信》，2012（01），1页。

④ 即社会信用体系已经出现了一定的“制度供给”滞后。在建立市场经济体系的同时，社会信用体系并没有同步发展起来，对包括中小企业信贷市场在内的市场体制产生了不利影响。

⑤ 马胜祥，王琛：《中小企业融资难与商业银行体系的构建》，《河北金融》，2012（04），3—7页。

（二）文化产业信贷投融资发展建议

1. 加强与担保公司合作，开发创新信贷产品。商业银行在开展中小企业业务的过程中要充分利用担保公司的渠道优势，与担保公司建立客户信息共享机制，通过互荐客户的方式加大双方的合作力度、深化双方的合作关系；加大产品开发的人力、物力投入，做深、做精中小企业固定资产类抵（质）押融资产品，通过引入第三方辅助处置、回购等模式解决中小企业固定资产由于产权等方面存在一些瑕疵而不能抵押融资的问题；可结合现金流控制技术适度提高固定资产抵押的折扣率，增强产品的竞争力。①

2. 创新文化企业信贷评级制度。商业银行在确定内部评级要素，设计评级指标体系、评级模型和计分标准的过程中，要充分考虑文化企业的特点，有针对性地为文化创意产业开发特有的授信风险评价工具，建立高效的贷款审批模式。② 图表 4-3 展示了一种理想的贷款审批模式。

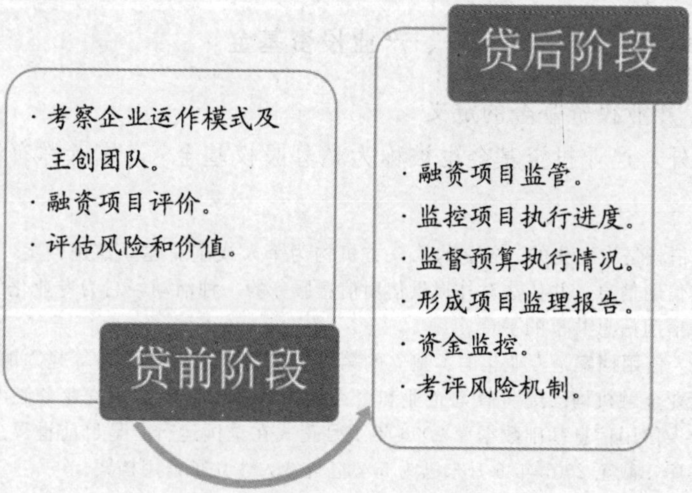

图表 4-3：贷款审批模式示意图

同时，建立专门针对文化产业金融服务的考评体系，将加强信贷风险管理和积极促进文化产业发展相结合，形成正向激励机制。

3. 健全文化企业信用制度。中小企业信用制度的一项重要内容就是中

---

① 张杰，刘凤，贺立龙：《基于企业规模的中小企业信贷融资特征分析》，《统计与决策》，2012（15），92—95 页。

② 侯昊鹏：《国内外企业信用评级指标体系研究的新关注》，《经济学家》，2012（05），88—97 页。

小企业征信①制度。美国有三家全国性的个人信用档案②库：Experian③、Trans Union④ 和 Equifax⑤，每一家都有大约 1.9 亿个信用档案，每天大约有 10 亿条信用报告被使用。银行信贷登记系统只是中小企业征信体系的一个组成部分，中小企业的信用状况包括更广泛的内容。另外，会计信息披露制度、法律对债权人保护的程度、破产法的完备性等都会对中小企业信用制度的健全度产生重要影响。⑥

第二节 基金

由于我国资本市场不成熟，融资难已经成为制约文化企业发展的主要瓶颈之一。融资难主要表现为渠道单一。文化企业过分依赖政府资金补助，而将银行贷款和债权融资仅仅作为融资补充。这大大限制了文化产业的发展。市场急需高效的新型融资方式。发达国家文化产业基金的发展经验，为我们提供了更多发展思路。

一、产业投资基金

（一）产业投资基金的定义

在国外，产业投资基金也被称为私募股权基金⑦，或者称有组织的私

---

① 征信就是专业化的、独立的第三方机构为个人或企业建立信用档案，依法采集、客观记录其信用信息，并依法对外提供信用信息服务的一种活动，它为专业化的授信机构提供了一个信用信息共享的平台。

② 个人信用档案是专业化的、独立的第三方机构为企业或个人等建立的信用档案。目前，银行业金融机构已经将查询企业和个人信用档案作为审办信贷业务必不可少的环节。中国个人信用信息基础数据库 2006 年 1 月正式在全国运行，是目前世界上最大的个人征信数据库，截至 2007 年 6 月末已为 5.7 亿自然人建立了信用档案。

③ 益百利（Experian）是全球领先的消费者商业信息服务与决策解决方案提供商。

④ 全联公司（Trans Union）自 1988 年开始提供美国全国性消费者信用调查报告，目前拥有 7000 个数据供应机构，覆盖北美的美国、加拿大、维尔京群岛和波多黎各。

⑤ 艾可飞（Equifax）创立于 1899 年，是一家跨国征信公司，在北美、南美、英国、欧洲大陆和一些亚洲国家都设有分支机构。艾可飞公司的服务主要集中在信用服务和保险信息服务两个方面。

⑥ 陈骁：《关联企业信贷风险的法律控制研究》，《海南大学学报（人文社会科学版）》，2011 (06)，46—53 页。

⑦ 私募股权基金一般是指从事私人股权（非上市公司股权）投资的基金。目前我国的私募股权基金已有很多并在迅速增加。私募股权基金的募集对象范围相对公募基金要窄，但是其募集对象都是资金实力雄厚、资本构成质量较高的机构或个人，这使得其募集的资金在质量和数量上不一定亚于公募基金。

人股本市场。我国对产业投资基金的相关研究和实践早在20世纪80年代就开始了，但发展较为缓慢。

国家发改委制订的《产业投资基金管理办法（征求意见稿）》将产业投资基金定义为：一种对未上市企业进行股权投资和提供经营管理服务的利益共享、风险共担的集合投资制度；即通过向多数投资者发行基金份额设立基金公司，由基金公司自任基金管理人或另行委托基金管理人管理基金资产、委托基金托管人托管基金资产，从事创业投资、企业重组投资和基础设施投资等实业投资。可见，产业投资基金是一种集合投资的金融制度，它定位于实业投资，投资对象是各产业中未上市企业的股权；是机构化、专业化、组织化管理的投资资本，既向受资企业提供资本支持又向其提供资本经营增值服务，以达到与受资企业共同取得收益的目的。①

（二）产业投资基金的特点

1. 募集方式多样化。产业投资基金可以私募发行，也可以公募发行。其中，私募发行是主要的发行方式，发行对象为大型机构投资者。有些私募产业投资基金发展到一定的规模时，会在公开市场上市以募集更多资金。

2. 参与机构多样化。国外著名的投资银行、商业银行、保险公司都开展了产业投资基金（私募股权投资基金）业务，如高盛（Goldman Sachs）、汇丰银行、美国国际集团（American International Group，AIG）等。凯雷（The Carlyle Group）、软银（Soft Bank）等著名的投资公司是产业投资基金管理机构，这些机构的参与使得产业投资基金在金融市场的影响力越来越大。

3. 投资领域多样化。产业投资基金在发展初期主要投向科技类、创新类等高新技术领域以及基础建设领域（如电力建设、城市公共设施建设等）。随着经济发展和社会进步，产业投资基金不断拓宽投资领域，开始面向各类有潜力的新兴行业和有实力的传统行业。

4. 投资对象多样化。产业投资基金的投资对象主要是未上市的股权，但也可以对上市的股权进行投资，还可以进行夹层投资②。

---

① 向晓梅：《中国文化产业基金组建模式研究》，《广东金融学院学报》，2010（06），17—27页。

② 夹层基金（Mezzanine Fund）是杠杆收购特别是管理层收购（MBO）中的一种融资来源，它提供的是介于股权与债权之间的资金，它的作用是填补一项收购在考虑了股权资金、普通债权资金之后收购资金仍然不足的缺口。国内目前采用的术语MBO基金，实际上指的就是夹层基金。MBO交易中融资渠道是多样化的，融资结构是分层次的，不同的资金来源、进入方式、收益率要求、偿还方式等都是不同的，所以统称为MBO基金是不准确的。

5. 投资理念多样化。传统的投资理念主要是对企业的资金支持，而产业投资基金不仅为企业提供资金支持，而且提供包括对企业的日常运营进行监督管理、促使企业建立现代企业制度、调整企业经营战略和组织结构等在内的资本经营增值服务。

二、文化产业基金

文化产业基金符合产业投资基金的经营原则，能很好地解决文化产业的融资困境。文化产业类企业若能够获得文化产业基金的投资，则既可以大大降低该企业对银行贷款资金的依赖性，又能改善银行贷款结构，避免长时间、高风险的资金占用，化解金融风险，同时还减轻了政府财政的事业性支出压力。[①]

（一）文化产业基金的界定

要给中国文化产业基金准确定位，必须把握几个原则：一是把它放在整个产业投资基金发展历史、现状与未来的走向中认识；二要清晰地认识文化产业在融资方面的特殊性；三是把它与中国文化产业发展实际情况结合起来。[②] 根据这些原则并综合国内外专家的观点，我们对文化产业基金做如下界定：文化产业基金是指直接投资于文化产业、主要对未上市文化企业提供资本支持的集合投资制度，是一个与文化产业证券投资相对的概念。

文化产业基金的设立，借鉴了成熟资本市场产业投资基金的运作模式，由发起人定向募集，委托专业机构管理基金资产。这是主要采取股权投资方式解决文化产业融资问题的一种探索和尝试。文化产业基金需要大量资金投入，主要通过市场筹措资金。[③]

（二）文化产业基金的特征

文化产业的特殊性，使得文化产业基金具有区别于其他产业投资基金的特征。

1. 文化产业基金是一种投资于高度意识形态化领域的产业资本。文化产业高度集中了人类的阶层、文化、地域和创意，具有阶级特征和价值取向，[④] 有别于其他行业的实业投资和风险投资。这是文化产业基金与其他

---

① 赵宏，许婷婷：《我国文化产业基金运作机制研究》，《环渤海经济瞭望》，2014（04），38—42页。

② 鞠宏磊：《文化产业基金的运作模式与发展思路》，《求索》，2011（04），91—92页。

③ 区章嫦：《我国文化产业基金的创新发展》，《科技与企业》，2013（18），242—243页。

④ 黄亮：《我国文化产业基金研究》，博士学位论文，中国艺术研究院，2013。

产业基金的最大不同。

2. 文化产业基金是定位于文化实业的金融资本。文化产业基金把文化企业作为商品来经营，通过直接投资文化企业促进其发展，进而实现文化产业的发展，并实现自身增值。

3. 文化产业基金是一种投资于高增长和高附加值产业的资本。文化产业在全球得到了飞速的发展，具备高增长和可持续发展潜力。文化产业基金投资于文化企业，相应地能够获得文化企业带来的高增长性和高附加值回报，这种高收益是其他产业基金所无法比拟的。

4. 文化产业基金是一种基于文化产业经营特点的专家管理型资本。产业投资基金区别于其他金融资本的显著特征在于它的专家管理特征，即产业投资基金不仅为企业直接提供资本金，而且提供特有的专家式的资本经营、资本增值服务。文化产业基金并非单纯的投资行为，而是能够合理影响被投资企业的经营管理，利用其高附加值的特性优化公司治理结构。文化产业基金可以为受资企业提供多方面的管理型服务。它对文化企业的监管不仅表现在对其日常运营的监督管理，还表现在对文化企业的经营战略、形象设计、组织结构调整等高层次重大问题的决策上。①

三、我国文化产业基金现状

近年来文化产业基金作为一种新兴的融资方式在我国崭露头角。数量逐渐增多的文化产业相关基金成为文化产业领域投融资的重要平台。截至 2014 年底全国共有各类文化产业投资基金 116 支，包括文化产业股权投资基金、艺术品投资基金、文化产业专项投资基金等几大类。如 35 支文化产业股权投资基金首期实际募资规模达 459 亿元，成为集聚资金的“大湖泊”。②

（一）中国文化产业投资基金

2011 年 7 月，根据国务院《文化产业振兴规划》，财政部、中银国际控股有限公司、中国国际电视总公司和深圳国际文化产业博览交易会有限公司等组建中国文化产业投资基金管理有限公司，共同发起设立了我国首支国家级文化产业投资基金——中国文化产业投资基金，总规模 200 亿

---

① 徐洁：《中国产业投资基金发展模式研究》，博士学位论文，辽宁大学，2011。

② 《2014 年我国文化产业投资分析》，中国报告大厅网，http://www.chinabgao.com/k/wenhua/12468.html，2014-9-4。

元，首期募集41亿元。

自成立以来，中国文化产业投资基金已投资了新华网、中国出版、欢瑞世纪、开心麻花、华视影视、摩登天空、万方等文化企业，以及《平凡的世界》《绝地逃亡》《栀子花开》等影视剧制作。

中国文化产业投资基金主要采取股权投资方式，实行市场化运作，重点投资新闻出版和发行、广播影视、文化艺术、文化科技、文化休闲、网络文化及其他细分相关行业内符合国家法规、政策和政治导向的未上市企业，推动文化企业跨地域、跨行业改制重组和并购以及文化资源的整合和结构调整。

（二）文化产业基金投资案例

从具体投资领域来看，国内文化产业基金主要集中在影视音乐、文艺演出、旅游地产、网游等四个领域。2007年至2013年4月，这四个行业投资案例数量达52起，在全部88起文化产业基金投资案例中占比达59%；投资规模为48.88亿元，在总投资规模51.68亿元中占比高达95%。由图表4-4可以明显看出，我国文化产业基金倾向于投资影视音乐领域。近年来的成功案例也大多集中于这一领域。

1. 华人文化产业基金收购星空卫视部分频道。华人文化产业基金由文汇新民联合报业集团、上海东方传媒集团有限公司等机构联合发起设立。2009年4月，华人文化产业基金成为第一个在国家发改委备案通过的文化产业私募股权基金，基金规模为50亿元。这支基金团队与新闻集团合资成立了星空华文传媒公司，下辖灿星制作。灿星制作先后成功引进和制作出全球最大选秀节目《中国达人秀》以及火爆荧屏的音乐选秀节目《中国好声音》。①

2010年8月，华人文化产业投资基金投资控股新闻集团全资拥有的星空卫视部分频道，投资规模为1.6亿美元，约占基金首期募资的50%。上海东方传媒集团通过此次投资迈出了海外战略的重要一步，进一步实现两大战略定位转变：一是从地方性广电机构转变为全国乃至全球华语媒体提供商；二是从以播出为导向制作向以市场为导向制作转变。

2. 建银国际文化产业基金投资小马奔腾。建银国际文化产业股权投资基金启动于2011年4月，投资人包括中国建设银行、中国出版集团公司、

---

① 《华人文化产业基金投资〈中国好声音〉》，海峡文创网，http://www.hxci.cn/html/news/201303/10/7466.shtml，2013-3-10。

中国电影集团公司、七弦投资、江苏雨润集团以及湖北武汉工贸等。该基金初始规模20亿元，投资范围涵盖出版、电影、广播电视、网络游戏、动漫产业等。2011年4月，建银国际文化产业基金投资北京小马奔腾传媒股份有限公司，投资金额为3亿多元。[①] 对小马奔腾而言，这次融资引入的投资者几乎都具有文化产业投资背景或拥有相关资源。建银文化基金之所以能最终成为领投方，得益于其背后的庞大资金平台，以及其在院线建设方面的优势资源。

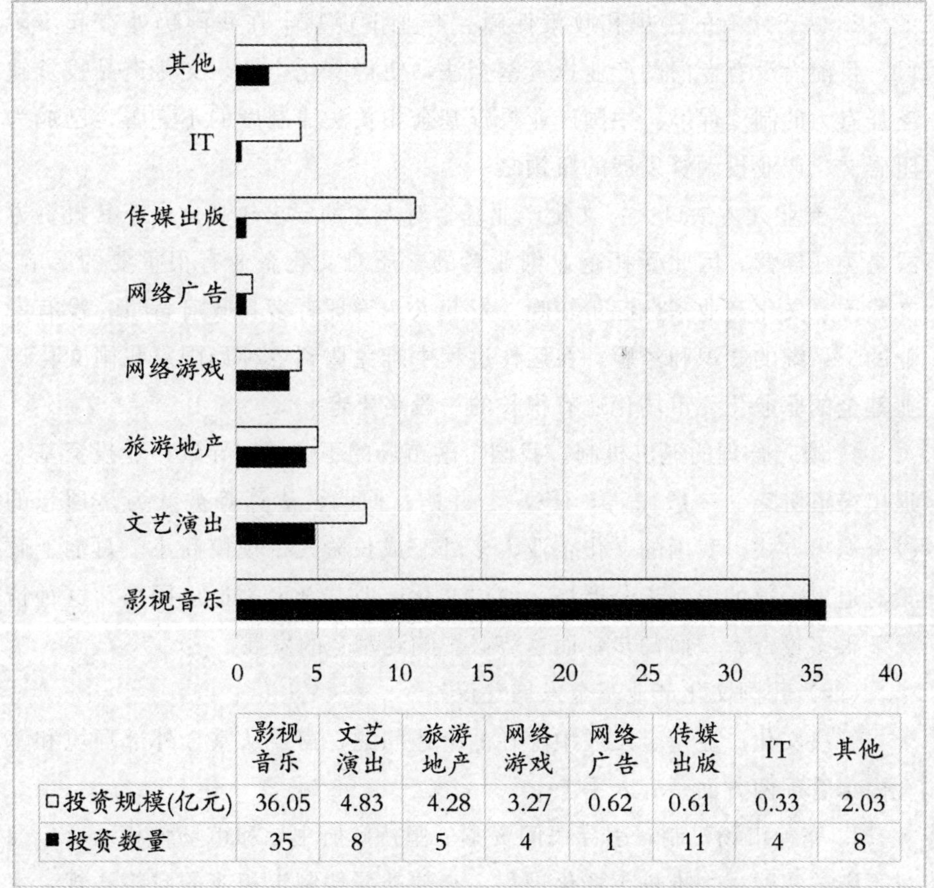

	影视音乐	文艺演出	旅游地产	网络游戏	网络广告	传媒出版	IT	其他
□投资规模(亿元)	36.05	4.83	4.28	3.27	0.62	0.61	0.33	2.03
■投资数量	35	8	5	4	1	11	4	8

图表4-4：2007年至2013年4月国内文化产业基金投资案例按行业分布

图表来源：万格：《国内成立92支文化产业基金，募资火爆投资退出遇冷》，全景基金网，http://www.p5w.net/fund/gqjj/201304/t20130425_137077_1.htm，2013-4-25。

（三）我国文化产业基金面临的问题

① 冼雪琳，马兴德：《商业银行与深港文化产业的金融对接——以建行为例》，《特区经济》，2013（12），185—187页。

现阶段我国文化产业基金尽管已达到一定的数量和规模，但在经营过程中仍存在一些问题，主要表现在以下几个方面：

1. 文化产业基金仍以官办为主。当前我国的文化产业基金仍以官办为主，文化产业的初始发展基金多数来自政府投入。虽然当前各地政府都在进行投资基金转型，以贴息或者补助的形式吸引社会投资，但是地方政府的文化产业基金大多是为当地政府的政策服务，很多出资单位并非按照自己的意愿出资。[①]

2. 缺乏应有的法规和政策保障。产业投资基金在我国仍处在起步阶段，目前尚没有专门的产业投资基金法，使得文化企业、文化产品投资缺乏强有力的制度保障。中国产业投资基金相关法律制度的不完善，已成为阻碍文化产业投融资发展的瓶颈之一。

3. 专业人才缺口大。文化产业基金对人才的要求较高。由于其投资方式是委托经营，因此受托企业创业者的素质对文化企业有很重要的影响。在我国，文化产业基金起步较晚，发起人、管理者多具政府背景，没有专业的、系统的知识和经验，在运作过程中难免遇到各种局限。我国文化产业基金的职业化、市场化还有很长的一段路要走。

4. 缺乏合理的退出机制。我国金融市场的不成熟，导致产业投资基金退出渠道匮乏。一般而言，IPO[②]、并购、回购、清算等被认为是理想的投资退出方式。我国的文化企业大多处于成长阶段，规模尚小，再加上政策对退出渠道的限制十分严格，使得文化产业基金面临退出困境。这种情况下很多投资者望而却步，而这势必影响到基金的发展。

（四）我国文化产业基金发展建议

解决文化产业基金发展中存在的上述问题，需要从基金外部环境和基金内部管理两方面一齐入手。

1. 完善市场机制，引导民间资本。坚持政府主导和市场化相结合，通过不断的实践大力推进市场化进程，查缺补漏地制定相应的政策法规，大力发展文化产业基金，吸引更多的市场资金加入。例如，可以由一些具有实力的国有控股企业吸收政府资金并设立新型文化产业基金，从而推动文化产业基金的市场化进程。

2. 大力发展多层次资本市场体系。2010 年文化部等发布的《关于金

---

① 王淇：《文化产业基金研究》，博士学位论文，吉林财经大学，2013。

② IPO 即首次公开售股，通过风险企业挂牌上市使风险资本退出。

融支持文化产业振兴和发展繁荣的指导意见》明确指出，要大力发展多层次的资本市场，扩大文化企业的直接融资规模，并提出了三条具体举措：一是要推动符合条件的文化企业上市融资，支持处于经营较为稳定、成熟期的文化企业在主板市场上市，鼓励已经上市的文化企业通过公开增发[①]、定向增发[②]等再融资方式进行并购和重组；二是支持文化企业通过债券市场融资，支持符合条件的文化企业通过发行企业债、集合债和公司债等方式融资；三是鼓励多元资金支持文化产业的发展，发挥保险公司机构投资者作用和保险资金融资功能，在风险可控的前提下鼓励保险公司投资文化企业的债权和股权，引导符合条件的保险公司参与文化产业基金，适当放宽准入条件，鼓励风险投资基金、私募股权基金等风险偏好型投资者积极进入处于初创阶段、市场前景广阔的新兴文化业态。

3. 注重文化产业基金的内部治理问题。文化产业基金的成功运作不仅受外部环境影响，也与其内部治理等因素息息相关。如何制定规则来规范投资人与基金管理人之间的博弈，是文化产业基金内部治理的核心关注点。围绕这一问题，首先要构建合理、有效的制度，激励和约束基金管理人；其次可采用报酬激励的方法，以剩余索取权[③]的形式对管理人进行激励，使其报酬与经营业绩高度相关；再次，也可采取针对基金管理人的声誉激励机制，毕竟对于管理人来说，良好的声誉会为其带来更多的市场机会。

第三节　证券

随着知识经济时代的到来，文化产业融资方式日趋多样化，证券作为一种新兴投融资工具也逐渐被采用。

---

① 也叫增发新股，是指上市公司找个理由新发行一定数量的股份，对持有该公司股票的人一般都以10比3或10比2进行优先配售，其余网上发售。也就是通常所说的上市公司“圈钱”。增发新股的股价一般不低于停牌前20个交易日或前一个交易日公司股票均价。

② 指上市公司向符合条件的少数特定投资者非公开发行股份的行为。按规定发行对象不得超过10人，发行价不得低于公告前20日交易市价的90%，发行股份后12个月内（认购后变成控股股东或拥有实际控制权的36个月内）不得转让。

③ 剩余索取权是一项索取剩余（总收益减去合约报酬）的权力，也就是对资本剩余的索取。简单地说是对利润的索取，即经营者分享利润。

一、证券融资的定义及特征

（一）证券融资的定义

证券融资是资金盈余单位和赤字单位之间以有价证券为媒介实现资金融通的金融活动。其中，有价证券是指具有一定票面金额并能给其持有者带来一定收益的财产所有权凭证或债权凭证，主要包括股票和债券。

这种金融活动的基本形式是：资金赤字单位在市场上向资金盈余单位发售有价证券募得资金，资金盈余单位购入有价证券获得有价证券所代表的财产所有权收益权或债权；证券持有者若要收回投资，可以通过市场将证券转让给其他投资者。由此证券可以不断地转让流通，使投资者的资金得以灵活周转。

（二）证券融资的特征

1. 证券融资是一种直接融资。证券融资使资金赤字单位和盈余单位直接关联，形成直接的权利和义务关系，而没有另外的权利义务主体介入其中。促成证券发行买卖的中介机构，如证券公司、投资公司、证券交易所等单位，自身不充当权利义务主体，而是作为连接赤字单位和盈余单位的服务性媒介。真实的资金交易是由赤字单位和盈余单位直接充当权责主体而实现的，因此证券融资是一种直接融资。

2. 证券融资是一种“强市场性”的金融活动。所谓“强市场性”是相对于商业票据融资、银行信贷等以双边协议形式（如购销双方发生商业信用而签发汇票、银企双方发生信贷关系签出贷款合同等）完成资金交易的弱市场性而言的。证券融资一般是在一个公开和广泛的市场范围内由众多资金交易者通过对有价证券的公开自由竞价买卖来实现的。

3. 证券融资是在由各种中介机构组成的证券中介服务体系的支持下完成的。证券融资是在非常广泛的市场领域进行的。金融活动赤字单位若想成功地发行证券达到预期的筹资目的，往往需要诸如投资银行、证券公司那样的专业化证券中介机构为其确定发行方式、发行时间、发行价格、筹资期限、利率偿还方式等；此外还需中介机构代为办理编写招股说明书或债券发行说明书等文件，办理广告宣传、协助其取得信用评级，以及设置和管理偿债基金，等等。

二、知识产权证券化

广义的资产证券化是指某一资产或资产组合采取证券资产这一价值形

态的资产运营方式，包括以下四类：实体资产（包括实物资产和无形资产）证券化[1]、信贷资产证券化[2]、证券资产证券化[3]和现金资产证券化[4]。狭义的资产证券化仅指信贷资产证券化。知识产权证券化（Intellectual Property-backed Securitization）是资产证券化的一种，是以知识产权的未来许可使用费及其他未来收益为资产进行的证券化。

在我国，知识产权证券化已经逐步应用于文化产业的各个行业，尤其在数字出版业、艺术品、著作权等领域应用广泛。

1. 出版业知识产权证券化。根据发起主体划分，我国出版业知识产权证券化交易包括传统出版企业的知识产权证券化和新兴数字出版企业的知识产权证券化两个类别。不管是哪一类的主体，由于其知识产权证券化活动都依赖于品牌、版权等有形财产权，因此出版企业可以选择资产支撑证券化模式（即 ABS 模式）[5] 来进行相应活动。

2. 艺术品资产证券化。文化艺术品资产证券化是指企业机构把自己持有的流动性较差、具有较为稳定的未来现金收入的艺术品资产汇集重组为抵押贷款池，由金融机构或其他特定机构以现金方式购入，经过信用升级后，以证券形式出售给投资者的融资过程。[6] 在此过程中，鉴定专家会给出艺术品资产的价格区间。证券发行定价均采用竞价发行的方式，承销商通过向多个机构投资者询价的方式来确定投资者购买意向与购买价格预期，[7] 进而确定证券发行的合理价格。由于文化艺术品本身具有特殊性，艺术品证券化在我国推进缓慢，目前仅有文化产权交易所推出了“类证券

---

① 以实物资产和无形资产为基础发行证券并上市的过程。

② 将一组流动性较差的信贷资产，如银行的贷款、企业的应收账款，经过重组形成资产池，使这组资产所产生的现金流收益比较稳定并且预计今后仍将稳定，再配以相应的信用担保，在此基础上把这组资产所产生的未来现金流的收益权转变为可以在金融市场上流动、信用等级较高的债券型证券发行的过程。

③ 证券资产的再证券化过程，就是将证券或证券组合作为基础资产，再以其产生的现金流或与现金流相关的变量为基础发行证券。

④ 现金的持有者通过投资将现金转化成证券的过程。

⑤ 资产支撑证券化（Asset-backed Securitization，ABS）是 20 世纪 80 年代兴起于美国的一种新型融投资工具，它可以把沉淀的资产变为可流动的资产，实现套现。资产支撑证券化的思想和技术对我国进行商业银行不良债权的化解、国企存量资产的盘活、基础设施建设资金的筹集有着广泛的借鉴意义。

⑥ 张世荣，张绍岩：《中国资产证券化外向型发展模式研究》，《南开经济研究》，2000（06），70—73 页。

⑦ 崔占豪等：《文化资产的期权型证券化研究》，《金融经济》，2014（06），118—120 页。

化”的模式：艺术品份额化。

3. 著作权资产证券化。著作权是知识产权体系的重要组成部分，著作权证券化的对象一般为具有未来收益前景、可产生一定现金流的作品著作权或者尚未成为作品的创意、半成品著作权。发行证券的资金可帮助作者完成创作、产生收益，进而使证券化投资者获得利润。[①] 著作权证券化不仅可以为文化产业汇集资金，也可为投资者带来丰厚的收益。不过，著作权证券化过程存在一定的风险：一是选择基础资产时面临的市场风险和法律风险，二是由我国盗版猖獗和相关法律、政策缺失等带来的风险。

随着资产证券化的纵深发展，金融资本与知识资本实现了自然结合，知识产权证券化已经日益成为企业实现知识产权运营的重要手段和结构性融资的新选择。除了上述三种常见知识产权证券化类型外，在拥有成熟金融环境的国家中，明星证券化、电影票房证券化等新型资产证券化模式也已崭露头角。

三、我国文化资产证券化发展所存问题及对策

文化资产证券化作为文化资本与金融资本的有效融合，不仅在推动我国知识产权的创造、开发、转化和运用方面发挥着十分重大的作用，而且对于推进我国科技创新、知识产权等无形资本的保护以及高新技术企业融资等也有着重要意义。不过，目前在我国证券与文化产业契合得还不够紧密，其作为投融资工具的应用范围也远不及信贷等工具广泛。

（一）我国文化资产证券化发展所存问题

一是缺乏对知识产权等无形文化资产的认识。一方面，人们对无形文化资产的保护意识薄弱；另一方面，人们不懂得开发和经营知识产权。这直接导致了我国知识产权市场发展落后。

二是文化资产证券化操作缺乏法律依据。目前我国适用于文化资产证券化的法律制度尚处于空白状态，[②] 亟需尽快搭建一个全面规范文化资产证券化的发行与交易、管理与监督等的法律法规体系。

三是知识产权等无形文化资产估价困难。不同于有形资产，知识产权资产的无形性、经济利益的不确定性使其价值难以量化。

---

① 李建伟：《知识产权证券化理论分析与应用研究》，《知识产权》，2006（01），33—39页。

② 冼雪琳：《我国文化产业引入资产支持证券模式的难点与对策》，《开放导报》，2010（04），63—69页。

四是证券化交易复杂。一方面无形文化资产本身容易陷入被侵权的境地；另一方面证券化交易的规则、流程相对复杂，难以在我国快速推广。

（二）我国文化资产证券化发展对策

1. 规范证券评级制度，完善无形资产价值评估。一方面，政府相关部门要督促信用评级机构建立严格的信息档案管理制度、保密措施和安全防范措施，同时信用评级机构也应具有一批从事与资产支持证券信用评级业务相适应的财务、风险、信用管理等方面的专业人员。[①] 另一方面，借鉴国外成功经验，从我国文化产业资产证券化的客观需要出发，以评估指标为主要内容，以指导实践为根本目的，遵循客观性、科学性、系统性原则，构建并完善一个稳定的、相对规范的文化资产价值评估制度，以达到相对公正的评估结果，为文化产业ABS模式的实行创造条件。

2. 促进科技创新进步，加强相关人才培养。知识产权证券化的出现，使得企业能够通过在证券市场上的运作把高新技术迅速转化为现金流。这不但能为企业进一步研发提供资金来源，而且能够增强企业科技创新的信心与决心。我国开展知识产权证券化，人才建设是关键。人才的匮乏，使得我国目前只能开发知识产权证券化的初级产品，缺乏增长的后劲。因此，我们要积极探索知识产权证券化人才培养机制，适当引进国外优秀人才，建立起一支高素质的知识产权证券化人才队伍。[②]

3. 拓展证券交易市场，完善金融中介体系。根据实际需要，推进知识产权证券化公募和私募两种方式共同发展，尽快建立流动性较强的二级市场，加大对私募交易市场的管理力度，逐渐形成一套为知识产权证券化配套服务的协调体系。以行政和市场的双重力量，切实提高资信评级机构的业务水平。同时信用评级中介机构须经工商行政管理部门和证券监管部门核准登记，政府相关监管部门应对其资质条件进行严格审查，防止弄虚作假，促进市场透明化。[③] 此外，相关部门也要制定出科学、合理、客观、操作性强的执业规则，增强中介机构的公信力。

4. 健全法律法规，保护知识产权。为了更好地进行资产证券化，我国

① 万正晓：《我国推行资产证券化的现实意义和前景》，《河南师范大学学报（哲学社会科学版）》，2002（02），16—20页。

② 肖海，朱静：《知识产权证券化的国际发展趋势及中国发展策略》，《电子知识产权》，2009（12），36—40页。

③ 王晓东：《知识产权证券化的SWOT分析及路径选择》，《会计之友》，2013（23），29—32页。

公司法、证券法、资产证券化法、破产法、信托业法、税法等一系列法律法规都应该进行相关的调整，规定知识产权证券化的基本概念、范围、当事人的合法权益、知识产权证券化专营公司的职责、基础知识产权的转让细则等，为知识产权证券化的健康发展提供法律保证。此外，企业应该提高知识产权意识，运用日趋完善的知识产权法律保护体系，保护企业的知识产权。只有在知识产权得到充分保障的前提下，知识产权证券化才能顺利进行。

5. 加强证券市场监管体制建设。我国可以借鉴英国自律性监管体制的做法，在对证券市场实行全面监管的同时，加强市场自我监管组织的建设。通过法律形式承认自律机构的地位，使其能够制定行业规范，实施市场规则，从而有效监管市场。同时政府应大力扶持知识产权证券化的发展，加强对相关从业人员的培训，使他们能够发挥监管市场交易活动、管理市场参与者等方面的作用。

第四节　信托

为了有效破解我国中小文化企业融资难问题，相关部门有必要创新投融资方式，拓宽中小企业融资渠道。信托独特的融资功能与中小文化企业的资金需求存在契合之处，因此合理使用信托工具或是解决我国中小文化企业融资困境的途径之一。

一、信托的定义及特征

（一）信托的定义

信托（Trust）是一种理财方式，同时也是一种特殊的财产管理制度和法律行为。信托与银行、保险、证券一起构成了现代金融体系。《中华人民共和国信托法》指出：信托是指委托人基于对受托人的信任，将其财产权委托给受托人，由受托人按委托人的意愿以自己的名义，为受益人的利益或者特定目的，进行管理或者处分的行为。由此可知，信托行为涉及三方当事人，即投入信用的委托人、受信于人的受托人以及受益于人的受益人。[①]

我国法律没有规定信托财产的具体范围，一般来说资金、有价证券、

① 王盈：《信托财产所有权研究》，《法制与社会》，2012（02），25—26页。

不动产、动产、金钱债券[①]以及版权、专利等无形资产等都可以作为财产进行信托投资。

（二）信托的特征

与其他投融资方式相比，信托制度最鲜明的特征表现在如下三点。

1. 信托财产权利主体与利益主体相分离。委托人将其财产权设立信托后，这笔财产权就具有了双重所有权，即所有权与受益权。信托财产被转移于受托人名下，受托人享有财产所有权。但这种所有权不同于大陆法系民法上的所有权，受托人不得利用信托财产为自己牟利，必须按照委托人的意愿或特殊目的以及法律和信托文件载明的范围和方式管理、运用、处分信托财产，由此产生的利益则归受益人享有。[②] 这种财产管理属性与利益属性的分离、信托财产的权利主体与利益主体的分离，使受益人在无需承担财产管理责任的情况下享受到财产的利益，体现了信托制度的先进性，这也是信托区别于委托代理、行纪[③]等其他财产管理制度的最本质特征。

2. 信托财产的独立性及多元化。信托财产的独立性[④]是信托制度独特优势的基础，也是信托制度中最重要的法律原理。信托关系一经合法设立，信托财产即具有了法律上的独立性。信托财产的独立性大大减少了信托财产所面临的法律风险。[⑤] 信托财产的多元化是信托制度功能优越性的具体表现之一，它赋予了信托制度巨大的弹性空间。法律规定的信托产品财产形式是多样化的：凡是具有金钱价值的东西，无论是动产还是不动产，股权、债权还是知识产权，有形的还是无形的，都可以作为信托财产标的交付信托。信托财产多样性特征是丰富企业融资手段的基础。[⑥] 信托

---

① 指要求他人在一定期限内支付一定金额的权力，具体表现为各种债权凭证，如银行存款凭证、票据、保险单、借据等。

② 张淳：《论由受托人享有的信托财产所有权》，《江海学刊》，2007（05），124—130 页。

③ 指经纪机构受委托人的委托，以自己的名义与第三方进行交易，并承担规定的法律责任的商业行为。

④ 表现在：一是信托财产与委托人未设立信托的其他财产相区别，与受托人的固有财产相区别，与受益人的财产相区别；二是委托人、受托人、受益人的债权人均不得追及信托财产；三是受托人管理运用处分信托财产所产生的债权，不得与固有财产产生的债务相抵消，受托人管理、运用、处分不同委托人的信托财产所产生的债权债务不得与信托财产相互抵消；四是受托人管理、运用、处分信托财产所取得的财产均归于信托财产。

⑤ 张淳：《信托财产独立性的法理》，《社会科学》，2011（03），102—111 页。

⑥ 李鹃：《论抵押与质押的区分——兼评知识产权担保方式的合理定位》，《中国海洋大学学报（社会科学版）》，2012（01），99—104 页。

可以将中小企业未来有现金流的资产或项目充分调动起来，这对于提升企业资产利用效率无疑也是十分有利的。

3. 信托管理的连续性。一般情况下，信托财产的运作不会受到信托当事人经营状况和债权债务关系的影响。信托一旦有效设立，不得因受托人死亡、解散、破产、丧失行为能力、辞职、解职或其他不得已事由而终止。① 因此，信托是一种具有长期性和稳定性的财产管理制度。

（三）信托与其他融资工具比较

信托融资是以金融机构作为媒介，通过信托方式进行的融资活动，属于间接融资。受托人在接受信托财产后，通过对信托财产的管理运用，引起资金的流动，从而起到融通资金的作用。信托制度的本质特征决定了信托资金融通与传统的银行贷款、证券、债券、股票等融资方式不同。

从优势角度考虑，信托的融资程序相对简单，审批环节较少，对企业规模要求不高；债券能够克服企业信息不对称的问题，并具有财务杠杆效应，有利于企业掌握控制权；银行信贷融资成本较小，资金来源可靠；而股票的灵活性大，投资者可享有股东权益。

从劣势角度考虑，当前我国信托由于缺乏交易平台，流动性风险较大；债券的限制条件更多、更高，审批程序复杂，机会成本较高；银行信贷要求企业有较高的信用等级和足够的担保，因而那些没有充足有形资产的企业面临难以获取银行贷款的窘境；而股票的发行种类由发行主体决定，限制条件高，审批程序严格。

综合来看，传统融资方式融资程序复杂，且对企业规模有一定要求，因此无法满足中小微型文化企业的融资需求。相对来看，信托融资程序简单，仅涉及受托人一个环节，只要信托项目可行、能达到信托机构理财过程中的投资决策和风险控制要求、经信托机构审批通过即可，无需报央行审批（仅需事后备案）。一般来说，一个融资项目从立项到资金到位仅需一个月左右的时间。信托融资为资金需求主体提供了更为快捷、方便的融资渠道。②

二、我国文化产业信托融资发展现状

一是投融资总体规模有所回落。2013 年我国文化产业领域共计发行

---

① 耿利航：《信托财产与中国信托法》，《政法论坛》，2004（01），95—107 页。

② 常丽娟，蒋鸿爱：《中小企业融资新渠道——中小企业信托贷款》，《商场现代化》，2010（17），62—63 页。

47起信托计划，投融资总规模达到83.94亿元，单个信托计划平均投融资规模约为1.78亿元。与2012年相比，数量和规模均有所回落，分别减少16起和30.57亿元。

二是投资类型以收益权和债权为主。2013年发行的47起文化产业信托计划产品的投资类型以收益权和债权为主，二者分别为22起和13起，占到了总体的47%和28%。收益权中的投资标的又多以应收款债权为主，仅个别为项目股权收益权和项目投资收益。融资规模方面，收益权投资规模最大，达到26.95亿元，占到了32%；其次为债券投资，达到20.93亿元，占到总体的25%。

三是投资领域集中。2013年发行的47起文化产业领域信托计划集中于传统的新闻广播、出版发行、旅游等行业，文化休闲娱乐信托占到了总体的55%；融资规模上也是文化休闲娱乐服务最多，达到55.28亿元，占到了总体融资额的65%。此外，多达80%的信托产品资金都用于固定资产和补充流动现金。

三、我国信托融资所存问题及对策

（一）信托融资发展所存问题

1. 市场定位尚不明确。一是集合资金信托产品的市场主体如何定位，是以机构投资者为主还是以个人投资者为主。若以机构投资者为主，那就要解决其资金成本和流动性的问题；若以个人投资者为主，那就要解决低端客户和高端客户之间的矛盾。二是资金信托业务的发展方向如何定位、主打产品是什么、应该建立一个怎样的盈利模式和风险防范机制等，这些事关资金信托全局性的问题目前还无定论。①

2. 市场信誉不够成熟。目前，制约我国信托金融健康快速发展的一个重要因素就是信用缺失：企业逃废债务、上市公司披露虚假财务信息、假冒伪劣产品充斥市场、服务承诺流于形式、政府直接干预屡见不鲜等。

3. 一些制度性约束不尽合理。一是规定每项信托计划不得超过200份信托合同，每份信托合同的最低金额不得低于5万元。这一限制无法满足当前的市场需求。② 二是规定信托投资公司不可在报刊、电台、电

① 苏长久，谷艳波：《信托投资公司核心竞争力培育的路径分析》，《职业时空》，2005（04），41—43页。

② 倪受彬，江翔宇：《从安信信托案看银信合作理财中信托合同效力问题》，《法学》，2010（04），125—132页。

视等新闻媒体上对信托计划做广告宣传和产品的营销宣传，削弱了信托产品的公开效应，使信托产品的合法性、真实性和诚信度打了折扣。三是规定信托投资公司不能设置分支机构，使其在异地的展业受到明显的限制。四是虽然规定了信托产品的受益权可以转让，但转让方式、转让价格、转让手续和转让场所均不明确，使资金信托产品的流动缺乏可操作性。①

4. 信息披露尚不规范。信托会计制度不规范，报表统计口径不同。如对主营业务收益率的计算，有的是信托业务收入与营业收入总额之比，有的是净利润与营业收入之比。再如对不良资产率②的计算，大多数信托公司采用不良资产/公司固有资产的方法，但也有少数采用不良资产/年均自营资产的方法。

5. 风险控制能力有待提高。一是收益风险。根据有关规定，管理信托投资所产生的风险，最终要由投资者来承担。二是利率风险。随着我国经济的持续升温，在面临通货膨胀压力的情况下，央行可能会利用提高利率手段来抑制通胀，这一方面使投资者的机会成本增加，另一方面将使信托公司的经营面临挑战。三是流动性风险。与市场上其他投资品种相比，资金信托产品最大的缺陷在于其流动性相对较差。③

（二）信托融资发展对策

1. 提高风险控制能力，建立风险预警系统。信托公司必须不断提高风险识别和控制能力，加大监督和管理力度，进一步制定核心信托业务特别管理条例，杜绝各种违规经营行为，确保监管政令畅通，实现信托业的稳健快速发展。④ 同时，要在对企业分析、对市场判断、对企业前景展望的基础上，针对中小企业融资风险的特殊性，建立一套完善的、适合中小企业信托融资的风险预警系统。

2. 建设信托交易市场。一方面要以市场化为导向，实行专家审核、市

---

① 邢成：《2007中国信托业：路径决定未来》，《经济导刊》，2008（03），69—76页。

② 指不良资产占全部资产的比率。不良资产率着重从企业不能正常循环周转资金以谋取收益的角度反映了企业资产的质量，揭示了企业在资产管理和使用上存在的问题，用以对企业资产的营运状况进行补充修正。该指标在用于评价工作的同时也有利于企业发现自身不足、改善管理、提高资产利用效率。

③ 刘迎霜：《论信托的本质——兼与“信托异化论”商榷》，《法学评论》，2011（01），75—82页。

④ 谌赞雄：《中国金融信托业发展问题研究（下篇）》，《银行与企业》，1999（12），29—33页。

场核准、监管机构备案和投资人注册等制度，识别和降低市场风险，保护投融资双方的合法权益，在维持市场稳定的同时，保持市场顺畅与活跃。另一方面也可试行信托产品做市商（market maker）① 制度，维持市场的流动性，满足公众投资者的投资需求。

3. 制定信托财产登记办法，完善信托托管制度。截至 2014 年，我国仍没有推出信托财产登记制度，这不仅阻碍了信托产品的顺利流通，也不利于信托融资方式的推广。因此我国应该尽快出台统一的、完善的信托财产登记制度及其细则，明确信托财产登记的范围、主管机构、类型以及形式等问题。此外，我国信托托管制度建设相对滞后，不能适应信托业发展的新状况，从而导致信托机构不能很好地履行自己的职责，信托的潜在风险也在加大。② 我国应该及时创新信托托管方式，完善托管制度，不断规范信托机构的行为，使潜在的风险降到最低。

4. 建立科学合理的信托监管体系。银监会对信托业的监督管理应该与时俱进，适时推出业务发展所需要的一系列制度和规范。对创新型信托产品要进一步制定特别管理条例和监管措施，细化相关业务的实施规则，并且加强对产品的跟踪监控，时刻关注风险的变化情况，落实好风险预案。③ 监管部门必须促使市场发挥自动调节作用，尊重信托行业的市场主体自主权，优化配置资源。信托业自律协会也要履行职责，充分发挥自我约束、自我监督的职责。④

第五节　保险

随着金融全球化趋势的日渐深化，保险业在组织结构、产品创新、服务多样化方面发生了深刻的变化。在西方国家，大型保险公司已经发展成为集寿险、非寿险、资产管理等多种金融服务于一体的综合性金融集团。

---

① 做市商指在证券市场上，由具备一定实力和信誉的证券经营法人作为特许交易商，不断地向公众投资者报出某些特定证券的买卖价格，双向报价并在该价位上接受公众投资者的买卖要求，以其自有资金和证券与投资者进行证券交易。

② 庄伟：《信托公司市场退出与信托财产保护制度建设》，《上海金融》，2008（02），82—86 页。

③ 韩龙，彭秀坤，包勇恩：《金融规制改革新基石：重构金融监管与规制》，《河北法学》，2009（10），8—41 页。

④ 贾希凌，张政斌：《近期中国信托业监管理念评析》，《云南大学学报（法学版）》，2013（03），30—37 页。

保险投融资成为保险业生存和发展的重要支柱。通过参与投融资，保险公司可以用高收益弥补承包业务产生的亏损。

一、保险投资的定义及原则

商业保险经营是一种负债经营。保险公司通过向众多的投保人收取保险费，建立保险基金，并且对保险基金进行有效的投资运用，使它不断增值，以保证将来保险金的赔付、履行保险的经济补偿和给付的职能。[①]

保险投资指保险企业在组织经济补偿过程中，将积聚的各种保险资金加以运用，以使资金增值的活动。一般认为保险投资有三大原则：安全性、收益性、流动性。

1. 安全性原则。保险企业可运用的资金，除资本金外，主要是各种保险准备金。保险准备金是资产负债表上的负债项目，是保险信用的承担者。因此，保险投资应以安全为第一条件。安全性意味着本金、利息能如数收回。为保证资金运用的安全，必须选择安全性较高的项目，并进行分散投资。

2. 收益性原则。保险投资的目的是提高自身的经济效益，使投资收入成为保险企业收入的重要来源，增强赔付能力，降低费率和扩大业务。但在投资中，收益与风险是同增的，收益率高，风险也大。这就要求保险投资能够把风险限制在一定程度内，实现收益最大化。

3. 流动性原则。投资流动性是指资产在不发生价值损失的条件下可以随时变现，以满足随时支付保险金的需要。如果保险企业因投资而固守某项资产，无法脱手变现，不仅无法应付财务上随时支付的现金需要，也违背设立保险的宗旨。因此，保险企业在进行保险投资时，要细心研究、精确计算，确保投资资产与现金的适度比例和投资资产变现的灵活性。

二、保险融资的常见类型

我国文化企业保险融资业务尚处于起步阶段。在此介绍两种比较常见的保险融资类型：应收账款信用保险和知识产权质押融资保险。

（一）应收账款信用保险

应收账款是指企业在正常的经营过程中，因销售产品、提供劳务等业务，应向购买单位收取的款项。这是伴随企业的销售行为发生而形成的一

---

① 路文：《论保险和保险合同》，《法学评论》，1984（01），12—19页。

项债权。

随着保险业的兴起，应收账款和信用保险不断融合，形成了特有的应收账款信用保险融资形式。它采用以保险费代替担保费的方式，通过对企业应收账款进行保险，达到从源头上控制买方给企业带来的风险的目的。应收账款信用保险业务在运作时，将贷前评审和贷后管理体系以外包的方式交给专业财务咨询和内控治理服务机构，将贷款风险控制到企业的用款过程中，形成企业、银行、保险和中介机构联合的合作模式，形成了成本低、效率高、手续简单、不用担保抵押、评审门槛低的独特优势。在这一过程中，企业的财务管理和经营效益得到了保证，原本沉淀的资产转变为银行认可的还款来源，提高了企业的资信度，使企业成为银行认可的客户，增加了银行提供贷款的可能性。①

（二）知识产权质押融资保险

随着经济发展和社会进步，保险业介入到知识产权质押融资业务里来。其中，专利保险业务最为普遍。专利保险是指投保人以授权专利为标的向保险公司投保，在保险期间，保险公司按照合同约定向投保人为专利维权而支出的调查费用和法律费用进行赔偿。

2012 年开始，国家知识产权局在全国选取北京、成都、镇江等八城市作为专利保险试点城市，并公布第二批共 20 家专利保险试点地区名单，进一步促进知识产权和金融资源的深度融合。② 2013 年，我国知识产权金融服务工作成效显著，专利保险取得新进展，全年全国有 530 家企业 1855 件专利投保，保障金额达到 6438 万元。③

三、我国文化产业保险融资现状

（一）文化产业保险发展现状

1. 政策支持

2010 年 3 月，中国人民银行等九部委联合发布了《关于金融支持文化产业振兴和发展繁荣的指导意见》（下称《意见》），从证券业、银行业、保险业等多方面要求支持文化产业振兴和发展繁荣。

2010 年 12 月，保监会响应《意见》号召，联合文化部发布了《关于

① 张瑾：《浅析中小企业应收账款信用保险融资》，《时代金融》，2009（12），89 页。

② 黄玉：《对专利保险工作模式建设的思考》，《科技与企业》，2013（16），263 页。

③ 向利：《去年我国专利权质押金额突破 250 亿元》，《中国知识产权报》，2014-1-10。

保险业支持文化产业发展有关工作的通知》。该文件从培育和发展文化产业保险市场、开发文化产业保险产品、提升文化产业保险服务水平、发挥保险的融资功能、建立配套机制等五个方面提出了发展文化产业保险的要求，并将人保财险、太保产险和中国信保三家保险公司作为首批文化产业保险试点公司，制定了十一个试点险种：演艺活动财产保险、演艺人员意外和健康保险、演艺活动公众责任保险、文化企业信用保证保险、演艺活动取消保险、展览会综合责任保险、艺术品综合保险、动漫游戏企业关键人员意外和健康保险、文化活动公共安全综合保险、文化企业知识产权侵权保险、动漫游戏企业关键人员无法从业保险。

在政策引导下，保险业在我国文化产业发展中的作用提升。据统计，2011—2012 年，人保财险共承保文化企事业单位 16001 家，累计实现保费收入 8.1 亿元，提供风险保障 2.82 万亿元；太保产险为超过 3 万家文化产业客户提供了 1.6 万多亿元的风险保障；中国信保为广州珠江钢琴集团等三家乐器出口企业提供保障 2740 万美元，帮助其成功获得 812 万美元银行贷款。[①]

2. 投保案例

(1)《夜宴》海外发行投保。2006 年，由冯小刚导演的著名影片《夜宴》在海外发行的过程中获得了中国出口信用保险公司提供的“出口信用保险＋担保”的保险支持。中国出口信用保险公司发挥资信调查、收汇风险补偿等特有专业优势为这一影片量身定制了完整的保险计划，使其成为第一项获得出口信用保险支持而在海外发行的中国文化产品。通过保险公司的担保，《夜宴》成功地申请到了原深圳发展银行（现平安银行）的 5000 万元贷款项目。这一成功案例已经能够充分说明我国目前已经完全有能力发展文化产业保险，促进文化产品迈出国门，开拓更广阔的市场。

(2) 人保财险深圳分公司签约文化产业保险。人保财险深圳市分公司在文化产业与保险业的合作发展上起到了领头军的作用。2012 年 4 月 20 日，“文化产业保险产品推介暨签约仪式”在深圳隆重举行，人保财险深圳市分公司与世界之窗、雅昌集团、华强科技、环球数码四家深圳文化企业签署了战略合作协议。[②] 协议签署以后，人保财险深圳分公司

① 《文化产业保险发展取得阶段性成果》，中国保险监督管理委员会官网，http://www.circ.gov.cn/web/site0/tab5168/info3887866.htm，2013-10-15。

② 翁慧娟，林洲璐：《“资本东风”助力文化产业新飞跃》，《深圳特区报》，2013-11-14。

将在各个方面为此四家文化企业进行风险评估、风险担保，针对各企业不同特点和风险点量体裁衣地进行险种设计，为其风险损失进行保障和补偿。

（3）上海世博会试水文化产业保险。2008年在我国上海举办的世界博览会，为国内保险业尝试文化产业保险服务提供了机遇和挑战。在世博会的筹备阶段，上海世博局要求所有展会参与者必须投保展品和艺术品保险、建筑安装工程险、综合责任保险等保险。除了综合责任险是由中国人民财产保险公司独家承保以外，其他三项保险是中国人保与另外的十二家保险公司组成联合共保体进行承保（其中人保承保额都占到60%）。中国人保作为上海世博会的首席承保人，首先要对保险标的进行评估鉴定、保费测算和厘定、保额确定等工作；其次还要将一些承保难度大、保额费用高、承保标准高的保险项目与英国劳合社（Lloyd's）等国际保险集团研究再保险方案，以便确保偿付能力以及承保能力能够达到要求标准。该实践成功试行了我国文化产业保险领域再保险降低风险的措施，为我国文化产业保险的发展提供了宝贵的经验。

（二）文化产业保险投融资所存问题

1. 风险种类多，险种设计难。文化产业各个领域、各个类别风险的不确定性和多变性已成为摆在各家保险公司面前的首要问题。风险种类多、风险概率高、损失难测控等状况使得国内保险企业难以推进文化产业相应风险的承保工作。目前，尽管开展试点的险种已大体确定，但如何设计产品具体条款、如何进行现有产品深度开发以适应文化产业、如何设计新险种、如何选定文化企业标的进行承保等各个方面的问题都还需要各家保险公司深入思考。

2. 配套评估机构缺乏。文化行业内标的物大多是无形资产，例如电影版权、演艺活动相关公众责任、演职人员健康状况、动漫企业从业人员技术、知识产权、各类文化活动公共安全、广告创意等。这些无形资产投保之前需要进行市场价值的衡量，而目前国内缺乏具有公信力、权威性的中介评估机构，这使得保险企业在设计相关文化产业保险险种时难以确定具体保额，保费费率厘定等问题更是无从下手。[①]

3. 信息披露程度低，业务拓展难。部分文化企业存在人员流动频繁以

① 章金萍，李兵：《我国文化产业保险支持的供需分析与对策引导》，《保险研究》，2012（07），68—74页。

及行业操作不透明、不规范等现象，而保险行业代理人制度[①]同样存在人员流动频繁、业务素质低下等问题，这使得文化企业和保险企业同时面临风险管制、损失补偿、履约赔付等方面的难题。此外，文化产业和保险业之间行业跨度比较大，保险公司难以掌握文化企业的风险发生规律，文化企业也不能够完全知晓专业化保险条款的意义。双方之间信息披露程度很低，这就造成双方信息严重不对称，业务拓展困难。[②]

4. 业务投资大，周期长。以电影创作、动画制作等为代表的很多文化产业项目具有前期投资大、制作周期长、收益波动大等特征。由于保险企业的承保能力和偿付能力有限，为避免赔付风险，保险企业不愿意开展针对这些项目的保险业务，从而导致文化企业参保难度加大。

（三）文化产业保险投融资发展对策

1. 完善政策法规，建立健全中小企业信用体系。政府应积极引导市场经济中的参与者遵守市场经济规则，维护贸易秩序，减少恶意拖欠等不正当经济行为。同时，构建信用信息共享平台，借助央行征信系统平台，整合金融机构、税务局、工商局、法院、资信机构等部门，建立较为完整的针对中小企业的征信体系，并按照市场运行规则培育和发展信用服务机构，开发新的评级模式和评级产品。[③] 在法律体系方面，政府也应明确信用保险的地位，出台具体的指导细则，严格监管，在保费等方面给予一定支持，引导符合政策的产业积极投保。[④]

2. 加强制度和产品创新，满足中小企业融资需求。现行的信用保险业务应用范围狭窄，险种不齐。为了满足中小企业的融资需求，相关部门应该积极完善保险制度和监管制度，做到对症下药。保险公司一方面要借鉴西方国家成熟的信用保险模式，拓宽抵押物范围，融合信用保险内部的不同险种以创新承保模式；另一方面也要积极开发新的信用保险品种，以满足新发展、规模有限、优势暂不明显的行业的融资需求。

---

① 保险代理人是根据保险人委托，在保险人授权范围内代为办理保险业务，向保险人收取代理手续费的单位和个人。一般来说，保险代理人可以分为专业代理人、兼业代理人和个人代理人三种。保险代理人制度对我国保险业的发展起到了积极作用，同时也存在着管理不严、缺乏制约力等问题。

② 王述芬，何伦志，韩东：《深化我国文化产业保险市场主体改革研究》，《金融理论与实践》，2014（05），92—95页。

③ 杜金富：《我国征信系统的发展定位》，《中国金融》，2011（21），9—11页。

④ 陈君实：《中小企业信用保险融资探讨》，《中国城市经济》，2011（12），76—77、79页。

3. 加大开放力度，降低市场准入门槛和投保人门槛。市场化程度的加深和政策的开放密不可分。降低市场准入门槛，扶持专业化保险机构开展信用保险业务，增大整个保险行业的承保能力，分散其承保风险，对于信用保险的开展和深化有着巨大的作用。①

4. 加强合作沟通，建立风险共担机制。保险公司应在自身风险监控的同时，积极寻求与银行的合作、与投保人的沟通，②适当设定赔付比例和免赔额以实现风险共担，规避被保险人投保后放任风险以及银行坐视不理、放低信贷要求等相关道德风险。

5. 提高保险公司服务意识，优化管理。保险公司要优化管理，推出一站式便捷服务，加强和完善保险服务体系建设，提升保险业整体服务水平。目前，如何提高保险服务意识、保障消费者权益已经成为保险业的热点问题。保险市场的持续发展有赖于服务意识的创新和提高，有赖于社会公信力的提升。为了开拓文化产业保险市场，完善文化产业保险体系，更好地发展文化产业保险，助力文化产业繁荣，保险行业更加需要提高整体服务意识，优化保险公司管理，加强激励约束机制，优化公司治理结构，提高资源利用率。③

第六节　众筹

为解决中小企业尤其是初创企业的融资难题，2009 年美国出现了众筹（Crowd funding）这一新兴融资模式。

一、众筹的定义

众筹一词起源于众包。所谓众包是指企业在生产或销售产品时将某一具体任务通过网络以公开的方式外包给大众。众包的核心理念在于“用集体的智慧或理念来创造效率”④。众包可以采用合作的形式，也可以由单人

---

①② 祝立：《信用保险为中小企业融资的路径探讨》，《经营管理者》，2012（19），48 页。

③ 王述芬，何伦志，韩东：《深化我国文化产业保险市场主体改革研究》，《金融理论与实践》，2014（05），92—95 页。

④ 众包是一个公司或机构把过去由员工执行的工作任务，以自由自愿的形式外包给非特定的（而且通常是大型的）大众网络的做法。实质是以真实用户的使用感受为出发点，通过网络做产品的开发需求调研。众包的任务通常是由个人来承担，但如果涉及需要多人协作完成的任务，也有可能以依靠开源的个体生产的形式出现。

完成，但其前提条件是方式公开以及大量的网络潜在劳动力。

众筹作为一种网络商业模式，是指一群人通过网络为某一项目或某一创意提供资金支持从而取代诸如银行、风投、天使投资这类公认的融资实体或个人。众筹的基本模式是项目发起者在网络上展示项目，投资者则根据相关信息选择投资项目。众筹的快速发展使得互联网金融具有了传统投资银行 VC（风险投资）和 PE（私募股权投资）的融资功能。目前已经出现的针对较大项目的专业众筹平台，尤其是股权众筹平台，对有潜力的创业公司开展股权投资，为金融业带来了突破性的商业模式创新。①

二、众筹基本模式

自 2009 年美国众筹平台 Kickstarter 成立之后，众筹在全球迅速兴起。经过几年发展，众筹形成了较为稳定的模式和类型，详见图表 4-5。

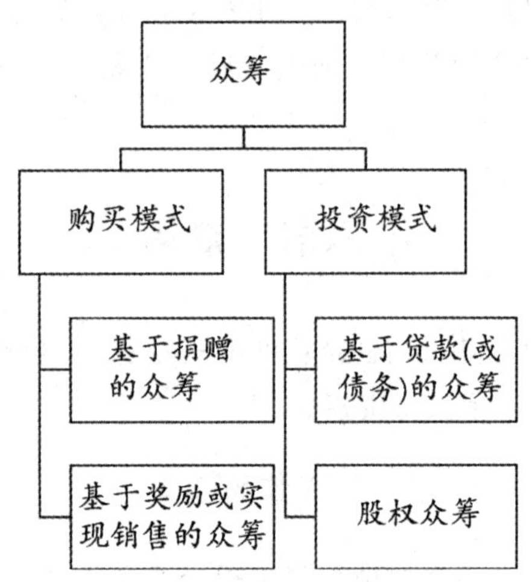

图表 4-5：众筹基本模式示意图

资料来源：郑春晖，李国琦：《速途研究院：2014 中国网络众筹分析报告》，速途网，http://www.sootoo.com/content/524212.shtml，2014-10-24。

1. 基于捐赠的众筹。基于捐赠的众筹是指在众筹的过程中形成了没有任何实质奖励的捐赠合约。近年来很多非政府组织（Non-Governmental Organizations，NGO）都采用这种模式为特定项目吸引募捐。与传统的募捐活动不同，如果 NGO 对特定项目的运作过程持续进行跟踪并发布相关

① 孟韬，张黎明，董大海：《众筹的发展及其商业模式研究》，《管理现代化》，2014(02)，50—53 页。

信息，捐赠者会更愿意进行捐赠，且保持更高的忠诚度。[①] 通常基于捐赠的众筹所涉及的项目主要是金额相对较小的募集，包括教育、宗教、环境、社会等方面；捐赠者的主要动机是社会性的，并希望长期保持这种捐赠关系。

2. 基于奖励或事前销售的众筹。基于奖励的众筹是指项目发起人在筹集款项时，投资人可能获得非金融性奖励作为回报。这种奖励仅是一种象征，也可能是由某投资人来提供，如VIP资格、印有标志的T恤等。通常这种奖励并不是增值的象征，也不是必须履行的责任，更不是对商品的销售。基于奖励的众筹通常应用于创新项目的产品融资，尤其是对电影、音乐以及技术产品的融资。事前销售则是指销售者在线发布新产品或服务信息，对该产品或服务有兴趣的投资者可以事先订购或支付，从而完成众筹融资。[②]事前销售模式能够进行有效的市场需求分析，并可以在一定程度上替代传统的市场调研；投资者参与事前销售的动机除了希望产品或服务被生产出来外，也包括获得产品真实销售时的折扣。

3. 基于贷款（或债务）的众筹。与向银行借款不同，基于贷款的众筹主要是指企业或个人通过众筹平台向若干出资者借款。这一过程中，平台的作用是多样的。一些平台起到中间人的作用，一些平台还承担还款的责任。企业或个人融资可能是为自身发展，也可能是为某社会公益项目进行无利息的借贷融资。[③] 因此，基于贷款的众筹平台可能为出资者提供利息，也可能不提供利息。

4. 股权众筹。股权众筹是指众筹平台通过向出资者提供证券来为项目所有人筹集大量资金。股权众筹融资常用于初创企业或中小企业的开始阶段，尤其在软件、网络公司、计算机和通讯、消费产品、媒体等企业中应用比较广泛。

三、文化产业众筹发展现状

（一）全球文化产业众筹发展现状

众所周知，初创企业从银行等传统融资渠道获取资金支持的成功率在全球范围内都是不尽如人意的。资金的不足促使这些初创企业积极寻求新

①② 李雪静：《众筹融资模式的发展探析》，《上海金融学院学报》，2013（06），73—74页。

③ 杨东，刘翔：《互联网金融视阈下我国股权众筹法律规制的完善》，《贵州民族大学学报（哲学社会科学版）》，2014（02），93—97页。

的融资渠道。这一状况推动了众筹融资在全球范围的兴起和发展。据Massolution数据显示，2012年全球众筹融资交易规模达168亿元人民币，同比增长83%。[①] 2013年，全球众筹网站数目大致在500—800家。[②] 大多数众筹融资的模式是基于捐赠的众筹和基于奖励的众筹。

总体来说，美国是全球最大的众筹市场。2012年4月，美国总统奥巴马签署了《促进初创企业融资法案》(JOBS Act)，为美国股权众筹融资提供了可能。加拿大目前的众筹模式大多是基于捐赠的众筹、基于奖励或事前购买的众筹，而基于股权的众筹仍是不合法的。欧洲的众筹市场发展也较迅速，基于股权的众筹模式在欧洲迅速发展起来。

（二）我国文化产业众筹发展现状

2011年下半年开始，众筹模式在我国兴起，电影业、动漫业、新闻业、出版业、音乐业和游戏业开始尝试通过众筹网站进行文化项目融资，“点名时间”“追梦网”等众筹网站兴起。资料显示，截至2014年10月31日，国内共有113家众筹平台。[③] 图表4-6列举了我国部分较为出色的众筹网站。

图表4-6：我国部分众筹网站

网站名称	成立时间	众筹项目类型	备注
点名时间	2011年4月	设计、科技、音乐、影视、动漫、出版、游戏、摄影等	中国最大的众筹平台
追梦网	2011年9月	设计、科技、摄像、音乐、人文、出版、活动等	最早涉足众筹的国内网站之一
淘梦网	2012年2月	微电影	最大的微电影众筹平台，是国内首家垂直型众筹平台
众筹网	2013年2月	科技、设计、活动、影视、出版、资讯、足球等	成立较晚，“明星项目”较多
5SING众筹	/	音乐	隶属于5SING中国原创音乐基地的音乐众筹；自给自足，固定用户群体中的内向众筹
大家投	2012年12月	科技创新、连锁服务	中国首个众帮模式天使投资与创业融资对接平台
天使汇	2011年11月	互联网、移动互联网、电子商务、O2O、移动社交	国内首家发布天使投资人众筹规则的平台

资料来源：根据北京新元文智咨询服务有限公司公开资料整理。

① 李雪静：《众筹融资模式的发展探析》，《上海金融学院学报》，2013（06），75页。

② 董露茜：《众筹狂欢》，新财经在线，http://www.xincaijing.com/html/201408/13513.html，2014-8-8。

③ 《机构：超一成众筹平台倒闭或无运营迹象》，新华网，http://news.xinhuanet.com/finance/2014-11/18/c_1113300503.htm，2014-11-18。

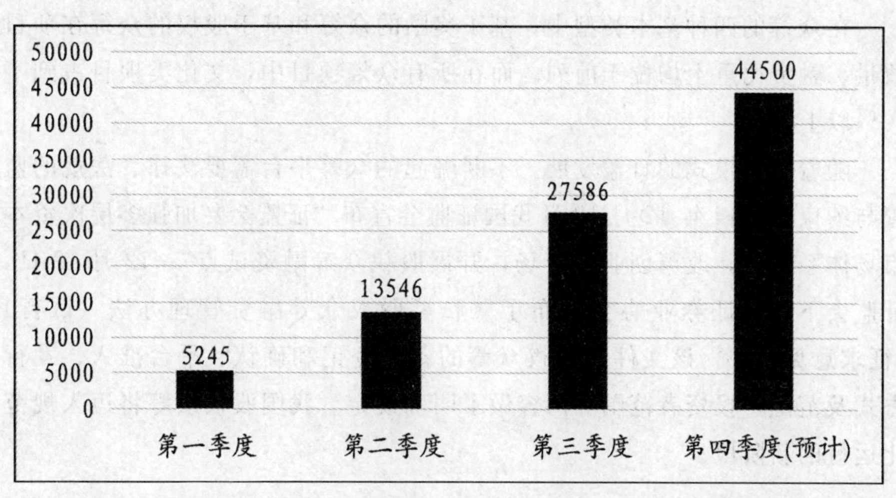

图表 4-7：2014 年我国各季度众筹融资规模（单位：万元）

数据来源：郑春晖，李国琦：《速途研究院：2014 中国网络众筹分析报告》，速途网，http://www.sootoo.com/content/524212.shtml，2014-10-24。

众筹网站的快速发展推动众筹融资项目呈现爆发式增长趋势，文化产业众筹项目在数量和资金筹集规模上都有大幅度的上涨。在两年多的时间里，文化项目融资规模从 2011 年的 6.2 万元增长到 2013 年年末的 1278.9 万元。2014 年，大型互联网企业纷纷开展众筹业务，如阿里巴巴的"娱乐宝"、百度的"百发有戏"和京东的"凑份子"等。互联网企业的参与，扩展了国内众筹的市场容量。数据显示，2014 年各季度众筹融资规模持续增长。

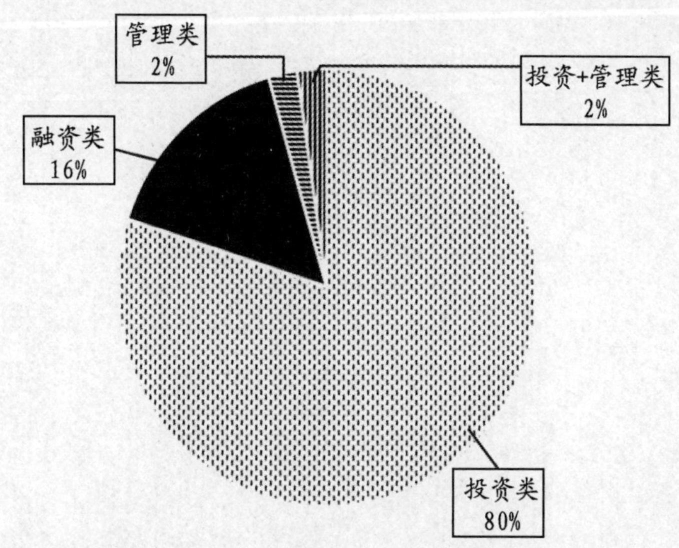

图表 4-8：2014 年我国各类众筹项目融资规模占比

数据来源：同图表 4-7。

在众筹的四种基本类型中，基于奖励的众筹和基于股权的众筹在项目数量、融资比重上均位于前列。而在所有众筹项目中，文化类项目占到了60%以上。

随着众筹模式的日益发展，不断崛起的众筹平台需要法律、法规的监管与约束。2014 年 12 月 12 日我国证监会宣布“证监会要加强多层次资本市场体系建设，改革创业板市场，开展股权众筹融资试点”；12 月 18 日，证监会下辖的证券业协会颁布了《私募股权众筹融资管理办法（试行）（征求意见稿）》，该文件对股权众筹的备案登记和确认、平台准入、发行方式及范围、投资者范围等内容做了明确规定。我国股权众筹将迈入规范化运行的新阶段。

第五章　版权金融化

第一节　版权与文化产业

美国迪士尼公司（The Walt Disney Company）的影视产业收益主要来自六个方面：电影票房收益、发行录像制品收益、电视播放收益、衍生产品收益、特许经营收益和主题公园增值收益，而这六个环节的成功盈利无不依赖于版权保护和经营。其实，不唯迪士尼公司，国内外文化企业的发展大多离不开“创意创作是根，运作运用是神，无形资产是本，知识产权是魂”[①] 的基本格局。随着法律法规建设的完善，版权与文化产业的关系更为密切，版权产业在经济社会中的地位也更为突出。

一、版权

（一）版权定义及特征

版权，又称著作权，指的是作者对其创作的文学、科学和艺术作品依法享有的权利。这里的作品指文学、文艺和科学领域内具有独创性并能以某种形式复制的智力创造成果，具体包括：文学作品，口述作品，音乐、戏剧、曲艺、舞蹈作品，美术、摄影作品，电影、电视、录像作品，工程设计、产品设计图纸及其说明，地图、示意图等图形作品，计算机软件，以及法律、行政法规规定的其他作品。[②]

在我国，《中华人民共和国著作权法》[③]（下称《著作权法》）是保护版权的专门性法律。《著作权法》指出，版权包括人身权和财产权。其中，

① 陶鑫良：《版权：文化创意产业的灵魂》，《光明日报》，2013-6-24。

② 《中华人民共和国著作权法》，第一章第三条。

③ 1990 年 9 月通过，2001 年 10 月第一次修订，2010 年 2 月第二次修订。

财产权是指版权的经济权力。市场上关于版权的交易、价值评估等，涉及的大多是版权的财产权。图表 5-1 反映了《著作权法》规定的人身权、财产权分别包括的权益种类。

图表 5-1：版权权益种类

版权	人身权	发表权、署名权、修改权、保护作品完整权
	财产权	复制权、发行权、出租权、展览权、表演权、放映权、广播权、信息网络传播权、摄制权、改编权、翻译权、汇编权、其他

版权具有如下特征：

一是无形性。版权来源于智力成果，是无形的资源和资产，但版权必须依附于实体形态之上。当想法存在于大脑中时，并不被认为有版权；然而一旦这个想法被付诸实践，成为一本书、一首歌、一个设计等，就能够拥有受法律保护的版权，能够为所有者创造价值。

二是排他性，即垄断性。法律赋予版权所有者在市场上对版权的相对垄断地位，通过排除他人"搭便车"[①] 的行为，最大程度地保护版权所有者的创意和利益，以此激发创作者的创作热情，鼓励作品的合理有序传播。不经过版权所有者允许的使用行为构成侵权，要承担法律责任。

三是增值性，能够极大提升依附体的自身价值。例如，一件普通的 T 恤价格低廉，但得到迪士尼授权的、印有迪士尼卡通头像的 T 恤则能身价倍增，受到人们追捧，并成为品质生活的象征。

四是开发方式多样。例如，蝙蝠侠的创意既可以被做成漫画书，也可以被做成电影作品，还可以被做成玩具……只要能够想得到的方式都可以进行尝试。开发方式的多样性，为版权所有者带来了更多的财富机会。

（二）版权相关概念辨析

1. 版权与著作权

2010 年我国新修订的《著作权法》第六章第五十七条规定：本法所称的著作权即版权。因此，本书所称版权亦即著作权。

不过关于版权的称谓目前各国并不统一。版权一词源于英文 Copyright，直译为"复制权"，强调复制的权利，最早出现于英国 1709 年的

---

① "搭便车"理论首先是由美国经济学家曼柯·奥尔逊 1965 年的《集体行动的逻辑：公共利益和团体理论》（*The Logic of Collective Action*：*Public Goods and the Theory of Groups*）一书提出的，其基本含义是不付成本而坐享他人之利。

《安娜法令》[1]。当今英美法系的国家均使用版权一词。而大陆法系的法国则采用 Droitd'auteur 一词，直译为“作者权”，以突出作者的权利。受法国影响，其他大陆法系国家如德国、荷兰等也采用了“作者权”的称谓。日本立法体系借鉴德国模式，在 19 世纪末的立法中采用了“著作权”一词，亦强调著作人的权利。

对我国而言，“著作权”和“版权”两个名词都是舶来品，最早使用“著作权”一词的是《大清著作权律》。清末变法修律，设立修订法律馆，任命沈家本[2]为修律大臣，主持制定法律。沈家本聘请日本法学家冈田朝太郎、松冈正义、志田钾太郎等为修律顾问，在制定法律时自然由日本引进了“著作权”一词。“版权”一词，较早见于严复先生的言论中。1903 年 4 月，严复在上书时提出“今夫学界之有版权，而东西各国，莫不重其法者，……是故国无版权之法者，其出书必希，往往而绝”。于官方文件则见于 1903 年 10 月签订的中美《续议通商行船条约》。由于日本和英美的双重影响，“著作权”和“版权”这两个法律术语均在我国延续下来，直到 1990 年《中华人民共和国著作权法》才在法律上将二者统一起来。

2. 版权与知识产权

知识产权是智力成果的创造人依法享有的权利。根据 1967 年在斯德哥尔摩签订的《建立世界知识产权组织公约》的规定，知识产权包括对下列各项知识财产的权利：文学、艺术和科学作品，表演艺术家的表演及唱片和广播节目，人类一切活动领域的发明，科学发现，工业品外观设计，商标、服务标记以及商业名称和标志，制止不正当竞争，以及在工业、科学、文学或艺术领域内由于智力活动而产生的一切其他权利。一般来讲，知识产权可分为专利权、商标权、著作权及其他，因此版权（著作权）是知识产权的一部分。

---

① 也称《安娜女王法令》，原名为《为鼓励知识创作授予作者及购买者就其已印刷成册的图书在一定时期内之权利的法》，1709 年由英国议会颁布，1710 年生效，是世界上第一部保护作者权益的法律。该法规定，自作品首次出版之日起，其作者享有 14 年的版权保护期；期满作者尚未去世，可以顺延 14 年。该法令在世界上首次承认作者是著作权保护的主体，确立了近代意义的著作权思想，对世界各国后来的著作权立法产生了重大影响。1709 年该法令颁布时，作品的表现形式仅限于印刷和手写方式，因此该法所保护的作品是指文字作品及以书面形式出现的美术、音乐作品。

② 沈家本（1840—1913），清末官吏、法学家，精于经学和文字学，主持制定了《大清民律》《大清商律草案》《刑事诉讼律草案》《民事诉讼律草案》等一系列法典。

二、版权产业

版权的财产权属性使之成为经济发展运行的重要组成部分，围绕版权的经济活动亦日益受到世界各国的重视，版权交易逐渐形成产业。世界主要发达国家的版权产业均获得了长足发展，近年来我国版权产业在借鉴国外先进经验的基础上也取得了一定的进步。

（一）版权产业的定义

版权产业的概念首先由美国提出，继而由世界知识产权组织（World Intellectual Property Organization，WIPO）在国际上积极推广。1959 年，美国发表《美国版权产业的规模》研究报告。2004 年，世界知识产权组织对版权产业概念进行界定，认为版权产业是指全部或部分活动与版权法保护的作品或其他受版权法保护的客体相关的产业。这些活动包括创作、制作、表演、广播、传播以及展览或者发行和销售。①

由概念可知，版权产业不是一个新的产业部门，只是国民经济中与版权相关的诸多产业部门的集合。版权产业包括核心版权产业、相互依存版权产业、部分版权产业和非专用支持产业四个产业组。其中，核心版权产业是完全从事创作、制作和制造、表演、广播、传播和展览、销售和发行作品及其他受保护客体的产业，比如新闻出版、广播影视、文化艺术、软件与数据库等产业。图表 5-2 展示了版权产业的组成产业组及各自包含产业。

版权价值流动形成版权交易，版权交易是版权产业的基本组成单元。版权交易一般分成三种形式：一是买断版权：版权所有人对已卖出的版权永久丧失支配权，该版权属于买主所有；二是有偿转让版权：版权所有人将其版权所具有的经济权利，在一定期限内全部或部分有偿转让给他人，受让人可以处置这些权利，有权转让或授权他人使用并收取报酬；三是有偿授权使用：版权所有人将其版权中的经济权利的某项权利有偿授权他人在一定期限内、一定范围内使用。② 通过上述版权交易形式，版权产业有条不紊地发展起来。

（二）我国版权产业发展现状

学者们普遍认为版权产业具有“投资少、回报快、易推广、产出比率

---

① 《中国版权相关产业的经济贡献（2010 年）研究报告》，国家版权局网站，http://www.ncac.gov.cn/chinacopyright/contents/3894/152395.html，2013-7-5。

② 孙学良：《版权价值评估与市场交易规则》，《大学出版》，2001（02），42—43 页。

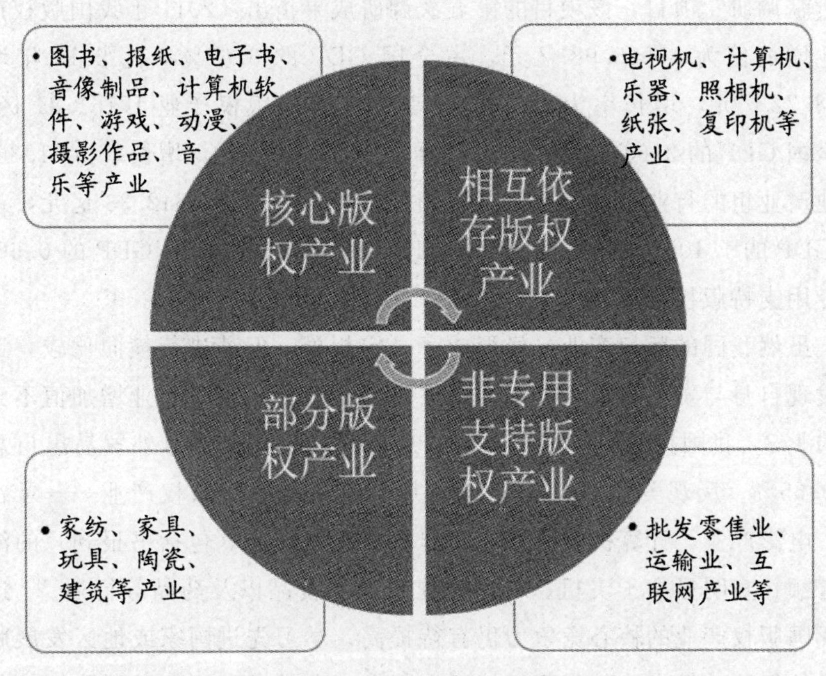

图表 5-2：版权产业构成

大”等特点，是“智力资源换取经济效益”的典型代表。同时，版权是智力产出，科技含量相对较高，资源消耗几乎可忽略不计，因而被归入低碳经济和绿色经济之列。这些特性使得版权产业的发展在世界范围内颇受瞩目。2010 年，美国整体版权产业总产值高达 16270 亿美元，占当年美国 GDP 的 11.10%；其核心版权产业产值 9318 亿美元，占 GDP 的 6.36%。[①]近年来我国对版权产业的重视程度也逐步加深。2008 年我国国务院《国家知识产权战略纲要》提出：“到 2020 年，把我国建设成为知识产权创造、运用、保护和管理水平较高的国家，市场主体创造、运用、保护和管理知识产权的能力显著增强，知识产权制度对经济发展、文化繁荣和社会建设的促进作用充分显现。”

国家层面的支持促进了我国版权产业的迅速发展。国家版权局公布的数据显示，2010 年我国版权相关产业对国民经济的贡献率已达 6.57%，而按照国际惯例，一个产业产值占国内生产总值的 5%以上就可以称为支柱产业。国家版权局曾委托中国新闻出版研究院开展“中国版权产业的经

① Stephen E. Siwek, *Copyright Industries in the U.S. Economy: the 2011 Report*, International Intellectual Property Alliance, 2011.

济贡献调研”项目，该项目的第五次调研成果指出：2011年我国版权产业行业增加值为31528.98亿元，占全国GDP的6.67%；比2010年增加5158.72亿元，增长率为19.56%。其中，核心版权产业17161.81亿元，占全国GDP的3.63%，比2010年增加3020.77亿元，增长率为21.36%。其他产业组的行业增加值分别是：相互依存版权产业6642.33亿元，占全国GDP的1.40%；部分版权产业3107.34亿元，占全国GDP的0.66%；非专用支持版权产业4617.50亿元，占全国GDP的0.98%。[①]

虽然我国的版权产业已经形成了一定规模，但若进行横向比较，还是能发现自身与发达国家的差距。2011年我国版权产业的行业增加值不到美国的1/3，我国核心版权产业的出口总额只占当年全国对外贸易出口总额的0.65%。反观美国，2011年美国几个重要的核心版权产业——录音产业、电影产业、计算机软件产业和非软件出版产业（包括书报刊）的海外销售额一直明显高于飞机、汽车、农产品、食品以及药品等行业。[②] 这说明我国版权产业的核心竞争力仍有待提高。学习先进国家或地区发展版权产业的经验，努力追赶甚至超越西方版权产业发展速度，需要我们的共同努力。

三、版权与文化产业

版权在文化产业发展中占据着至关重要的地位。在美国，文化产业被称为版权产业，足见版权之于文化产业的意义与价值。

（一）版权与文化产业的关系

版权产业和文化产业在内容上存在交叉部分，如广播电视、电影、音乐、报刊、演艺等行业。版权与文化产业不可分割，要发展文化产业，就要理顺两者之间的关系，重视版权对文化产业发展的推动作用。

首先，版权关乎文化企业核心竞争力。版权资产是文化企业获取经营收益、占据市场地位的核心资源，版权内容的生产、管理、运营是文化企业核心竞争力的重要组成部分。德国贝塔斯曼出版集团（Bertelsmann AG）在世界上50多个国家和地区开展电视（RTL集团）、图书（兰登书屋）、杂志（古纳雅尔）、服务（欧唯特集团）和媒体俱乐部（直接集团）

① 《“中国版权产业的经济贡献（2011年）”项目成果发布》，国家新闻出版广电总局网站，http://www.gapp.gov.cn/news/1656/199995.shtml，2014-4-18。

② 中国新闻出版研究院：《中国版权产业经济贡献（2011年）报告》，2014-4-18。

等业务。该集团 2010 年度 197 亿欧元的销售收入中，有 92 亿来自直接的版权许可销售，有 31 亿来自与版权产品有直接依附关系的衍生品开发和广告销售等，版权资产始终是贝塔斯曼集团赖以生存的核心资产。[①] 美国米高梅电影公司（Metro-Goldwyn-Mayer，MGM）虽然于 2010 年 11 月宣布破产，但其片库中 4100 部电影具有很高的版权价值，每年还能给米高梅公司带来 5 亿美元的收入。

其次，版权内容的创作、生产、流通和交换构成文化产业运营的主要内容。版权产业与文化产业在产业分类上并不是严格的一一对应关系，但它们的核心产业基本一致，而且在商业和法律上具有近似的对应意义。2012 年国家统计局修订了文化产业的分类，将文化产业分为文化产品的生产和文化相关产品的生产两大部分；第一部分主要包括新闻服务、出版发行和版权服务、广播电视电影服务、文化艺术服务等类别，全部都是围绕着版权经营的产业。可以说，版权内容的创作、生产、流通和交换构成了文化产业运营的主体，没有版权的文化产业必然走向空心化和边缘化，版权的保护和制度建设是文化产业繁荣发展的基本条件。[②]

再次，版权制度推动文化产业有序发展。文化企业需要盈利，而对利益的过分追逐会导致市场上违法乱纪现象的出现。维持文化产业合理有序运营，必须创设一个公平有序的竞争环境。版权制度的重要性就在于其不仅规定了创新者对自己的创新成果在一定的期限内享有排他的专有权，还规定了对侵犯这种版权行为的各种法律制裁措施，包括民事责任、行政责任和刑事责任。[③] 国家利用版权制度打击盗版，有效地制止未经创新者许可而违法使用创新成果的行为，维持创新者之间的公平竞争。

此外，版权制度可以有效激发全社会的文化创造力，发挥人民群众文化创造的积极性，以此推进产业结构调整和经济发展方式的转变，促进高附加值产业的发展。总之，版权制度有利于作品的创造与保护，有利于作品的传播与使用，对于完善文化产业政策、加强文化市场建设和管理、推动文化及相关产业发展具有重大而深远的意义。

当然，近年来也有学者认为，版权对于文化产业的发展具有一定的

---

① 《文资办：加强国有文化企业版权资产管理》，中华人民共和国财政部官网，http://wzb.mof.gov.cn/pdlb/yjbg/201207/t20120704_664017.html，2012-7-4。

② 姚林青，池建宇：《版权制度与文化产业关系的辩证分析》，《现代出版》，2011(04)，42—43 页。

③ 吴汉东：《发扬自主创新精神，加快知识产权建设》，《光明日报》，2005-12-19。

限制作用，这种观点主要是基于文化产品的公共产品属性。从大卫·休谟（David Hume）等一批古典经济学家起就有学者认为文化产品具有公共产品属性，该属性主要表现在“非排他性”（任何人都不能因为自己的消费而排除他人对物品的消费）和“非竞争性”（一个人对物品的使用不会减少他人使用该物品的能力）上。版权制度改变了文化产品的公共产品属性，使得某些文化产品具有了排他性和垄断性。约斯特·斯密尔斯（Joost Smiers）在《抛弃版权：文化产业的未来》一书中提出了反对版权的若干观点，作者认为版权保护了对卖座大片、畅销书和文化明星的投资，却也同时将大量文化产品挤出人们的视野；控制着版权的大型文化企业掌握着文化产品的生产、发行、推广和销售，从而垄断了文化市场。

就现阶段而言，版权对文化产业的作用仍然是利大于弊，功大于过的。当然，任何事物都不是一成不变的。随着时代发展，人们对版权制度、版权产业也将会产生新的理解和需求。始终以发展的眼光看待版权与文化产业之间的关系，才能不断实现两者的双赢。

（二）版权金融化

1. 版权金融化的概念

版权作为一种智力创新成果，日益成为国家发展的战略性资源和国际竞争的经济制高点。2010 年 3 月，中宣部等九部委联合发布的《关于金融支持文化产业振兴和发展繁荣的指导意见》明确指出“文化产业快速发展迫切需要金融业的大力支持。金融是现代经济的核心，金融引导资源配置、调节经济运行、服务经济社会，对国民经济的持续、健康、稳定发展具有重要作用”。国家层面对文化金融的大力支持引起了社会各行业的广泛关注。同年 5 月 25 日，我国首个版权金融俱乐部在北京成立，“版权金融”的概念由此产生。当前国内学界对“版权金融”尚未形成一个统一、明确的概念，但普遍认为：版权金融并不是版权与金融两者的简单相加，而是二者在一定创新机制基础上的有机融合。

版权金融侧重于经济学意义上的版权概念和广义的金融概念。[①] 在经济学视野中，版权的有效配置和流通涉及版权交易等领域，而金融是现代经济的核心，版权交易必然与金融产生千丝万缕的关系。由此，蔡尚伟、

① 谢婉若：《“版权”与“金融”的第一次拼合》，《出版发行研究》，2012（03），24—27 页。

王玥认为，版权金融是指发生在与版权相关经济活动中的资金融通的所有活动；[①] 谢婉若指出：在版权金融化中，金融活动贯穿于版权产业的整个过程，是版权产业融资的延伸。[②]

2. 版权金融化对文化产业的意义

"一个好的文化产业发展环境，应该是在产品成型之前，就能获得多渠道的金融支持。"[③] 然而，在我国，银行等金融机构在发放贷款时首先要考虑的是企业的现金流和有形资产，只有风险小、投资回报稳定的企业才能较快获得银行融资。而中、小、微型文化企业大多处于企业发展的早期或中期阶段，自身盈利模式不成熟、抗风险能力差，其企业资产以版权等轻资产为主，缺乏实物资产和固定资产。由于无形的版权具有流动性差、价值变动频率难以预期等特性，版权融资的风险与回报均具有较高的不确定性。在这种状况下，中、小、微型文化企业资金匮乏成为业内常态，融资难成为制约其发展的瓶颈。

实际上，版权作为一种无形资产，是文化企业的核心资产，与股权、债权、物权等具有资产的共性。通过合理的制度设计，将版权纳入银行认可的抵押物范围之中，能够有效缓解资金之困。从国外经验以及我国市场实践来看，版权金融化将是解决中小型文化企业融资难题的一种有效思路。发展文化产业，需要通过科学合理的版权金融化方式，对版权价值进行科学评估，探索以版权为质押物的融资形式，推动版权资产化进程。

第二节 版权价值评估

版权金融化是版权价值得以实现和增值的重要方式，版权金融化的前提是版权价值评估。只有具有了科学、合理的价格，版权才有金融化的可能性。作为无形资产，版权的价格并不仅仅是凝结在其中的社会必要劳动时间所形成的内在价值的外在体现，而是市场各参与方相互作用的结果。

---

① 蔡尚伟，王玥：《中国版权金融发展刍论》，《思想战线》，2012（03），1—5页。

② 谢婉若：《"版权"与"金融"的第一次拼合》，《出版发行研究》，2012（03），24—27页。

③ 陈彬：《文化金融高风险高回报，版权质押需要风险分流》，《科技日报》，2012-1-12。

一、版权价值概述

随着科学技术的发展和知识经济的兴起，传统的价值创造模式开始受到严峻的挑战，无形资产对社会经济发展的贡献能力日益突出。作为无形资产的重要组成部分，版权以其独特的价值创造方式成为资本市场的有机组成部分，并成为价值创造的重要源泉。

版权价值不是单一的，它具有丰富的层次。一件版权作品包含实体价值、财产价值、艺术价值和社会价值四部分。详见图表5-3。

实体价值	财产价值	艺术价值	社会价值
• 指版权作品的成本体现； • 如版权作品的材质、创作者的时间付出等。	• 在版权生命周期内，版权带给版权所有者的经济收益； • 受多种因素影响，常常与实体价值有较大偏离。	• 版权作品中包含的艺术成就、表现手法、艺术流派与理念； • 在版权金融化过程中，艺术价值受到重视。	• 版权作品的思想性、社会声誉、道德教育价值； • 社会价值对经济价值具有“一票否决权”。

图表5-3：版权内部价值层次

在版权多层次的价值中，版权的财产价值备受瞩目。正如前文所述，版权具有财产权和人身权的双重属性，我们将凝结在作品财产权上的价值称为财产价值，即版权作为一种财产而存在的属性。在版权产业、版权金融化的语境下，我们讨论的版权价值一般特指版权的财产价值。

（一）版权财产价值的由来

版权的财产价值不是凭空得来，而是法律赋予的。从版权法律的历史演进和实际应用层面来看，版权的价值集中在版权的财产权上。关于版权的财产权利的学说，总结起来大致有六种：书商版权理论、财产权利学说、人格（精神）权利学说、无形财产权学说、知识产权（权利）学说以及信息商品化权学说等。① 上述学说侧重点不同，但都认为版权是作者的基本财产权利。

实际上，将版权视为一项财产权利的观点很早就已经出现，但直至

① 肖尤丹著：《历史视野中的著作权模式确立——权利文化与作者主体》，206页，武汉，华中科技大学出版社，2011。

1710年英国《安娜法令》出台，这一观念才得到了系统论证和法律认可。1789年，美国马萨诸塞州颁布其《著作权法》，其序言写道：没有什么所有权比由人的智力劳动产生的财产权利与这个人的关系更紧密的了。[①] 1791年和1793年，法国分别颁布了《表演权法》和《著作权法》，承认了作者对于其作品拥有类似于对物质财产的财产权利。受上述法令影响，19世纪和20世纪通过的法律普遍承认了版权的财产权利，将版权同实体财产权相并列。作者对其作品具有法律承认的财产权利这一观点得到广泛接受。

一言以蔽之，版权法律保护所形成的垄断收益是版权价值形成的保证，版权的财产价值是当今世界发展版权经济、培育版权产业的前提和基础。

（二）版权财产价值的特征

日本学者梅田久曾说过：20世纪是专利的时代，21世纪是版权的时代。[②] 版权价值特别是版权的财产价值越来越受到人们的重视，并在社会经济中占据越来越重要的地位。版权的财产价值具有如下特征：

一是价值可衡量性。我们无法衡量无形创意的价值，但以版权形式出现的创意可以用货币以价格的形式来衡量。版权的价值并不是版权所有者决定的，而是市场主体相互协调、相互协商的结果。

二是可分割性。在法理层面，我国将“两人以上合作创作的作品”称为合作作品，合作作品分为“可以分割使用的合作作品”和“不可以分割使用的合作作品”。后者在创作时融合、渗透了多位作者的思想和构思，难以确定作品的哪一部分属于谁；但在经济生活中，通过协商、契约等方式，版权可以按照货币价值量进行分割。版权价值的可分割性一定程度上避免了版权争端的发生。

三是可分配性。版权自身价值充分彰显的内在动力以及利益相关者要求版权最佳利用的外在需求，促使版权成为流动性资产，并通过法定的方式或者市场机制进行优化配置。

四是垄断性。版权价值的垄断性保证了成本收益，最大程度维护了版权所有者的权益。版权作为具有一定公共性的私权，受到版权法律体系乃

① 肖尤丹著：《历史视野中的著作权模式确立——权利文化与作者主体》，208页，武汉，华中科技大学出版社，2011。

② 姚林青著：《版权与文化产业发展研究》，33页，北京，经济科学出版社，2012。

至宪政体系的调节，因此版权具有天生的排他特征，这种排他性是促进版权创作（创造）、保护、管理、传播（运用）的基石。[①]

五是成本收益性。版权与其他资产和商品一样，需要创作主体投入一定的人力、物力、资金等成本，同时版权流转过程中也存在一定的交易成本。上述成本在进入市场后，通过各种交易形式，按照市场经济规则转换成收益。

（三）版权财产价值保护制度

古典管理理论认为每个人都是“经济人”——人完全以追求物质利益为目的而进行经济活动，人都希望以尽可能少的付出获得最大限度的收获，为此可不择手段。在经济社会，版权的财产属性对人们的诱惑力极大，以至于侵犯版权的事件屡有发生。为了保护创作者的利益，平衡创作者和使用者之间的关系，人们设计了一套完善的版权制度。

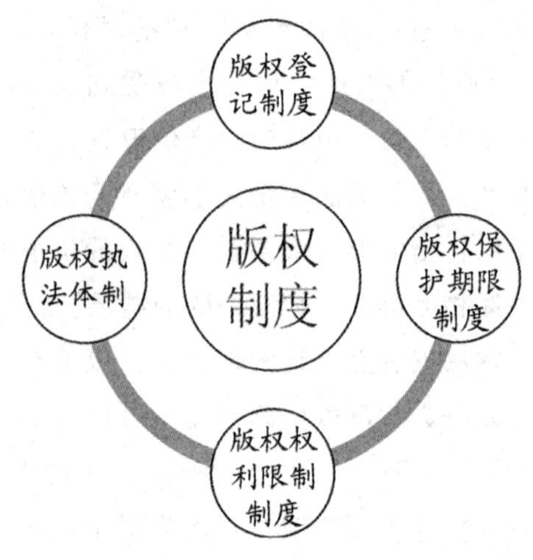

图表 5-4：版权制度构成

1. 版权登记制度。国际上通用的版权获取规则有两种：一是登记获得，作品完成之后必须到指定部门进行登记，方可获得版权。美国即采用此种办法。二是自动获得，作品创作完成之时即为版权获得之日。目前我国采用该方式。主动登记版权的人的数量能从一定程度上反映一个国家公民的版权意识。

2. 版权保护期限制度。版权只在特定时期内受到法律保护，超过这一时间段，版权就具有了社会公共属性，不再被作者垄断。各国对版权保护

① 王智源：《论版权的经济性质与价值实现》，《编辑之友》，2012 (07)，99 页。

期限的规定不尽相同，《中华人民共和国著作权法》这样规定：

第二十条　作者的署名权、修改权、保护作品完整权的保护期不受限制。

第二十一条　公民的作品，其发表权、本法第十条第一款第（五）项至第（十七）项规定的权利的保护期为作者终生及其死亡后五十年，截止于作者死亡后第五十年的12月31日；如果是合作作品，截止于最后死亡的作者死亡后第五十年的12月31日。

法人或者其他组织的作品、著作权（署名权除外）由法人或者其他组织享有的职务作品，其发表权、本法第十条第一款第（五）项至第（十七）项规定的权利的保护期为五十年，截止于作品首次发表后第五十年的12月31日，但作品自创作完成后五十年内未发表的，本法不再保护。

电影作品和以类似摄制电影的方法创作的作品、摄影作品，其发表权、本法第十条第一款第（五）项至第（十七）项规定的权利的保护期为五十年，截止于作品首次发表后第五十年的12月31日，但作品自创作完成后五十年内未发表的，本法不再保护。

3. 版权权利限制制度。版权人对版权具有垄断性，但版权人在行使权利时同样受到限制。这种限制体现在合理使用和法定许可上。“版权合理使用”是指在特定的条件下，法律允许他人自由使用享有著作权的作品，而不必征得权利人的许可，不向其支付报酬。“版权法定许可”是指在一些特定的情形下，对未经他人许可而有偿使用他人享有著作权作品的行为依法不认定为侵权。版权权利限制制度很好地平衡了版权人和使用人的利益，促进了版权作品的传播和社会利用。

4. 版权执法体制。为适应国情，各国采取了不同的版权执法体系。美国采用单一司法保护模式，日本设立著作权纠纷调解委员会，英国设立版权仲裁庭，我国则采用司法保护与行政保护并行的双轨制。[①] 不同的执法体制对版权保护的力度不一。我国现行的著作权法律主要由“一法、四条例、两办法”构成。“一法”指《中华人民共和国著作权法》，“四条例”指《著作权法实施条例》《计算机软件保护条例》《著作权集体管理条例》《信息网络传播权保护条例》，“两办法”指《著作权行政处罚实施办法》

① 陈悦：《论我国专利权双轨制保护制度》，《赤峰学院学报（汉文哲学社会科学版）》，2012（06），68—69页。

和《互联网著作权行政保护办法》。上述法律法规保证了我国版权市场的正常运转。

版权制度是国家强制力和市场这只“看不见的手”博弈的产物。正是得益于上述版权保护体制，各国的版权保护工作得以有条不紊地开展。版权保护体制既维护了版权人的利益，激发社会原创热情，也保证了版权作品在市场上的流通，以推动新思想、新技术传播。因此，版权保护制度是版权传播、使用的前提和保障。

二、版权价值评估

版权价值评估工作评估与衡量的对象主要是版权的财产价值。版权价值评估是资产评估的重要组成部分，是推动版权金融化发展的核心内容。版权价值评估对于文化企业乃至整个文化行业都有重要意义。

（一）版权价值评估的政策与规范

20 世纪 60 年代起，美国、英国相继成立了版权价值评估机构，并制定了相关规则及评估准则。随后，国际评估准则委员会（International Valuation Standards Board，IVSB）成立并制定了《国际评估指南 No. 4——无形资产》，有力推动了各国版权价值评估行业的发展和规则、标准的统一。21 世纪，法国、意大利、日本、韩国、新加坡等版权产业发达的国家都建立起了相对成熟的版权评估体系。而我国版权评估行业起步晚、发展较为缓慢，至今仍没有专门的版权评估法律。不过近年来，我国相关部门及行业协会陆续出台并完善了版权价值评估的相关政策、规范，积极营造版权价值评估工作的良好环境。例如：2004 年，财政部印发了《资产评估准则——基本准则》和《资产评估职业道德准则——基本准则》；2006 年，财政部、国家知识产权局启动“知识产权资产评估促进工程”，并共同印发了《关于加强知识产权资产评估管理工作若干问题的通知》；2007 年，中国资产评估协会连续发表《以财务报告为目的的评估指南（试行）》与《资产评估准则——评估报告》等多项行业规范；2008 年，中国资产评估协会修订了《资产评估准则——无形资产》并发布了《专利资产评估指导意见》；2009 年，财政部、国家工商总局颁布了《关于加强以非货币财产出资的评估管理若干问题的通知》；2010 年，国家版权局、国家工商总局等部门联合发布了《关于加强知识产权质押融资与评估管理支持中小企业发展的通知》；同年 7 月，中国资产评估协会在财政部和国家版权局等部门指导下，制定了《著作权资产评估指导意见》；2013 年，中国资产评估协会印发《资产评估准则——利用专家工作》《资产评估职业道德准则》；等等。

这些文件对无形资产评估的经济行为、评估机构资质、评估专家道德约束等方面进行了规范和要求。我国版权评估机构在进行价值评估时，主要依据的便是上述政策文件和行业规范。

（二）版权价值评估的意义

版权价值评估是准确计量版权产品价值的主要手段。随着文化产业的发展，文化企业对版权价值评估的需求日益强烈。概括来讲，开展版权价值评估具有四方面的意义：

1. 促进版权产业繁荣发展。市场交易规模和交易数量的持续增加是版权产业繁荣发展的基本标志之一。版权交易需要依托相应的价格机制，而版权作品价值的确定需要以公允的市场价值为基础。利用科学、合理的评估体系和方法，版权所有者可以对版权相关产品或服务进行定价，确定版权作品的创意附加值，从而简化版权交易的询价和议价过程。

2. 有助于解决文化企业融资难问题。融资困难一直是制约文化企业发展壮大的瓶颈。如果企业拥有的版权资源价值能够得到市场认可，将能有效解决发展中的资金难题。通过科学合理的版权价值评估体系，银行等金融机构可以公正地认定企业版权资产的市场价值，并据此提供相应额度的信贷服务，解决企业的融资难题。

3. 有利于盘活企业资产，增强企业竞争力。由于对版权价值评估工作认识不足，很多文化企业的大量版权资产仍然处于长期闲置、未开发状态，属于沉没资产，没有产权流转，也没有形成经营现金流。① 科学合理地开展版权价值评估工作，盘活版权资产，增强文化企业的资产管理能力，对于增强企业核心竞争力具有十分重要的意义。

4. 有助于确定版权侵权行为补偿标准。评估版权作品价值有助于准确确定版权侵权行为的补偿标准，丰富和完善国家知识产权保护体系。②《中华人民共和国著作权法》第四十九条规定：“侵犯著作权或者与著作权有关的权利的，侵权人应当按照权利人的实际损失给予赔偿；实际损失难以计算的，可以按照侵权人的违法所得给予赔偿。赔偿数额还应当包括权利

---

① 《文资办：加强国有文化企业版权资产管理》，中华人民共和国财政部官网，http://wzb.mof.gov.cn/pdlb/yjbg/201207/t20120704_664017.html，2012-7-4。

② 段桂鉴，王行鹏：《版权价值层次性的认识与解读》，《中国版权》，2012（01），16—19页。

人为制止侵权行为所支付的合理开支。权利人的实际损失或者侵权人的违法所得不能确定的，由法院根据侵权行为的情节，判决给予五十万元以下的赔偿。”因此，我国著作权的侵权赔偿有三种计算方法：以被侵权人的实际损失为依据；以侵权人的违法所得为依据：以法定赔偿标准为依据。版权价值评估工作能够科学地确定版权的市场公允价值，这有助于准确认定侵权的损失情况，确定侵权的赔偿标准，公正合理地处理版权纠纷。

总之，市场经济条件下，版权价值已经成为文化资本重要的构成要素，在社会经济的生产、流通和消费环节均发挥着重要作用。提升版权产业在社会经济中的战略地位，必须合理开发和评估版权价值，强化版权资产的管理和运用，科学有序地开发版权价值，推动版权经济繁荣发展。

三、版权价值评估方法

版权属于无形资产，其权利构成复杂，收益不确定性大，量化困难，因此版权价值评估一直是无形资产评估业务的难点。科学、合理的版权价值评估需要采取市场相关各方皆能认可的方式。

从商业实践角度看，版权价值评估的最终目的是确定目标版权作品的价格。由于版权金融化过程涉及版权质押融资等业务，版权价值评估工作一般被交给银行等金融机构或者价值评估中介机构来完成。在评估方法上，上述机构主要采用的是传统的无形资产评估方法，并部分借鉴了专利和商标价值评估办法。

概括来看，目前我国主要使用的版权价值评估方法有成本法、市场比较法和收益法。其中成本法遵循劳动价值论，从生产投入的角度对价值进行评估；市场比较法建立在均衡价值论的基础上，通过比照类似版权作品的市价来进行估值；收益法是从版权需求方或使用方出发，以版权权利能够带来的收益评估版权价值。三者中收益法的应用最为广泛。

（一）成本法

版权成本指从版权创作者制作产品开始到版权生效的全过程中创作者投入的成本，包括创作资料费用、直接人工成本、办公设备或办公用品成本、人工培养培训成本、专家咨询成本等。

成本法又名重置成本法，是指通过估算被评估资产的重置成本，并扣减各项贬值，从而确定被评估资产价值的一种资产评估方法。它以新建或购置与被评估作品具有相同用途和功效的产品时所需要的成本作为评估的标准。由于成本法的评估结果需要建立在精确的历史数据基础之上，因此对历史数据的记录要求较高。成本法的基本计算公式可表示为：

被评估资产价值＝重置成本－实体性损耗－功能性损耗－经济性贬值

被评估版权价值＝重置成本×成新率（其中成新率是损耗后的资产新旧程度，成新率＝1－各种贬值率之和）

成本法的核算原理简单易懂，不过使用成本法时需要核算损耗和贬值，而对于版权等无形资产，损耗和贬值涉及当前和未来、内部和外部等很多难以估量的影响因素，因此成本法有时并不适合版权价值评估。即使对于那些能够使用成本法来衡量价值的版权作品，由于版权的成本与价值（主要是指财产价值）相关性较小（例如畅销书作者的投入可能很小，但书的价值体现在价格上却很高），而且部分版权成本（如时间成本、智力成本等）是无法量化的，这增加了成本法在实际评估中的实施难度。因此成本法的实际应用性并不高，它更多被用于企业内部资产管理：当版权企业遭受侵权、财产侵占等处境时，可采用该方法来计算损失额。

（二）市场比较法

市场比较法又称市场价格比较法或者销售比较法，是指在市场上选择与被评估资产相同或类似的资产作为参照物，将被评估资产与参照物进行比较，根据其差异对参照物的市场交易价格进行调整，据此估算被评估资产价值。

市场比较法的基本计算公式可以表示为：

被评估版权价值＝参照物交易价格×调整系数

运用市场比较法能够比较直接、简便地核算目标版权价值。然而该方法的有效实施受到诸多条件的限制，诸如被评估对象需要存在于足够成熟的市场，有能够对比的参照对象，资料可收集，价格因素可量化……而当前我国尚未形成完善的版权市场，再加上多数版权产品具有自身独特的创新点，以致在实际评估工作中评估者难以选取合适的参照对象。这为市场比较法的推广和应用设置了较高的门槛。

（三）收益法

收益法又名利润预测法，是估算被评估资产未来能够为权利人带来的经济利益，并将其折算成现值以评估资产价值的方法。由于用收益法来评估版权价值是基于版权产生收益的能力，因此这种方法的适用范围限于能够直接带来收益的经营性版权作品。其公式可参考一般无形资产评估收益法之公式：

$$P=\sum_{i=1}^{n}\frac{R_i}{(1+r)^i}$$

其中：P——被评估资产的现实价值；

R——预期收益额；

r——折现率（将一项资产的未来收益折成现值的比率）；

i——指年；

n——收益期间数。

收益法主要通过预测未来收益情况、对未来现金流进行折现来确定价值，这就要求未来收益可以被比较准确地估计。与上述两种方法相比，收益法应用范围最广，但它的应用同样受到限制。首先，应用前提较为苛刻，通常要求版权已经产业化并形成了稳定的收益现金流；而现实中很多面临评估的版权较难进入产业化环节，遑论稳定的历史收益。其次，折现率的确定较为困难。收益法在预测折现率时多采用单一静态的折现率，而事实上折现率是一个动态变化的参数；影响折现率的因素众多，且部分难以量化，这也增加了确定折现率的困难。

版权价值的影响因素众多且具有不确定性和模糊性，这导致单纯采用一种评估方法取得的评估结果的准确性大打折扣。为提高评估精度，版权价值评估机构往往采用以一种方式为主、其他方式为辅的评估策略。客观来看，我国目前还没有形成系统完善的、具有普遍适用价值的版权价值评估体系与模型。

四、版权价值评估体系

当前，我国版权价值评估的结果在资本市场中认可度较低，这直接导致了版权质押率低、版权作品不能单独充当担保物等问题，版权金融化进程推进缓慢。在全国推动文化产业大发展大繁荣的利好环境下，亟需建立一套科学、权威、符合市场需求的版权资产价值评估体系。从国外经验来看，版权价值评估体系建设应关注版权交易平台搭建、版权评估机构资质管理、评估人员资格培训以及评估技术、方法和理论等方面，每一个方面都关系到版权价值评估的最终结果。

（一）版权交易平台建设

版权产业发达的国家同样面临版权资产价值评估困难的问题。为解决这一问题，它们往往从优化评估机构入手，建立和发展版权交易平台。在版权价值评估的基础上，版权交易平台为各类版权主体和投资机构提供了资本进出的通道，有利于实现并扩大版权与实体产业、版权与文化资产的对接，从而顺利实现版权资产的金融化。积极建立和完善版权交易平台，为版权交易营造公平、公正、公开的市场环境，有利于推动版权交易市场的规范和发展。

例如，2006 年 7 月，日本开发银行与美国高登兄弟集团（Gordon Brothers Group）合作，建立了高登兄弟日本公司（Gordon Brothers Japan Co.，Ltd.）。该公司专职负责日本开发银行相关担保资产的评估和管理工作，包括对知识产权质押贷款业务中知识产权之评估筛选，以及贷后对该知识产权的管理工作。①

一些欧洲国家则提供了另外一种解决方案——民间评估事务所。欧洲国家的民间评估事务非常发达，评估事务所做出的评估结果具有客观性，所以常常能为金融机构融资方和公众所接受。西欧的无形资产评估一般由当事方委托专门的民间评估事务所进行；或者先由当事双方或几方协商，再请各方都能接受的民间评估事务所进行评估，最后拿出各方都能接受的评估结果。②

目前，在我国承担版权交易平台职责的机构一般为版权交易所或版权交易中心。图表 5-5 列举了现阶段我国较为权威的版权交易平台。

图表 5-5：国内版权交易平台汇总

名　　称	功能及特点
长沙出版物版权交易中心	集版权拍卖、商铺、会展、商务、配送为一体，提供出版物批发、版权交易、会展和展览等服务的国内首家出版物版权交易中心
北京国际版权交易中心	集版权展示、交易、投融资及各种版权商务活动为一体的专业平台，建立了中国国际版权交易网
中国人民大学国家版权贸易基地	由国家版权局授牌，背靠高校，定位于为从事版权交易提供服务的综合性平台
国际版权交易中心	由中国版权保护中心、北京产权交易所、北京市东城区人民政府三方共建，具备版权交易服务体系、版权专业服务体系、版权商务服务体系等三大服务体系
上海版权交易中心	由上海联合产权交易所、解放日报报业集团、上海精文投资公司联合创立的上海文化产权交易所搭建的交易技术平台。提供版权交易服务、版权信息服务、投融资服务、增值服务等

① 徐栋：《中外知识产权质押贷款发展状况研究》，《电子知识产权》，2009（08），51 页。

② 李阳成：《欧盟知识产权及无形资产评估概况和启示》，《学会》，1998（01），22—23 页。

续表

名　称	功能及特点
广东南方文交所	由广东省版权局授权，开展版权登记、版权维护等多项业务。借助“南方文化产权交易网”加快版权价值的开发和流转，助推版权价值开发
湖北华中文化产权交易所	湖北省版权局批复华中文交所开展版权登记代办工作
江苏省文化产权交易所	版权业务主要包括三大板块：一是软件、动漫、游戏产业版权登记及版权交易；二是国家工艺美术大师、非物质文化遗产传承人王殿祥作品及江苏省内珠宝实物的交易；三是商标、域名交易
青岛国际版权交易中心	由国家版权局下属中国版权保护中心在山东设置的首个国家级权威分站和综合性版权产业试点基地，提供以版权为核心的文化产品的确权、登记、评估、交易、咨询、培训、贸易、保护、质押、投融资等服务

我国版权交易平台的建设和发展的鲜明特色主要表现在两个方面：

第一，我国现有的版权交易平台呈现出较强的地域分布不均衡性，它们大多分布在北京、上海、广州等经济发达区域。这一方面是由于经济发达地区对版权价值评估、版权金融化的需求更为迫切，另一方面是由于经济发达地区具有更好的版权金融化政策环境。如《北京市促进文化创意产业发展的若干政策》提出“建立版权资源信息中心和版权国际交易中心，构建版权授权体系”，《北京“十一五”时期文化创意产业发展规划》指出要“使文化创意产业成为首都经济的重要支柱”。在政府政策的推动下，北京市在朝阳区、海淀区、东城区分别挂牌成立了北京国际版权交易中心、中国人民大学国家版权贸易基地和国际版权交易中心。

第二，我国的版权交易平台在功能上具有复合性。版权交易平台是连接版权生产、孵化和使用机构的纽带。为了实现这一功能，版权交易平台为版权所有者和版权需求者提供一站式公共服务，具体服务内容包括：版权登记、评估、鉴定、推广、交易、谈判、咨询和版权投融资等。

（二）版权评估机构资质管理

随着版权产业的发展，我国版权价值评估机构的数量不断增加，然而不同评估机构对同一件版权产品可能会产生差异性的评估结果。这种情况下，版权委托方、交易方、商业银行等应该选择接受哪一家机构的评估结果呢？这就涉及评估机构的资质管理问题，或者说是版权评估机构的权威性与公信力建设问题。版权价值评估机构的公信力需要依托国家强制力。

我国相关部门陆续颁布了一系列的政策、法规，力图推动与完善版权价值评估机构资质管理。

2005 年，国家发展和改革委员会发布《价格评估机构资质认定管理办法》，指出，“价格评估机构在工商注册登记前，需通过价格评估机构资质认定”，“价格评估机构资质实行等级制。根据价格评估机构具备的条件分为甲级、乙级、丙级”。

2006 年 4 月，财政部与国家知识产权局联合下发了《关于加强知识产权资产评估管理工作若干问题的通知》（下称《通知》），明确了知识产权资产评估范围和评估机构资质，要求各地加强行业管理，提高执业质量、行业公信力和影响力，指导行业自律组织加强专业指导和自律管理。《通知》明确要求：“知识产权评估应当依法委托经财政部门批准设立的资产评估机构进行评估”“资产评估机构必须坚持独立、客观、公正的原则，不得以迎合委托方对评估结果高估或者低估的要求、给予‘回扣’、恶性压价等不正当方式承揽知识产权评估业务”等。

2010 年底中国资产评估协会制定发布了《金融企业国有资产评估报告指南》《评估机构业务质量控制指南》和《著作权资产评估指导意见》三项新准则，准则要求：评估机构应当进行登记注册，获得资产评估机构资格，并针对质量控制责任、职业道德、人力资源、评估业务承接、评估业务计划、评估业务实施和报告出具、监控和改进、文件和记录等八大方面制定相应的控制政策和程序，合理界定和细分质量控制体系中各控制主体承担的质量控制责任，并建立责任落实和追究机制。[①]

当然，公信力的建设还需要版权价值评估机构洁身自律，在复杂的市场环境中坚持中立地位，为版权交易各方提供合规、合理的评估结果。我们期待在政策引导下，我国的版权价值评估机构会履行对版权价值进行正确、合理评估的职责，根据客观的标准出具权威的评估结果，以此减少银行等金融机构对文化产业投资的风险，为中、小、微型文化企业顺利实现融资提供支持。

（三）版权评估人员资格培训

版权价值评估业务较为复杂，这对资产评估师的知识结构和实务能力提出了较高要求。为确保版权价值评估质量，国外对版权评估人员的考核要求有统一规范。

---

① 中国资产评估协会：《评估机构业务质量控制指南》，2012-1-1。

1986年，美国八个评估专业协会和加拿大评估协会联合制定了《专业评估执业统一准则》（Uniform Standards Of Professional Appraisal Practice，USPAP）。1989年美国国会制定的《金融机构改革、复原和强制执行法令》（The Financial Institutions Reform，Recovery and Enforcement Act，FIRREA）中明确规定，评估人员执行与联邦交易相关的资产评估业务，必须遵守《专业评估执业统一准则》；美国各大评估协会也都要求其会员执行资产评估业务需遵守《专业评估执业统一准则》。《专业评估执业统一准则》因此成为美国评估行业公认的评估准则，并随着资产评估业国际交流的发展，逐渐发展成为国际评估界最具影响力的评估准则之一。①

无形资产评估师必须得到评估协会的认可。美国的评估协会主要有美国评估师协会（American Society of Appraisers，ASA）、国际企业价值评估分析师协会（The International Association of Consultants Valuators and Analysts，IACVA）以及美国注册会计师协会（American Institute of Certified Public Accountants，AICPA）等。评估师有严格的级别，不同级别有不同权限。以ASA为例，其评估师分为见习、正式和高级三个级别。

见习评估师	正式评估师	高级评估师
• 经过ASA地方分会面试与资格审核； • 通过道德考核与《美国价值评估行业统一标准》执业考试； • 通过一般的价值评估理论与专业知识的笔试及口试。	• 具备2年或4000小时专职工作经验； • 大学学历或相当学历； • 完成ASA价值评估基本系列课程，通过严格的书面考试和口试，通过同业人员审核； • 提供两份实际执业评估报告。	• 5年或10000小时专职工作经验； • 提交需要的评估报告以供审核鉴定。

图表5-6：美国ASA评估师资质等级

评估师的培养工作任重道远，每一个环节都需要推敲。美国无形资产评估师们的培训教材由资深的评估师编写，课程设计包括评估报告编写、企业价值评估概述、评估方法、案例研究、为财务报告进行的无形资产评

① 中评协标准部：《境外企业价值评估准则概览之一——美国专业评估执业统一准则》，http://www.cas.org.cn/pgbz/xgwttljxgwx/qyjzpgzdyjxl/2797.htm，2005-6-8。

估、一般性企业价值数据库的统计学特征、资本成本、控股与流动性的溢价与折价等。[①]“理论+实战经验”的课程设置模式，保证了评估师们扎根于市场，避免了人才培养与人才需求的脱节，锻炼培养了一批无形资产评估人才，为评估行业服务版权产业提供了智力资源和人才储备。

相比较而言，我国的版权评估师行业专业人才匮乏，准入制度尚未完善，评估师队伍良莠不齐，这导致了我国评估机构做出的版权价值评估结果缺乏权威性和公信力。为解决这一问题，我国首先要建立并严格执行版权价值评估的资格准入制度，确保评估师的专业能力、职业道德和独立性；[②] 其次，现行的注册资产评估师考试难以体现对版权价值评估的特殊要求，可以考虑专门在注册资产评估师执业资格中增设版权评估专业；再次，严格执行对资产评估机构和注册资产评估师的考评制度，并对其业务质量进行监督，对于严重违反法律、法规的评估机构和评估师要依法取消其经营资格和执业资格；最后，还需要完善高校资产评估专业课程设置，培养一批专业的评估人才。

第三节 版权投融资模式

版权投融资需要借助一定的金融工具来实现。目前比较常见的版权投融资模式大致有以下几种：版权许可与转让，版权质押贷款，版权证券化融资和版权信托。

一、版权许可与转让

(一) 版权许可与版权转让

根据我国法律规定，版权许可是版权人以某种条件（通常是有偿的）许可他人以一定的方式、在一定的时期和地域范围内商业性行使其版权权利的一种法律行为，是版权贸易中最常见、最普遍的版权使用类型。版权转让则是版权所有者将其版权中的部分或全部财产权利转让给他人享有。

版权许可、转让是最基础的版权金融化方式。版权经过价值评估作价后以许可、转让等方式作为企业组织的组建投资、追加投资等，是实现版

① 《美国、加拿大知识产权评估工作考察情况介绍》，《中国资产评估》，2008 (01)，07—11 页。

② 姚王信，王红，苑泽明：《知识产权担保融资及其经济后果研究》，《知识产权》，2012 (01)，71—76 页。

权价值以促进版权产业发展的基础条件之一。① 在版权许可、转让交易中，版权人可一次性获取许可使用费或转让费，这可极大缓解其资金紧缺状况；而且版权许可、转让对于版权人来说风险较小，但版权人也可能会因此失去版权长远收益。②

当然，版权许可使用和版权转让在法律上有本质区别。在版权许可使用中，购买方取得的仅仅是作品的使用权，其版权的实际占有人仍是原版权人；而在版权转让中，购买方取得的是原版权人所享有的版权财产权利，原版权人则丧失这部分权利。

版权许可、转让的关键在于版权价值评估。版权人和版权购买方要通过协商寻找一个双方都能接受的版权价格，这是交易成功的关键。

（二）版权拍卖

版权拍卖是版权转让的一种新形式，它是将具有版权的作品以拍卖的形式向市场出让；版权拍卖标的通常为文学作品、剧本、动漫作品、摄影作品、音乐作品等，接受版权出让的竞拍方通常为出版社、文化公司、影视公司等。版权拍卖是使优秀的版权作品快速进入市场从而获得资本的一种新方式。

2011 年 4 月，中国人民大学国家版权贸易基地“中国首届版权拍卖大会”线下拍卖专场中，25 部作品参与了拍卖，成交率高至 60%，总成交额达 114.7 万元。其中，《建党伟业》出版权拍出了 56 万元的高价。③ 2014 年 8 月，盛大文学举办了第一届网络小说游戏版权拍卖会，20 多家游戏公司参与了竞拍。此次拍卖共拍出了 6 部作品的手机游戏改编权，累计拍卖价格达到 2800 万元。

一般来说，版权拍卖中出让的仅是标的物的某一种或几种版权权利，如网络小说《我欲封天》的网页游戏改编权曾拍出百万元的高价，后来其手机游戏改编权又以 665 万元成交。版权拍卖实现了单一版权价值的最大化，使得作品“一次生产，多次利用，全版权获利”成为可能。不过，由于形式新颖，市场接受度欠缺，版权拍卖中作品流拍率相对较高。从已有

---

① 王智源：《论我国版权产业转型升级进程中的版权投融资体系建设》，《出版发行研究》，2012（05），31—33 页。

② 杨延超：《版权信托制度研究》，《知识产权》，2011（01），82—87 页。

③ 《“线上＋线下”版权拍卖模式在中关村“试水”》，中国拍卖行业协会网站，http://www.caa123.org.cn/frontnc06NewsContentAction.do?method=previewContent&ID=2672，2011-4-22。

版权拍卖活动的成交规模和成交数额来看，版权拍卖活动为版权产品与资本结合提供了一个平台，有利于挖掘优秀版权作品，实现版权价值开发与提升。此外，版权拍卖还可以检验版权作品的市场价值，并在一定程度上对版权作品进行了正面宣传。

二、版权质押融资

版权质押是权利质押的一种。权利质押是指以债务人或第三人享有的实体财产权以外的可让与的财产权利作为质押标的进行融资的模式。顾名思义，版权质押即以版权作为质押标的物的权利质押。

（一）我国版权质押融资主体

1996 年，我国制定并颁布《著作权质押合同登记办法》，为版权质押贷款业务的开展扫清了障碍；如今版权质押贷款已成为我国版权金融化实践中最主要的一种方式。总体来讲，版权质押贷款业务涉及三大参与主体：文化版权企业、商业银行和信用体系。国内外的版权质押贷款业务皆围绕这三大主体展开。

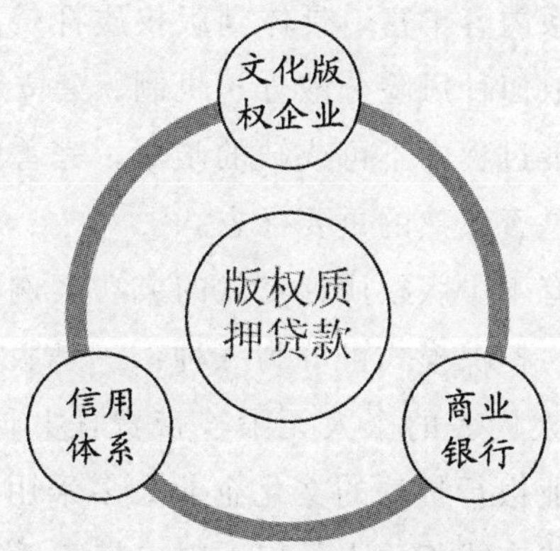

图表 5-7：版权质押贷款参与主体示意图

1. 文化版权企业。皇甫晓涛认为，文化产业就是以智力生产力为创新基础的泛版权经济。[①] 作为文化产业的市场主体，我国文化企业总数约有 133 万家；大部分文化企业的资产以版权为主，缺少固定资产与实物资产。同时，由于我国文化产业起步晚，缺乏发展经验，大型文化企业屈指可数，现阶段“小微文化企业是实现我国文化产业蓬勃发展的重要力量。据抽样调查测算，当前我国小微文化企业的数量已占到文化企业总数的 80%

① 皇甫晓涛著：《版权经济论》，7 页，北京，科学出版社，2011。

以上，从业人员约占文化产业从业人员总数的77%，实现增加值约占文化产业增加值的60%”①。在现有条件下，小微文化企业很难获得商业银行贷款，其扩大再生产受到一定程度的限制。2014年8月，财政部、文化部等多部委联合下发《关于大力支持小微文化企业发展的实施意见》，通过政策引导带动金融资本进入小微文化企业。

2. 商业银行。在传统信贷模式下，商业银行为降低贷款风险，及时回收资金，主要采取担保、有形资产抵押等方式提供资金。不过这一状况在政府政策导向下正在逐渐发生改变。如2011年青岛出台了《文化创意产业版权质押贷款指导意见》，指出青岛的文化企业据此可通过版权质押向银行贷款。2014年3月，武汉市发布了《武汉市著作权质押贷款操作指引》，对贷款企业认定、质押版权的条件、金融机构对版权的审定方式和版权质押贷款的流程等方面做了明确规定，浦发银行、武汉农村商业银行、汉口银行与当地7家文化企业签订了版权质押贷款融资协议，授信额达1.39亿元。

3. 信用体系建设。现阶段我国版权质押贷款业务的重点和难点在于信用体系建设。信用体系内容丰富，具体到版权质押贷款，主要侧重点为版权质押贷款业务中采取何种风险分散分担机制。建立市场化的风险分散分担机制是金融市场发展过程中不可或缺的步骤，完善的风险分散分担机制是衡量一个金融市场是否成熟的重要标志。②

实际上，我国已有不少版权质押贷款的成功案例，其中大多数采用了担保模式来分散风险。担保模式可分为三种：一是版权质押保证贷款，这是以版权质押配合法人代表的个人无限连带责任共同担保的融资模式。③目前国内成功获得商业银行贷款的文化企业大多采用这一模式。不过，国外很少采用公司法人代表或相关人承担无限连带责任的担保方式。

二是版权质押担保贷款。这是以第三方合作担保机构对借款人提供的连带责任保证担保作为基本担保方式，同时以版权质押作为必要的补充担保方式的贷款融资模式。这种模式可根据实际情况选择两种方式之一进行操作：第一种方式为要求借款人在提供第三方担保公司保证担保的情况下将版权质押给银行作为补充担保方式；第二种方式为接受出质人将版权质

---

① 赵婧：《小微文化企业分食800亿资金“蛋糕”》，《经济参考报》，2014-8-20。

② 水汝庆：《完善信用风险分散分担机制的路径》，《中国金融》，2010（22），66—67页。

③ 向勇，杨玉娟：《我国文化企业版权质押融资模式研究》，《福建论坛（人文社会科学版）》，2013（02），17—25页。

押给担保公司作为对担保公司的反担保。[①]

三是打包质押，即将版权的多项权利打包质押给银行或者将版权人的一批项目打包质押给银行。这种方式在影视业中较为常见。如 2010 年 9 月，北京银行一次性打包贷款给博纳影业 1 亿元，用于《龙门飞甲》等 4 部电影和 1 部电视剧的拍摄。

（二）版权质押贷款理想模型

总体上看，我国版权质押贷款业务刚刚起步，存在巨大的成长空间。向勇、杨玉娟提出了我国文化企业版权质押贷款的“理想融资模式”，对版权质押贷款活动的参与各方皆提出了明确要求，如图表 5-8 所示。

图表 5-8：我国文化企业版权质押贷款理想融资模式参与方工作机制表

序号	参与方		工作机制
1	贷款企业		创意管理，版权保护
	1.1	管理咨询公司	评估企业运营状况，构建现代企业制度
	1.2	律师事务所	评估出质版权法律状态，拟定质押合同，监控版权法律关系
	1.3	无形资产评估机构	评估出质版权经济价值
2	担保机构		贷前审查，贷后管理，不良贷款处理
	2.1	专家团队	专业咨询，理论研究与创新
	2.2	资产管理机构	贷后监督
	2.3	保险机构	意外风险分担
	2.4	版权运营公司	版权运营，质押物处置变现
	2.5	风险投资基金（VC） 私募股权投资基金（PE）	质押物处置变现
	2.6	版权交易机构	质押物处置变现
3	商业银行		审查企业信用状况、担保机构资质，制定授信方案，发放贷款
4	再担保机构		分担风险
5	政府		提供资金支持和政策支持，构建法律社会环境

图表来源：向勇，杨玉娟：《我国文化企业版权质押融资模式研究》，《福建论坛（人文社会科学版）》，2013（02），17—25 页。

申请贷款的企业要及时与管理咨询公司合作评估企业运营状况，与律师事务所合作对企业资质、借款用途、质物权属等进行认证；担保机构要

① 魏国雄：《严格防控保证担保项下的融资风险》，《银行家》，2013（09），54—58 页。

向专家团队进行专业咨询，并与资产管理机构合作进行贷后监督；等等。其中政府是文化企业信用担保体系中的终极出资方和风险承担者，再担保资金主要来源于政府。政府再担保能够调动商业担保机构提供版权质押融资担保的积极性，引导和带动金融机构为文化企业贷款。

总之，理顺各参与主体之间的关系，实现各参与机构的相互配合、相互协调，才能最终推动版权质押贷款业务的跨步前进。

三、版权证券化

资产证券化（Asset-backed Securitization，ABS）是指将资产通过结构性重组转化为证券的金融活动。目前国内的资产证券化有三种：信贷资产证券化、企业资产证券化和资产支持票据。版权证券化属于资产证券化的一种形式。

（一）版权证券化概述

版权证券化是通过募集发行证券的形式，以具有未来收益前景、有发行证券价值的版权项目或尚未形成版权形态的版权创意与半成品为对象，在证券资金的投入下完成版权创造、产生收益以回馈资金投入的证券化运作过程。[①]

一般来说，版权证券化的基本参与机构有：发起人、特殊目的机构[②]（Special Purpose Vehicle，SPV）、信用评级机构、信用增强机构、托管人、商业银行、券商、证券投资者、律师事务所、会计师事务所等。[③] 详见图表5-9。

上述机构共同构成了版权证券化运营主体。要顺利实现版权证券化业务，上述机构还需遵循一定的流程，详见图表5-10。

在版权证券化操作流程中，组建SPV至关重要，因为将发起人隔离于风险之外、保持资产独立性是现代资产证券化的核心。同理，从属于资产证券化的版权证券化要求发起人将版权及相关权利转让给特定目的机

---

① 许云莉：《版权证券化：引入我国的可行性与建议》，《出版发行研究》，2008（09），17—20页。

② 指接受发起人的资产组合并发行以此为支持的证券的特殊实体，其职能是在资产证券化过程中购买、包装证券化资产和以此为基础发行资产化证券，向国外投资者融资。SPV在资产证券化中具有特殊的地位，是整个资产证券化过程的核心，各个参与者都围绕着它来展开工作。

③ 仲义：《企业自主知识产权产业化的证券化融资模式》，《现代商业》，2010（23），81—82页。

构，使得证券持有人可以直接根据被证券化版权的收益受偿，而不受版权发起人破产的影响。①

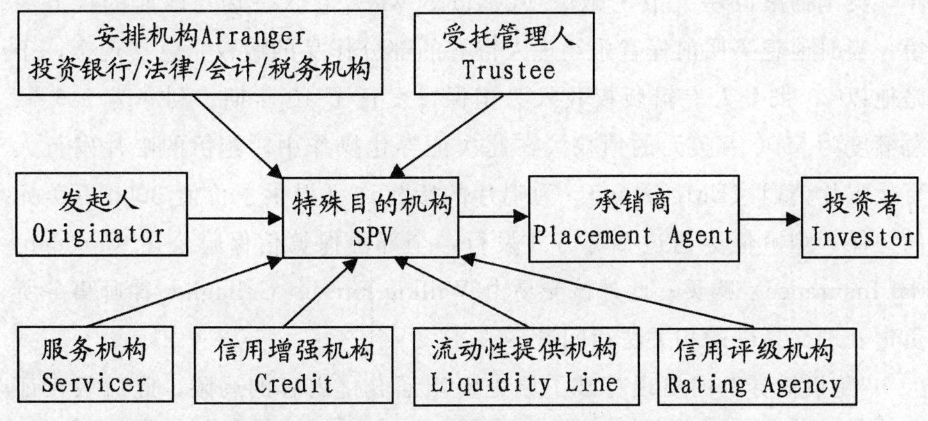

图表 5-9：版权证券化的基本参与主体及其交易结构

图表来源：李建伟：《知识产权证券化理论分析与应用研究》，《知识产权》，2006（01），33—39 页。

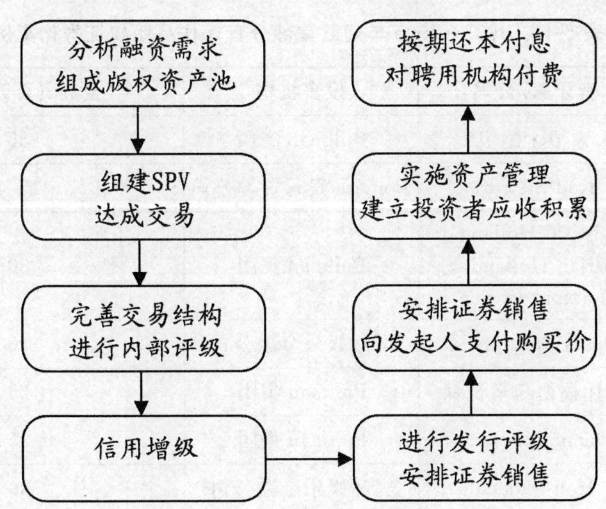

图表 5-10：版权证券化业务流程

资料来源：陈可喜：《资产证券化的融资效应分析》，《中国信息化管理》，2008（02），106 页。

① 董京波：《版权证券化中的版权及相关权利转让问题研究》，《知识产权》，2009（02），75—80 页。

（二）发达国家的版权证券化实践

世界首例版权证券化案例被称为“鲍伊债券”（Bowie Bonds）。1997年，英国摇滚巨星大卫·鲍伊（David Bowie）卷入一场与政府的税务纠纷。当时他想买回前任音乐经理人持有的部分作品的版权，急需现金，于是他以25张个人专辑版权收入为担保，发行了10年期、利率为7.9%、总额度为5500万美元的债权。在此次证券化操作中，鲍伊的唱片发行人百代唱片公司（EMI Group）为唱片的版权许可提供了价值3000万美元的担保。鲍伊债券通过私募方式发行，全部由保德信保险公司（Prudential Insurance）购买；此外该交易由Willkie Farr & Gallagher律师事务所负责处理交易中的相关法律问题。①

“鲍伊债券”的出现打破了原先资产证券化内容的局限，此后版权证券化受到广泛关注，美国梦工厂、美国药业特许公司、西班牙皇马足球俱乐部等机构以及迈克尔·杰克逊等名人皆发行过不同形式的版权债券。实践表明，版权证券化是利用版权募集资金的一种有效途径。有数据显示，仅2000年一年，美国就在影视、音乐、图书出版等方面的版权证券化上募集到了25亿美元的资金。②

图表5-11：1997—2005年间欧美部分音乐作品版权证券化案例

时间（年）	音乐家/公司	投资机构	金额（百万美元）
1997	大卫·鲍伊	Pullman集团	55
1998	Rod Stewart	Nomura娱乐资本公司	15.4
1998	Edward Holland, Brian Holland, Lamont Dozier	Pullman集团	30
1998	Dusty Springfield	国际娱乐金融公司	10
1998	阿什福德与辛普森	Pullman集团	25
1998	Duane Hitching	Pullman集团	25
1999	Iron Maiden	国际娱乐金融公司	30
1999	SESAC（美国版权集体管理组织之一）	CAK环球信用公司	29

① 邹小芃，骆晨，李鹏：《亟待关注的新动向：版权证券化案例解析》，《浙江金融》，2008（7），45页。

② 李建伟：《知识产权证券化理论分析与应用研究》，《知识产权》，2006（01），33—39页。

续表

时间（年）	音乐家/公司	投资机构	金额（百万美元）
1999	科林斯集团	CAK 环球信用公司	4
1999	TVT 唱片公司	CAK 环球信用公司	23
1999	Barrett Strong	CAK 环球信用公司	4
1999	詹姆斯·布朗	Pullman 集团	30
1999	A. B. Quintantilla III	CAK 环球信用公司	2
2000	科蒂斯·梅菲尔德	CAK 环球信用公司	5.5
2000	艾斯礼兄弟合唱团	Pullman 集团	20
2000	马文·盖伊	Pullman 集团	30
2001	Chrysalis Group Plc	苏格兰皇家银行	60
2005	迈克尔·杰克逊	福特雷斯投资集团	30

图表来源：汤珊芬：《音乐作品版权证券化现状及原因探讨》，《电子知识产权》，2006(08)，34 页。

由于版权证券化操作复杂，风险较高，2001 年之后，欧美的版权证券化发展出现了明显的停滞状态，不过版权证券化这一创新融资方式在世界范围内推广开来。以日本为例，日本制定了知识产权证券化发展规划与路径，大力推动本国知识产权证券化的发展。在此背景下，2002 年三井住友银行以美国电影在日本的放映权为标的，成立 SPV 发行证券；同年，东京电视、松竹公司、日本兴业银行、瑞穗证券等四家机构以电视连续剧《男人命真苦》的电视放映权为标的，利用特殊目的机构电视放映权许可费为担保发行证券。

在我国，由于对证券市场、金融衍生工具等的管制较为严格，目前版权资产证券化项目还比较少见，仅有部分金融机构在开展相关试点业务，相关业务还不成型。①

（三）我国版权证券化发展条件

与发达国家相比，我国的版权证券化理论与实践均处于初级阶段。许

① 《炎黄文交所：以创新促交易，让文化接金融》，《中国商报》，转引自中国日报网，http://www.chinadaily.com.cn/hqcj/xfly/2014-08-21/content_12239837.html，2014-8-21。

云莉[①]、李建伟[②]等皆认为我国已经具备了版权证券化发展的基本条件。

第一，中国已有的资产证券化实践为实施版权证券化创造了有利条件。2005年4月，中国人民银行和中国银监会确定中国建设银行、国家开发银行为我国信贷资产证券化业务的第一批试点机构，分别以信贷资产和个人住房抵押贷款作为基础资产发起资产证券化。2008年，中国建设银行启动发行了我国首支基于不良资产的证券化产品——“建元2008-1”资产证券化产品。[③] 截至2013年6月末，我国在银行间市场共发行了896亿元规模的资产证券化产品。[④] 如今，我国资产证券化投资主体的范围也逐步从初期单一的银行间市场参与者扩大到证券公司参与者；同时，我国资产证券化基础资产的范围也已扩大至地产投资、信贷类资产、设备租赁、高速公路收费、基础设施建设、电力销售和股权转让等相关的收益权或各种应收账款等多种资产类别。[⑤] 我国资产证券化实践不仅为版权证券化的开展提供了宝贵经验，还能起到培育市场和投资者的作用，提高参与者、投资者和监管者对资产证券化的认识和理解；此外，上述案例推动了相关监管及法律法规的建立和完善，为我国版权证券化的发展道路扫除了障碍。

第二，我国已具备了一批可进行证券化的版权信用品牌。随着我国文化产业的发展，电影界、图书出版界、音乐界出现了一批领军企业和领军人物。以电影业为例，华谊兄弟、保利华纳、光线传媒这些文化企业已成规模，张艺谋、冯小刚、贾樟柯等导演的国际关注度较高，这为中国电影版权证券化的推进创造了有利条件。

第三，我国已初步具备版权证券化所需中介服务机构。随着市场经济的发展，我国投资银行、价值评估机构、信用评级机构、法律服务机构、会计及税务服务机构等中介服务机构的数量及其专业服务水平逐渐提高，初步具备为知识产权证券化提供相关专业服务的能力。2002年12月，国

---

① 许云莉：《版权证券化：引入我国的可行性与建议》，《出版发行研究》，2008(9)，17—20页。

② 李建伟：《知识产权证券化理论分析与应用研究》，《知识产权》，2006(01)，33—39页。

③ 阳东辉：《我国音乐版权证券化的法律困境及其破解之道——基于美国经验的启示》，《法商研究》，2014(01)，151页。

④ 刘建红：《央行：银行间资产证券化规模已近900亿》，财新网，http://finance.caixin.com/2013-07-04/100551679.html，2013-7-4。

⑤ 夏斌，葛经纬：《中国资产证券化发展策略探讨》，《征信》，2011(05)，80页。

内首家专门从事知识产权评估的机构——上海知识产权资产评估公司成立，为社会提供专利、商标、特许权、专有技术、文学作品著作权等知识产权评估。这为我国版权证券化的顺利开展提供了良好的中介服务环境。

第四，我国已初步具备版权证券化所需的法治与政策监管环境。目前，我国建立起了比较系统、完善的知识产权法律法规体系，形成了具有中国特色的司法和行政执法两条途径并行运作的知识产权执法体系。2005年4月，中国人民银行和中国银监会联合发布了《信贷资产证券化试点管理办法》；2005年11月，中国银监会发布《金融机构信贷资产证券化试点监督管理办法》；2006年2月，财政部、国家税务总局发布《关于信贷资产证券化有关税收政策问题的通知》；2009年中国证监会发布了《证券公司企业资产证券化业务试点指引》；2013年2月，中国证监会发布《证券公司资产证券化业务管理规定》的公开征求意见稿，该文件不仅解决了版权证券化的合法性问题，而且也为特殊目的机构的形式设计创造了多样化的可能性，给交易结构的灵活安排留下了空间。上述规章制度建立起了我国版权证券化的基本制度框架，为版权证券化的开展提供了制度保障。

四、版权信托

信托制度起源于英国。美国引入信托制度后大力发展商业信托，信托对象由最初的房地产转为以股票、债券、保险等金融资产为主。20世纪50年代以来，版权等知识产权信托逐渐兴起。

信托本质上是一种财产转移方式和管理方式。版权信托就是版权人委托受托人对其作品版权进行管理，受托人对版权进行运营处理并为委托人取得相应的收益，版权委托人再向受托人支付一定的报酬。①

（一）版权信托概况

版权信托的出现源于人们现实的经济需求：有些版权人具备创作作品的能力，却不一定具有管理、运用版权的能力；有些版权人当前具有管理、运用版权的能力，将来却并不一定继续拥有这种能力；个人版权中的财产权保护期限延伸至作者死亡之后五十年，但继承人不一定具有管理和运用版权的能力。② 就版权财产移转和管理方式而言，信托无疑是一种不

① 高颖杰：《版权信托中受托人的法律风险探析》，《法治与社会》，2011（09），174—175页。

② 刘丹冰：《版权信托的误解与定位》，《电子知识产权》，2012（11），55页。

错的选择。

从法律层面看，版权作品的财产权、发表权、修改权、保护作品完整权等权利均可以作为信托标的。版权信托的法律关系主体主要包括版权人、受托人、投资人等。其中，受托人是主导者，对信托目的和信托事务完成有着决定性的作用。三者之间的具体关系详见图表5-12。

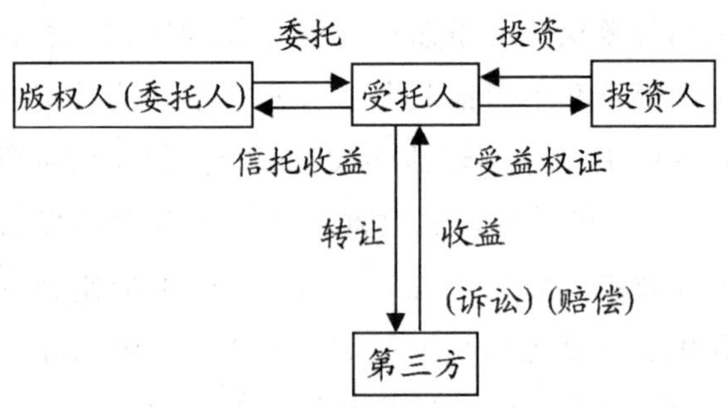

图表5-12：版权信托主体之间的法律关系

图表来源：杨延超：《版权信托制度研究》，《知识产权》，2011（02），82—87页。

受托人主要通过四种方式运营版权：一是受托人转让全部或部分版权获取收益；二是受托人通过许可他人使用版权而获取许可使用费；三是受托人引进风险投资，对版权进行产业化开发，随后将开发产品转让获取收益；四是当侵权行为发生时，受托人有权向侵权者追究法律责任，将侵权赔偿作为信托收益。

与一般信托相比，版权信托具有自身特殊性，主要表现为：信托财产是版权，版权人具有委托人和受益人的双重身份，信托期限受版权存续期的限制。①

（二）版权信托的意义

版权与信托工具的紧密结合，对版权价值的实现与版权产业的进一步发展产生了积极作用。

第一，版权信托有利于版权效益的充分开发。版权信托的运作机制有助于激发受托人开发版权的积极性，促使受托人采用多种方式实现版权的商品化、产业化经营，从而充分发挥版权效益。此外，连续性是信托的基本管理理念，该理念促使受托人秉持可持续发展理念，制定版权经营管理的长期规划，以此实现稳定、持续的收益。

① 文杰，文鹏：《版权信托制度：版权运用机制的创新》，《出版发行研究》，2012（01），52—55页。

第二，版权信托能够切实保障版权人的利益和防止版权闲置的现象。[①] 作为一种信托财产，版权信托遵守“信托财产的权利主体与利益主体相分离”原则：版权信托成立后，版权人将其版权委托给受托人运用，受托人依据相关法律、合同规定对版权展开运作；而版权人自身则可摆脱版权转化过程中的纷扰，并能享受信托利益；信托终止后，版权人重新获得版权各项权利。

我国版权信托业务已初露端倪。2010 年 5 月 8 日，位于北京中关村科技园区的国际版权交易中心正式开通版权交易系统，北京版权产业融资平台同步启动。北京版权产业融资平台由国家开发银行、北京银行、中信信托、北京东方文化资产经营公司共同建立。该平台一期准备 12 亿元授信额度，采用版权信托的金融创新模式。凡是符合条件的中小文化企业、版权企业都可以申请，通过版权信托的模式获取金融投资。[②]

版权金融化方式除以上列举的外，还有版权经营、版权委托、版权保险融资、上市融资等模式，但大多“有案例，无规模”，社会影响力有限，在此不再详述。

第四节　版权投融资案例

版权是重要的文化资源，版权金融化是文化资源资产化的重要途径。只有完成文化资源的资产化、资本化和产权化，使版权与金融市场深度结合，才能适应我国复杂的市场经济环境，才能更好地为包括金融机构、中介机构乃至大众投资者在内的各类市场主体所接受，从而完成文化资源金融化的最终转化。在文化产业大发展大繁荣的时代背景下，版权金融化案例层出不穷。

一、《集结号》电影版权质押贷款

《集结号》是以从解放战争到抗美援朝期间为故事背景拍摄的电影，由冯小刚执导、华谊兄弟公司出品发行。《集结号》在拍摄前期面临着较大的资金缺口，为了缓解资金压力，华谊兄弟公司开展了版权质押贷款业

① 文杰，文鹏：《版权信托制度：版权运用机制的创新》，《出版发行研究》，2012(01)，52—55 页。

② 李洋，耿诺：《北京首创版权信托融资模式》，《北京日报》，2009-5-9。

务。这次尝试为我国文化产业投融资的发展带来极大的启发。

（一）前期准备

2007年，华谊兄弟公司利用电影《集结号》的版权质押获得了招商银行5000万元的贷款。这是国内第一个无第三方担保机构、仅用版权做质押的贷款案例。

为获取电影拍摄、发行等环节所需的巨额资金，国内电影人一般采取预售或合作拍摄的方式筹资，这两种方式虽然能解决资金难题，但融资成本较高。为破解融资难题，冯小刚执导的电影《夜宴》曾进行过海外版权质押贷款的尝试：中国出口信用保险公司为华谊兄弟提供《夜宴》的海外发行收汇风险保障；在风险可控的基础上，深圳发展银行与华谊兄弟合作，以影片的海外销售版权为质押为其提供了5000万元的贷款支持。不过在这种模式下，华谊兄弟要支付2%—3%的担保费，贷款成本相对还是偏高。

而电影《集结号》的故事题材决定了其发行市场主要在国内，海外版权质押十分困难，因此无法复制《夜宴》的老路子。在这种情况下，公司与招商银行进行接洽，商讨利用《集结号》的版权做质押贷款。

招商银行总行随后发起了由公司银行部、授信审批部和深圳分行组成的调研团队，负责研究华谊兄弟和中国的电影产业。研究发现，当时国产片电影票房在国内已经取得不错的成绩，而且成长空间较大；华谊兄弟是中国内地最有竞争力的民营电影制作公司之一，以往在电影拍摄中未曾出现过不可控风险。调研结束后，招商银行认为《集结号》版权质押贷款项目具有可行性；不过为了确保资金安全，招商银行根据电影产品“监管政策的非确定性、财务流程的非透明性、摄制队伍的非稳定性和票房成绩的非预期性”等风险因素[①]，提出了该项目的三个核心风险点：拍摄、放映许可风险，拍摄完工风险和影片销售风险。

（二）风险控制

招商银行的风险管理和审批部门对风险仔细研究后认为，《集结号》故事情节不违背国家政策要求，因此可以获得拍摄、放映许可证；而在拍摄完工风险方面，华谊兄弟提供完工风险担保，免去银行后顾之忧；至于影片销售环节，则需要以《集结号》的全球收益权作为质押。[②]

---

① 张山斯：《招商银行吹响〈集结号〉》，《商界（评论）》，2008（04），128—131页。

② 王艳华：《招行吹响〈集结号〉》，《IT经理世界》，2008（07），53页。

经过两个多月的严密审查，招商银行最终于2006年8月通过了《集结号》版权质押贷款项目。该项目无第三方公司担保，除了华谊兄弟的两家关联公司提供担保外，王中军和王中磊兄弟还以个人名义担保。此外，华谊兄弟出让《集结号》版权和项目财务控制权，由双方共同监管资金的使用。《集结号》总投资1亿元，华谊兄弟自筹资金5000万元；根据招商银行和华谊兄弟的协议，只有在这5000万自筹资金用完的前提下才可支取银行贷款。

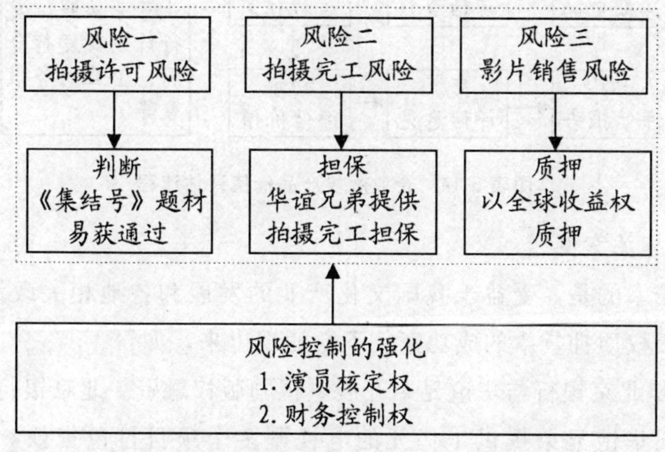

图表5-13：招商银行《集结号》项目风险控制

图表来源：王艳华：《招行吹响〈集结号〉》，《IT经理世界》，2008（07），53页。

此外，招商银行通过控制现金流、实行循环报账来实施风险控制。招商银行派专人全程跟踪影片拍摄，一方面督察拍片进展，另一方面监督贷款用途。同时招商银行还开设资金监管账户，以循环报账的方式，要求对方每月出预算，并以发票的形式报销；结清上月的账目后，再发放下月的贷款。招商银行以每笔1000万元的方式发放了五笔贷款。最后一笔贷款发放时，《集结号》已经进入后期剪辑阶段。①

最终，该项目实现了合作双方的双赢。2008年春节前，《集结号》上映40天后票房就已经直逼2.6亿元，经济收益显著。根据合同规定，票房收入的回款陆续打入了专项账户以偿还招商银行的贷款。第一笔贷款从2006年8月开始发放，贷款利率在央行的基准利率基础上上浮了10%。至整个项目结束时，华谊兄弟连本带利归还了招行5500万元。华谊兄弟

① 毛晓梅，王文帅：《5000万元无担保贷款为何敢给〈集结号〉》，《新华每日电讯》，2008-1-8。

仅用了500万元左右的利息和两年的时间，就撬动了5000万元的资金，保证了电影项目的顺利运作。

《集结号》版权质押贷款项目开创了国内电影业融资新模式，拓宽了银行的业务空间。由于华谊兄弟在国内影视界的地位，此次版权质押贷款相对容易；而对于广大中小型文化企业而言，银行会在版权价值评估、风险控制上要求更为严格。一般版权价值评估流程如图表5-14所示。

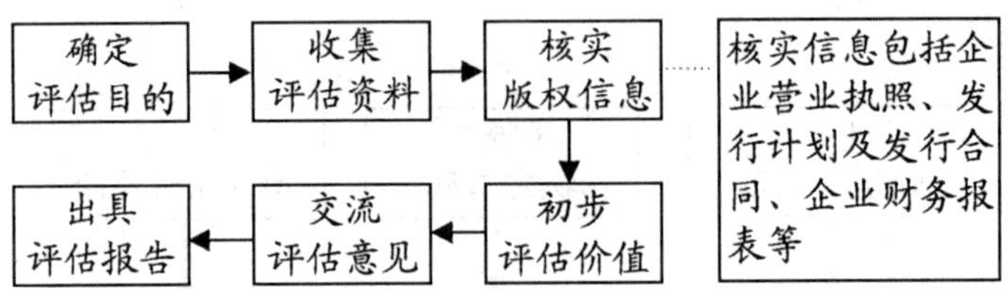

图表5-14：企业版权产品价值评估流程

（三）相关案例

值得庆幸的是，受益于我国文化产业的发展和各地相关政策的出台，如今我国版权质押贷款的成功案例不断涌现出来，如：

2008年北京银行与华谊兄弟开展电视剧版权融资。北京银行以版权质押的方式向华谊兄弟提供1亿元的电视剧多个项目打包贷款，贷款用于2008年华谊兄弟开拍的所有剧目。①

2009年5月，北京银行与北京市知识产权局达成协议，未来3年内北京银行将拿出50亿元专门用于知识产权质押贷款，以此来推动北京知识产权质押贷款业务的发展和扩张。

2010年，北京银行以打包贷款方式为博纳影业提供1亿元授信，支持其《龙门飞甲》等5部影视作品的拍摄。

2011年2月，大型多人在线角色扮演游戏《远征OL》的开发商——深圳冰川网络技术有限公司以8件软件著作权作为抵押，从招商银行深圳分行获得了3000万元授信额度，并获得首批1000万元的贷款，开创我国网游企业版权质押投融资先例。

2012年2月，在收到由中国版权保护中心邮寄来的16张著作权质权登记证书后，苏州天堂卡通数码制作有限公司顺利拿到了民生银行提供的授信资金1000万元，从而为公司新项目的开发提供了坚实的基础。②

---

① 赵文侠：《版权质押贷款1亿打造电视剧航母》，《北京日报》，2008-5-15。

② 方圆：《版权质押让金融与文化无缝对接》，《中国新闻出版报》，2012-6-7。

2013年1月，神州图骥制作的动漫片《阿吉的中国之旅》获得了8000万元的评估价格，通过版权质押从中国银行昆山分行贷款1000万元。

2014年3月，北京讯鸟软件公司通过北京软件和信息服务交易所，实施软件著作权质押业务，最终不仅获得了银行300万元的贷款，还得到了北京市海淀区20余万元的知识产权质押贷款补贴资金；同年3月，西安电视剧版权交易中心与西安蓝岸电子科技有限公司正式签署《世界征服者3D》游戏版权质押融资协议，双方将在游戏版权资产管理、版权运营、版权保护等多个领域加强合作；7月，温州正栩影视有限公司通过质押电视剧版权，拿到温州银行文化支行发放的500万元贷款。

版权质押贷款在一定程度上缓解了文化企业的融资难题，并逐渐成长为银行业新的业务增长点。

二、《大唐玄机图》电影版权证券化

2010年文化部等九部委发布的《关于金融支持文化产业振兴和发展繁荣的指导意见》指出：可以以优质文化资产的未来现金流、收益权等为基础，探索开展文化产业项目的资产证券化试点。2011年国务院法制办公室《电影产业促进法（征求意见稿）》提出，国家鼓励金融机构对从事电影活动以及改善电影基础设施提供融资服务，鼓励保险机构依法开发适应电影产业发展需要的保险品种，鼓励担保机构依法对电影产业提供融资担保，鼓励电影企业通过到境外合作摄制电影等方式进行跨境投资，鼓励社会力量以投资、捐赠等方式发展电影产业。2014年2月，国务院发布《关于推进文化创意和设计服务与相关产业融合发展的若干意见》，指出“要支持文化创意设计类项目，进行信贷资产证券化试点”。

在上述政策的有力推动下，以电影未来票房等收益为基础设计的电影版权证券化产品在我国崭露头角。

（一）《大唐玄机图》电影份额拆分

《大唐玄机图》是由深圳世纪领军影业投资有限公司（下称世纪领军公司）发起运作的大型古装动作悬疑电影。2011年4月，该电影在北京召开发布会，并宣布了其编剧和演员阵容。该片引起业界普遍关注的地方在于其创新性的融资模式——版权证券化。

《大唐玄机图》预计总投资额为1亿元，其中影视出品人李菲创建的世纪领军公司以自筹资金的形式出资2500万—4000万元，其余则通过深圳市前海金融资产交易所筹集。筹集的具体方式为：将电影的未来盈利

（以票房收入为主）和电影版权的预期盈利（包括版权的买卖、衍生品开发、广告植入等所有可能途经产生的收益）作为担保抵押物做成一个金融资产包。当影片完成70%以上的镜头拍摄，并保证可在未来三个月内上映时，就可以把该影片的版权分拆成若干份额，公开在市场上发行。在资产包挂牌期限内，电影产生的所有收益在归还资本金之后，盈利部分将对份额所有者按照比例完全分配。

该资产包共分为10000份权益份额，每份初始价格为10000元，其中2500—4000份权益份额由世纪领军公司及关联投资人和主创团队认购，其余6000—7500份通过深圳前海金融资产交易所进行认购。认购者分为自然人、机构和出品人三个层次。自然人和机构认购的份数预计不超过总份额的80%，且认购者必须是深圳联合产权交易所的会员。这部分认购者属于优先受益人，可优先保证其资金安全并可优先获得收益。出品人包含制片人、监制等，属于一般受益人。他们将用自有资金认购超过20%的份额，并保证优先受益人的资金安全和收益可靠。[①] 整个认购过程采用私募方式，该6000—7500份权益份额可在交易所内进行挂牌再交易。

该资产包暂定发行3年，3年内份额可以自由买卖，3年期满之后电影版权回归项目公司所有。2011年首届北京国际电影节上，《大唐玄机图》已经成功融到了7200万元的资金。

（二）《大唐玄机图》项目风险控制

为降低项目风险，世纪领军公司在《大唐玄机图》项目中实施了三位一体的风险控制制度。

一是严格的预算管理，影片制作收支账号必须由监管团队控制。所有项目支出、重大决策都要经交易商签字同意。

二是项目组特别设置了相应的风险警示与管理环节。一方面向初始投资者提出最佳、中等和最差业绩下的预估收入，以供投资者作为价格评估基础；另一方面在资产包上市流通后，深圳市前海金融资产交易所和发行方还将根据市场价格的变动随时发布风险提示。[②]

三是引入“完片担保”机制。这是我国电影版权证券化业务的重要突破。

---

① 张元欢：《内地与香港合拍片投资证券化可行性研究》，《中国电影市场》，2011(09)，15—16页。

② 黄河：《像好莱坞一样制造电影》，南方周末网，http://www.infzm.com/content/61343，2011-7-15。

"完片担保"又叫"完片保证"(completion bonds /completion guarantees),是一种针对电影行业的保险业务,在好莱坞极为盛行。完片保证公司担保一部电影能够按照预算和预定时限拍摄完成并交付发行商。完片保证公司会组织专业团队对接项目,从剧本到演员、从场地到日程、从资金花费到进度控制,完片保证团队全方位介入电影拍摄的全过程,全程严格监管与掌控。该制度将项目风险降到了最低,有效地保证了电影版权的投融资活动。

完片担保公司的功能要求其必须具备评估、保险、担保、监控、制作等多种能力。然而,受制于当前的电影行业环境,我国目前尚未出现真正意义上的专业完片担保公司。在《大唐玄机图》项目中,承担完片担保功能的是深圳通赢影视完成担保公司。2011 年双方签订了战略合作协议,此次合作是好莱坞经典完片担保模式的本土化尝试。

《大唐玄机图》掀起的这种电影版权证券化融资模式尝试,在业界引起广泛反响。该模式的意义在于它为大众参与文化投资、共享电影产业收益提供了一条通道,为电影公司提供了一种新的融资解决方案。同时,这一模式能够实现拍摄全程和资金使用的公开、透明、规范,让电影制作完全透明化。[①]

由于我国相关法律、政策以及中介机构建设等方面的欠缺,电影版权证券化融资模式尚处于尝试阶段,能否成功仍有待观察。不过我们相信随着文化产业与金融产业不断成熟,类似于版权证券化模式的创新会源源不断地出现。

三、国外版权证券化融资案例

与我国的《大唐玄机图》电影版权证券化项目相比,2002 年梦工厂工作室(DreamWorks Studios)(下文简称"梦工厂")开展的版权证券化融资在参与主体、业务流程、资产包设计等方面显得更为规范、典型。

梦工厂始建于 1994 年,如今涉足包括电影、动画片、电视节目、家庭视频娱乐、唱片、书籍、玩具等在内的多个领域,在全球具有重要影响。2002 年,梦工厂通过一起版权证券化融资项目增强了其卡通影片和实景影片的制作和生产能力。

---

① 梁君,郑兴波:《文化产业知识产权融资模式探究》,《改革与战略》,2012(04),166—167 页。

2002年8月，在富利波士顿金融公司（FleetBoston Financial）和摩根大通（JPMorgan Chase & Co.）的安排下，梦工厂将其《角斗士》《美国丽人》《拯救大兵瑞恩》等36部电影版权收益权以真实出售[①]的方式转让给了SPV机构DW Funding，并以此发行了10亿美元的循环信用债券。

此次电影版权证券化在基础资产的选择上有相当严格的标准。相关方采取了未来收益预测技术，根据电影前几周的票房收入来预测最终收入。只有那些符合合同要求的盈利能力的电影才会成为适合的版权资产对象。除了国内剧院和付费电视的收益权外，这些电影的其他所有未来收益权都被转让给DW Funding。

在风险控制方面，美国市政债券保险集团（Ambac Financial Group Inc.，Ambac）为所发行的债券提供保险，摩根大通则为其提供5亿美元的无抵押贷款融资，全国认定的评级组织"标准普尔"（Standard & Poor's）和穆迪公司（Moody's）亦对基础资产的现金流进行了"压力测试"。在综合考虑各种风险因素之后，两大评级公司对梦工厂所发行的债券给出了最高的AAA评级级别。

多家资本公司购买了梦工厂的版权信用债券。摩根大通旗下的一家应收账款公司和老鹰资本公司（Eagle Funding Capital）购买了1.2亿美元的债券；其余债券由另外七家金融投资公司包揽，每家的购买额在1亿至1.15亿美元之间不等。该证券化采用的偿还结构是典型的循环型支付结构，初始的三年循环期内梦工厂可以增加新的电影版权。债券本金的偿还从第四年开始，债券的法定久期[②]为7年。

除了梦工厂，全球范围内的版权证券化案例还有：

2001年，英国苏格兰皇家银行（Royal Bank of Scotland）安排了蚕蛹音乐跨国证券化交易。该证券化以蚕蛹音乐集团（Chrysalis Group）英国发行公司所拥有的音乐作品版权收益为支撑，音乐作品包含近5万首歌曲。此次证券化的发行规模高达6000万英镑，证券法定久期为15年，其中前3年为循环期。这是迄今为止欧美最大的音乐证券化实例。[③]

---

① 指某项财产的转让使得其不再属于债务人的财产范围。

② 久期也称持续期，是将未来时间发生的现金流按照目前的收益率折现成现值，再用每笔现值乘以现在距离该笔现金流发生时间点的时间年限，然后进行求和，以这个总和除以债券目前的价格得到的数值就是久期。

③ 肖海，朱静：《借鉴欧洲经验开展中国知识产权证券化的对策》，《知识产权》，2009（05），88页。

2004 年，在美国美林证券（Merrill Lynch）的安排下，派拉蒙电影公司（Paramount Pictures）以未制作完成的电影版权收益权为基础资产发行了 2.1 亿美元的浮动利率债券。在此次交易中，SPV 机构 Dubbed Melrose Investors（DMI）发行债券募集资金，购买了派拉蒙公司在未来三年内制作的电影的版权。DMI 在承担派拉蒙公司 25%的电影制作成本的同时分享其 25%的参与权益，并获得了相应比例的电影版权未来净收益。派拉蒙的母公司维亚康公司（Viacom Inc.）为所发行的债券提供担保。穆迪公司在分析了派拉蒙电影公司的历史表现以及未来 18 到 24 个月的预期电影名单之后，对该债券给出了 Baa2（即中级）的投资等级。

从以上案例可以看出，版权证券化案例大多集中于影视、音乐领域，原因在于影视、音乐领域的版权资产较为清晰，作品受众广泛。可以说，只有那些影响力大、有良好的历史销售表现、作品权利关系简单的作品才有较大可能进行版权证券化运作。版权证券化融资是版权市场和金融市场高度融合的产物，操作难度较大，实际上在我国尚未普及。随着价值评估体系的完善和法律法规、保障制度的建设，版权证券化融资或会迎来新的发展机遇。

第六章　艺术品金融化

第一节　艺术品与艺术品市场

种类众多、形式多样的艺术品均凝结着人类创造性的劳动，蕴含多重价值。人们对艺术品价值的追逐，促使艺术品交易的产生。《中国艺术品市场白皮书》作者西沐认为："艺术品的生产、消费、流通、管理及环境等关联运作形成了宏观层面的艺术品市场。"艺术品市场是文化产业市场的重要组成部分，研究文化产业投融资绕不开对艺术品和艺术品市场的探究。

一、艺术品与艺术品价值理论

艺术品具有价值，艺术品的价值体现在诸多方面。梳理艺术品价值理论有助于我们理解艺术品价值的由来。

（一）艺术品及其价值概述

艺术品是艺术活动的产物和对象，是艺术家有目的的产品。[①] 一般来说，艺术品有狭义和广义之分。狭义的艺术品仅指有形艺术品，主要包括绘画、雕塑、瓷器等实体产品；广义的艺术品除有形艺术品外，还包括无形的艺术品，如创意、形象设计、墙绘设计等。本书所指艺术品仅指狭义上的有形艺术品。

艺术品的内涵和外延极为丰富，人们很难准确地描述艺术品的定义。在实践中，人们倾向于通过界定艺术品的范围来描述艺术品，如文化部2004年7月1日发布的《美术品经营管理办法》指出：艺术品是指绘画作品、书法篆刻作品、雕塑雕刻作品、艺术摄影作品、装置艺术作品、工艺

① 吴娟：《浅谈影响艺术品价格的主要因素》，《科技致富向导》，2012（12），21—22页。

美术作品等及上述作品的有限复制品。《美术品经营管理办法》未穷尽艺术品门类，实际上艺术品市场上流通的艺术品门类更为多样，例如拍卖市场上就有瓷杂、玉器等类别。

俄罗斯画家、美术理论家瓦西里·康定斯基（Wassily Kandinsky）认为艺术品的特性“一是内在的，二是外在的，内在的东西必须存在，否则艺术作品就是赝品”。对应艺术作品的“内在”和“外在”，艺术品的价值也可以分为“内在价值”和“外在价值”，即精神层面价值和物质层面价值。

艺术品的精神层面价值包括学术价值、历史价值、审美价值等。学术价值是指艺术品在整个艺术史中的学术地位和美学价值。历史价值是艺术品在历史上和在当代所具有的地位。每一件艺术品都是一定时期、一定地域、一定文化风俗的结晶，艺术家的艺术手法和表现风格带有鲜明的时代印记。艺术家及其作品的历史价值会受到世人评判标准的影响，例如梵高（Vincent Willem van Gogh）超前的艺术理念不被当时的人所接受，故而生前一直穷困潦倒，但他死后《向日葵》《星空》等作品却成为艺术珍宝。审美价值是艺术品满足社会精神审美需求的属性，是人们的认识与情感高度统一的产物。艺术作品凝结着艺术家的艺术个性和独特的表现方式，每件艺术作品都能够呈现出独一无二的魅力，这种魅力带来了视觉冲击和精神愉悦。

艺术品物质层面的价值也称为艺术品本身的物理价值，即创作作品所需材料和材质的价值。在艺术品价值体系中，物理价值所占比重较小。

（二）艺术品价值理论

艺术无价，艺术品有价。进入市场流通领域的艺术品被赋予了价值，价值通过价格的形式表现出来。那么，艺术品为什么具有价值？艺术品为什么具有价格？学界对此进行了诸多研究。限于篇幅，这里我们仅介绍其中认可度较高的两种观点。

1. 马克思劳动价值学说。认为商品是用来交换的劳动产品，具有价值和使用价值。使用价值是商品的有用性，用来满足人们的某种需要，同时也是商品的自然属性。价值是凝结在商品中无差别的人类劳动，体现着商品生产者之间交换劳动的社会生产关系，是商品的社会属性。概括来说，劳动决定价值，而价值决定价格。一件商品的市场价格以价值为中心，受市场供求关系影响，围绕价值上下波动。

“……艺术等等，都不过是生产的一些特殊的方式，并且受生产的普遍规律的支配。”① 艺术品进入流通领域后，发生市场交换成为艺术商品，符合商品的一般价值规律。艺术品是人类创造的物质形态化的精神产品，凝结着无差别的人类劳动，而劳动创造价值，因此艺术品便具有了价值。价值是艺术品本身所固有的、本质的特征。同时，艺术品尤其是珍贵的艺术品具有稀缺性甚至唯一性的特点，这就决定了艺术品市场中独特的供求形式，最终供求弹性和稀缺性对艺术品价格产生了重要的影响。

2. 效用决定价值理论。萨伊（Say Jean Baptiste）是19世纪初欧洲大陆最重要的经济学家之一，他提出了“效用决定价值”理论。他在《政治经济学概论》一书中提出：“人们所给予物品的价值，是由物品的用途而产生的……当人们承认某东西有价值时，所依据的总是它的有用性，即它的效用……物品的效用就是物品价值的基础。”这里的“效用”指的是人们从某件财物上得到满足的程度。在萨伊看来，效用即使用价值，它不是价值的前提，而是价值的来源。艺术品具有多种效用，如让人心情愉悦或产生满足感、彰显拥有者的社会地位、带来投资收益等，这些满足人们需求的效用使艺术品具有了价值；且人们对其效用的需求越高，艺术品的价格就会越高。正如英国古典经济学家大卫·李嘉图（David Ricardo）所说：“雕塑、图画、稀有的书籍和古钱……它们的价值与原来生产时所必需的劳动量全然无关，而只是随着希望得到它们的人们的不断变动的财富和嗜好而一起变动。”②

（三）艺术品价格影响因素

匈牙利美术史家阿诺德·豪泽尔（Arnold Hauser）曾说过：“由于艺术价值难以与市场价值相比较，一幅画的价格很难说明它的价值。艺术作品价格的确定更多地取决于各种市场因素，而不是作品本身的质量。那是商人的事，而不是艺术家所能左右的。”艺术品价格形成机制十分复杂，不仅是以价值为基础、随供求而波动，而且受到其他多重因素的影响，这些因素总结起来可分为三类：

一是宏观经济因素。国际、国内经济形势良好时，人们对艺术品市场抱有较大期望，艺术品市场会呈现出积极态势。这时的艺术品价格一般较高。反之，艺术品价格则会走低。2008年受世界金融危机影响，艺术品市场遭遇“寒流”、大部分艺术品价格遇冷就说明了这一问题。

---

① 马克思著：《1844年经济学哲学手稿》，82页，北京，人民出版社，2000。

② 转引自叶航：《劳动价值论的历史命运》，《浙江社会科学》，2009（02），15—17页。

二是作品自身因素，包括作者知名度和作品真伪、品相、存世量等。一般来说，作者知名度越高，作品品相越好、存世量越少，作品价格就越高。

三是人为因素。购买能力、鉴赏能力、宣传炒作等人为因素亦对艺术品价格的形成起到推波助澜的作用。购买者购买能力越强、对艺术品升值空间越自信，艺术品价格上升的趋势越是明显。

上述多重影响因素的交织导致了艺术品价格的复杂多变，艺术品市场行情亦随之跌宕起伏。

二、艺术品市场

市场是一个经济学概念，艺术品市场是市场的重要组成部分。在艺术品市场中，艺术品以商品的形式发生了产权转移和交换。

（一）艺术品市场主体

艺术品市场是一个完整而复杂的市场生态系统，在政府“有形的手”和市场“无形的手”的支持与规范下保持良好运行。一般认为，艺术品市场主体可分为生产者、销售者和消费者三个群体。[①] 三方在市场培育和市场交易中都发挥着不可或缺的作用。

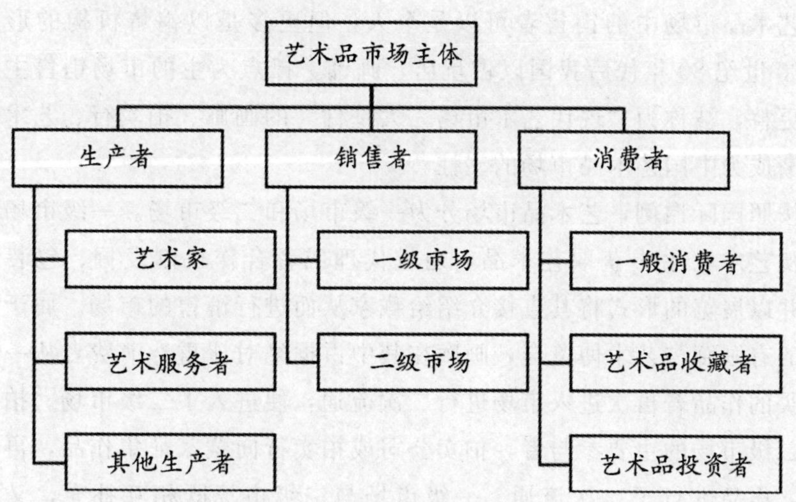

图表 6-1：艺术品市场主体构成

资料来源：陆霄虹著：《艺术品市场分析与特征价格》，25 页，江苏，南京大学出版社，2012。

① 陆霄虹著：《艺术品市场分析与特征价格》，24 页，江苏，南京大学出版社，2012。

1. 生产者

艺术品市场中的生产者主要包括艺术家和艺术服务者。

艺术家是艺术品市场的商品生产者和资源提供者，每件艺术作品都凝结着艺术家自身的知识文化素养、艺术审美素养和价值观素养。由于艺术品的特殊性以及艺术品市场的复杂性，艺术作品的价值取决于艺术家，却又不仅仅取决于艺术家。艺术家的报酬不稳定，尽管市场上不乏名利双收之人，但也聚拢着一大批穷困潦倒但仍坚持艺术理想之人。与物质产品的生产不同，艺术生产在很大程度上依附于艺术家的才华和热情，经济利益不是驱动艺术家创作的唯一动力。

艺术服务者包括策展人、评论家和经纪人等。他们围绕艺术家及其作品展开服务，为艺术品增值创造条件。其中，策展人通过各种渠道把艺术作品宣传、推广给社会大众；评论家根据艺术价值理论评判作品价值，以使公众理解和接受作品；经纪人是沟通艺术家、销售者和消费者之间的桥梁，为艺术作品寻找适合的交易方。

艺术生产者和艺术服务者合作共生，组成了艺术品市场经营链条的上游环节，共同推动艺术作品的生产和增值。

2. 销售者

艺术品市场中的销售者可以是个人，但更多是以销售机构的形态存在。20 世纪 80 年代后我国以古玩店、画铺、摊点为主的市场销售主体被颠覆更替，被称为“现代艺术市场三大基件”的画廊、拍卖行、艺术博览会逐渐成为中国艺术品市场的支柱。①

按照国际惯例，艺术品市场分为一级市场和二级市场。一级市场是指直接从艺术家手中获取艺术品，通过代理或者合作机制发掘、包装艺术家，并以展览的形式将其直接介绍给藏家从而进行销售的市场。属于一级市场的有画廊与艺术博览会，画廊在其中占据绝对比重。消费者从一级市场购买的作品若再次进入市场进行二次流通，便进入了二级市场。拍卖机构是二级市场的主要参与者，拍卖公司或拍卖行向藏家征集作品，再公开拍卖，作品进行了二次流通。一级市场与二级市场既相互补充，又相互竞争。

目前，国外艺术品市场发育较为成熟，一、二级市场分工明确、互为补充。一级市场用来培育、推介艺术家：通过签约形式，画廊帮艺术家举

---

① 李万康编著：《艺术市场学概论》，37 页，上海，复旦大学出版社，2005。

办展览和销售作品，提升艺术家及其作品的名气；艺术品售出后，画廊再按约定的分成比例将销售所得收入支付给艺术家。在这一运作过程中，画廊发现、培育优秀艺术家，并进而成为面向拍卖公司和消费者推介艺术品的平台以及公众文化艺术教育场所。画廊行业的繁荣是艺术品市场持续繁荣的基础，因此人们将一级市场看作艺术品市场的风向标。

图表 6-2：西方国家画廊的基本运作模式

基本模式	主要经营方式
传统意义上的商业画廊	第一类：通过举办艺术家的展览来代理艺术家
	第二类：不代理艺术家只销售作品
现代商业模式的画廊	第一类：签约、包装、推出艺术家，经营原作等业务
	第二类：除经销原作外，还经营印刷品、画框等业务
	第三类：除经营原作、印刷品、画框外，兼做工艺品、家具、古玩生意
	第四类：除进行上述三类经营外，兼做画廊基金会，为画廊运作提供资金保证，确保画廊持续不断地发展

图表来源：王艺著：《中国艺术品市场》，16 页，北京，文化艺术出版社，2011。

“画家—画廊—拍卖行—消费者”链条是典型的艺术品流动基本形式。当艺术家有一定名气以后，他的作品即可进入二级市场进行拍卖。作为二级市场主体的拍卖公司通过组织拍卖会，进行二次销售。与一级市场相比，二级市场受众面相对狭小，它更多是反映精英艺术家与精英消费者之间的关系。拍卖市场满足了收藏者、投资者的需求，保证了艺术品的正常流通和交易，具有信息汇聚、价值发现和资源配置等基本功能，也在一定程度上成为衡量艺术品价值的标杆。① 英国的佳士得拍卖行（Christy's)、苏富比拍卖行（Sotheby's）是国际拍卖行业的两大霸主，长期居于双寡头垄断的地位。不过，随着我国艺术品市场的发展，佳士得和苏富比的全球份额正在被蚕食，中国嘉德、北京保利、北京匡时、杭州西泠等国内拍卖行崭露头角。

---

① 倪进：《当代中国艺术品市场金融化发展的若干问题》，《艺术百家》，2010（05)，17—22 页。

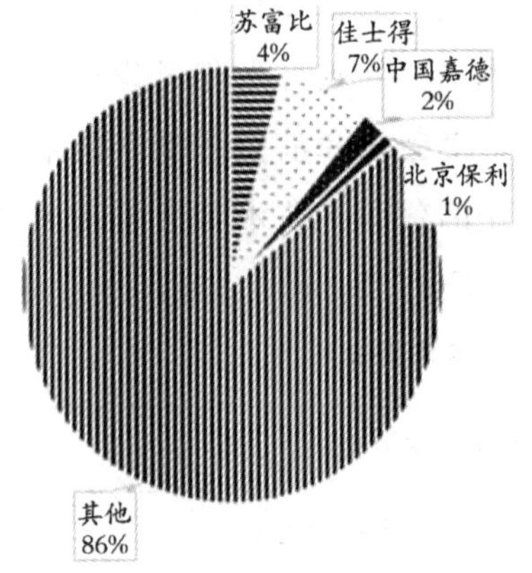

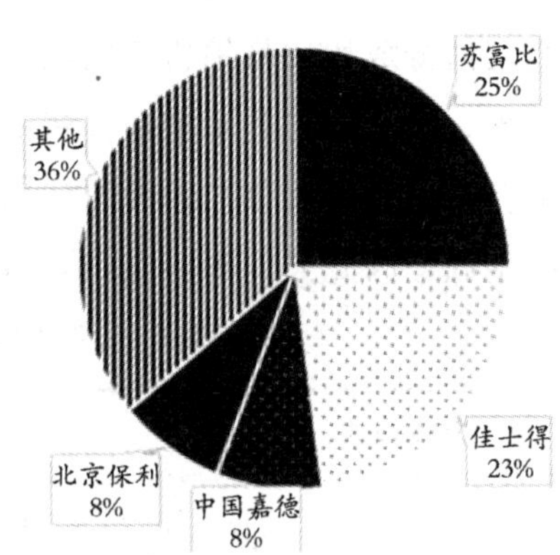

图表 6-3：2011 年全球主要拍卖公司美术类艺术品拍卖数量占比（左图）与成交总额占比（右图）

数据来源：《苏富比佳士得全球份额正被“蚕食”》，搜狐财经，http://business.sohu.com/20120305/n336736058.shtml，2012-3-5。

3. 消费者

我国艺术品市场中的消费者按照不同分类标准可以分成不同的种类，如按照购买的艺术品所属年代可以分为古代艺术品消费者、近现代艺术品消费者和当代艺术品消费者，按照购买的艺术品种类又可分为书画类消费者、瓷杂类消费者、雕塑类消费者等。本书按照消费者的消费意图分类，将其分为一般消费者、艺术品收藏者和艺术品投资者。

一般消费者的主要消费动机是艺术爱好，购买的艺术品以模仿性与复制性作品为主，多用于装饰环境、美化家居、传承文化、陶冶情操等。这些艺术品的价格一般较低。

艺术品收藏者分为两种人群：一种是以珍贵艺术品为身份象征的中产及以上阶层，他们购买艺术品充当“炫耀商品”，从而进行“炫耀性消费”①；另外一种则是有一定鉴赏能力的收藏家，他们出于对艺术品的极度热爱而收藏艺术品。

艺术品投资者着眼于艺术品的保值、增值功能，他们利用一种或多种投资工具，通过商业运作实现艺术品价值增值。在这一过程中，投资者以实现利益最大化为目标，因此需要放弃或弱化个人喜好，更加注重艺术品

① 美国经济学家凡勃伦（Thorstein B. Veblen）在《有闲阶级论——关于制度的经济研究》一书中提出了“炫耀性消费”（conspicuous consumption）的概念，指的是富裕的上层阶级通过对物品的超出实用和生存所必需的浪费性、奢侈性和铺张浪费式消费，向他人炫耀和展示自己的金钱财力和社会地位，以及这种地位所带来的荣耀、声望和名誉。

的市场表现、未来升值预期等因素。

值得一提的是，这三种消费者类型之间并没有严格的界限，他们在某些方面相互重合，并且在一定条件下可以互相转化。

（二）我国艺术品市场概况

以时间为限，我国艺术品市场大致分为两个阶段：一是传统艺术品市场，二是现当代艺术品市场。经过多年发展，我国当代艺术品市场呈现出以下特征：

一是阶段性。国家宏观环境影响着艺术品市场的发展。总体来看，我国现代艺术品市场呈上升趋势，市场规模和国际影响力皆不断攀升。但具体来看，20 世纪 80 年代以来，我国艺术品市场经历了跌宕起伏的多个发展阶段，这从 2010 年之后的市场情形中可见一斑：2010 年是中国艺术品市场里程碑式的一年——中国成为继美国、英国之后的第三大艺术品交易大国；2011 年因房地产限制政策，资本大量涌入艺术品市场，艺术市场一片繁荣，艺术品升值空间巨大；然而接下来的将近两年时间里，我国艺术品市场遭遇了低潮；直至 2013 年，艺术品市场才出现了“先抑后扬，逐步回暖”的局势。

二是倒挂性。20 世纪 80 年代以来，我国艺术品市场经历了从无到有、从无序到有序的发展阶段。目前我国艺术品一、二级市场结构雏形已经形成，但尚未发展成熟，出现了我国独有的一级、二级市场倒挂现象——拍卖公司直接向艺术家征集作品，一级市场培育、推介艺术家的作用被弱化。该现象一方面是由于我国画廊业代理机制不成熟，缺乏有号召力的大型画廊，画廊业在整个艺术品行业中缺乏话语权；另一方面也是由于拍卖市场资金汹涌，投资、投机行为使二级市场持续高温。

三是地域性。中央美术学院国家艺术与文化政策研究所调研数据显示：截至 2013 年 3 月 31 日，中国大陆地区的画廊共有 3366 家，主要分布在东部地区，中西部发展较慢；我国画廊数量超过 100 家的省、直辖市共有 8 个：北京市（631 家）、广东省（518 家）、山东省（545 家）、上海市（218 家）、安徽省（124 家）、福建省（127 家）、江苏省（107 家）、天津市（153 家）。[①]

---

① 张秀娟：《中国画廊排行榜之 2013 新气象》，《芭莎艺术》，转引自雅昌艺术网，http://exhibit.artron.net/20140610/n615008.html，2014-6-10。

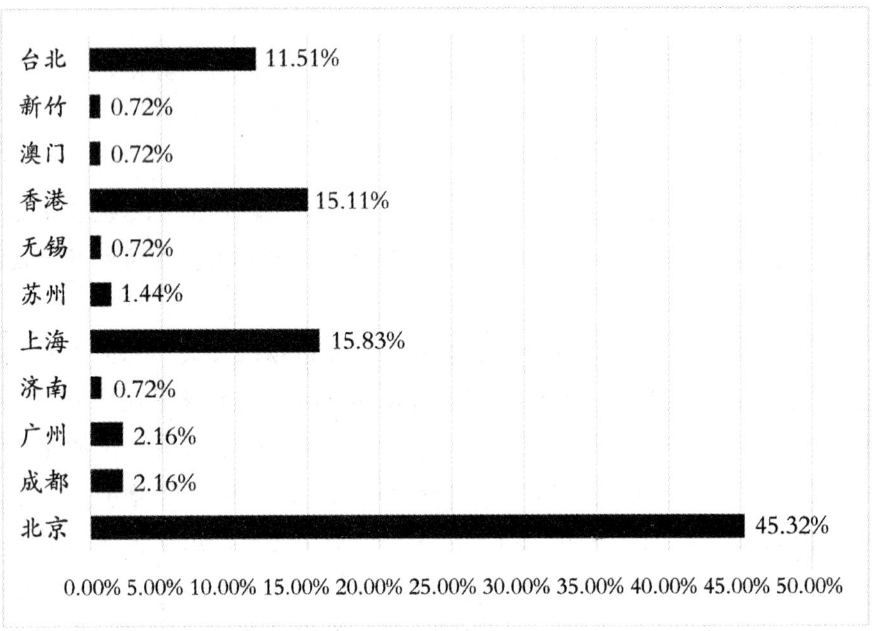

图表 6-4：我国各地区画廊数量占比（至 2013 年 3 月 31 日）

数据来源：作者根据雅昌艺术网统计数据整理所得。

艺术品是高端消费品，发达的经济环境为艺术品市场的发展提供了肥沃土壤。当然，除了经济条件，艺术品市场发展还与地理区位、产业环境、创新环境、文化资源、消费水平、政策扶植等因素息息相关。北京、上海、广州、杭州等地依托优越的经济环境和文化环境，正在或者已经形成艺术品交易集聚地。

四是金融化趋势。“艺术联手金融”成为近年来我国艺术品市场发展的新趋势，“艺术品金融化”概念引起各方热议。实际上，艺术品金融化就是将金融的手段引入到艺术品领域，进而分享快速增长的艺术品市场。严格来讲，艺术品金融化并不是金融本身的创新，而只是金融的对象创新而已，即艺术品金融化的本质是试图为投资者提供一种投资工具，是现有金融手段在艺术品上的运用。①

三、艺术品价值评估方法

艺术品价值评估涉及两个方面，一是辨别艺术品真伪，二是确定艺术品价格。艺术品鉴定评估需要借助第三方艺术品评估机构的力量。第三方

---

① 冯云国：《艺术品金融化反思，期权模式难走远》，《东方早报》，2012-6-4。

艺术品评估机构应独立于卖家与买家之外，出具以价值评估为基础、以资产评估为重点、市场定价与价值认定相符的权威鉴定报告。

（一）辨别艺术品真伪

当前国内艺术品真伪鉴定工作大多由专家来进行。然而由于专家的经验、学识有限且一定程度上难以去除主观判断的影响，不同专家可能会出具不同的鉴定结果。因此，单纯依靠专家的艺术品真伪鉴定过于单薄。相比之下，西方的艺术品真伪鉴定工作更为理性和客观。

美国等艺术品市场繁盛的国家均建设了第三方艺术品鉴定评估机构。这些机构采取"身份索引＋科学鉴定＋专家鉴定"一体的艺术品鉴定体系。具体来看，他们通过建立艺术品资料库，详细记录艺术品作者、年代、持有人（持有机构）、流转次数、流转方向、拍卖纪录等影像和文字信息，编排图录档案；采用科学、先进的仪器和设备，如X光、红外线和紫外线监测设备等，创新技术鉴定手段，使得艺术品鉴定工作由定性走向定量；在契约精神主导下，参与鉴定的专家和鉴品之间没有直接利益关系，且受到"诚信档案"的监督和"鉴定结果责任制"的约束——若鉴定结果有误，专家们有可能面临诉讼风险。

北京国际版权中心于2014年4月推出的"艺术品防伪与追溯数字管理系统"借鉴了西方艺术品鉴定体系的经验，是我国艺术品鉴定评估体制建设的一大进步。

（二）确定艺术品价格

艺术品价格确定需要考察两个层面：一是整体艺术品市场的价格行情，二是单件艺术品的具体价格。前者借助艺术品指数来确定，后者依靠更为细致的计算方法。

1. 艺术品指数。艺术品指数用来在特定时间内、在所选样本不受限制的情况下，对整体市场走势进行判断，并通过对艺术品投资回报率的计算来显示出某一特定艺术板块以及特定艺术家作品的销售潜力。[①] 国内外较为通用的艺术品指数大致有如下五个。

（1）梅摩指数

梅摩指数由纽约大学的梅建平和摩西（Michael Moses）教授创建，是目前艺术品市场上最具代表性和影响力的指数。它采用"重复拍卖法"，根据同一作品在不同时间的成交数据来计算回报率，进而编制成指数。梅

① 张艺：《主流艺术品指数解读》，《中国文化报》，2013-3-25。

摩指数将艺术分为印象派和现代派、古代画派、美国画派、英国画派、拉丁画派、当代艺术、海外中国传统艺术、中国当代油画等八个类别，[①] 并搜集了1925年至2010年期间佳士得和苏富比拍卖行各个艺术品类别的交易数据。梅摩指数能够较好地反映艺术品的市场走势，并能计算具体艺术品在某个时间段内的投资回报率。

不过，梅摩指数主要是对历史交易情况的概括和总结，是对过去市场状况的反应，而不是直接对今后行情的预测，因此投资者在用这一指数进行投资参考时需要加入对当下和未来形势的判断。[②]

（2）AMCI指数

AMCI指数即艺术品市场信心指数，由法国著名的艺术市场信息公司Artprice网站在2008年初创建，用于反映艺术品交易者对未来市场的信心。

为取得AMCI指数，密歇根大学的调查研究中心通过对全球不同地区的130万艺术交易人发放调查问卷，实行24小时不间断调查。调查题目包括“艺术作品购买意向、对当前金融形势的观点、对未来3个月经济状况的意见、艺术作品价格在未来3个月的发展”[③] 等。被调查者将在“正面、中立、负面”三种态度中选择自己的答案。密西根大学调查研究中心以最后1000个被调查者的答案为依据，然后将每一问题正面回答的百分比减去负面回答的百分比，四项结果的平均值即为AMCI指数。

AMCI指数几乎同时性地串联起艺术品市场的政治、地理、社会、文化以及经济状况的所有关系，提供不间断的即时指数供全球参考。但由于其调查对象过于笼统，难以适用于整个艺术品市场，且其数据收集过程和分析处理过程中均存在随意性风险，因此难以准确揭示艺术品市场信心。

（3）ASI指数

ASI指数（the Art Sales Index）是艺术咨询网站Artinfo创立的一个艺术品价格指数，它的编制方法类似于股票指数，包含了艺术品拍卖指数和图表系统。ASI指数建立了一段时间的拍卖行情数据库，以这些数据为依据，再结合通货膨胀率、银行利率等变化因素，运用相关的统计学方法，对艺术品市场进行分析并取指数。[④] 通过该指数，投资者可以对某人、某类作品进行市场分析，如“某一时间段内艺术品市场交易的资金总量，

---

① 《解码三大艺术品指数》，新浪收藏，http://collection.sina.com.cn/ystz/20110714/134932331.shtml，2011-7-14。

②④ 张艺：《主流艺术品指数解读》，《中国文化报》，2013-3-25。

③ 刘晓丹：《艺术品市场的信心指数究竟多高》，《美术报》，2013-2-16。

某类作品在售出资金总量中的比例，以及该类作品售出的最高价和最低价以及平均值等”①。

不过，艺术品和股票毕竟不同，艺术品价值的影响因素众多，用编制股票指数的方法编制艺术品指数具有一定的局限性。②

(4) AMI 中艺指数

AMI 中艺指数（the Arts Market Index）是由中艺指数监测调查中心创建的艺术品指数。中艺指数监测调查中心主要以 ASI 指数分析图表系统为参照，并收集了拍卖行、画廊、艺术博览会等机构的历史行情和最新行情数据；以上述数据为基准，先结合通货膨胀、市场利率变化等因素计算出个人作品的市场行情的各个分析指标数据，然后再根据个人指标数据综合计算出大盘指标数据。

AMI 中艺指数大致反映了 2003 年以来整个艺术品市场和部分艺术家绘画作品的价格变动情况。

(5) 雅昌指数

雅昌指数根据深圳雅昌艺术网收集的“中国艺术品拍卖市场数据库”中 1993 年至今所有重要拍卖行的艺术品成交数据编制而成，其设计思路是：

艺术家某期个人指数＝该期作品总成交价格/该期作品总平方尺数

若某期没有作品成交，则沿用上期数据。雅昌指数涵盖了“国画 400 成分指数”“油画 100 成分指数”“分类指数”“艺术家个人作品价格指数”等，全面反映艺术品拍卖市场各个层面的发展趋势。③

不过，由于国内拍卖数据存在记录不系统、真实度不高的现象，再加上雅昌指数具有一定的商业性质，因此有观点对该指数的可信度存疑。

2. 具体艺术品价值确定方法。在明确艺术品市场整体行情的基础上，还需对单件具体艺术品进行价格确定。目前应用最广的价值确定方法有两种，一是市场比较法，二是成本加总法。

(1) 市场比较法

市场比较法在第五章已经做过介绍。针对艺术品市场，该方法根据以

① 《由艺术品指数观市场》，中国新闻网，http://www.chinanews.com/cul/2010/07-29/2433776.shtml，2010-9-28。

② 景乃权，李黎黎：《艺术品指数：艺术品市场的风向标》，《中国文化报》，2010-7-29。

③ 张艺：《主流艺术品指数解读》，《中国文化报》，2013-3-25。

往各种类型艺术品市场的交易情况，找出可以比较的相似艺术品进行参照，从而得出评估价值。它要求评估师对相似艺术品在相似市场中或最普通市场中的实际交易情况熟悉并有系统资料可以参照；在具体比较中，评估师一定要考虑到交易时间、交易地点、交易量和当时社会经济状况等影响艺术品交易价格的各种因素，以及与相似艺术品之间的可比性问题。①

用市场比较法衡量艺术品价格时，必须选取数量足够多的可比艺术品及相似交易记录，找出其中影响艺术品价格的最主要因素；通过对这些因素的理性分析与比对，最终得出支持价格结论的充分论据。

（2）成本加总法

针对艺术品市场，成本加总法是基于所评估艺术品是可替代的或可以重新制作的这一前提，将制作艺术品各个环节的成本加总起来得出结果的一种计算方法。这里的成本包括艺术品的制作成本（如原材料、设计费用、相关人员薪酬、税收、管理费用等）和艺术品的市场成本（如作者的合理利润和经营者的经营成本与利润等）。利用成本加总法可得出一件艺术品的重置价值，也可以计算出市场价值，后者应加上该行业和地区普遍的利润成本和经营成本。②

不过，由于古代艺术品的历史文化价值、学术价值等是无法复制的，因此成本加总法只适合现代艺术品的价值评估。此外，该方法没有考虑艺术品的其他附加价值，例如大师制作的艺术品会比普通人制作的价值更高些。③

艺术品的去伪存真和价值评估是艺术品市场发展的前提。艺术品指数和艺术品价格计算方法从数理角度对艺术品的市场基础价格进行了估量和计算，它们将艺术品的价值评估体系建设带入了定量时代。

第二节　艺术品金融化

艺术品金融化即在金融理念指导下，通过金融机构，运用金融工具对艺术品资产进行金融运作与管理，以实现资本增值的过程。艺术品金融化有两个重要特征：一是艺术品成为金融机构资产管理的投资标的；二是艺术品成为金融机构对企业或个人信用评级和资产定价的重要标的。艺术品市场与金融市场的关系日益紧密，金融工具的引入带来了多样化的艺术品

---

①②③　常华兵：《艺术品价值评估探究》，《中国资产评估》，2013（05），23—24页。

金融化方式。

一、艺术品金融化背景

艺术品天然具有稀缺性、流动性等经济属性，因此成为继股票证券、房地产之后的第三大投资领域。发达国家已经形成了相对成熟的股票投资市场、房地产投资市场和艺术品投资市场。

2010年以来，中央及地方政府陆续出台针对房地产市场的紧缩和资金回笼政策，房地产市场走势乏力，各路资金纷纷寻求新的投资渠道。此时，基于2010年中宣部、文化部等九部委联合出台《关于金融支持文化产业振兴和发展繁荣的指导意见》的政策背景以及近年来艺术品增值、“创富神话”的推动，艺术品与金融资本的对接成为资本市场发展的新增长点。艺术品市场语境被重构，人们开始用金融市场的逻辑体系来看待艺术品，艺术品投资成为资产配置的选择之一。①

同时，我国艺术品市场在国际市场上的表现十分抢眼。2014年3月，欧洲艺术基金会（European Fine Art Foundation）发布了2013年全球艺术品市场年度报告《全球艺术品市场：聚焦美国和中国》，报告指出：2013年美国以38%的市场份额再次成为全球最大的艺术品市场；中国连续两年蝉联全球艺术品交易的第二位，占全球艺术品市场份额的24%，总交易额高达40.78亿美元。② 整个市场正从“亿元时代”迈向“资本时代”，艺术品金融化正当其时。

二、艺术品金融化方式

艺术品个人买卖和艺术品拍卖是艺术品拥有者将艺术品资产转化为资金资产的最简单、最常见方式。如今借助各种金融工具和手段，艺术品与金融联姻，艺术品金融化如火如荼地发展起来。艺术品基金、艺术品信托、艺术品份额化交易等被越来越多的人熟悉和接受。

（一）艺术品基金

艺术品基金是基金的一种，是根据风险共担和收益共享的基本原则，

---

① 赵孝萱：《艺术市场资本化趋势十大市场现象解读》，《艺术市场》，2011（13），40—41页。

② 郑苒：《全球艺术品市场回暖：欧洲艺术基金会2013年度报告》，《中国文化报》，2014-3-27。

将投资者分散的资金集中起来，由基金托管人托管，由基金管理人运作，以艺术品投资组合的方式进行投资和独立核算，以获得投资收益的艺术品理财服务。[①] 投资者按照事前约定好的收益率与年份回收资金和利润，而基金管理者则从中收取一定比例的管理费用或者从投资收益中分成。艺术品基金具有独立托管、专业管理、组合投资、独立核算、风险共担和收益共享的特点。

艺术品基金并不神秘，它只是在传统基金业务中加入了艺术品的因素。艺术品基金盈利能力的高低取决于基金管理者对艺术品价值的研究程度和对市场发展趋势的判断，当然也离不开整个团队的市场操纵能力。

1. 西方艺术品基金概况

西方发达国家艺术品基金起源较早，业已形成一套相对成熟的运作机制。法国巴黎的熊皮基金（La Peau de l'ours）是最早的艺术品专业基金，被业界称为艺术品基金鼻祖。1904 年，法国金融家安德烈·吕维尔（Andre Level）找到 12 个投资人，每人出价 212 法郎购买了包括毕加索、塞尚、马蒂斯、梵高等在内的艺术家的画作。[②] 1914 年，法国艺术品市场上演价格飙升神话，他们购买的这些艺术品随之价格高涨，于是他们将这批画作送到法国拍卖公司德芙奥拍卖。最终，他们的这批艺术品拍卖总额达到购买价的近 5 倍。

在熊皮基金退出市场后，英国铁路养老基金会（Britain Rail Pension Fund）接过了艺术品基金的接力棒。1974 年，英国经济不景气，通货膨胀较为严重，铁路养老基金的股东们被迫寻找新的投资渠道，此时艺术品进入了他们的视野。该基金从每年可支配的总流动资金中，拨出 5%（约 1 亿美元）购买了包括中国瓷器、古代大师作品在内的 2425 件艺术品，以投资组合的方式进行艺术品投资。同时，该基金与苏富比拍卖公司合作，后者为基金会提供专业咨询，基金会的作品则只能通过苏富比拍卖。25 年后，铁路养老基金总计获利数亿美元，平均年收益率超过了 20%。英国铁路养老基金的成功带动了大批基金转型专攻艺术品投资，新的艺术品基金不断出现。

经过多年发展，西方的艺术品基金业务已经十分普遍，相关理论也趋

---

① 陆霄虹著：《艺术品市场分析与特征价格》，95 页，江苏，南京大学出版社，2012。

② 肖冲：《国外艺术基金的风雨之路》，《中国艺术报》，2011-9-14。

向成熟。根据发行方式的不同，艺术品基金可以分为私募基金和公募基金；按照运作方式的不同，艺术品基金又可分为封闭式基金[①]（Closed-end Fund）和开放式基金[②]（Opened-end Fund）。[③] 西方艺术品基金的运作模式主要有三种：艺术品组合投资模式、艺术家信托投资模式和艺术品对冲投资模式。

2. 我国艺术品基金概况

2005年以来，我国艺术品基金经历了不同的发展阶段。

一是平缓发展期（2005—2010年）。2005年5月，西安“蓝玛克”艺术品基金在中国国际画廊博览会上以50万美元的价格购买了当代画家刘小东的《十八罗汉》组画。这成为我国最早的艺术品基金案例。2007年6月，中国民生银行推出“非凡理财——艺术品投资计划1号”，用于投资中国近现代书画、中国当代艺术品和少量古代书画作品，认购起点为50万元。这被认为是国内第一支真正意义上的艺术品基金。此后，各类艺术品基金竞相发布，我国艺术品基金市场发展起来。

二是高速增长期（2011—2012年上半年）。2011年被称为“中国艺术品基金元年”，在这一年里艺术品基金的数量和规模都急速增长。《2011中国艺术品基金排行榜》数据显示：截至2011年11月18日，国内近30家艺术品基金公司已发行了超过70支艺术品基金，除去两支已到期解散的，基金初始规模总计57.7亿元。不过，我国艺术品基金的兴起背景一定程度上决定了投资者较为明显的投机色彩。一窝蜂式成立的艺术品基金奉行“短、平、快”的运作模式，艺术品成为资本快速获利的工具。

三是迅速缩水期（2012年下半年至今）。2012年下半年，艺术品市场挤出泡沫，国内艺术品市场遇冷，拍卖市场下滑走势明显，市场一片低迷。另外，2011年国务院《关于清理整顿各类交易场所切实防范金融风险

① 基金的发起人在设立基金时，限定了基金单位的发行总额；筹足总额后，基金即宣告成立，并进行封闭，在一定时期内不再接受新的投资。基金单位的流通采取在证券交易所上市的办法，投资者日后买卖基金单位，都必须通过证券经纪商在二级市场上进行竞价交易。

② 基金发起人在设立基金时，基金单位或者股份总规模不固定，可视投资者的需求随时向投资者出售基金单位或者股份，并可以应投资者的要求赎回发行在外的基金单位或者股份。投资者既可以通过基金销售机构买入基金使得基金资产和规模相应增加，也可以将所持有的基金份额卖给基金并收回现金使得基金资产和规模相应减少。

③ 陆霄虹著：《艺术品市场分析与特征价格》，98页，江苏，南京大学出版社，2012。

的决定》要求对不符合条件的文化产权交易所进行清理与调控，这从侧面挤压了原本就少的艺术品基金退出渠道，打击了艺术品基金的热情。此后，不论是基金参与机构，还是发行产品的数量及规模，相较之前都明显呈现萎靡之势。

目前国内艺术品基金的退出渠道主要分为两种：第一种渠道较为常见，即通过艺术品拍卖实现资金兑付以完成退市；第二种渠道被称为“刚性兑付”，即基金产品到期之后，不管基金公司有无足够资金，都必须想办法实现对投资者的本金和收益分配。由于2011年发行的艺术品基金的平均运作周期为2.18年，2013年由此成为“艺术品基金退出年”：2013年，中国有29款艺术品基金面临到期兑付，金额达26.4亿元；艺术品基金发行机构普遍面临退出困境，我国艺术品基金业务遭遇全面考验。

2014年7月，中国证监会就《私募投资基金监督管理暂行办法（征求意见稿)》向社会公开征求意见，明确提出投资人应具备相应的风险识别能力和风险承担能力，并将长期以来处于监管之外的艺术品投资纳入私募基金的调整范围。部分从业人士分析认为，这是官方鼓励发展艺术品私募基金的信号。接下来我国艺术品基金将向何种方向发展，值得关注和期待。

（二）艺术品信托

随着我国艺术品市场的火热发展，艺术品信托作为艺术品资产转化为金融资产的一种有效机制获得了空前的发展。

1. 艺术品信托的定义及特点

艺术品信托是信托的一种，遵循信托一般规则，以艺术品为投资对象。我国艺术品信托的投资标的以中国近代书画与当代艺术为主，标的物主要来自拍卖会、画廊和收藏家等。

艺术品信托将艺术品投资与信托业务的运作模式有机地结合起来，发挥了资金融通、投资开发和中介服务功能，降低了艺术品投资的资金门槛和技术门槛，有效解决了艺术品投资单笔投资规模较大、投资及鉴赏经验要求较高等问题，使得更多的投资者可以参与艺术品投资领域，推动了艺术品市场的繁荣。此外，借助艺术品信托，人们可以凭借持有的艺术品资产方便快速地获得其需要的流动资金，以促进资金融通。

与一般信托产品相比，艺术品信托具有以下特点：

一是信托标的物价值难以确定。艺术品的价值体现在有形和无形两个方面，无形价值难以精确评估，往往需要借助鉴定和评估机构给出一个可衡量价格。

二是艺术品信托的期限较长，投资回报率高。国外艺术品基金期限多在3—5年，部分周期可达8—10年，投资周期以中长期为主。

三是艺术品信托涉及的辅助机构较多。艺术品鉴定与评估机构、艺术品投资管理公司、展览与租赁服务机构、产权交易所、拍卖机构、会计师事务所、律师事务所、权益登记机构等中介组织均需参与其中，缺少任何一个环节都会加大投资风险。

2. 我国艺术品信托发展现状

2011年，中国藏品热和全球当代艺术品市场的跃进使中国获得“全球最大艺术品市场”的头衔，再加上中国政府关于艺术品交易政策的改变，使得中国艺术品市场日渐成熟，拍卖市场日趋活跃，艺术品的流转更加透明。在此背景下，我国艺术品信托进入飞速发展阶段。2011年，我国艺术品信托机构的数量和信托产品的数量都出现了极为迅猛的增长，详见图表6-5、6-6①。

图表6-5：2010—2011年我国艺术品信托发行情况

艺术品信托项目	2010年	2011年	增幅
参与发行的机构数量	2	18	800%
发行数量	10	45	350%
发行规模（万元）	75750	550075.5	626.17%
平均期限（年）	2.5	2.18	—12.8%
平均收益率	9.75%	9.86%	1.13%

图表6-6：2011年我国参与艺术品信托发行机构情况

信托公司	中融	北京	长安	上海	国投	中诚	华澳	中航	中信
发行数量	11	3	3	2	4	3	2	2	6

通过以上分析，我们不难发现我国艺术品信托的发展具有以下特征：

① 资料来源：《2011年艺术品信托市场发展报告》，用益信托工作室，http://trust.hexun.com/2012-02-17/138374352.html，2012-2-17。

一是爆发式增长。2011 年我国艺术品信托发行数量由 2010 年的 10 个涨到 45 个，增幅达到 350%；全年发行规模达 55 亿元，比 2010 年暴增 626.17%。2011 年因此成为我国艺术品信托爆发式增长的一年。

二是投资周期短。我国艺术品信托投资周期相对较短，集中在三年以下。有数据显示，2011 年上半年我国发行的艺术品信托平均期限为 2.37 年，全年平均期限为 2.18 年；而 2012 年上半年我国发行的艺术品信托产品平均期限为 1.97 年，其中 1.25 年期的有 8 款，1.5 年期 1 款，2 年期 6 款，5 年期 2 款，3 年期以上的产品占比为 11.76%。① 从国外艺术品信托公司的经验来看，5 年是比较合适的期限。“短、平、快”的运作模式从一个方面反映了我国艺术品信托市场的投机性。

三是发行机构集中。中融信托、中信信托占据市场大半壁江山。信托行业需要大量资金、管理经验和运作技术，规模较大的信托公司在这些方面更有优势，能够吸引更多客户。

四是种类多样。目前我国市场上流通的艺术品信托按照产品结构划分，大致可以划分为三类：融资类信托、投资类信托和管理类信托。融资类信托是指经过专业机构出具鉴定、估值意见后，艺术品持有人将其艺术品质押给信托公司以获得信托资金；信托公司将艺术品保存在专业保管机构中；在艺术品持有人偿还信托资金本息后，信托公司会将质押的艺术品交还给艺术品持有人。投资类信托则是指信托公司发行信托计划募集资金，同时聘请专门的艺术品专家或者专业的投资公司提供顾问服务指导投资，通过多种艺术品类组合的投资实现收益。管理类信托又被称为“艺术家共同信托”，艺术家以若干件艺术作品投资加入信托，受托人不支付现金收购作品，而艺术家仍保留作品的所有权，只是把经营管理权委托给受托人，以换取投资和回报权益。② 对 2011 年发行的艺术品信托产品进行分析发现，其中有 7 款融资类产品、36 款投资类产品、1 款管理型产品，以及 1 款管理与投资相结合的产品，如图表 6-7 所示。③

---

① 李斌：《艺术品信托危机潜伏：泡沫掩盖下的风险》，《艺术品鉴》，转引自雅昌艺术网，http://jx.artron.net/20140321/n581893.html，2014-3-21。

② 《艺术品信托是什么？艺术品信托市场分析》，第一信托网，http://www.dyxtw.com/news/20140709135670.html，2014-7-9。

③ 《2011 年艺术品信托市场发展报告》，用益信托工作室，http://trust.hexun.com/2012-02-17/138374352.html，2012-2-17。

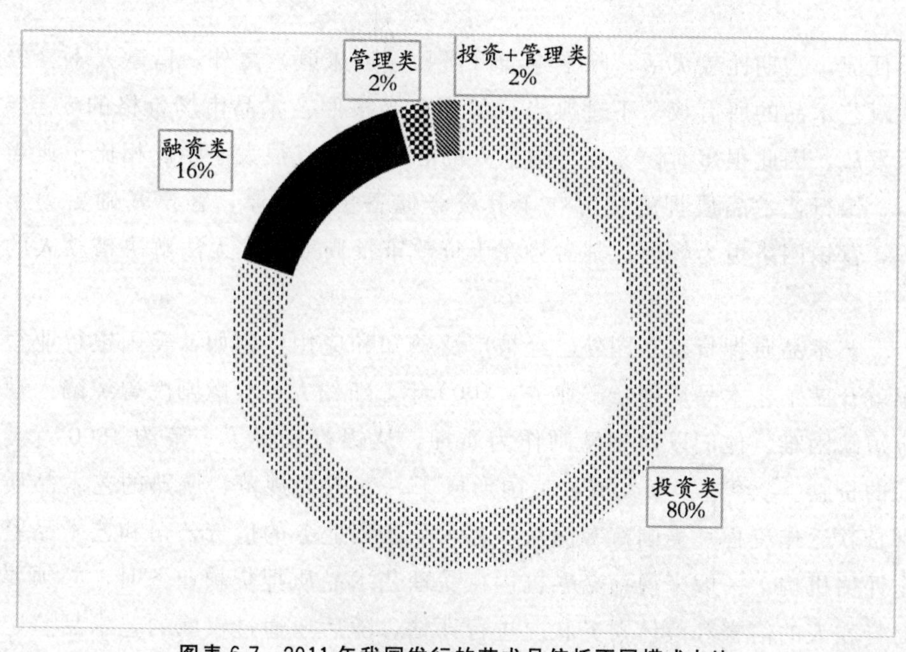

图表 6-7：2011 年我国发行的艺术品信托不同模式占比

五是我国艺术品信托的退出渠道相对单一，80％以上的标的物都是通过拍卖行获取收益，只有不到 20％的标的物是通过私人购藏等其他方式退出。可以说，拍卖市场的情况决定了艺术品信托能否顺利退出。

从 2011 年的飞速发展到 2013 年的迅速缩水，艺术品信托在国内的发展可谓一波三折。根据公开资料，2014 年前 2 个月公开发行的艺术品信托产品仅有 1 款。① 要推动艺术品信托走出泥潭，需要法律法规、市场准入制度、信息披露制度、艺术品鉴定与价值评估制度等方面的不断完善。

（三）艺术品质押贷款

1. 艺术品质押贷款概况

艺术品质押贷款，是资金需求方（借款人）以艺术品作为质押物，向金融机构提供质押担保，以获得融通资金的一种方式。② 这里的金融机构一般为典当行和商业银行。艺术品质押贷款业务的借款人主要是拥有艺术品的企业、经营性自然人及个人，特别是专业从事艺术品收藏的企业和个人；他们在生产经营资金不足或者是继续投资艺术品收藏但不愿出售现有藏品获取资金的情况下，以提供的艺术品作为抵押，直接向银行或典当行等金融机构申请贷款融资。③ 一般来说，艺术品典当最大的特点是手续简

① 陆斯嘉：《艺术品信托规模锐减，私募基金或成趋势》，《东方早报》，2014-3-10。
② 西沐：《中国艺术品质押融资的现状与模式》，《中国美术》，2014（01），140—143 页。
③ 《变现快，为企业发展注入新鲜血液》，《美术报》，2013-8-3。

单便捷，当期比较灵活；除了绝当（当品过期未赎）之外，借款人不会失去对艺术品的所有权。不过典当行的当金会按照艺术品市场价格的5至6折发放，因此很多时候当金与借款人的心理预期有很大差距。相比于典当行，银行艺术品质押的优势在于其资金储备更为雄厚，客户基础更为牢固，营销网络更为畅通；其劣势在于贷款审批周期长，无法解决借款人的燃眉之急。

艺术品质押贷款在国外已经被广泛熟知和应用。例如，美国银行业很早就开展了艺术品质押贷款业务。2009年，纽约大都会歌剧院曾经陷入现金短缺困难，他们以两幅壁画作为质押，从银行获得了一笔约4500万美元的贷款。① 经过多年发展，美国形成了一套较为规范、成熟的艺术品质押贷款运作流程。美国有专门从事艺术品融资业务的借贷公司和艺术品鉴定评估机构。一般来说，金融机构在受理艺术品质押贷款业务时，必须要对贷款人的信誉和整体财务状况进行评估，随后要通过权威的艺术品鉴定评估机构对抵押标的物进行真假鉴定和价格评估。最终，双方会按照评估价格的30%—50%进行交易。② 同时，为了避免纠纷等状况，金融机构除了要求申请人提供来自受认可的评估师或拍卖行的评估报告外，还会要求贷款者对抵押标的物进行保险，并将金融机构列为保单的受益人；贷款人需提供美国统一商法融资声明书，维护抵押标的物的合法交易，切实保证对抵押标的物的融资不会产生利益冲突和交易风险。③

2. 我国艺术品质押贷款概况

与其他艺术品金融化方式相比，借款人采用艺术品质押贷款的方式，能够在较短时间内获得资金。这对于急需资金的企业或个人来说十分有利。市场的类似需求催生了我国艺术品质押贷款业务的发展。图表6-8列举了2009—2014年我国开展的艺术品质押贷款业务。

图表6-8：2009—2014年我国艺术品质押贷款实践案例

时　间	事　　件
2009年10月	潍坊银行与山东潍坊中仁文化集团联手推出艺术品质押融资业务，当月即发放以李苦禅、于希宁等国画大师作品质押的262万元贷款

① 《大都会歌剧院将夏加尔壁画用作抵债品偿还贷款》，《歌剧》，2009（04），64页。

② 安仁：《艺术与金融的握手——看银行拓展艺术品抵押融资业务》，《金融时报》，2014-3-28。

③ 杨志刚等：《艺术品抵押贷款的“中国式”发展路径》，《银行家》，2013（06），103—105页。

续表

时　间	事　　件
2010 年 5 月	深圳同源南岭文化创意园有限公司以其收藏的中国苏绣艺术大师任贤慧的一批艺术珍品作为担保，获得中国建设银行深圳分行 2900 万元贷款
2010 年 7 月	由中国民生银行、福建运通担保公司、福建省民间艺术馆三家机构共同开发的“寿山石质押贷款”业务在福建省民间艺术馆签约启动。存款 1000 万元以上客户才能做艺术品抵押贷款业务，抵押率最多 50%，贷款利率年息 12%
2011 年 11 月	中国农业银行景德镇分行发放陶瓷艺术品质押贷款。借款人以自己收藏的陶瓷艺术品为质押，获得 300 万元贷款
2013 年 4 月	上海文化艺术品研究院与上海东方典当行于 2013 年 4 月完成了首笔艺术品典当业务。除了首笔业务的两幅总价值 800 万元的近现代书画作品之外，一只价值 500 万元的青花罐也完成了典当业务
2014 年 7 月	湖南千年时间当代艺术中心、湖南逸典拍卖公司、湖南银鼎投资担保公司、长沙银行联合推出抵押贷款产品“逸品贷”，国家级美术师刘云的艺术作品成为首批进入《逸品贷艺术目录》的艺术品。进入《逸品贷艺术目录》的作品可作为逸品贷反担保物，向担保公司申请银行担保贷款

资料来源：《艺术品质押贷款黑幕重重，业内人士：多为赝品》，《广州日报》，转引自中国新闻网，http://www.chinanews.com/cul/2012/02-05/3645287.shtml，2012-2-5。

尽管出现了一些艺术品质押贷款的成功案例，但我国从事该业务的典当行、银行数量还是少之又少。有数据显示，至 2014 年“全国近 4000 家典当行中，从事艺术品典当业务的只占千分之五，即 20 家左右，且这一比例还在持续缩小”。[①] 商业银行对该项业务更是十分谨慎，不愿意大规模开展。造成该现状的原因大致可分为以下四个方面。

一是缺乏完善的法律法规。当前我国尚未出台专门针对艺术品质押融资业务的法律法规，哪些艺术品不可以被质押、艺术品质押业务有哪些具体流程和规范、借款人资产被冻结后出质的艺术品如何处置……解答这一系列的问题皆缺乏明确的条文作为依据。

二是缺乏完善的艺术品鉴定与评估体系。艺术品真伪鉴定、价值评估问题的解决需要银行和典当行自身具备较高的专业性，或者依赖权威性的鉴定、评估第三方机构。但目前国内还没有一个统一的、权威的艺术品鉴定与评估标准，也缺乏受市场认可的中介机构。这就导致银行和典当行在开展艺术品质押贷款业务时难以把控风险。

① 李思：《艺术品质押融资谁敢接?》，《上海金融报》，转引自和讯网，http://news.hexun.com/2014-08-05/167274619.html，2014-8-5。

三是艺术品变现困难，流动性不足。我国艺术品变现主要通过拍卖来实现。然而由于艺术品价格波动大，银行难以预期拍卖价格。这就导致当借款人出现还款危机时，典当行和银行难以及时通过艺术品变现方式回收成本。

四是艺术品保存困难。艺术品种类复杂，许多艺术品因年代久远或因材质脆弱，在保存上对温度、湿度、亮度等方方面面都要求十分严格。很少有银行兼有专业的艺术品保管场所。

（四）艺术品份额化交易

在众多艺术品金融化方式中，艺术品份额化交易最具中国特色。在经历了风光无限的阶段之后，它正面临着艰难的调控转型期。自2010年以来，艺术品份额化模式引起了社会各界的极大关注与争议。

1. 艺术品份额化交易模式

2011年，中宣部、文化部等五部委联合下发《关于贯彻落实国务院决定加强文化产权交易和艺术品交易管理的意见》，指出：文化产权交易是指文化产权所有者将其拥有的资产所有权、经营权、收益权及相关权利全部或者部分有偿转让的一种经济活动。

艺术品份额化交易是艺术品产权交易的一种崭新模式，概括来说即先对艺术品进行估价，再将其价值拆成若干份，投资者购买一定份额即可参与艺术品的交易。[①] 举例来说，若一件艺术品估价为100万元，将其价值分为100万份，每份价格为1元，投资者以100份或者100份的整数倍进行购买，这样，投资者就持有了艺术品份额，可以通过二级市场进行买卖。投资人可以参与艺术品上市前的发行申购，持有艺术品的原始份额。假设不计佣金，如果投资人以市场价格1元/份购买300份，当投资人以市场价格2元/份卖出全部份额时，投资人可获利300元；当投资人以市场价格0.5元/份卖出全部份额时，投资人即亏损150元。

艺术品份额化交易把动辄千万元的艺术品带入寻常百姓家。通过权益拆分，普通百姓投资者也能买得起艺术品，也能进行艺术品投资，因此有人惊呼：艺术品全民投资时代到来！

2. 文化产权交易所

艺术品份额化交易模式的实现依托于文化产权交易平台。在我国，文化产权交易平台包括文化产权交易所和文化艺术品交易所，“文交所”是

① 贺勇：《艺术品交易，寻找新模式》，《人民日报》，2013-12-25。

上述两个机构的统称。[①]《关于贯彻落实国务院决定加强文化产权交易和艺术品交易管理的意见》指出："文交所是为文化产权转让提供条件和综合配套服务的专业化市场平台，业务活动主要有政策咨询、信息发布、组织交易、产权鉴证、资金结算交割等，是文化领域多层次市场的重要组成部分。"可在文交所发行上市的艺术品包括书法、绘画雕塑、工艺美术品、玉器珠宝、金属器、陶瓷、古代家具、综合艺术品及其他艺术品。[②]

2007年"文交所"概念出现后，上海、北京、深圳三地先后建立文化产权交易所，随后山东、四川、安徽、湖北、沈阳等多个省市掀起了建设文交所的热潮，我国出现"忽如一夜春风来，全国尽是文交所"的局面。不过，各地文交所对"艺术品份额化交易"有着不同的称呼：上海文交所将其称为"产权交易"，深圳文交所称其为"权益拆分"，天津、成都、郑州文交所则将其称为"份额化"。虽然具体称谓不同，但其实质都是将标的艺术品价值等额拆分成若干份额，投资人通过持有或转让份额合约，获得艺术品价格波动所带来的收益并承担相应投资风险的投资模式。

各地文交所在操作艺术品份额化交易业务时遵循一定的流程：艺术家作品的发行代理商将一件或多件艺术品组合成一个资产包，向文交所提出产权交易申请；随后，第三方评估机构对资产包作品进行真伪鉴定和价格评估；文交所上市委员会对资产包进行审核，保险公司承保作品，发行代理商对拟上市交易艺术品进行路演[③]，最终发行代理商在文交所平台上公开发售产品。[④] 在上述流程中，艺术品资产包的鉴定、评估环节尤为重要。由于投资者大多缺乏艺术鉴赏能力，无法通过实物判断艺术品的真伪及价值，因此专业、中立、权威的第三方鉴定、评估机构显得尤为重要。资产包内艺术品的真假鉴定和价值评估为接下来的权益拆分奠定基础，能切实降低投资者风险，保护投资者资金安全。

文交所的艺术品份额化交易模式对于繁荣艺术品市场功不可没。中国艺术品市场研究院副院长西沐认为，文交所在我国担当起了"艺术品价值

---

① 《中国首开文化艺术品份额交易》，新华网，http://news.xinhuanet.com/politics/2011-01/26/c_121028456.htm，2011-1-26。

② 《天津文化艺术品交易所暂行规则》，2011-6。

③ 路演是国际上广泛采用的证券发行推广方式，指证券发行商发行证券前针对机构投资者的推介活动，能促进投资者与股票发行人之间的沟通和交流，以保证股票的顺利发行。

④ 马学东，于晓，毕珂：《艺术品产权交易——新的旁氏骗局》，《艺术界》，2011(05)，158—163页。

发现、挖掘与建构平台”“艺术产权发布与交易平台”“艺术品市场投资、融资平台”“艺术品市场主体孵化平台”“艺术产权登记托管平台”和“艺术品资本孵化、服务与资本文化培育平台”。不过从本质上来讲，份额化交易拆分出来的是虚拟产权，而不是艺术品的实物产权，因此投资者无法实际拥有艺术品实物，而且艺术品短时期内无法内生出新的价值；然而购买艺术品份额的投资者获取收益必须依赖艺术品价格的波动。很明显，艺术品份额化交易在模式设计上便存在着一种矛盾，这种矛盾容易导致人为的艺术品价格炒作，权益拆分一不小心就会变成击鼓传花的投机游戏。毕竟唯有投资者前赴后继地向上撮合竞价才能带来投资收入流，才有可能让前期艺术品份额产权拥有者获得溢价，这样艺术品份额化交易才能持续下去。[①]

交易模式设计上的矛盾使得国内文交所乱象频生：天津文交所发行的份额化产品震荡不断，状况频出；深圳文交所出现了因艺术品权益份额交易存在问题停牌 180 天的情况；郑州文交所则因其公布的《王铎诗稿》《全辽图》涉嫌违法从事文物经营活动，被国家文物局要求河南省文物局予以调查；汉唐文交所则不得不面对由投资者组成的艺民维权联盟，解决诸多质疑。[②] 此外，标的艺术品实际价值如何估算、标的艺术品真伪如何鉴定、法律是否允许艺术品份额交易、如何对文交所及其交易进行监管等问题引发社会各界的争论和质疑。2011 年国家相关部门连续发文对文交所进行规范和整顿，一时间各地文交所或关门整顿，或调整交易模式，纷纷扰扰的艺术品份额化交易模式冷寂下来。以上海文交所为代表的一批文交所开始探索转型之路。

经过两年的探索，2014 年，文交所与互联网的联系日益密切。中国工艺艺术品交易所、南京文化艺术产权交易所、泰山文化艺术品交易所、中国炎黄文化艺术品产权交易所等摸索出“文交所＋电商”的新模式。在这种模式中，文交所充当交易平台，为艺术品电商提供信用服务，弥补网络交易信用缺失等问题。这一模式正在接受市场考验。

（五）艺术品金融化的其他方式

艺术品投资基金、艺术品信托及艺术品份额化交易是我国艺术品金融化的三种主要形式。除此之外，市场投资需求还催生出其他多种艺术品与

---

① 马学东，于晓，毕珂：《艺术品产权交易——新的旁氏骗局》，《艺术界》，2011(05)，158—163 页。

② 《文交所：失控前遭急刹车》，新华网，http://news.xinhuanet.com/shuhua/2012-02/21/c_122731479.htm，2012-2-21。

金融的结合方式。不过这些方式大多数量较少，规模较小，在国内尚未全面铺开运作。

1. 艺术品按揭

按揭一词一般用在房地产行业里，指的是购房者先预付部分房款，将所购房屋抵押给银行获得贷款，此后定期向银行还款的方式。

2009 年起艺术品按揭业务在我国出现。是年 6 月，中菲金融担保公司推出当代书画金融按揭服务：该公司对价值在 10 万元以上的书画艺术拍品提供按揭，预付 50%，还贷期限为一年，按中国人民银行当日利率计算。按揭所购拍品，在还清贷款余额之前由拍卖公司保管；当买家在抵押期间遇到二次交易时，拍卖公司将无偿提供拍卖记录、照片等资料，协助买家完成二次交易。[①] 买家可以自主决定是否需要对所购拍品进行担保和按揭。需要按揭的买家，所需提供的担保费是贷款额的 2.5%。[②]

同年，福建省民间艺术馆联合中国工商银行福州分行在福州正式推出“艺术品免息分期付款”业务。在该分期付款业务中，投资者若在福建省民间艺术馆内按揭购买艺术品，须先向中国工商银行申请一张牡丹贷记卡，用分期付款的形式来实现按揭。10 万元及以下的艺术品，分期最少 3 个月，最长可达 24 个月。艺术品按揭需要考察买家的信用和资产，以保证买家能在规定时间内还清余下款项。[③]

2014 年，北京银行南京分行和江苏凤凰出版传媒集团联合推出了艺术品融资产品“艺拍得”。拍卖会上，竞拍者成功拍下艺术品后，如果手头资金比较紧张或一时周转不开，可以通过“艺拍得”进行按揭付款；拍卖行和银行方面会对买家进行信用评估，并根据拍品预估价和最终成交价确定首付款比例，一般首付比例在 60%左右，余下的部分按揭。[④] 根据拍品的不同，最高融资额度可达 1000 万元，贷款期限为 3 个月至 3 年不等，贷款利率按银行同期贷款基准利率上浮 20%；按揭付款期间，买家不需要向银行提供相关担保，但其购买的艺术品会由凤凰出版传媒集团质押保管，买家要等贷款还清后才能入手。[⑤]

---

① 孔祥祥：《从现在开始全民都能投资名画?》，《中国商报》，2009-7-16。

② 《艺术品金融化的 N 种方式》，新浪网，http://collection.sina.com.cn/ystz/20111009/074940888.shtml，2011-10-9。

③ 杨帆：《中国艺术品市场金融化标志性事件》，《北京商报》，2009-8-17。

④ 《艺术品分期付款，是添活力还是添泡沫?》，《人民日报（海外版）》，2014-7-4。

⑤ 《艺拍得：艺术品也能分期付款》，百川网，http://www.buychuan.com/news/content-11240.aspx，2014-7-17。

2. 艺术品期权

期权又称选择权，是授予买方在未来一段时间内或在未来某一特定日期以事先规定好的价格向卖方购买或出售一定数量的特定标的物的权利的合约。艺术品期权交易把期权概念引入艺术品市场，成为艺术品与金融联姻的一种方式。

2009年招商银行私人银行推出了“艺术鉴赏计划”：客户与银行签订协议，在未来一段时间内，如其选定的艺术品升值，则客户仍可以按之前约定的价格购买该作品。客户只要交一部分保证金就可以在免费鉴赏期内把画作拿回家，一年以后再决定是否购买。①

3. “首付＋保函”模式

2012年5月份，全美联艺术中心在北京推出了“首付＋保函”的业务模式。其具体做法是，投资者若想获得指定艺术家的作品，则可在全美联艺术中心确认后与投资者签署艺术品订购协议，投资者仅需支付10％首付款和3％的手续费即可拿到作品。投资者拿到作品以后有几个选择：一是委托公司进行代售，无需支付剩余90％的款项，公司按升值部分收取10％佣金；二是选择持有，支付完剩余90％价款后，公司出具防伪证书，并承诺三年后回购；三是退订，退回首付款。②

尽管我国众多的艺术品金融化模式皆不成熟，但必须肯定的是，艺术品金融化的发展必将改变我国艺术品市场原有的生态环境，打破传统的资本格局。艺术品市场正面临着新的发展机遇。

三、艺术品金融化实质及影响

（一）艺术品金融化实质

首先，艺术品本身具有稀缺性、不可再生性、流动性等特征，因而具备较强的投资潜力。为了实现资本增值，任何具有成为金融投资衍生产品可能性的产品或领域都有机会成为资本在传统投资领域之外寻求的新对象。在股市、房市等传统投资领域保值、增值空间受到挤压的情况下，艺术品自身的投资潜力吊足了资本的胃口，艺术品吸引资本入场，新资本的参与又加速了艺术品市场的价格暴涨，并促进市场规模扩大。当资本开始

---

① 庄若蓁：《让你的家里多份艺术气息——招商银行私人银行艺术鉴赏计划》，《艺术与投资》，2009（09），34—35页。

② 冯云国：《艺术品金融化反思，期权模式难走远》，《东方早报》，2012-6-4。

分享艺术品市场高速发展所带来的成果之时，艺术品金融化趋势应运而生。

其次，艺术品金融化仅仅是金融对象的创新。现有条件下，艺术金融产品大多是用现成的金融工具，直接服务于艺术品经营活动，只是标的物发生了改变。如艺术品质押贷款、艺术品基金、艺术品信托等都是直接借用了金融概念和金融工具。因此，本质上讲，艺术品金融化仅为投资者提供一种投资方式，是现有金融手段在艺术品上的运用，属于金融对象创新的范畴。

再次，除了投资性，艺术性（或者说文化性）是艺术品的固有属性，艺术品金融化所创造的价值增值是建立在艺术品的艺术性之上的。因此艺术品金融化只有在促进艺术价值的基础上才能获得可持续发展。艺术品金融化实践应该以艺术价值作为艺术品市场的核心价值，将金融工具作为实现艺术价值的手段，以艺术价值与经济价值的相互促进作为艺术品金融化模式的评价标准，从根本上推动艺术品市场的发展。① 基于此，艺术品金融化需要尊重艺术品和艺术品市场规律，摒弃急功近利的操作思路和圈钱思维，把金融理念融入完整的艺术品产业链，实现艺术品市场长期、稳定、健康发展。

（二）艺术品金融化影响

由于艺术品金融化是艺术品市场与金融行业的有机结合，因此艺术品金融化对艺术品市场和金融市场均产生了一定影响。

1. 艺术品金融化对艺术品市场的影响

艺术品金融化对艺术品市场具有正、反两方面的影响。从正面来看，首先，它降低了艺术品市场的投资门槛。艺术品份额化交易等模式的出现使得一般老百姓也有机会参与艺术品购买，艺术品投资朝向产业化、规模化、大众化和社会化方向发展。其次，它解决了艺术品的资金融通瓶颈问题。艺术品质押贷款等模式加快了艺术品的流通速度，使融资者能够较快获得资金。再次，它丰富了艺术品市场的交易模式，客观上推动了艺术品产业链建设。各种艺术品金融化模式的出现推动了艺术品鉴定评估、艺术品运输仓储、艺术品保险等行业的发展。

从负面来看，首先，艺术品金融化制造了艺术品市场泡沫。为了快速

① 金银：《从艺术市场结构看艺术品金融化的发展问题》，《特区经济》，2012（06），302—304页。

获得投资收益，投资者盲目跟风炒作，“短、平、快”的投机行为泛滥，艺术品价格背离价值的现象时有发生，市场风险凸显。其次，艺术品金融化使得市场忽视了艺术品的文化价值。许多艺术品作为资产出现，资产属性和金融属性覆盖了其文化属性，这不利于艺术品市场的可持续发展。

2. 艺术品金融化对金融市场的影响

艺术品金融化对金融市场同样具有正、反两方面的影响。从正面来看，艺术品金融化丰富了金融理论，拓展了金融业的业务范围，促进了金融产业的繁荣。但从负面来看，艺术品金融化造成了金融业的过度膨胀。受艺术品高额利润诱导，金融行业无序经营、无序竞争现象频频发生。

艺术品金融化是一把双刃剑，既有积极意义，又有消极影响。实际上，艺术品金融化是艺术品市场发展中的新生事物，它本身是中性的，关键在于市场主体如何去引导。现阶段，艺术品金融化深刻影响着艺术品市场与金融市场环境，改变着艺术品市场生态。要消除艺术品金融化的消极影响，就必须防止艺术品的金融属性覆盖其文化属性。相关部门应采取措施正确引导艺术品金融化方向，使其为社会主义市场经济的发展做出应有的贡献。

第三节 中国艺术品金融化实践

我国艺术品金融化案例丰富了艺术品金融化理论，活跃了艺术品市场和金融市场。认真梳理这些案例样本，总结经验，吸取教训，是推动我国艺术品金融化继续发展的必由之路。

一、天津文交所和艺术品份额化交易

天津文交所及其推行的艺术品份额化交易是我国艺术品金融化发展过程中浓墨重彩的一笔。天津文交所的经验、教训为我们提供了借鉴，也带来了一定的思考。

（一）概况及发展历程

天津文交所全称为天津文化艺术品交易所，2009 年 9 月注册，注册资本金为 1.35 亿元。[①] 作为我国艺术品金融化的一项创新，天津文交所曾被评为“天津 2009 年金融创新改革 20 项重点工程”之一。

---

① 许悦：《疯狂的艺术品，神秘的交易所》，《羊城晚报》，2011-3-25。

文交所成立的最初目标是建立一个新型的艺术品交易平台，通过互联网的交易模式，改进传统交易模式受地域限制的局限性，增加文化艺术品交流的广泛性和便捷性；降低艺术品交易门槛，使更多人能够参与到艺术品市场中来。为达成这一目标，天津文交所与招商银行合作，设立了一系列的操作流程，如图表 6-9 所示。

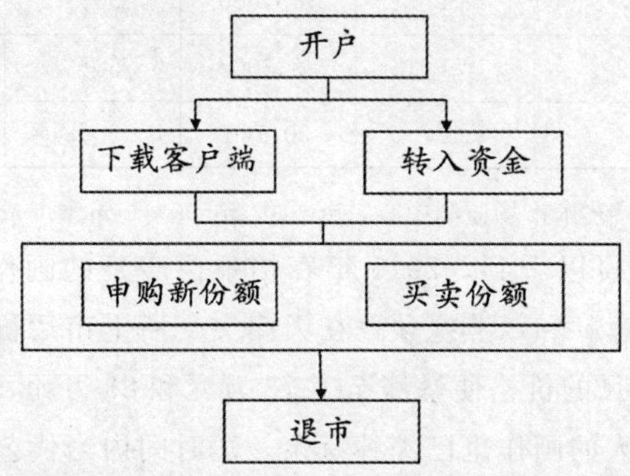

图表 6-9：天津文交所艺术品份额化交易操作流程

资料来源：天津文交所官方网站，http://www.tjcae.com/czlc.htm。

同时，天津文交所制定了如下交易规则：5 万元即可进场、涨停板设定为 15%、T+0（当天买入的份额当天可以卖出）交易模式、以要约收购的方式作为退出渠道。投资的低门槛和交易规则的灵活性引发了大众投资者的投资热情。2011 年 1 月，天津文交所推出画家白庚延的两幅作品：《黄河咆哮》和《燕塞秋》，初始价格分别为 600 万元和 500 万元，两幅画作价值均拆分为每份额 1 元的价格由投资者认购。经过 19 个交易日，两幅作品价格的涨幅达到惊人的 621%和 570%。3 月 16 日，《黄河咆哮》和《燕塞秋》市值分别高达 1.0296 亿元和 8535 万元，过高的涨幅迫使天津文交所多次发布公告宣布临时停牌。

两幅天价画作的作者白庚延先生生于山东德州，1962 年毕业于天津美术学院后留校任教。白庚延师从王颂馀先生，擅长山水画创作，历任天津中国书画研究会会长、天津美术学院副教授等职务。在被天津文交所推出之前，白庚延作品的市场价格稳定在几千元至几十万元之间。

图表 6-10：白庚延画作历年成交数据

季　度	拍卖数量	成交数量	成交额（元）	成交率	均价（元/平方尺）
2005 秋季	1	1	6,600	100%	1,564
2006 春季	6	2	134,200	33%	16,130

续表

季　度	拍卖数量	成交数量	成交额(元)	成交率	均价(元/平方尺)
2006 秋季	5	2	303,600	40%	13,997
2007 春季	5	3	166,800	60%	6,803
2007 秋季	3	1	145,600	33%	13,749
2009 秋季	2	1	5,600	50%	437
2010 春季	4	2	20,160	50%	196

资料来源：雅昌艺术市场监测中心，http://amma.artron.net/artronindex_pic.php。

从图表 6-10 可以看到，2010 年春拍中白庚延的画作每平方尺才 196 元，而《黄河咆哮》和《燕塞秋》在天津文交所上市后价格突飞猛进，到 3 月 12 日每平方尺的价格便暴涨至了 73 万元和 83 万元，如此价位购买齐白石、张大千等人的画作也已绰绰有余。短时间内当代艺术品的价格出现如此大幅度的波动令人震惊，而且这显然是不合常理的。可以说，在艺术品份额化运作中，白庚延的作品充当了金融符号的功能，市值已无法真实反映其本身价值。

天津文交所的疯狂引燃了全国各地兴建文交所的热潮，围绕艺术品份额交易模式的各种类型的金融规则层出不穷。面对各地的文交所乱象，国家相关限令陆续出台。

2011 年 11 月 24 日，《国务院关于清理整顿各类交易场所切实防范金融风险的决定》提出了 5 个“不得”：“不得将任何权益拆分为均等份额公开发行；不得采取集中竞价、做市商等集中交易方式进行交易；不得将权益按照标准化交易单位持续挂牌交易；任何投资者买入后卖出或卖出后买入同一交易品种的时间间隔不得少于 5 个交易日；除法律、行政法规另有规定外，权益持有人累计不得超过 200 人。”

2011 年 12 月 21 日，《文化部关于加强艺术品市场管理工作的通知》提出推进艺术品市场立法进程，并尝试对艺术品经营单位的经营权限和所应承担的责任做出明确规定。12 月 30 日，中宣部等五部委联合下发《关于贯彻落实国务院决定加强文化产权交易和艺术品交易管理的意见》，再次明确“四不得”要求。该规定进一步将艺术品份额化交易严格排除在合法经营范围之外。

上述政策的出台给各地文交所带来极大震动，天津文交所首当其冲面临叫停整顿风暴。此后，深圳文交所、郑州文交所等纷纷改变经营模式，谋划转型。

（二）份额化交易的得与失

艺术品份额化交易模式是天津文交所饱受诟病的主要原因。艺术品份额化是具有中国特色的艺术品金融化尝试，主要有两个特征：一是以《中华人民共和国物权法》关于不动产或者动产可以“按份共有”的规定，作为艺术品份额化的法律依据；二是交易模式基本比照股票市场，采取二级市场集合竞价和连续交易模式。① 由于艺术品短时间内价值不会出现大的起伏，难以产生现金流，因此艺术品份额化交易的投资回报更多寄希望于交易价格持续攀升。低买高卖、获取价差成了投资者获利的主要模式，价格起伏越大、交易越频繁，越便于短期获利；在这种机制下，投资者的非理性行为可能将份额价格推高数倍，导致价格失真，狂热之后出现暴跌，在市场中产生连锁反应，最终使投资者损失惨重。②

天津文交所及其推行的艺术品份额化交易带给我们许多思考，有观点认为艺术品份额化在设计机制上即存在问题和风险，具体表现在五个方面。

一是艺术品份额的公开发售机制隐藏信用风险。在艺术品份额化交易过程中，文交所不但决定艺术品份额能否发行和上市，而且还决定份额发行上市工作由哪家发行商完成，这有悖市场公平、公开、公正的原则。

二是定价机制存在缺陷。艺术品份额的定价过程不公开，缺少权威标准体系和鉴定评估机构的参与，份额的发售定价不具备合理性和可信性。如 2011 年 1 月，上海中天拍卖有限公司在常州拍卖白庚延的作品《燕塞秋》，尺寸为 $122\times246\text{cm}^2$，成交价为 6.38 万元；而 1 月 26 日天津文交所推出的白庚延同名作品《燕塞秋》，尺寸为 $503\times192\text{cm}^2$，发行价却高达 500 万元。

三是交易机制存在缺陷，隐藏交易风险。天津文交所上市的艺术品份额，总份额相对较小，且采用“T＋0”交易模式，容易被人为操纵、炒作，引发市场剧烈波动，聚集投机风险和市场风险。

四是对艺术品份额交易场所设立及其交易活动的监管各自为政，容易

---

① 《艺术品份额化交易火爆与疯炒：监管各自为政》，《证券日报》，转引自新华网，http://news.xinhuanet.com/shuhua/2011-09/18/c_122050065.htm，2011-9-18。

② 王晖：《交易所肃清风暴直指文交所》，城市经济导报网，http://www.ceeh.com.cn/html/news/2011/12/06/20111206031955_0.html，2011-12-6。

形成社会风险。我国目前尚无明确的准入监管和持续监管制度，从交易场所的审批、设立和管理，到交易活动相关的确权、确真、评估、托管、评级、发售（发行）保荐、交易代理、人才培训、从业资格执照管理以及艺术品的保险、再保险等相关业务，其间缺乏连续性的制约和监督。

五是艺术品的精神价值不容简单分割，仅用货币衡量艺术品价值易带来文化风险。艺术品中凝结着艺术家独创性的劳动，能够带给人们精神愉悦和心理满足。同时不同个体对同一件艺术品的感受是不一样的，艺术品的精神价值具有多元属性。仅用货币来衡量艺术品价值，会形成艺术品符号化倾向，消解其文化内核。

客观来看，天津文交所及其艺术品份额化实践对我国艺术品金融化进程具有一定的积极意义。

首先，有利于推动大众参与艺术品交易。艺术品份额化交易降低了投资门槛，高价艺术品同样可以“飞入寻常百姓家”，使大众共享艺术品投资收益，从而营造良好的市场氛围，使艺术品市场朝社会化、大众化、资本化方向发展。

其次，有利于完善艺术品市场退出机制。我国艺术品交易退出渠道单一，长久以来以拍卖行为主，而文交所则可以搭建一个全新的艺术品退出平台。

再次，有利于推动我国相关法律法规体系建设。文交所乱象和艺术品份额化交易出现的种种问题，暴露了我国艺术品金融市场法律法规体系的不足。市场实践倒逼法治建设，催促立法、监管进程，推动艺术金融市场的规范化运行。

文交所和艺术品份额化交易是推动文化产业与金融资本融合的一次主动尝试，它的创新内核对于我国当下艺术品金融化发展具有重要的启迪意义。虽然艺术品份额化模式在我国没有取得成功，但我们不能因噎废食，要进一步加大艺术品金融化方式创新力度，按照国家法律法规要求，寻找适合国情的艺术品投资方式和机制。

二、潍坊银行和艺术品质押贷款

艺术品质押和卖掉艺术品不同，质押给金融机构以后，艺术品的所有权没有发生改变，借款人既可以获得所需资金又不必放弃艺术品。在我国，银行具有资金实力雄厚、客户资源充足、营销渠道畅通、社会公信力强等特点，开展艺术品质押贷款业务具有先天优势。银行传统的放贷流程大致如图表 6-11 所示：

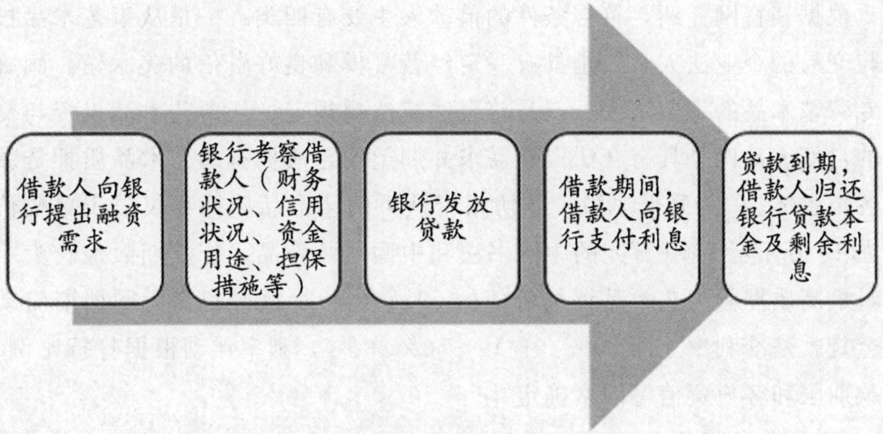

借款人向银行提出融资需求 → 银行考察借款人（财务状况、信用状况、资金用途、担保措施等） → 银行发放贷款 → 借款期间，借款人向银行支付利息 → 贷款到期，借款人归还银行贷款本金及剩余利息

图表 6-11：银行传统放贷方式流程图

在银行开展的艺术品质押贷款业务中，借款人通常以中小企业尤其是艺术品经营机构为主，贷款资金常被用来补充经营性流动资金，贷款期限较短，贷款利率略高于基准利率；质押物价值以第三方专业评估机构鉴定为依据，并在此基础上打折，质押折扣率通常在 50%以下。此外银行通常还要求借款人提供其他的信用增级方式，如相关企业、个人提供连带责任担保或土地抵押担保等。若到期借款人无法还款付息，银行将有权处置质押物。国内已有银行试水艺术品质押贷款业务，潍坊银行是其中的先试先行者。

（一）业务概述

山东省潍坊市是全国重要的书画交易市场，全市从事书画交易的画廊约有 2000 家，其中以青州为代表的近现代书画交易市场每年交易额在 40 亿元至 50 亿元左右。[①] 潍坊银行成立于 1997 年 8 月，是山东半岛地区成立的第四家城市商业银行。潍坊银行历来重视金融创新，艺术品质押贷款业务是其文化金融创新领域的重大突破。

艺术品市场属于资金密集型市场。为适应活跃的书画交易催生出的投融资需求，2009 年潍坊银行开展艺术品质押融资业务。潍坊银行、潍坊中仁艺术品发展有限公司、潍坊市博物馆共同签订了《艺术品质押融资业务战略合作框架协议》，为符合规定要求的借款人以潍坊银行认可的艺术品

① 《潍坊银行艺术品质押融资业务》，中国黄金网，http://bank.cngold.org/c/2014-02-11/c2404270.html，2014-2-11。

作为质押而发放短期人民币流动资金贷款。

根据其官网介绍，符合条件的借款人主要有四类：一是从事艺术品投资与交易的企业法人，二是具有一定经营规模和良好资信的美术馆、画廊等专营艺术品的事业法人，三是符合法律法规规定、从事艺术品投资与交易的自然人，四是具有合法资金需求并期望用合法拥有的艺术品质押贷款的各类主体。① 为降低风险，潍坊银行认可的艺术品质押物仅限于单幅价值在 10 万元至 1000 万元的中国书法和中国绘画作品，贷款期限最长为一年，最高质押额为艺术品评估价值的 50%（含），执行利率为同档期流动资金贷款基准利率上浮 30%（含）—50%（含），利率浮动根据打折比例、贷款期限和客户资信等因素确定。②

（二）业务特色

潍坊银行在全国率先推出了艺术品质押贷款融资业务，并在该领域做出了一系列的创新和突破。

艺术品质押贷款融资与一般动产、不动产质押融资有明显差异。为适应艺术品的特殊性，保证业务顺利开展，潍坊银行围绕“确真、定价、担保、托管、变现”五个核心问题提出了自己的解决方案。潍坊银行总行指定一家支行具体经办艺术品质押融资业务，同时总行成立艺术品质押贷款审查委员会，实行“5 人联审，全票通过”制度。与常规流动资金贷款不同，潍坊银行艺术品质押融资的基本流程分为七步，大致如图表 6-12 所示。

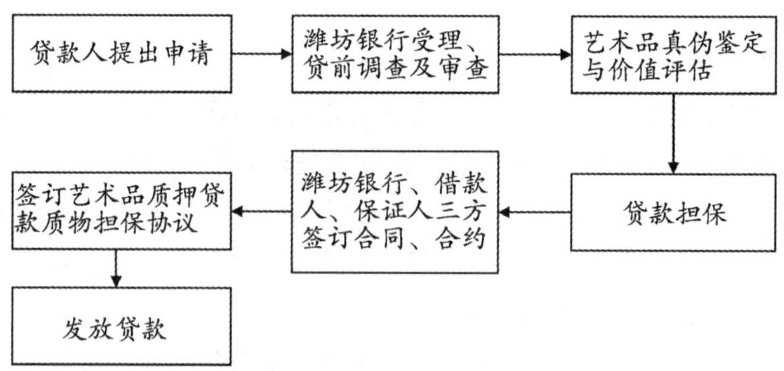

图表 6-12：潍坊银行艺术品质押贷款业务流程图

资料来源：柳中波，杨金柱：《艺术品与银行信贷的有效对接：潍坊银行案例》，《金融发展研究》，2011（10），50 页。

---

① 潍坊银行官网，http://www.wfccb.com/publish/wfccb/1028/1082/1089/index.html。

② 柳中波，杨金柱：《艺术品与银行信贷的有效对接：潍坊银行案例》，《金融发展研究》，2011（10），50—54 页。

从业务流程来看，潍坊银行艺术品质押贷款业务具有三方面的创新之处：

一是建立了艺术品鉴定、评估、认证制度。艺术品鉴定、评估是艺术品投融资业务的基础，鉴定评估机构的权威性、公开性对投融资双方都具有重大影响。潍坊银行与潍坊中仁艺术品发展有限公司签署《艺术品质押融资业务战略合作框架协议》，约定由潍坊中仁文化集团向文化部文化市场发展中心艺术品评估委员会①提供质押物，并由该委员会出具评估报告。

二是建立了艺术品托管制度。国外艺术品托管大多借助保险公司，而艺术品保险在我国还是一块空白。为解决艺术品托管问题，潍坊银行与潍坊市博物馆签订《艺术品质押融资业务战略合作框架协议》，潍坊银行利用博物馆专业的场地和技术来保管在银行质押的艺术品。不过由于博物馆开馆时间的限制，银行无法随时存放和领取艺术品，故此在 2014 年潍坊银行建立了自己的艺术品仓储库。该艺术品仓储库占地 150 多平方米，分为库房、鉴定、办公三个功能区，结合了银行金库的安全标准和博物馆库房的专业标准而设计建造。② 在此基础上，潍坊银行的艺术品托管制度更为成熟、完善。

三是引入“预收购人”制度。潍坊银行与借款人签订《质押艺术品远期交易合约》，要求借款人预先找到一个买家，若到期不能偿还贷款，便由预定买家收购质押艺术品来偿还贷款。当预收购人机制失效之后，银行会对已经违约的艺术品质押贷款启动市场机制，将艺术品拿到拍卖会上去变现或者委托艺术品经营机构变现。同时，潍坊中仁艺术品发展有限公司为借款人的贷款提供担保（事先存入符合潍坊银行要求的担保基金），担保系数为1∶3，并根据贷款余额进行动态调整。一旦出现借款人到期未偿还贷款且预定买家未能收购的情况，潍坊中仁文化集团将用保证金偿还贷款并收购质押物，质押物可由其自行处置。

至 2014 年，潍坊银行艺术品质押贷款业务规模达到了 1000 多万元，且未产生任何业务坏账、呆账。图表 6-13 列举了潍坊银行开展的部分具有代表性的质押贷款业务。

---

① 2011 年 8 月文化部文化市场发展中心整体转企改制，下属的艺术品评估委员会撤销。此后潍坊银行转而寻找合适的替代者。

② 曹原：《探索艺术金融新思路，潍坊银行开先河投建艺术品仓库》，《上海证券报》，2014-2-17。

图表 6-13：潍坊银行艺术品质押贷款业务基本情况表

借款人	贷款期限	贷款金额（万元）	质押物	质押物评估价（万元）	折扣率（%）
松石斋画廊	1 年	200	于希宁画 27 幅	432	46.3
沈光称	1 年	82	于希宁画 12 幅	165	49.7
潍坊龙润	1 年	179	李苦禅画 4 幅、黄胄画 1 幅、于希宁画 8 幅、启功字 1 幅	373	47.9
海宁堂画廊	1 年	400	齐白石画 1 幅、吴昌硕画 2 幅	885	45.1
于晓静	1 年	50	李苦禅画 2 幅	362	49.7
潍坊鼎颐	1 年	180	于希宁画 14 幅、李苦禅画 3 幅	362	49.7
王明江	1 年	200	俄罗斯油画 3 幅	530	37.7
合计	/	1291	/	2898	/

资料来源：柳中波，杨金柱：《艺术品与银行信贷的有效对接：潍坊银行案例》，《金融发展研究》，2011（10），50 页。

三、我国艺术品金融化面临问题及解决思路

艺术品金融化毕竟是新生事物，艺术品市场的参与者多数“摸着石头过河”，在取得一定成绩的同时也付出了学习成本。

（一）我国艺术品金融化现存问题

1. 缺乏透明的市场机制环境

经济学家乔治·阿克尔罗夫（George A. Akerlof）曾在《柠檬市场：质量的不确定和市场机制》一文中指出：“艺术市场和二手车市场有着一定的相似点，那就是，这两种市场上关于商品的价值和质量的信息都很不对称，买方和卖方的信息存在差异，普通买家并不太了解商品的信息，这使得买方处于不利的地位，并将价格看作是作品质量的一个信号。”一般情况下，信息不对称会导致“柠檬市场”的出现，而在艺术品市场出现的却是“榴莲市场”①，其突出表现是赝品与价格齐升。艺术品市场的信息主要包括艺术品真伪和估值两方面。由于艺术品自身的特殊性，艺术品市场对信息的依赖程度更强，信息的流通也更加复杂，买方在交易前很难对艺术品的真伪和价值做出准确评估。在 2011 年的“金缕玉衣”案中，谢根

① 王艺著：《中国艺术品市场》，136 页，北京，文化艺术出版社，2011。

荣请鉴定专家为他自制的“金缕玉衣”做出了价值 24 亿元的评估，并以此为依据向中国建设银行申请艺术品质押贷款，从而从银行骗贷 10 亿元，最终造成银行将近 6 亿元的损失。

在目前的艺术品投资基金、艺术品份额化交易中，投资标的大多是当代艺术品。与古代艺术品相比，当代艺术品尚未经受学术考量和时间考验，其价值更加难以确定。为了保持“信息不对称市场”的信息优势，金融机构往往选择不透明、不公开的程序设计。买方“雾里看花”，只能听信金融机构给出的艺术品估值，并根据该估值判断艺术品的价值，以至于出现了“只买最贵”的言论。《黄河咆哮》为何初始定价 600 万元？该价格是否与其价值相匹配？交易中天津文交所没有透露详细、透明的评估程序，投资者无从知晓其中奥秘。

2. 缺乏健全的艺术品鉴定评估体系

艺术品的价值是市场交易的基础，合理的艺术品价格是艺术品市场稳定发展的有效保障。然而，正如上文所讲，影响艺术品价格的因素众多。如何鉴定一件艺术品的真伪以及如何给艺术品一个合理而又有公信力的价格，成为困扰我国艺术品金融化发展的难题。

目前，我国尚未形成一套完善的艺术品鉴定与评估体系，主要表现在艺术品鉴定评估缺乏科学的标准和规范的程序、缺乏统一的准入门槛和退出机制、缺乏责任追究机制等。这其中不乏专家们专业水平、道德素养上的问题，但更折射出管理机制的欠缺和法律法规建设的滞后。

长久以来，艺术品鉴定与评估靠的是行业自律，“西式拍卖”和“中式估价”的矛盾为艺术品市场鉴定估值的窘境埋下了隐患。法律缺位导致金融资本裹挟下的艺术品市场道德风险空前增大，行业诚信缺失。某些专家与金融机构结成利益共同体，罔顾艺术价值，以致虚假鉴定、价格虚高等丑象频出。在曾经引起轰动的“金缕玉衣”案中，五位专家围着玻璃柜子“走了一趟看了看”就将实际价值 1 万元左右的“古董”鉴定出 24 亿元的天价！这无疑是对我国艺术品鉴定、评估体系的无情嘲讽。

3. 缺乏多元的艺术金融产品退出渠道

艺术金融产品只有成功退出市场才能实现资金变现。一般而言，艺术金融产品的退出方式包括二级拍卖市场公开拍卖、艺术品份额化交易、金融机构回购、私下交易等。2011 年国务院《关于清理整顿各类交易场所切实防范金融风险的决定》的出台对艺术品份额化交易做出了严格规定，进一步挤压了原本就少的艺术品投资退出渠道。在剩余的退出方式中，公开拍卖应用得最为广泛。以艺术品基金为例，大概80%以上的标的物都是通过拍卖的形式获取收益，只有不到20%的标的物通过私人购藏等其他方式退出。可以说，拍卖市场成为决定艺术金融产品能否顺利退出的关键。

在这样的背景下，参与艺术品金融化的投资人和投资机构为了保证收益，想方设法提高艺术品拍卖价格，这就导致了一系列的拍卖行乱象：做局假拍、公然拍假……基金公司与拍卖行联合哄抬价格甚至基金公司自己成立拍卖行以打通上下游产业链已经成为业界公开的秘密。

4. 存在很大程度的投机心理

在西方发达国家，人们在个人资产配置中将艺术品进行中长期投资，投资年限大多为3—5年，有的甚至能够达到8—10年，这一时间段能保证艺术品有足够的升值空间。“梅摩指数”联合创始人梅建平认为：“艺术品的不朽性决定其长期投资价值。”① 而在我国，艺术品金融化发展的推动力不是市场竞争，而是强大的市场需求和投资需求，这也就决定了资本的逐利性主导市场交易。资本为了迅速获得收益，必然加速资本流通，缩短交易时间。金融化把长期收益压缩在很短的时间内过度交易，破坏了艺术品市场生态环境，艺术品的自然增值被人为炒作取代。

流通中的艺术品价格越炒越高，再现了资本市场中经典的“博傻理论”：人们之所以完全不管某个东西的真实价值而愿意花高价购买，是因为他们预期会有一个更大的笨蛋会花更高的价格从他们那儿把它买走。通俗点说就是：做傻子不可怕，可怕的是做最后一个傻子。“短、平、快”的投机运作导致艺术品价值的内在稳定性被打破，金融资本“绑架”艺术市场，而“击鼓传花”最后一棒的金融资本也会成为惨痛的接盘者。

（二）我国艺术品金融化问题解决思路

纵然存在诸多问题，但只要本着实事求是的态度，有针对性地采取有效措施，我国艺术品金融化发展的前途仍是光明的。

1. 完善艺术品保障体系和金融支撑体系

艺术品金融化是艺术品市场与金融行业深度融合的结果，因此解决艺术品金融化的发展问题也要从艺术品市场和金融行业两个角度着手。在艺术品金融化发展过程中，艺术品市场是“经济基础”，发挥支撑功能，其发展态势及其相应的市场底层结构设计决定了艺术品金融发展的规模和水

---

① 梅建平：《上海证券报：艺术品的不朽性决定其长期投资价值》，《东方艺术》，2011（15），18页。

平；金融行业是“上层建筑”，通过专业化运营向艺术品市场提供金融创新与服务，并影响艺术品金融发展的速度和方向。

现阶段，我国构建艺术品市场保障体系，关键在于艺术品鉴定评估体制建设。艺术品鉴定评估乱象的核心在于信用缺失和制度缺位。任何一个市场健康发展的前提都是商品的真实性。就艺术品而言，这份真实性既包括艺术品的去伪存真，也包括艺术品的价格合理。借鉴欧洲艺术基金会等国外成功案例之经验，构建符合我国国情的第三方艺术品评估机构对于确保艺术品的真实性意义重大。

构建艺术品市场金融支撑体系要合理运用金融理论和各种金融工具，同时也要正确认识金融资本的扩张性，完善并创新艺术品金融资本理论。艺术品基金、艺术品质押贷款、艺术品期权等金融工具的运用要遵循艺术品规律，既要发挥金融力量，也要合理约束金融的野蛮式扩张。金融机构和金融资本要遵循底层艺术品市场运行规律，挤出金融资本泡沫，促使艺术品的价格理性回归其价值，只有这样才能保证艺术品市场健康和金融行业规范。

2. 建立多元化艺术金融产品退出机制

2013 年《中共中央关于全面深化改革若干重大问题的决定》提出要“完善金融机构市场化退出机制”。“退出机制”是金融学概念，指的是“在所投资的企业发展相对成熟之后，风险资本由股权形式转化为资金形态的渠道或方式”。良好的退出机制是投资成功的重要保证，是实现“投入—退出—再投入”的资本有效循环的中心环节。具体到艺术金融产品，退出机制的核心在于保证艺术金融产品成功退出市场。艺术金融产品的退出一方面要保证投资者的合法权益，增加其投资信心；另一方面也要尽可能维护投资机构的权益，以维持金融业务和金融服务的连续性。

多元化艺术金融产品退市机制建设的关键在于退出渠道创新。创新退出渠道要从市场和国家两个层面入手。在市场层面，国家相关部门要放宽退出限制，通过市场自主选择和充分竞争，积极探索能够与拍卖行形成互补的机构或平台，将二级拍卖市场、银行抵押贷款、典当融资三种渠道常规化，推动更多金融机构创新艺术金融产品退出方式。潍坊银行的“预收购人”机制就值得借鉴。在国家层面，建立国家艺术品退出预警制度，由国家出资收购高危金融机构的艺术品，防止退市困难的金融机构进行不正当价格操控，保证金融稳定。

3. 健全艺术品市场监管体系

监管应贯穿艺术金融产业链的全过程，上文提到的艺术金融市场“两个体系”建设、多元化退出渠道建设皆需监管职能的参与。监管在艺术金融市场中要发挥“显微镜”作用，及时发现、处理从业者（机构）扰乱市场秩序的行为。监管要发挥政府的权威性和强制性，在不影响市场机制的前提下，用无形的约束力量引导市场主体按制度办事、按规则运营。

构建艺术品监管体系，最为关键的是要加强国家顶层制度设计，尽快出台一套完备的监督监管制度体系和法律系统，设立专门的监管机构并明确其职能，对文化艺术品资本市场的参与机构和交易过程进行统一、全程监管，并且做到常态化监督与临时性监察相结合。其次，应对艺术金融产业链各组成要素进行分解，确定各参与机构、各交易环节的监察重点，要求交易信息透明化、公开化，确保艺术品流转与资本运转的相关信息可控可查。再次，构建艺术品监管体系，应对艺术金融市场中出现的新平台、新产品进行及时回应，或匹配适合的监管法律、法规，或根据新情况扩充法律内容，并明确监管机构及其职责。最后，监管职能的实现需借助强制性的惩罚制度。艺术品金融化过程中要加大惩处力度，尤其在艺术品鉴定评估、拍卖行拍卖退出等环节集中用力，让失信者付出高额的投机成本。

艺术品作为精神文化财富，其成为有形资产的过程需要通过金融的手段来完成。如今，艺术品金融化已经成为不可逆转的时代潮流，通过艺术品金融化的各种方式实现融资成为很多文化企业的不二选择。文化产业对资本的强烈需求需要艺术品市场不断地突破和创新。借鉴先进国家经验，加强艺术品金融化研究，有利于推动文化产业的投融资建设。

第七章　文化项目投融资

项目融资作为一种特殊的资金筹集方式，是经济主体在金融市场的一种活动。任何一个经济主体都是为了某个特定目的而进入金融市场，而项目融资就是一种优势互补交易，融资方和投资方因互有优势而相互利用。[①]随着文化产业的发展，文化项目投融资在我国项目融资中的比重日益提升。如何规范和管理文化项目投融资的流程，成为时下项目融资领域的重要议题。

第一节　项目管理与融资

一、项目

项目伴随着人们的社会实践而产生，包括各种组织工作和团队活动等行为。长城和金字塔的建设、计算机的开发和航天探索都属于项目。随着时代进步，项目的发展和研究也在不断更新。

（一）项目的定义

美国项目管理专业人员资格认证（Project Management Professional）委员会主席 Paul Grace 曾说："在当今社会，一切都是项目，一切也将成为项目。"由此可以看出，项目是一种普遍的运作和管理形式。美国项目管理协会（Project Management Institute，PMI）认为：项目是为完成创造某一独特的产品或服务所做的一项有时限的努力。[②]这里"独特"是指一个项目所形成的产品或服务存在与其他类似物关键性的不同，项目的

① 杨开明主编：《项目融资》，1页，北京，经济管理出版社，2010。

② PMI，*A Guide to the Project Management Body of Knowledge*，US：Project Management Inst.，2009，p. 2.

"时限"是指每一个项目都有明确的起点和终点。① 据以上特点，可以看出项目并不是重复不断的。一次工程建设或一个展会举办完成后，这个项目便结束，与之相关的活动也便不存在了。

结合国际、国内对于项目的理解，本书认为，项目是在特定的时间段内为达到预定目标而采取的各种活动和完成的各种相关任务。落实到实际运作中，项目就是为完成特定的产品或者服务所做的工作任务和活动。

（二）项目的基本特征

1. 目的性：每个项目都是为了实现一个或一组特定目标而存在的。为了利用有限的资源达到特定的目标，需要组成任务明确的项目组织，进行周全的计划并严格执行。各项细节分工都是依照项目的目标需求产生的。

2. 受限制性：项目受到时间、资源和预算的限制。项目的确定、组织、执行和完成都是有成本和时间要求的，因此如何在规定的时间、有限的资源的条件下把项目完成是对每个项目管理者的挑战。

3. 项目和项目组织的一次性：每个项目都有明确的起点和终点，而日常作业是无休止或者重复的活动。项目一般没有可以直接复制的先例，不可能存在完全一样的重复项目。项目和项目组织的一次性并不意味着项目的时间周期短，一般情况下所有的项目都要通过不断的努力才能够完成。②

4. 独特性：每个项目都是为了实现特定的目标而存在的，这也就决定了没有两个项目是相同的。也就是说，独一无二的目标和项目各方面的独特性，使得所要开展的项目是"前无古人，后无来者"的；再考虑到项目开展过程中各种不同风险的存在，也就意味着每个项目不能完全用相同的、常规的方法完成。而且，项目一旦结束，其结果是无法挽回的。因此每个项目都具有自身的特殊性。

（三）项目的分类

根据不同的标准，项目可分为不同的类别：

依据项目投资主体的不同，项目可以分为企业项目、政府项目和非营利机构的项目。企业项目以企业作为投资主体和主要负责人，并由企业提供投资或资源；政府项目以国家或地方政府作为投资主体和主要负责人，由国家或地方政府提供投资或资源；而非营利机构的项目是指由学校、科研单位、社区等组织提供投资或资源，为满足组织需要而开展的公益性

---

①② 陈立波编著：《文化产业项目策划与管理》，12、13 页，北京，北京大学出版社，2013。

项目。

依据项目对象的不同，项目可以分为业务项目和自我开发项目。业务项目是由专业性项目公司为特定的客户或业主所完成的一次性工作，是一种生产性、开发性或者服务性的项目开发；自我开发项目是项目团队为自己的企业或组织所完成的各种项目开发，是企业内部的项目形式。①

依据项目是否营利可以将项目分为营利性项目和非营利性项目。营利性项目是以获得经济效益为目标而开展的项目；非营利性项目是以取得社会效益为目标而开展的项目。

按照规模和统属关系的差异，项目有“PROGRAM”“PROJECT”“SUBPROJECT”三种，分别代表小型、中型、大型项目。②

二、项目管理

（一）项目管理的定义

美国项目管理协会在广义项目管理理论中对项目管理的定义是：一种将知识、技能、工具和技术投入到项目活动中去的综合应用过程，目的是满足或超越项目所有者对项目的需求和期望。③ 其中，项目所有者对项目的需求和期望由一系列既相互竞争又保持动态均衡的因素构成，包括：项目的范围、时间、成本和项目品质；对项目持有不同需求和期望的项目所有者；对项目明确的要求（需求）以及不明确的要求（期望）。④

英国皇家特许建造师学会（Chartered Institute of Building，CIOB）在建设工程行业项目管理理论中对项目管理的定义是：贯穿于项目开始至完成的一系列计划、协调和控制工作，其目的是在功能与财务方面都能满足客户的需求；客户对项目的需求表现为项目能够在确定的成本和要求的质量标准前提下及时完成。⑤

① 项志芬，戚安邦：《基于项目管理的第三方物流企业组织模式研究》，《物流技术》，2007（12），9—12、23页。

② 盛和太：《PPP/BOT项目的资本结构选择研究》，博士学位论文，清华大学，2013。

③ 李波：《项目管理理论综述与前沿问题研究》，《经济研究导刊》，2012（31），212—214页。

④ 马明军，肖萍：《项目管理的历史由来及其发展趋势》，《中国房地产业》，2011（03），89—90页。

⑤ 丁荣贵等：《项目治理相关概念辨析》，《山东大学学报（哲学社会科学版）》，2013（02），132—142页。

结合上述对项目管理概念的描述，本书对项目管理的定义是：项目管理是从项目开始至完成，通过计划和控制，使得项目质量目标、费用目标和进度目标能够尽可能好地实现的过程。项目管理（Project Management）主要由项目计划（Project Planning）和项目控制（Project Control）构成，以公式表示即：

$$PM = PP + PC$$

（二）项目管理的特点

与传统的职能部门比较，项目管理最大的特点是注重综合管理，并且有严格的时间期限。项目管理的特点主要表现为以下几个方面。

1. 针对性。究其定义，项目管理是针对项目的特点而形成的一种管理方法。所以，无论具体采用何种方法进行项目管理，最终还是针对某个项目或某些项目的集合体，这就决定着项目管理有着明确的针对性。只有目标明确才能确保项目管理有序可循。有些时候，为了提高项目管理的效率，项目管理者会从某些运作的重复过程中总结出一套精准的项目流程规范，使项目管理更具有针对性。①

2. 灵活性。项目管理应具有一定的灵活性，保持整个项目的动态均衡。项目组织具有临时性和高度弹性的特点，项目的开始就是组织的开始，项目的结束也意味着组织的结束，项目也要及时根据实际情况协整内部架构和外部适应能力，以上特点都决定着项目管理的灵活性。②

3. 系统性。从内部看，项目管理的系统性首先源于项目的系统性，即项目是一项系统性工作，因而项目管理可以依据系统论“整体—分解—综合”的原理，将项目系统分解为许多不同层次的目标和任务责任单元，以便明确分工和责任，促进协作和综合，最终完成预定目标。③ 其次，项目管理过程具有系统性，即强调对项目生命周期的全过程管理，注重局部与整体、阶段与全过程的协调，以避免局部或阶段影响整体或全过程效果情况的发生。从外部看，系统性体现在项目依存在一定的环境中。项目管理的成功不仅仅取决于项目内部系统的完整性，更与客户、供应商、政府等宏观环境息息相关。

---

① 蔡慧：《浅析项目管理的发展趋势及我国企业的对策》，《硫磷设计与粉体工程》，2003（04），42—44、57页。

② 高素春：《项目管理中的辩证思维》，《山西科技》，2006（06），14—16页。

③ 李慧等：《项目管理系统的系统观认识与实践》，《国土资源信息化》，2013（03），9—11页。

4. 开放性。项目管理的各个环节虽然设置紧密、规范严格，但仍需要保持一定的开放性，以及时与外界进行信息交换。同时，项目管理不可能仅仅依靠一种方法，而要随着现实状况的不断变化而采取相应措施。例如，在现代项目管理中，越来越多的管理者引进先进高效的计算机信息管理系统，采用高科技作为管理的手段。

（三）项目管理的过程

项目管理的过程往往伴随着项目生命周期，项目管理的生命周期通常划分成五个阶段，不同阶段的项目管理目标和办法不同。①

1. 启动过程。包括以下几项内容：对项目阶段工作和活动的规划与部署，决定是否开始执行项目且于何时何地执行、决定项目的周期长短和注意事项。在启动过程中要根据前一个项目的结束过程进行信息汇总，以完成前期经验的总结与传递。根据这些数据和信息，运用内外部兼顾的分析和预测方法对下一个项目进行决策。②

2. 计划过程。计划过程是项目实施的重要依据，包括计划文本的形成和其他细节，如拟定、编制和修订一个项目或项目阶段的工作目标、工作计划方案、资源供应计划、成本预算、应急措施计划等。③

3. 执行过程。通过人力资源和其他资源的组织与协调，逐渐开展各项任务和工作，分步骤完成既定目标；团结项目管理内部成员，沟通项目管理内外部环境，激励团队向着最终目标迈进。执行过程可能会出现项目产出物。

4. 控制过程。可以分成三类：一是对于可能发生的问题所采取的预防性的控制活动，即事前控制；二是在执行过程中所展开的控制活动，及时对事态发展和项目进程进行控制，即事中控制；三是在实施工作完成以后所开展的控制活动，对项目完成后的一些收尾工作和监管部分进行控制，即事后控制。整个控制过程主要工作有：范围控制、进度控制、成本控制、质量控制、实际绩效报告、风险控制等。④

5. 结束过程。这是终结一个项目或项目阶段的具体工作过程，即收

---

① 韩晓刚：《项目管理中的需求变更管理》，《甘肃科技》，2009（18），87—90页。

② 秦刚：《成功的项目管理事业》，《江西建材》，2014（07），257—263页。

③ 施宙，鲁成伟：《现代项目管理科学理论及其发展趋势》，《管理观察》，2008（23），289—290页。

④ 黄宏春：《浅谈工程项目管理中的“四大控制”》，《广西城镇建设》，2008（02），85—88页。

集、生成并分发一个项目阶段或整个项目实施工作完成与结束的各种信息的管理工作。很多情况下，项目管理过程的结束伴随着合同的终结，通常是项目结束工作先行开始，而合同终结先行结束。

三、项目融资

（一）项目融资的定义

项目融资作为一个金融术语，迄今为止还没有一个准确的公认定义，国内外经济学界对其有着不同的理解。

从广义上看，项目融资是指为建设一个新项目、收购一个现有项目或对已有项目进行债务重组所进行的一切融资活动和方式，即“为了项目而融资”。欧洲即采用广义概念，一般把一切针对具体项目所安排的融资活动称为项目融资。①

从狭义上讲，项目融资仅指具有无追索权或有限追索权的融资活动②，通常是以项目未来收益的资产为融资基础、由项目的参与各方分担风险的具有无追索权或有限追索权的特定融资方式。③

本书中所探讨的项目融资主要是指狭义形式的融资活动，即项目融资是以项目的资产、未来收益或收益权作为偿还贷款的资金来源和安全保障而取得的具有无追索权或有限追索权的特定融资方式。

（二）项目融资的特点

1. 项目导向。项目融资主要依赖于项目的现金流量和资产而不是依赖于项目的投资者或发起人的资信来安排融资。项目的投资者在投资时，其注意力主要放在特定的投资期间能产生多少现金流量用于支付利润和还债。贷款的数量和融资成本的高低以及融资结构的设计都是与项目的预期现金流量和资产价值直接联系在一起的。对于很难接到资金的或缺乏有效担保条件的投资者，在项目导向的作用下，可以通过组织项目融资使项目的资金到位。例如，法国迪士尼乐园项目第一期工程共融资 149 亿法郎，

---

① 杨华，谢德明，李霖：《项目融资的 BOT 模式》，《财会通讯》，2003（03），23—24 页。

② 无追索权的项目融资是指贷款人对项目发起人无任何追索权，只能用项目未来的现金流量偿还贷款。当项目现金流量不足时，项目发起人对项目债务的偿还没有直接的法律责任。无追索权项目融资是一种低效的、昂贵的融资方式。这种方式在现代项目融资实务中已较少使用。有限追索权的项目融资是指项目发起人只承担有限的债务责任和义务，这种有限性一般表现在时间、金额和对象三个方面。

③ 转引自卢家仪、卢有杰编：《项目融资》，21 页，北京，清华大学出版社，1998。

而作为项目发起人的美国迪士尼公司只出资21.04亿，仅占总投资的14.12%。[①] 此外，项目导向可以使项目融资的贷款期限根据项目的具体需要和项目的经济生命周期来设计，可以比一般的商业贷款期限更长，有些项目的贷款期限长达20年。[②]

2. 有限追索。传统融资方式中的贷款人、债权人在关注项目投资前景的同时，更关注项目借款人的资信及现实资产，追索权具有完全性；而项目融资方式是就项目论项目，债权人除特别约定外，不能追索项目以外的其他资产。在某种意义上，贷款人对项目借款人的追索形式和程度是区分项目融资和传统形式融资的重要标志。这也说明了项目融资大部分依赖于项目未来的经济强度。[③] 需要注意的是，有限追索的极端是无追索，即融资百分之百地依赖于项目的经济强度，在融资的任何阶段贷款人均不能追索到项目借款人除项目之外的资产。但在现实工作中，这种项目融资形式是难以遇到的。

3. 风险分散。风险分散是为了实现风险的各方分担，这样的分担能够帮助实现有限追索。与项目有关的风险要素，需要以某种形式在项目投资者、与项目开发有直接或间接利益关系的其他参与者之间分担。项目主办人通过融资，将原来应由自己承担的还债义务，部分地转移到该项目身上，也就是将原来由借款人承担的风险部分地转移给贷款人，由借贷双方共担项目风险，实现风险分散。

4. 信用多样化。项目信用多样化是将多样化的信用支持分配到项目未来的各个风险点，从而规避和化解不确定的项目风险。如要求项目产品的购买者签订长期购买合同，以确保强有力的信用支持。此外，项目的保证书也是项目信用形式的一种，它是融资的生命线。由于项目公司的负债率都很高，保证书可以将财务风险转移到第三方。

5. 融资成本高。与传统的融资方式相比，项目融资存在的一个主要问题是筹资成本相对较高以及组织融资所需要的时间较长。项目融资涉及面广，结构复杂，需要做好风险分散、资产抵押、税收调整等大量技术性的工作，融资文件比一般公司融资要多出几倍甚至几十倍。[④] 而项目融资的

---

① 刘红宇：《项目融资中的法律保护》，《中国工商》，2000（03），54—55页。

② 王子宗：《国际工程项目管理模式及其发展趋势》，《建筑经济》，2003（05），32页。

③ 刘瑞波：《投资银行在项目融资中的角色及业务创新》，《金融理论与教学》，1998（04），9—15页。

④ 吴旭光：《项目融资：筹资的一种新形式》，《引进与咨询》，2001（04），21—22页。

大量前期工作和有限追索性质，导致融资的成本要比传统融资方式高。

6. 非公司负债型融资。也称资产负债表之外的融资，是指项目的债务不表现在项目投资者（即实际借款人）的公司资产负债表中的一种融资形式。根据项目融资风险分散的原则，贷款人对于项目的债务追索权主要被限制在项目公司的资产和现金流量上，借款人所承担的是有限责任，因而有条件使融资被安排为一种不需要进入借款人资产负债表的贷款形式。

图表 7-1：项目融资与传统融资的比较

项　目	项目融资	传统融资
融资基础	项目的资产和现金流量	借贷人、发起人的资信
追索程度	有限追索或无追索	完全追索
风险分散	所有参与者	集中于发起人、放贷者、担保者
股权比例	发起人出资比例较低，杠杆比率高	发起人出资比例较高，通常大于30%
会计处理	资产负债表外融资	项目债务是发起人的债务的一部分，出现在其资产负债表上

图表来源：张欣玉：《浅议项目融资》，《企业导报》，2011（06），139—140页。

图表 7-1 总结了项目融资与传统融资的区别。项目融资并不是以信用担保的融资，而是衡量项目经济强度的融资。它不需要以投资者的有形资产作为担保，也不需要政府部门的还款承诺，贷款的具体发放事宜由专门为项目融资和经营而成立的项目公司负责。20 世纪 80 年代，项目融资传入我国之后，首先在一些大型项目上得以应用，并取得了成功，此后越来越受到广大筹资者的青睐和各行各业的推崇。

第二节　文化项目融资

一、文化项目融资的定义与特点

项目融资与文化产业融资有相似之处，后者也是高风险、高收益的，且由于其担保物的价值难以衡量，担保效力堪忧，无法用单纯信用担保的方式进行融资。具体来看，文化项目融资的特点表现如下：

一是项目导向明确，资金随时周转。将文化产业自身的灵活性与其融资特征相联系，可以看到多数的文化产业融资活动并不能仅仅依靠投资者或融资者个人的某些决策进行项目流程的规划与管理。文化产业项目管理要有明确的导向作用，这个作用来源于项目自身各个环节的周转与利益获取。开展文化项目时需要根据项目各个阶段具体收益与回报情况决定资金的去向或是否继续执行原计划，这就符合了项目融资的项目导向特征。

二是限定追索权，增加担保第三方。文化产业融资时需要对融资各方进行责任的限定与规范；并且由于文化产业所涉及的类如版权等抵押（质押）物的价值难以衡量致使融资信用降低，需要及时对融资活动增加第三方担保。

三是融资成本高，需要进行风险分散。由于文化产业融资大多需要限定追索权或增加第三方担保，因此一个融资活动结构中往往会涉及多方利益，牵扯众多部门，导致融资成本增加。这就需要进行有效的风险分散。

综合以上三点可知，文化产业项目融资是以项目的无形资产、预期收益或权益为基础，由项目利益相关者分担风险的一种无追索权或有限追索权的融资方式。文化产业项目融资策划需要熟悉各种融资方式，把握投融资的特点和规律，并根据文化产业项目的特点选择相应的融资方式。随着项目融资在我国逐渐发展成熟，其在文化产业融资中的应用也愈加广泛。

文化项目是项目的一种类型，因此文化项目的投融资步骤与一般项目投融资步骤基本相符。文化项目的独特性决定了每个项目有其自身的特点和环境，而项目投资主体、隶属关系的不同决定了每个项目投融资活动的千差万别。

二、文化项目融资的实施步骤

1. 市场需求调查阶段。这是项目策划的首要环节，也是项目论证的重要依据。对项目的市场需求、项目与社会经济发展的关系、项目的可持续发展潜力、项目的经济效益和社会效益、项目的生命周期、项目对各种相关因素的影响等方面都必须进行调研。

2. 投资决策分析阶段。投资者在做出决策之前，需要经过对项目的分析、研究和方案选择。这些分析包括对宏观经济政策和微观经济政策的判断，对企业未来发展趋势和走向、项目本身的竞争性的分析，以及项目的可行性研究等常规内容，进而确定项目投资结构。项目投资结构会影响到项目融资结构和项目资金来源，反过来项目融资结构又会影响项目投资结构。

3. 融资决策分析阶段。在此阶段，通过对项目风险的分析和评估，选择合适的项目融资结构和资金来源，并且修改相应的项目投资结构。项目投资者将决定采用何种融资方式为项目筹集资金。是否采用项目融资，取决于投资者对债务责任分担、贷款数量和时间、融资费用以及债务会计处理等方面的要求和综合评价。①

4. 融资谈判阶段。通过对融资方案的反复设计、分析、比较和谈判，最后选定一个既能最大限度保护项目投资人的利益又能为投资方所接受的融资方案。过程包括选择银行、发出项目融资建议书、组织贷款银团、起草融资法律文件、融资谈判等。这一阶段会经过多次的反复，不仅会对有关的法律文件做出修改，在很多情况下也会涉及融资结构的调整问题，有时甚至会对项目的投资结构及相应的法律文件做出修改，以满足贷款银团的要求。此时，融资顾问和法律顾问就显得尤为重要，可以有效帮助项目发起人树立主动的谈判地位，保护其重要的合法权益，并及时找出灵活变通的恰当做法绕开谈判中出现的难题。②

5. 项目融资的执行阶段。在项目投资者与融资者签订相关法律文件后，投融资的组织安排工作也就结束了，接下来是项目投资和融资的执行阶段。项目融资不同于传统融资方式的一点是，进入到贷款执行阶段后贷款银团也会通过特定的方式经常性地对项目的进展进行监督，甚至会参与到项目的决策管理中。

第三节　文化项目融资模式

项目融资模式是项目融资整体结构的核心。融资模式不同，其融资结构和实施过程也不同。项目融资应用于文化产业融资时，多表现为大型文化基础设施建设融资和公共文化项目融资。文化产业在进行项目融资时要根据项目自身的特点和条件，选择合适的项目融资模式。

一、BOT 项目融资模式

BOT 由 BUILD（建设）、OPERATE（经营）、TRANSFER（转让）三个英文单词的首字母组成，代表着一个完整的项目融资过程。BOT 是国际上广泛应用于基础设施建设的融资模式，是政府组织利用外资和民营资本兴建基础设施的主要融资模式。③ 应用于文化产业领域，BOT 是指由政

---

① 张极井著：《项目融资》，25 页，北京，中信出版社，1997。

② 田长广编：《新编融资策划》，222 页，北京，北京大学出版社，2008。

③ BOT 的概念是由土耳其总理厄扎尔于 1984 年正式提出的。当时，厄扎尔决定引入民间资金兴建基础设施，并制定了世界上第一个 BOT 法（土耳其法律：No. 3096）。

府组织集合外资和私人资本经营文化项目的融资模式。

BOT 至少有三种基本的表现形式：BOT①、BOOT②、BOO③。除此之外，还有一些形式是根据其基本形式演变而来的——BTO④、TOT 等。其中，TOT（转让—经营—转让）模式是国际上较为流行的一种项目融资方式，通常是指：政府部门或国有企业将建设好的项目的一定期限的产权或经营权有偿转让给投资人，由其进行运营管理；投资人在约定的期限内通过经营收回全部投资并得到合理的回报；双方合约期满之后，投资人再将该项目交还政府部门或原企业。

（一）基本思路和结构分析

BOT 融资模式的基本思路是项目所在国政府或所属机构就某个项目与企业（或项目公司）签订特许权协议，签约方企业承担项目的投资、融资、建设与维护，并在有限的时间内经营项目获取商业利润，最后根据协议将该项目转让给相应的政府机构。⑤

BOT 项目的参与人主要包括政府、项目承办人（即被授予特许权的私营部门）、投资者、贷款人、保险和担保人、总承包商（项目设计和经营）、运营开发商（项目建成后的运营与管理）等。以下介绍项目的主要参与者。

1. 项目的最终所有者。一般来说，BOT 模式的项目发起人是项目所在国的政府、政府机构或政府指定的公司。从项目所在国政府的角度考虑，采用 BOT 融资模式的主要优势在于以下两点：第一，可以减少项目

---

① 这里的 BOT 是指标准 BOT 模式，即最符合定义的项目融资方式：通过与东道国政府签订特许权协议，私人财团或国外财团自己安排融资、设计、建设基础项目。项目开发商根据事先约定经营一段时期以回收投资。经营期满，项目所有权和经营权将被转让给东道国政府。

② BOOT（Build-Own-Operate-Transfer）：即建设—拥有—经营—转让。具体是指由私营部门融资建设基础设施项目，项目建成后在规定的期限内拥有项目的所有权并进行经营；经营期满，将项目移交给政府部门。BOOT 代表了一种居中的私有化程度。

③ BOO（Build-Own-Operate）：即建设—拥有—运营。具体是指私营部门根据政府赋予的特许权，建设、拥有并经营某项基础设施，但并不在一定时期后将该项目移交给政府部门。BOO 代表了一种最高级别的私有化。

④ BTO（Build-Transfer-Operate）：即建设—转让—经营。对于关系到国家安全的产业如通信业，为了保证国家信息安全，项目建成后并不交由外国投资者经营，而是将所有权转让给东道国政府，由东道国经营通信的垄断公司进行经营，或与其他项目开发商合作。

⑤ 陈峰，朱艳：《BOT 项目中的政府保证问题》，《上海国资》，2011（10），68—69 页。

建设的初始投入。例如，政府在图书馆、博物馆等大型文化项目的建造中往往面临资金占用量大、投资回收周期长、单个企业的资金紧缺与投资不足等问题。利用BOT模式，政府可以进行有效的资金、资源协调配置，使更多的资金投入到更多的领域中。第二，可以吸引外资，引进先进的生产经营技术，改善和提高文化项目的管理水平。

2. 项目的直接投资者和经营者。项目经营者是BOT融资模式的主体。项目经营者从项目所在国政府获得文化项目建设与经营的特许权，负责组织项目的整体建设与生产经营活动，提供项目开发所必需的股本资金和技术，安排融资，承担项目风险，并能够从经营运行中获得一定的收益。文化项目经营者的角色一般由专门的项目公司或文化企业承担。BOT项目的投资者和经营者需要有一定的资金、技术和管理能力，保证在获得特许权资格的期间能够提供满足要求的服务和运行状况，保证项目发起人最后接收时是一个运行正常、保养良好的项目。

3. 项目的贷款银行。在BOT模式中提供贷款的除了商业银行以外，还可以有政府的信贷机构以及某些政策性的开发银行。BOT项目贷款的条件取决于文化项目本身的经济强度、项目经营者的经营管理能力和项目的资金状况，但更大程度上依赖于项目发起人和所在国政府为项目提供的支持和特许权协议的具体内容。①

（二）BOT融资模式的程序

尽管BOT项目各有特色，但每个项目都需要经过某些固定的环节。在此，大致将程序分为准备阶段、执行阶段和移交阶段。

准备阶段的主要目标是政府选定文化项目，通过资格预审与招标，选定文化项目的承办人。项目的承办人要根据自身需要选择合作伙伴，提交文化项目融资与具体实施的方案，并组织项目各参与方草签合作协议，申请成立专项文化项目公司。政府批准公司成立后，通过特许权协议，授予项目公司一定的权力。项目公司股东之间、项目公司与资金提供者以及项目中的各建设方和运营方都要签订相关协议与合同，提出项目开始的报告。②

执行阶段包括BOT的项目建造与运营阶段。在项目的建造阶段，项

---

① 刘子惠等：《BOT：一种基础设施民间融资的创新模式》，《重庆科技学院学报》，2006（06），82—85页。

② 彭剑波：《我国BOT立法现状、存在问题及对策透视——兼论合法高效引进BOT项目》，《法制与经济（上旬刊）》，2011（10），60—63页。

目公司通过顾问咨询机构，对该文化项目的各个环节进行事先的安排与资金把控，严格控制整个项目实施的质量与成本，并保证资金供给人能够按照计划投入资金，确保整个项目按照预算、时间完工。在运营阶段，公司的主要任务就是监管、督促以及资源调配，争取能够尽快获得收益，并使股东获得一定的利润。同时在运营过程中也要注意整个文化项目的保养与维持，争取将最大效益运营的项目移交给政府。

移交阶段即在特许期期满时，文化项目公司把该项目移交给东道国政府。其中，移交项目包括项目涉及资产的评估、项目经营利润的分红、项目牵涉债务清偿、项目中各机构部门与所牵扯关系中可能出现的法律纠纷等。

根据以上三个阶段的分析，可以结合实际情况将 BOT 模式中的具体环节以图表表示：

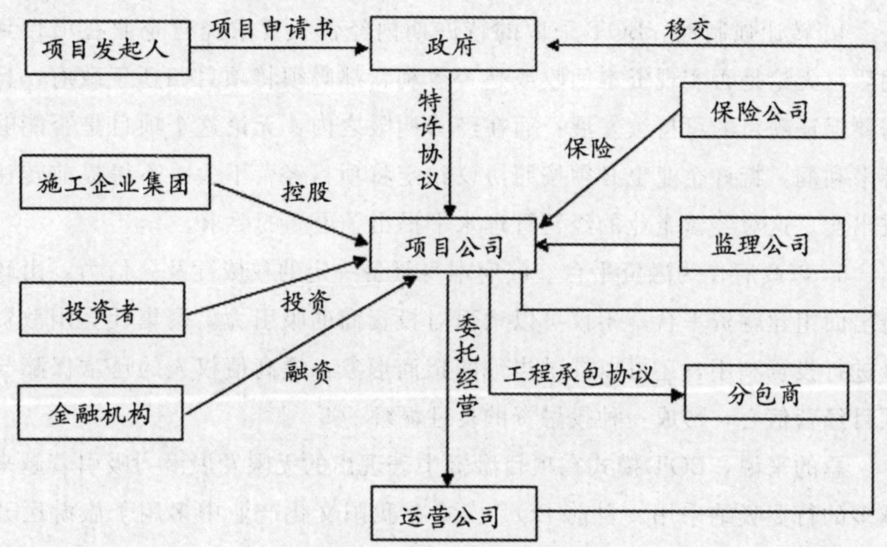

图表 7-2：BOT 项目融资结构

图表来源：鲁林丽：《川西藏区 GYQ 旅游景区（BOT）项目融资分析与风险对策研究》，硕士学位论文，西南交通大学，2013。

（三）BOT 融资模式的特点

BOT 模式作为项目融资中最为有效、最为常用的方式之一，实质上是一种债券与股权相混合的产权组合形式。与传统的融资模式相比，BOT 模式的特点主要表现在以下几个方面：

1. 投资规模大。BOT 项目主要是对大型文化基础设施建设或由政府主导的文化产业园区建设项目等进行融资，一般涉及资金巨大，普通企业或个人的资金实力远远无法满足其融资需求，因此BOT项目的发起人一般为政府机构。但单纯使用财政补助来进行项目建设易造成过大的财政负担，而且实际操作中这也是难以实现的，所以需要开展BOT融资。

2. 建设周期长。BOT项目本身就是大型的基础设施建设项目，其建设难度及复杂程度相对较高，建设周期相对较长。同时，BOT采取特许经营权模式，文化企业在项目建设完成后，通过一定期限的运营来获得收益，这一期限往往长达十几年甚至更长。

3. 投资风险大。BOT项目的发起人将项目转移给企业后，将项目的投资风险也一并转嫁给企业。项目企业在特许经营期限内，既要负责项目的设计、施工、建设，建成后还要负责运营组织与管理。企业投资成本的回收以及利润所得均取决于项目的运营阶段，其中的不确定因素较多，受到的项目风险较多。①

4. 转让强制性。BOT采取的特许期内经营权要求经营企业在项目到期后，无论是否实现资本回收或是否盈利，都必须将项目归还于政府，且需要保证项目的可持续发展；而在经营期限之内，无论这个项目是否能够带来利润，特许企业也必须按照协议约定将项目经营下去，不得提前转让或出卖。这对经营企业的经营管理水平提出了更高的要求。

5. 以政府作为融资平台。政府本身具备一定的权威性及公信力，由政府出面组建融资平台，不仅可以增强对投资商的吸引力，聚集社会闲散资金进行投资利用，还可以提升当地的招商形象，提高债权人的还款保障与项目经营信心，形成一种投融资的良性循环。②

总的来说，BOT模式在项目融资中表现出的无限发展潜力吸引着越来越多的行业吸纳采用。目前BOT模式在我国文化产业中多用于旅游区开发、文化创意产业园区开发等大型文化项目和一些公共性的文化基础设施建设等。

（四）BOT融资模式优劣势分析

项目所在国或地方政府作为项目发起人，采取BOT模式进行融资主要有以下三点优势：

一是有利于减轻政府财政负担。各级政府每年的财政收入是有限的，

---

① 旷开萃：《政府视角下的BOT项目实施研究》，《重庆建筑》，2011（06），18—22页。

② 刘元海等：《聚合民间资金助推攀枝花重大项目建设》，《财政研究》，2013（10），70—74页。

并购举借的债务数量也是有限的。但为了促进社会经济的发展，每年都有大量的新项目进入计划或建设运营。尤其是在国家大力号召扶持地区文化建设的今天，政府对文化项目的投资比重日益增大，这些仅仅依靠政府的财政投入显然是无法维持的。BOT 模式的出现有效缓解了这一问题。利用 BOT 模式进行项目融资，不仅可以大范围地为所建项目筹集各类资本，更能够减轻中央和地方政府的财政负担及债务压力，更好地促进大型文化基础设施项目的建设。

二是能有效降低和分散项目建设、运营风险。政府主导的大型文化项目具有投资规模大、建设要求高、建设周期长、资金回收期长以及投资风险较高等特点。利用 BOT 模式进行项目融资建设，可以将政府所承担的风险分散到项目公司或其他投资者身上。而项目承接公司为了保证达到项目预期收益、回收资金并获得利润，将全力完成项目建设，并组织高效的运营维护工作，这就进一步降低了企业建设后运营阶段所产生的收益风险。

三是有利于项目的专业化运作。BOT 模式采取项目特许经营，在经营期限内能够发挥项目的自主管理优势，企业的管理更为灵活高效。其专业化的管理团队和较高的管理经营水平，可以有效保障项目取得预期收益，有助于提升项目的营运水平。在经营期到期后，政府可沿用前期高效的管理制度和手段，保证项目管理的持续性。

BOT 模式虽然优点显著，但也存在着一些缺点和不足。

首先，在特许经营权范围内，项目被交由企业或私人完成建设与经营，这期间作为项目发起人的政府无法获得任何收益，基础设施项目的公益性及社会性无法体现，在文化项目中也很难保证商业性与文化性的均衡结合；[①] 同时，企业在项目的建设及运营过程中因为项目风险的承担将造成较高的成本，那么企业为了获得预期回报必然将提高价格从而导致社会消费者负债的增加。

其次，BOT 项目融资方式采取的招投标形式提高了企业的参与成本。在项目发起人进行招标公示后，众多的相关文化企业将进行项目可行性研究及项目的初步设计并进行投标，而中标者只有一家，不确定性较强，那么未能中标的企业在前期产生的费用将浪费，使得企业参加投标的风险

① 李有星，魏静：《论商业银行 BOT 项目贷款风险及法律防治》，《商业经济与管理》，2002（10），46—49、53 页。

加大。

最后，若BOT融资的项目参与者是多个利益主体或企业，它们可能会为了自己的利益而产生矛盾，这必将对项目的建设及运营产生不利影响；而若企业仅以收回投资资金、获取高额利润为目的，对文化项目运营也会造成极大的负面影响。

二、ABS项目融资模式

（一）ABS融资模式的定义和类型

ABS是英文Asset-backed Securitization的缩写，即资产证券化。资产证券化融资起源于美国，随后在世界范围内获得推广和发展，促进了项目融资的发展。

在ABS的初始发展阶段，资产证券化是指通过在资本市场和货币市场上发行证券即以直接融资方式来举债，这被称为一级证券化或融资证券化。[①] 运用这种方法，一个借款人可以向市场上的投资者直接借款而不再需要向银行申请贷款或透支。这种类型的资产证券化动摇了银行作为资金提供者的传统地位，并最终导致“非中介化”或“脱媒”[②] 现象的出现。

在之后的发展中，资产证券化逐渐出现了一些新的变化，即把已经存在的信贷资产集中起来根据利率、期限、信用质量[③]等标准加以组合并进行包装后转售给投资者，从而使此项资产在原持有者的资产负债表中消失。这种形式的资产证券化被称为二级证券化，也就是我们现在通常所说的资产证券化。

结合现状，可以将ABS的定义总结为：ABS是以项目所属的资产为支撑的资产证券化融资模式，是资产证券化的简称。其具体表述为：以某一目标项目所拥有的资产为基础，以项目资产所产生的独立的、可识别的未来收益（现金流量或应收账款）作为抵押（金融担保），通过在资本市

---

① 叶陈云，张侠：《我国企业项目融资中应用ABS模式的若干思考》，《当代经济管理》，2006（03），72—75页。

② 在金融领域，脱媒是指“金融非中介化”。存款人可以从投资基金和证券中寻求更高回报的机会，而公司借款人可通过向机构投资者出售债券获得低成本的资金，从而削弱了银行的金融中介作用。

③ ABS运作的独到之处就在于通过信用增级计划，使得没有获得信用等级或信用等级较低的机构，照样可以进入高档投资级证券市场，通过资产的证券化来筹集资金。资产支持的证券评级仅取决于作为证券支持的资产的信用质量，而与发行这些证券的公司的财务状况或金融信用无关。

场上发行具有固定收益率的高档债券来筹集资金的一种项目融资方式。①

随着可应用于证券化的资产越来越多，证券化金融的分类也越来越细，资产证券化交易的组织结构也越来越复杂。按照不同的标准，资产证券化可划分为不同类型，具体如图表 7-3 所示。

图表 7-3：资产证券化融资模式的主要类型

分类依据	类　型
基础资产	住房抵押贷款证券化与资产支持证券化
现金流处理与偿付结构	过手型证券化②与转付型证券化
借款人数	单一借款人大型证券化与多借款人型证券化
金融资产的销售结构	单宗销售证券化与多宗销售证券化
发起人与 SPV 的关系	单层销售证券化与双层销售证券化
贷款发起人与交易发起人的关系	发起型证券化与载体型证券化
证券化载体的性质	政府信用型证券化与私人信用型证券化
证券化构成层次	基础证券化与衍生证券化
基础资产是否从发起人资产负债表中剥离	表内证券化与表外证券化

图表来源：周颖，孙秀峰主编：《项目投融资决策》，237 页，北京，清华大学出版社，2010。

（二）ABS 融资模式的操作程序

ABS 融资在实际操作中要涉及很多专业性问题，但是其证券化过程是比较基础的。ABS 项目融资模式在文化产业融资中的应用主要表现为知识产权证券化，此外也包括一些未来收益的证券化，如电影票房、应收账款、拍卖价值证券化等。ABS 融资的具体步骤如下：

1. 确定融资目标。按照资产证券化的一般原则，投资项目所附的资产只要在未来一定时期内能带来稳定可靠的现金收入，都可以进行 ABS 融资。而文化产业中能够带来现金流入量的收入形式可以是版权、未来票房、演出应收账款、旅游区门票等。一般情况下，这些代表未来现金收入的资产本身具有很高的投资价值，但由于文化产业评估体系不完善，很多

① 贾辉艳：《ABS——项目融资新方式》，《吉林省经济管理干部学院学报》，2001(05)，40—42 页。

② 过手（pass-through）型证券化是最早出现的证券化交易结构。在这种结构下，证券化资产的所有权随证券的出售而被转移给证券投资者，从而使证券化资产从发行人的资产负债表中消失。来自资产的现金流收入简单地“过手”给投资者以偿付证券的本息，投资者自行承担基础资产的偿付风险。

无形资产无法获得权威性资信评估机构授予的级别较高的资信等级，这在一定程度上阻碍了文化产业 ABS 项目融资发展。

2. 组建 SPV。成功组建 SPV 是 ABS 融资的基本条件和关键因素。为此，SPV 一般是由那些在国际上获得了权威资信评估机构给予的较高资信评定等级①（AAA 级或 AA 级②）的投资银行、信托投资公司、信用担保公司等与证券投资相关的金融机构组成。SPV 由原始权益人设立时，作为以资产证券化为唯一目的的独立的信托实体，经营和管理都有着明确的法律规范与限制。例如，SPV 不能发生除了证券化业务之外的任何资产相关业务，包括负债。SPV 作为发行人，通过承销商在资本市场上向投资人发行资产支撑证券。为了适应投资者的不同投资偏好，实际发行的证券通常分解为优先级证券和次级证券③，用筹得的现金收入支付资产购买价款。

3. 项目资产"真实出售"。SPV 在成立之后与原始权益人签订买卖合同，原始权益人将资产池中的资产过户给 SPV，这一交易必须以真实出售④方式进行。当原始权益人发生破产清算时，资产池中的资产是不列入清算范围的，这种规范达到了"破产隔离"的效果。破产隔离使资产池的

---

① 资信评级最初产生于20世纪初期的美国，是由资信评级机构使用科学严谨的调查和分析方法，对企业和个人的资产状况、履约能力和信誉程度进行全面评价，并且用简单明了的符号或文字表达出来，以满足社会需要的市场行为。信用评级的目的是显示受评对象违约风险的大小。

② AAA 级：信誉极好，几乎无风险。表示企业信用程度高，资金实力雄厚，资产质量优良，各项指标先进，经济效益明显，清偿支付能力强，企业陷入财务困境的可能性极小。AA 级：信誉优良，基本无风险。表示企业信用程度较高，企业资金实力较强，资产质量较好，各项指标先进，经营管理状况良好，经济效益稳定，有较强的清偿与支付能力。

③ 次级证券亦称间接证券，是指金融机构发行或签署的作为间接融资工具的凭证，如银行及其他金融机构发行或签署的银行存款收折、可转让银行存款单、人寿保险单、基金股份和其他各种债务凭证等。次级证券是直接证券的对称。

④ 真实出售主要有三种操作方式：（1）债务更新。即先行终止发起人与资产债务人之间的债务合约，再由 SPV 与债务人按原合约还款条款订立一份新合约来替换原来的债务合约，从而把发起人与资产债务人之间的债权债务关系转换为 SPV 与资产债务人之间的债权债务关系。（2）转让。即通过一定的法律手段把待转让资产项下的债权转让给 SPV。（3）从属参与。即 SPV 与资产债务人之间无合同关系，发起人与资产债务人之间的原债务合约继续有效，资产也不必从发起人手中转让给 SPV，而是由 SPV 进行资产发行，取得款项后再转贷给发起人。（王虹、徐玖平编著：《项目融资管理（第二版）》，91 页，北京，经济管理出版社，2012。）

质量与原始权益人自身的信用水平分隔开来，投资者对资产支持证券的投资就不会再受到原始权益人信用风险的影响，从而达到独立地进行项目融资的目的。这是项目融资最本质的特点。

4. 进行内部评级，完善交易结构。SPV 通过与原始权益人或其指定的资产服务公司签订服务合同、与原始权益人一起确定一家受托管理银行并签订托管合同、与银行达成必要时提供流动性周转的协议、与证券承销商达成证券承销协议等方式，来完善资产证券化的结构。然后，专业的信用评级机构会对这个交易结构和已经设计好的资产证券化流程进行评级。一般来说，评级结果直接影响着项目对投资者的吸引程度。

5. 划分优先证券和次级证券，办理金融担保。通常情况下，资产证券化项目为了吸引更多的投资者，必须要进行信用增级，划分优先证券和次级证券就是增级的一种方式——通过把资产支撑证券划分为两类，优先证券先于次级证券实现本息支付，然后再对次级证券还本，以此降低优先证券的信用风险。此外，在文化产业项目融资中，为分散风险和增强专业性，需要在项目融资体系中加入金融担保功能。

6. 进行发行评级，安排证券销售。在信用增级之后，SPV 应再次委托信用评级机构对即将发行的、经过担保的 ABS 债券进行正式的发行评级。评级机构根据文化产业当前金融形势、文化项目发起人、资产证券发行人等相关信息，将信用增级情况相关评级结果反馈于投资者，[①] 然后再由专业的证券承销商负责出售证券。

7. SPV 获得证券发行收入，向原始权益人支付购买价格。SPV 从证券包销商那里取得证券的销售收入后，即按资产买卖合同指定的购买价格向原始权益人支付购买资产池的价款，而原始权益人则达到了筹资目的，这笔资金就可以用来进行项目投资和运营了。[②]

8. 实施资产管理。原始权益人或由 SPV 与原始权益人指定的服务公司负责对资产池进行管理，并收取、记录由资产池产生的全部收入，然后把这些收款全部存入托管行的收款专户。托管行按约定建立积累金，准备用于 SPV 对投资者的还本付息。

9. 支付各种机构的服务费用。到了规定的期限，托管银行将积累金拨

---

① 张明，邹晓梅等：《中国的资产证券化实践：发展现状与前景展望》，《上海金融》，2013 (11)，31—36 页。

② 王雄：《资产证券化（ABS）融资模式的理论与实验模拟》，《求索》，2012 (08)，41—43 页。

入付款账户，SPV 对投资者还本付息、向聘用机构支付专业服务费用。

以上过程如果应用在知识产权资产证券化 ABS 模式中，还需要加入知识产权评估机构的辅助。整个过程可以用图表 7-4 表示。

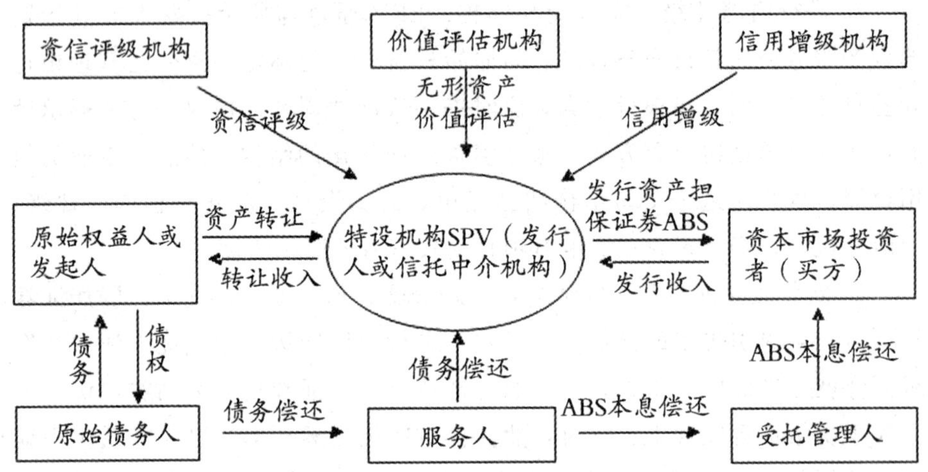

图表 7-4：知识产权 ABS 项目融资模式基本结构图

图表来源：周颖，孙秀峰主编：《项目投融资决策》，236 页，北京，清华大学出版社，2010。

（三）ABS 融资模式的特点

1. 证券化。ABS 在很大程度上代表着未来项目融资的发展方向。通过证券市场发行证券筹集资金是 ABS 区别于其他项目融资方式的显著特点。

2. 成本低。ABS 通过发行证券筹集资金，证券利率一般较低；且相比其他融资模式，ABS 涉及的机构少，从而能够最大程度地减少中间费用，降低融资成本。

3. 风险分散。ABS 有众多投资者进行投资，其融资成功的可能性高，一定程度上分散了融资风险；ABS 模式中项目原始权益人的风险仅与项目的未来收入有关，因此原始权益人的风险大大降低。

4. 流动性。ABS 通过证券实现融资目的，在这个过程中，无形资产（知识产权等）可以通过证券实现价值的流通。ABS 的流动性能够帮助解决文化产业项目融资中出现的价值难以变现、无法流动的问题。

从融资方来说，ABS 模式可以吸引更多的投资，以达到筹措资金的目的，且这个筹措过程是具有流动性的，适合我国文化产业的市场发展情况。随着知识产权与金融的逐渐结合以及我国产业融合的不断推进，ABS 模式在文化产业项目融资中将发挥更大的作用。

三、PPP 项目融资模式

（一）PPP 融资模式的定义

PPP（Public Private Partnership）即公共部门与私人企业合作模式，是指政府、营利性企业和非营利性企业以某个项目为基础而形成相互合作关系的模式。① 通过合作，合作各方可以得到比单独融资更有利的结果。合作各方参与某个项目时，并不是政府把项目的全部责任转移给私人企业，而是由参与合作的各方共同承担风险。从本质上看，PPP 融资模式是政府部门和社会投资者之间一系列复杂的合约安排，融资过程中要平衡公共部门和私人企业不同的利益诉求，合理分配各方的责任和应承担的风险。

（二）PPP 融资模式的流程

PPP 融资模式是针对项目生命周期中的组织机构设置产生的融资模式。它将政府、营利性企业和非营利性企业在某个项目的基础上结合在一起，并且以共赢、多赢为理念保持彼此合作。② 其组织机构设置如图表 7-5 所示。

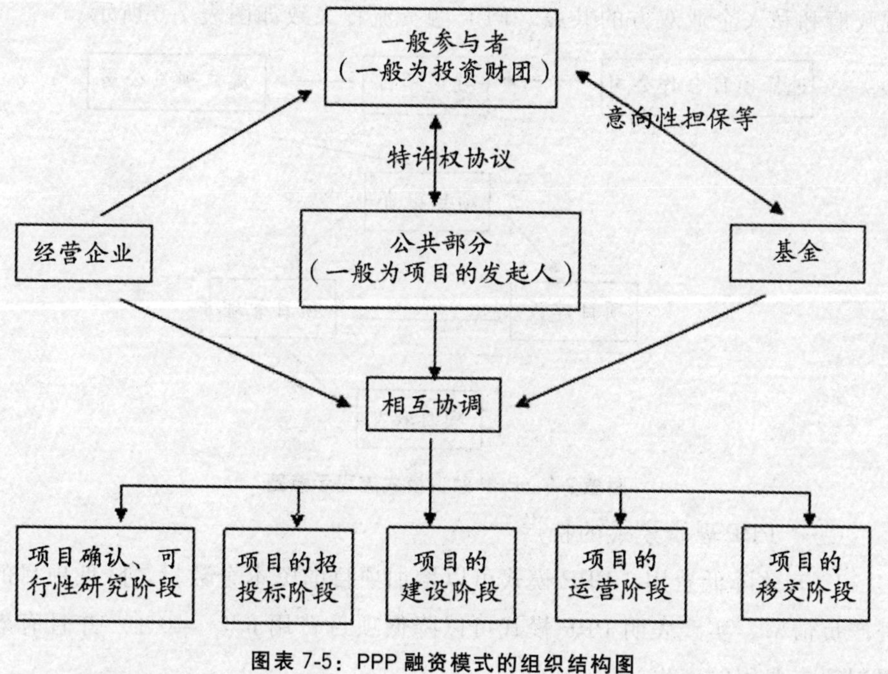

图表 7-5：PPP 融资模式的组织结构图

① 侯峻：《PPP 模式在城市公共产品投资中的应用研究》，《现代城市研究》，2008（06），72—80 页。

② 李秀辉，张世英：《PPP：一种新型的项目融资方式》，《珠江经济》，2002（04），42—44 页。

图表来源：徐兰英、王丽娜：《试论 PPP 融资模式的创新性和局限性》，《辽宁工业大学学报（社会科学版）》，2013（03），35—36 页。

第一，政府部门或地方政府通过采购或投标等形式选择项目合作公司，并与之签订特许合同（特殊目的机构一般是中标的服务经营公司、文化企业或能够对项目进行投资的第三方股份有限公司）。①

第二，在选定项目合作公司后，政府与公司双方共同确定项目，尤其是对项目进行方向性的把握。在项目确定后双方成立项目公司。

第三，政府通常与提供贷款的金融机构达成一个直接协议，这个协议不是对项目进行担保的协议，而是一个向借贷机构承诺将按与特殊目的机构签订的合同支付有关费用的协定。

第四，在融资规模达到预期需求时，项目开始进行建设与经营；到项目融资的结尾阶段，进行项目的移交。发起人和项目经营者或第三方投资机构都能够从中获利。

在 PPP 融资模式下，私人企业在项目的前期就可以参与进来，并且实现政府和私人企业双方的共赢。PPP 融资流程大致如图表 7-6 所示。

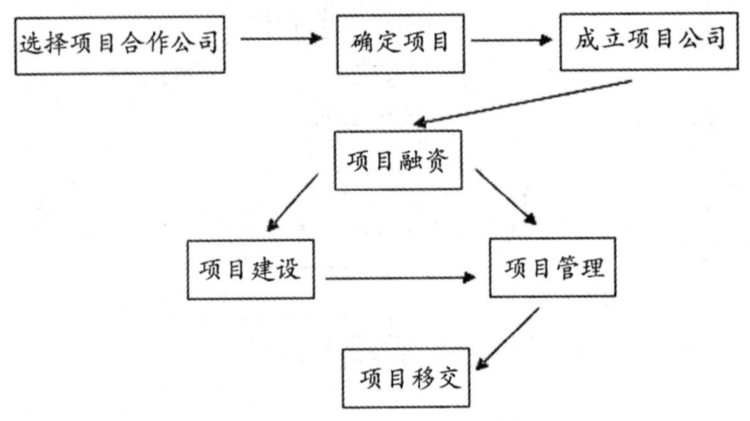

图表 7-6：PPP 融资模式流程示意图

（三）PPP 融资模式的特点

1. 有效降低费用。PPP 模式可以增加项目的资本金数量，降低项目的资产负债率。实践表明 PPP 模式可以降低项目费用 6%—40%，并且有效限制超支费用的产生。②

---

① 邓学芬，迟宁：《论 PPP 模式在旅游项目开发中的应用》，《四川经济管理学院学报》，2010（01），46—49 页。

② 陈柳钦：《公共基础设施 PPP 融资模式问题探讨》，《甘肃行政学院学报》，2008（06），83 页。

2. 有效分担风险。该模式在项目开始阶段就用企业和政府双重保障（或引入第三方担保机构）进行了风险的初步分担，并在此后的建设与运营阶段进行风险的实时跟踪与分担，分散了项目生产周期中可能出现的各种风险。

3. 有效发挥私企作用。PPP 融资模式下，更多的民营企业可以在项目融资和运营中发挥自己的优势与专长，帮助项目提高科技水平，节约投标费用与项目运营时间，缩短工期，提高项目效率。

4. 实现政府与企业共赢。通过 PPP 模式，项目的各项资源得到重新整合与调配；公共部门和私营企业合作参与到项目的建设与运营中，双方达成长期互利目标，更好地为社会和公众服务。①

PPP 模式突破了民营企业参与公共基础设施项目或某些大型文化项目建设的诸多限制，尤其适用于大型、一次性的项目，如博物馆、图书馆等文化基础设施的建设。

四、PFI 项目融资模式

（一）PFI 融资模式的定义

PFI（Private Finance Initiative）即“私人主动融资”，是指运用民间资本进行项目开发的一种融资模式；具体是指政府部门根据社会对公共设施的需求，提出需要建设的项目，通过招投标，由获得特许权的私营部门或其组建的 SPV 进行公共设施项目的设计、施工与维修保养，并在特许期结束时将经营的项目完好地、无债务地归还政府，而私营部门则定期从政府部门收取费用以回收成本的一种项目融资方式。②

PFI 融资模式是传递某种公共项目的服务，而不是提供某个具体项目的构筑物。政府采用 PFI 融资模式的目的在于获得有效的服务，而非获得最终项目的所有权。③ 在 PFI 融资模式中，合同结束时，资产的所有权归属完全取决于原始合同的规定。私企的目的在于通过参与项目、提供服务，获得政府后期利益回报，实现自身收益。④

---

① 陈柳钦：《公共基础设施 PPP 融资模式问题探讨》，《甘肃行政学院学报》，2008（06），83 页。

② 孙丰旋，吴贤国：《BOT 与 PFI 融资模式的比较研究》，《价值工程》，2006（11），130—132 页。

③ 任波，李世蓉：《公共项目私人融资新途径——PFI》，《重庆建筑大学学报》，2000（05），90 页。

④ 阎玮斌，王慧，罗福周：《PFI 和 BOT 融资模式的比较研究》，《建筑经济》，2008（05），60—62 页。

（二）PFI融资模式的实施程序

1. 评估与调研。PFI项目发起人首先要确定融资需求，评价项目本身是否需要私人融资的参与；其次，要对项目的可选择融资方案进行评级和研讨，同时对整个项目流程进行大致的预算估计；在确定适用的融资方案后，需要向私人融资或第三方融资机构进行项目介绍，在市场调研的基础上充分考量项目融资渠道与投放市场的意义。

2. 通过招投标选定SPV。公共部门要成立专门的项目小组制定项目融资策略，通过招投标寻找合适的项目公司或合作机构。公共部门与私营部门协商，进行原始合同的拟定，在其中要将项目的各项所有权划定明确的归属。①

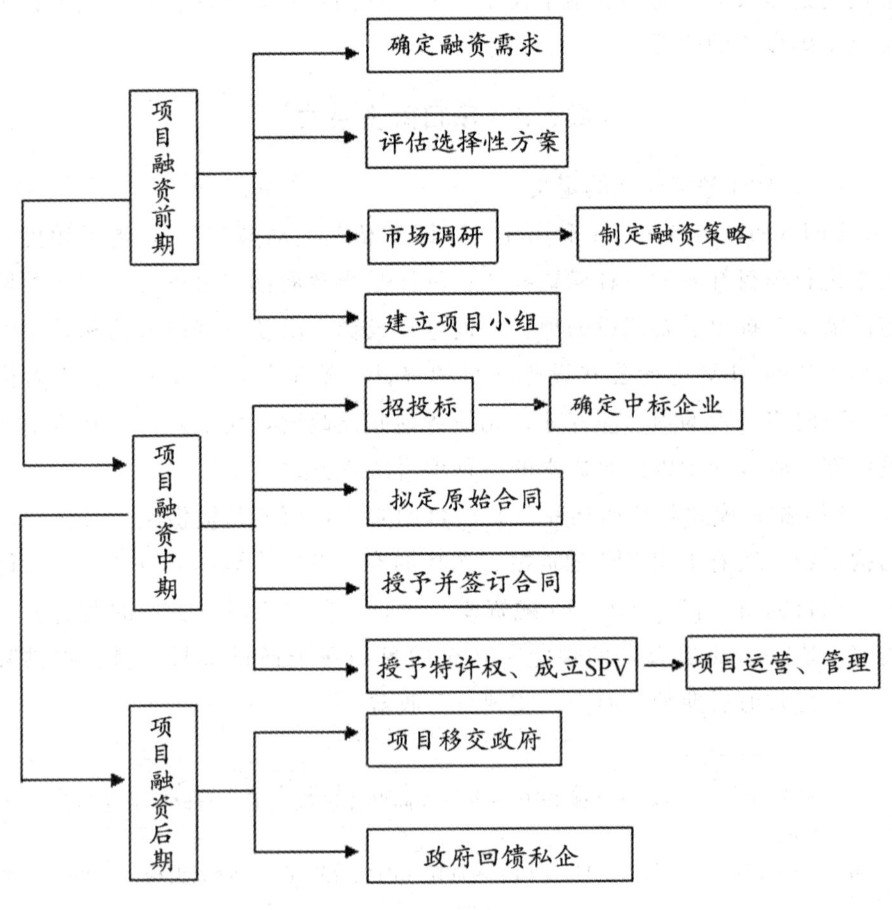

图表7-7：PFI融资模式流程示意图

① 贾康，孙洁：《公私合作伙伴关系（PPP）的概念、起源与功能》，《中国政府采购》，2014（06），12页。

3. 运营与管理。在选定 SPV 后，由获得特许权的私营部门或其组建的 SPV 进行公共设施项目的设计、施工与维修保养。PFI 不会像 BOT 方式那样使政府在特许期内完全失去对项目所有权或经营权的控制，政府在特许权期间不出让项目的所有权，可随时检查 PFI 的工作进展。①

4. 利润回报。PFI 与其他项目融资模式最大的不同在于其本质上是政府在"买入"私营部门的服务，而私营部门也将基于这种"服务供给"而获得利润。② 在特许期满后，项目被移交给公共部门，并根据利润回收情况给予私营部门收益。

（三）PFI 融资模式的特点

1. 适用领域广泛。PFI 有着广泛的适用范围，不仅可以应用于经营收益性的城市基础设施建设，也可以用于非经营性的基础设施建设。PFI 也同样适用于一些博物馆、图书馆等文化设施的建设。

2. 融资渠道多元化。PFI 融资模式能够广泛地影响经济领域的私营部门或第三方投资者，实现投融资方式的多元化。政府能够更好地利用市场进行融资渠道的扩张，有效地引入私人资本，加快项目资金到位。

3. 项目完成率高。PFI 融资模式通过引入私人部门的知识、技术和管理方法，可以提高项目的效率和降低项目成本，使资源得到合理有效的配置；同时通过引入私营企业，将市场中的竞争机制引入政府主导的项目建设中，极大提高项目建设效率。

4. 与 BOT 模式的比较。从 PFI 融资模式的本质看，它的出现是建立在 BOT 融资模式基础之上的，同样涉及项目的"建设—经营—转让"问题，但两者各有其优缺点（详见图表 7-8），其核心的不同之处体现在两个方面：一是在给予 SPV 特许权使其经营项目的同时，公共部门并没有转移项目的所有权，而是有权对项目的流程进行监督和管理；二是私营部门在项目中并非依靠项目的经营获利，而是通过项目移交后公共部门对其提供的服务（包括技术、管理方法等）获利。③

---

① 杨涛，徐霞，于艳霞：《PFI 和 RCP 融资模式的比较研究》，《特区经济》，2011 (07)，286—287 页。

② 陈柳钦：《公共基础设施 PPP 融资模式问题探讨》，《甘肃行政学院学报》，2008 (06)，83 页。

③ 贾康，孙洁：《公私合作伙伴机制：城镇化投融资的模式创新》，《经济研究参考》，2014 (13)，16 页。

图表 7-8：BOT 与 PFI 模式的优缺点比较

模式	BOT 模式	PFI 模式
优点	（1）组织机构简单 （2）项目回报率明确 （3）减少公共部门的外债负担	（1）项目管理方式更开放，实行代理机制 （2）有效进行风险分担 （3）拓宽融资渠道，缓解财政压力 （4）政府在项目实施中有一定的控制管理权
缺点	（1）资格预审和投标过程复杂，加大前期成本 （2）项目运行机制不够灵活 （3）私人资本的准入条件较高 （4）在特许期间，政府失去对项目的控制	（1）私企的信用等级无担保 （2）项目结束后可能存在利益纠纷

资料来源：孙丰旋，吴贤国：《BOT 与 PFI 融资模式的比较研究》，《价值工程》，2006（11），130—132 页。

五、其他文化项目融资模式

除了上述四种新型项目融资模式外，还有一些项目融资模式也同样可以应用于文化产业领域。

（一）项目投资者直接融资模式

直接融资模式是指文化项目投资者直接安排文化项目的融资，由发起人直接进行项目的融资安排，从理论上说这是结构最简单的基础性融资模式。当文化企业本身的财务结构良好并且有承担风险的能力时，这种模式比较适合。[①] 项目投资者在直接融资模式中可以利用多种方式，包括直接融资工具和间接融资工具，如基金、债券、股票、信贷等。

直接融资的优点显而易见：融资结构灵活可调整，可灵活运用投资者信誉；直接拥有资产并控制项目现金流量，方便充分利用项目的税收减免条件；充分发挥投资者的主观能动性，及时有效进行融资项目的运营和管理。其战略结构简单灵活，文化企业在项目融资中占据着绝对的主导地位，可以随时根据市场需求或项目发展状况进行项目融资流程的调整以及项目运营阶段的资源配置。

（二）植入式广告融资

植入式广告又称隐形广告或置入式广告，它的特点在于：

---

① 苑慧玲等：《拓宽中小企业融资渠道的新方式——项目融资》，《企业经济》，2012（08），172—176 页。

1. 隐藏于载体之中并和载体融为一体，共同构成了受众所真实感受到或通过联想所感知到的信息内容的一部分。

2. 将产品或品牌信息及其代表性的视觉符号甚至品牌理念策略性地融入媒介内容之中。

3. 在受众无意识的状态下，将商品或品牌信息在不知不觉中展现给受众（消费者），进而达到广告主所期望的传播目标。①

植入式广告是随着电视、电影产业的深入发展而兴起的一种新型营销形式，现已成为影视产业项目融资的有力方式。

（三）预售版权融资

版权作为最重要的无形资产，是文化产业项目资产最核心的部分。版权预售是指项目所有方在文化项目实施之前预售版权，以获得目标市场发行方的预付资金。这种投融资方式有利于加快项目投资资金的周转速度，适合以版权为核心的文化产业项目。比如，电影《英雄》在国内首开先河，将故事大纲和主创人员阵容交给著名国际保险公司审核与担保，并通过预售发行放映权的方式获得拍摄资金，通过预售发行权、预订拷贝、预售门票和广告招商等方式收回部分投资。2002 年 4 月，《英雄》以 2000 万美元把北美等地发行权卖给了美国 MIRAMAX 公司，随后又在韩国与日本以 200 万美元和 700 万美元的价格售出，再加上东南亚和港台的收入，《英雄》尚未投播就已经通过预售版权收回了成本。②

（四）期货融资

期货融资是配资公司③提供期货投资账户与资金，以项目资产的未来收益为保障，委托客户进行交易与操作的一种融资模式。一般来说，为了确保配资公司的账户与资金安全，客户在交易前必须向配资公司提交总资金的 15%—20%作为风险保证金。④ 账户交易盈利部分全部属于客户所

① 侯兴军等：《植入式广告：品牌营销传播的新模式》，《经济与管理》，2010（01），60—63 页。

② 郭建勋：《〈英雄〉：中国商业电影的成功突围》，《康定民族师范高等专科学校学报》，2003（03），25—28 页。

③ 配资公司专门为期货（股票）投资者提供资金融通，运用杠杆原理扩大投资者的资金量，实现高比例杠杆操作。期货公司的保证金制度被配资公司拷贝运用，在期货 15%左右的保证金比例下，配资公司再扩大最高 10 倍（有的公司提供 20 倍以内）。

④ 马国建等：《中小企业信用再担保及其风险控制体系的构建》，《重庆社会科学》，2012（09），87 页。

有，同样，客户应承担全部交易风险。客户交易如果产生亏损，则在客户向配资公司交纳的风险保证金里扣除。[①] 一般来说，这种模式可以应用于影视、艺术品等文化产业项目中。

（五）产业政策融资

产业政策融资是政府为了优化产业结构、促进产业发展而提供的政策性融资，可以分为财政补贴、贴息贷款、优惠贷款和税收优惠政策等。每个产业和行业在不同发展阶段有不同的发展规律和特点，政府为了促进文化产业发展也有针对性地给予了优惠性政策支持。现阶段，文化产业基金是比较常见的产业政策投资形式。

第四节　文化项目融资案例

资金是文化产业项目得以运行的血液，文化项目融资模式的正确选择是融资成功的关键要素。文化项目融资过程具有复杂性、高风险性和不确定性等特征，因此融资模式的选择要立足实际，谨慎选择。在我国，项目融资作为一种新型融资方式，已经引起了不少文化企业和公共部门的注意。随着文化产业整体发展环境的不断改善，文化项目融资会获得更为广泛的应用与推广。

一、BOT 模式：上海世博会项目融资

上海世博会作为 2010 年备受瞩目的全球盛会，其园区的融资、建设与经营自然成为人们关注讨论的焦点，而其最终采用的 BOT 融资模式也为世博会的成功举办提供了充足的资金保障，同时为后期园区再循环利用创造了条件。

（一）融资结构

世博会的资金筹措问题备受关注。从世博会的前期融资计划可以看出，政府投资、银行信贷和企业投入是融资的主体部分。为确保世博会的成功举办，在申办世博会之前，国家发改委、财政部以及上海市发改委、财政局就对上海世博会的举办进行了财政支持承诺和担保。[②]

---

① 陈立波编著：《文化产业项目策划与管理》，156 页，北京，北京大学出版社，2013。

② 王木春：《2010 上海世博会建设债券融资问题研究》，《特区经济》，2010（05），259—261 页。

上海世博会融资工作主要由上海世博集团①和上海世博土地控股有限公司暨上海世博土地储备中心这两个实体来完成。上海世博集团负责融资的策划、募集、管理、运作和债务偿还。

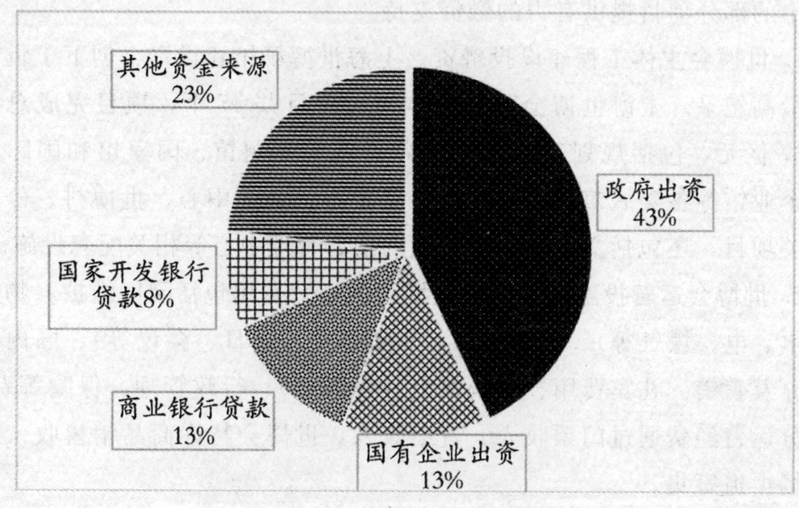

图表 7-9：上海世博会项目融资结构组成

用于世博会园区建设的直接投资额达到了300多亿元，而由此带动的产业结构调整、交通、商业、旧区改造等延伸领域投资约是直接投资的5—10倍。根据上海投资咨询公司编制的《中国2010年上海世博会投融资分析报告》，300亿元的总投资从政府（43%）、企业（36%）、银行（21%）三方获得；在使用方向上，用于土地（工业、居住用地征集）的约占58%，用于建设（世博村、世博园等）的比例为42%。②

（二）融资内容

上海世博会项目资金总投入主要由三部分组成，即项目工程的建设和运营（包括主体工程建设项目投入和会展运营投入）、动拆迁居民安置投入、交通建设（包括轨道交通和浦东机场的扩建投入）等。③ 其中主体工程建设和会展运营是直接投入，由政府出资和多元化融资渠道共同解决；

① 成立于2004年2月，是在原上海东浩国际服务贸易（集团）有限公司的基础上，由上海文化广播影视集团、上海东方国际集团、上海世博土控集团等公司共同出资组建，注册资本11.1亿元。

② 王木春：《2010上海世博会建设债券融资问题研究》，《特区经济》，2010（05），259—261页。

③ 《中国2010年上海世界博览会注册报告（摘要六）——财务计划》，上海世博会官方网站，http://www.expo2010.cn/expo/shexpo/zlzx/zcbg/userobject1ai29260.html。

而动拆迁资金则由上海市政府另行筹措。此外，银行贷款也是上海世博会融资的重要途径。在筹备世博会的8年中，国家开发银行始终致力于以中长期融资支持上海世博会建设，为世博会配套基础设施项目和“一轴四馆”中的部分项目提供有力的融资支持。

1. 世博会主体工程建设投融资。上海世博场馆建设资金创下了世博会历史最高纪录。上海世博会园区主体建设项目共47个，项目完成总投资197.37亿元，包括规划范围内的基础设施、主题馆、国家馆和国际组织馆、企业馆等各类展馆，以及公共活动中心、演艺中心、世博村、停车场等相关项目，还包括文化娱乐、餐饮购物、管理中心等相关配套设施。

2. 世博会运营投融资。上海世博会的运营费用包括园区维护（物业管理、水、电、煤气等）、大型活动（开闭幕式、馆日、会议等）、国内外沟通推介及营销、礼宾费用、安全保卫（含应急）、行政管理、保险等费用。这部分运营经费通过门票收入、赞助收入、世博会特许商品销售收入等多种市场渠道筹集。①

（1）《中国2010年上海世博会跟踪审计结果公告》显示，截至2011年3月底，上海世博会运营收入累计为130.14亿元，其中门票收入逾73亿。②

（2）除了门票收入，还有部分利润来自赞助商及全球合作伙伴的赞助费。数据显示，上海世博会的赞助费筹措到70亿元，赞助企业除了可口可乐、西门子、IBM和Cisco外，其余20多家均是国企。③ 其中可口可乐公司为赞助世博会投入的现金和资源达到约30亿元，包含了全球合作伙伴门槛费用5亿余元、配合世博赞助商广告费用等。

（3）特许商品销售也是世博会运营经费的重要来源。截至2010年5月7日，上海世博会特许商品总销售额已达140亿元。④ 特许零售店铺的销售也是一笔不可小觑的收入。截至2010年年底，有180多家世博特许

---

① 邵曙光等：《2010年上海世博会影响力的定量评估》，《南阳师范学院学报》，2011(03)，13—17页。

② 许晓青，杨金志：《上海世博会跟踪审计结果公布——营收支结余10.5亿元，未发现重大违法违规问题》，《人民日报》，2011-10-1。

③ 王慧，申里：《世博赞助商：高投入能否得到高回报?》，《中华工商时报》，2010-5-12。

④ 陈婷婷：《上海世博会特许商品销售额已达140亿元》，腾讯网，http://news.qq.com/a/20100507/002548.htm，2010-5-7。

产品生产商，8000多款商品，实现销售额31亿元。①

3. 动拆迁安置投融资。世博会园区位于上海市中心的浦江两岸，这一区域原居住有1.8万户居民。上海世博会动拆迁共涉及5.5万余上海市民和272家工厂的搬迁、动迁及安置工作，这部分工作的花费达到数百亿元。上海市政府明确指出动拆迁资金的来源主要靠土地出让。市政府、市发改委、财政局等部门共同协商，对需要动拆迁的土地面积、现有建筑、房屋进行了统计，根据土地价格和物价上涨因素推算拆迁安置费用。

4. 轨道交通投融资。2008年末上海的轨道交通长度只有230千米，2010年4月份这一数字猛增至420千米，新增的7号线、9号线、13号线等轨道线路都服务于世博园区。地铁投资浩大，它在很大程度上解决了世博会的交通问题，也带来了不小的财政压力。② 上海轨道交通已通车的400多千米，总耗资高达2380亿元。上海申通集团作为市级投资主体代表，成立项目子公司负责项目融资、建设。其中申通公司代表市一级政府，其余股东由线路经过的各区地方政府各自成立轨道交通投资公司组成，各参股方向项目公司注入一定比例的资本金，其余则借助银行贷款。

（三）融资模式与流程

从融资结构和融资内容角度分析，上海世博会的整体融资结构应用了BOT融资模式。政府部门就世博会园区的建设与运营和上海世博集团签订特许权协议，授予后者在特许期间承担世博会项目的投资、融资、建设和维护；在这期间，世博集团可以就此项目的合法运营收取适当的费用（广告费用、门票等），以此来回收项目成本并获得合理回报。从世博会项目开始建设到最终运营结束，政府有权对其进行监督和调控；在特许期满后，世博集团需要将世博园区有偿或无偿地返还政府。此外，政府还将世博园区交通建设项目特许于上海申通集团，还成立了专门的SPV进行项目融资和建设。在此对园区建设和经营的BOT融资模式进行流程分解，如图表7-10所示。

1. 准备阶段。在这一阶段，政府确定开始进行上海世博会的融资活动。通过预先的资格审查和招标，选定上海世博集团和上海世博土地控股有限公司作为世博会项目的承办人，前者负责园区的建设和经营活动，后者进行土地动迁和征用工作。在确定承办人之后，双方进行了特许协议和

① 周舟：《百货店竞相“赢”世博》，《中国服饰报》，2010-4-23。

② 陈哲：《上海世博之役》，《经济观察报》，2010-4-26。

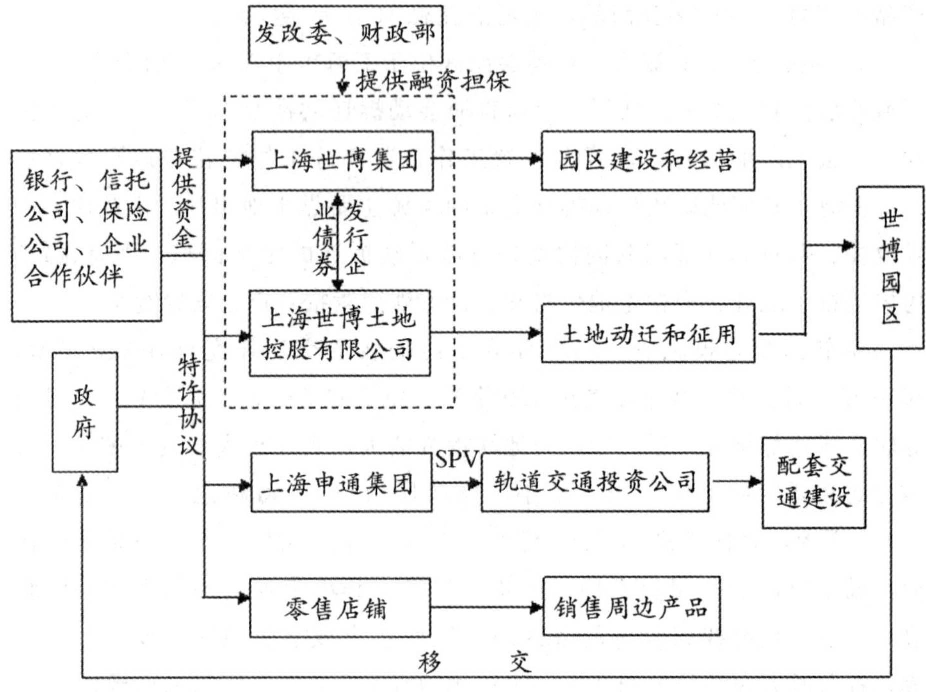

图表 7-10：上海世博会 BOT 融资流程图

融资方案的选择，由政府出面组织各参与方草签合作协议；随后政府将世博会园区融资的相关活动通过特许协议的方式授予上海世博集团和上海世博土地控股有限公司。

2. 执行阶段。当该项目进入正式建设期时，上海世博集团需要对世博园区的建设负责，进行相关的一切工作，对建设的各个环节进行安排和资金投入。同时，上海世博集团需要对整个园区建设的质量和成本进行预估与控制，确保项目能够圆满完工。为使得利益相关方能够尽快获得收益，上海世博集团在运营期间引入零售商进行周边零售和成本回收。

3. 移交阶段。在世博会落幕后，上海世博园区这一项目就开始进行收尾工作。上海世博集团需要把项目移交给政府，并确保世博园区的建设与经营的良性发展。之后，由政府和上海世博集团进行最后的利润分配。

上海世博会成功举办的背后凝聚着上海金融界的智慧和勇气，世博会巨额资金的成功运作是中国金融界的辉煌。世博会融资工作在很大程度上推动了上海新一轮投融资体制改革和金融产品创新。此次世博会成功运用了 BOT 融资模式，一定程度上缓解了政府压力，促成了世博会的良好建设与运营，成为此类项目融资行为的参考范本。

二、ABS 模式：八达岭长城旅游项目融资

景点旅游地产资源及其基础设施、附属服务业和零售业等的投资规模大、建设期限长，不具有变现能力或者变现能力很差；更重要的是，名胜古迹类景点旅游地产由于受国家物权法律的保护，不可进行抵押或质押。因此其融资行为可以采用 ABS 模式，即景点旅游地产未来营业收入的收益权证券化。

（一）融资背景

八达岭长城旅游项目是景点旅游地产类资产证券化的代表。景点旅游地产游客数量日增，门票收入极为可观，显示出了巨大的经济价值。八达岭长城作为闻名遐迩的旅游地产，其现金流条件充足。这为资产证券化奠定了坚实的基础，使之能够为长城旅游的大型开发和后续发展带来充足的融资。

从组织形式看，八达岭长城排除了 MBS 模式[①]的可能性。1997 年，八达岭旅游发展有限公司成立，当时该公司属中外合资经营企业；之后，八达岭长城与北控集团捆绑上市。2002 年我国新修订的《中华人民共和国文物保护法》及《北京市长城保护管理办法》明确指出，任何单位或个人不得将长城转让、抵押或折股作为企业资产经营。2006 年，全长 7600 米的八达岭长城终于全部被国家收回，经营权由上市公司退还给八达岭特区办事处，国家完全掌握长城的经营权。在这种情况下，以抵押方式开展融资是不现实的。于是，在 2009 年，八达岭长城开始了资产证券化的进程。[②]

（二）运作方式

景点管理处先将一定时期内的景点营业收入进行组合，包括门票收入、租金、特许经营费等，之后以相应的收益权为基础发行资产支持证券。景点资产的原始权益人政府出售的只是未来一定时期内的现金流，投资者只对 SPV 的经营活动产生限制，因而不会改变景点资产的所有权，名胜古迹的保护工作不会受到影响。

（三）融资流程

1. 发起人组建基础资产池。这里的基础资产是指八达岭长城在未来一定时期内的净现金流收益权。其中，现金流入包括：日常门票收入、租金收入（演出、拍摄等）、管理费收入和其他收入；现金流出包括：人员工

---

① MBS：Mortgage-backed Security，抵押支持债券或者抵押贷款证券化，最早的资产证券化品种。

② 张国胜，叶瑶云：《旅游资产证券化模式探索》，《管理观察》，2008（22），105—107 页。

资和福利支出、税金支出、日常修缮和保护等费用支出。在景点收入中，门票收入并非十分稳定的现金流收入，季节、气候、重大事件等因素都影响着门票收入；但加入了租金、附属服务业（包括食宿、零售等）等，收入的收益权组合就能基本符合ABS融资模式的要求。例如在2007年冬，北京已经进入旅游淡季，但国际著名时装品牌FENDI在长城的新装发布会为长城带来了可观的租金收入。①

2. 设立SPV。SPV是资产证券化运作的关键性主体，它的功能覆盖到整个运作流程的方方面面，其中包括从景点管理处购买基础资产、发行资产支持证券、选择资金保管与结算托管人等中介机构。② 在我国当前法律环境下，比较合适SPV的选择是信托投资公司、证券公司等特殊子公司。为达到破产隔离、不以盈利为目的等特性，信托公司和证券公司必须将这一部分业务独立剥离出来。

3. 出售基础资产，确定专项资产管理计划方案。将八达岭长城进行证券化的基础资产“真实出售”给SPV，即出售后一定时期内景点现金流收入与八达岭特区办事处其他的经营活动无关，出售后办事处不能随意动用这部分资产，从而实现风险隔离。专项资产管理计划是目前在国内法律法规方面障碍最小的一种信托方式，具有过手证券的特征。SPV发起设立专项资产管理计划的操作程序是：采用公开或定向募集的方式募集资金购买基础资产收益权；证券公司将募集资金存入专项账户用以支付发起人的资产出售；SPV委托银行、信托投资机构保管、清算未来景点收入，按照投资人的购买计划份数支付证券收益。③

4. 证券发行。采用公募和私募的方式发行证券。其中公募是在资本市场上向不特定投资者发行，既可通过发行人网点进行直销，也可通过证券公司承销。

5. 证券还本付息。在规定的证券偿还日，SPV将对投资者还本付息。资产支持证券全部偿还完毕后，如果基础资产产生的收入还有剩余，则这部分剩余收入将按约定在发起人和发行人之间分配。证券期满，长城景点的收益权交由发起人。

八达岭长城利用ABS模式成功进行了融资，但独立、客观的信用评

---

① 张国胜，叶瑶云：《旅游资产证券化模式探索》，《管理观察》，2008（22），105—107页。

② 林璟：《资产证券化：中国外汇储备管理方式的创新》，《中国经济时报》，2007-3-23。

③ 王英杰：《中国的资产证券化业务浅析》，《时代金融》，2014（06），120、127页。

级机构的缺位一定程度上制约了ABS更多的发挥空间，必然影响到资产证券化的市场接受程度。我国旅游地产资产证券化起步较晚，发展远没有欧美成熟，但潜力巨大，将是未来融资的大趋势。未来需要通过加强资产证券化相关人才培养、加快相关立法、规范中介服务机构等方式来进一步推动该融资模式的发展。

三、PPP模式：上海迪士尼乐园项目融资

2010年11月5日，上海申迪有限公司与美国华特·迪士尼公司签署了上海迪士尼乐园项目合作协议。① 上海迪士尼乐园项目融资充分运用了具有上海特色的PPP融资模式。这种营运模式使得项目融资中的各方都能够共享利润，其最大的特点就是中方通过参股管理公司，参与未来上海迪士尼主题乐园和配套设施的投资、建设与经营管理。当然，这种融资模式不仅仅依靠各方投资，还需要借助于银团的债务融资。

（一）项目背景

迪士尼乐园向来是全球建造成本最高的主题乐园之一。上海迪士尼乐园是中国第二个、亚洲第三个、世界第六个迪士尼主题公园。上海迪士尼项目一期建设的迪士尼乐园及配套区占地3.9平方千米，以1.16平方千米的主题乐园和约0.39平方千米的中心湖泊为核心。② 主要建设内容包括：游乐设施（主题乐园）、中心湖与围场河、商业娱乐、旅馆、公共停车场（游客停车场）、公共交通设施、办公（管理服务中心）、市政设施等，总投资超过245亿元。③

（二）投资结构

申迪集团股东分别是上海陆家嘴（集团）有限公司、上海文广发展有限公司与上海锦江国际控股公司，根据出资金额对应股权比例是45%、30%、25%；下设了三家全资子公司：上海申迪旅游度假开发有限公司、上海申迪建设有限公司和上海申迪发展有限公司。④

在上海迪士尼乐园项目中，上海申迪旅游度假有限公司和美国迪士尼公司合作投资成立了上海国际主题乐园有限公司、上海国际主题乐园配套设施有限公司、上海国际主题乐园和度假区管理有限公司三个项目公司。

该项目的投资结构是股权式投资结构。迪士尼乐园项目直接投资额约

---

① 谢群慧，何志华：《迪士尼将促城郊功能重塑》，《浦东开发》，2010（12），21—22页。

② 王芳艳：《上海迪士尼百亿银团融资待解》，《21世纪经济报道》，2011-3-11。

③ 应博华：《迪士尼与中国主题度假区的发展》，《园林》，2013（09），42—46页。

④ 谈佳隆：《上海迪士尼投资额远超世博会》，《中华建筑报》，2011-4-23。

245亿元，间接拉动的投资上千亿。有报道指出：在所有投资中40%的资金为中方和迪士尼双方共同持有的股权，其中中方占57%，迪士尼占43%；其余占总投资60%的资金则为债权，其中政府拥有80%，另外20%为商业机构拥有。[①]

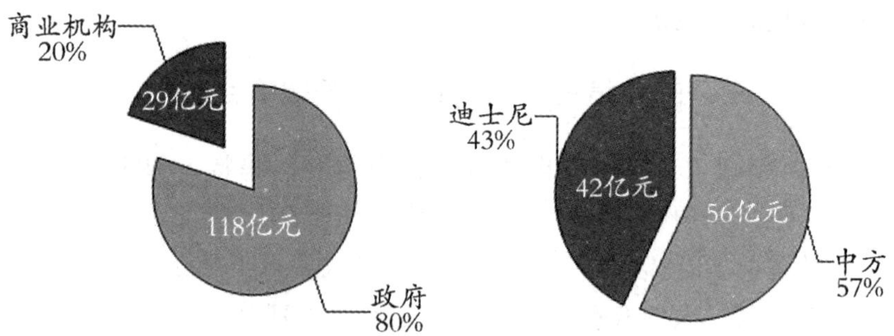

图表7-11：上海迪士尼投资结构中的债务资金组成（左）和股本资金组成（右）

（三）融资结构

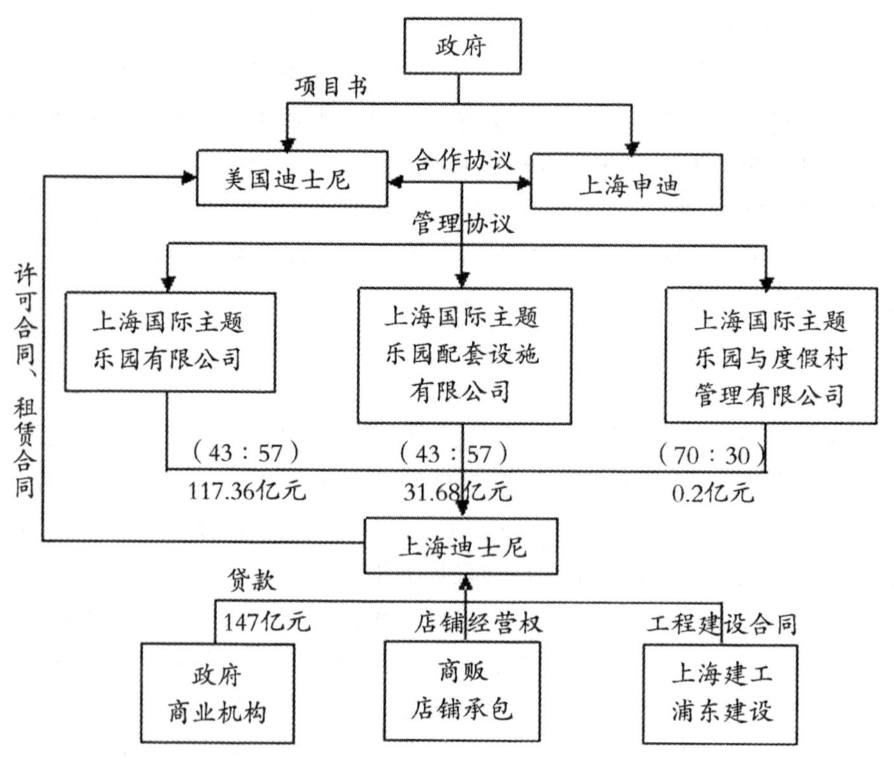

图表7-12：上海迪士尼PPP融资结构示意图

注：图中（43：57）等代表股权比例，左侧为迪士尼，右侧为申迪。

① 孙小林：《上海迪士尼250亿投资拼图》，《中国民营科技与经济》，2009（11），57—58页。

1. 项目发起人：上海申迪和美国迪士尼作为项目的发起人和投资者，承担成立项目公司的责任。

2. 项目的工程承包集团：上海迪士尼乐园的建设由上海建工集团和浦东建设集团承担。

3. 项目贷款融资：（1）2011 年 5 月国家开发银行、上海浦东发展银行和交通银行等组成的银团与上海申迪集团签订了“上海国际旅游度假区暨上海迪士尼项目银团贷款框架协议”。由政府管理的上海申迪公司出面向银团贷款。（2）商业机构通过购买股票等方式进行贷款融资。

4. 其他部分：（1）项目的知识产权、土地使用权分别由美方、中方通过许可和租赁的方式提供给上海迪士尼乐园。（2）游客、消费者和上海迪士尼乐园之间签订的是产品销售、设施使用合同。

相对于以往全球迪士尼项目管理公司迪士尼一家独大的局面，采用 PPP 融资模式使得中方持有了 30％股份。这不仅意味着利益的分享，也意味着中方在迪士尼的日常运营中占据一定地位，避免在项目运营中风险与利益不对等的局面。PPP 融资模式首次在全球迪士尼乐园项目融资中应用，带有显著的上海特色。此次融资模式的应用填补了国内大型开放式园区融资结构的空白，有助于中方更有效地参与到合资管理中。

第八章　文化企业投融资

资金是企业的血液，企业经营的各个环节都离不开充足的资金，因此融资对于一个企业的发展至关重要。一个新企业必须通过融资阶段完成资金融通才能开始进入市场；而在企业运营阶段，新资金的融入也会对其产生重要影响。然而，融资难一直是制约中小文化企业发展的重要因素。随着我国经济体制改革的不断深化，研究文化企业投融资的意义愈加重大。

第一节　文化企业与企业管理

一、文化企业

文化企业是以利润最大化为目标，以文化、创意和人力资本等无形资源为投入要素，提供文化产品和服务（准精神产品），以及运用这些精神内容获取商业利益的组织。文化企业因其特有的文化属性和意识形态属性，进行任何决策时都要考虑文化、社会、政治等多方面的因素。真正健康可持续发展的文化企业需要兼顾社会效益和经济效益。但究其本质，文化企业与其他大多数企业一样，在各种企业目标中以追求利润为根本目的。

文化企业的核心竞争力在于文化创意。所谓文化创意，是以满足无形的精神需求为指向，对于新样态所做的判断、描述和集成。① 文化创意的来源可以是故事、习俗、活动等，其价值体现在能够提供给顾客充足的精神娱乐体验。文化创意的关键在于人才的培养与有效使用。只有充分发挥人才的创新精神和技术能力，才能够让文化企业不断推陈出新，不断创造新的价值。从这个意义上说，文化企业的管理更重要的是对人的管理。

---

① 张立波，陈少峰：《文化企业核心竞争力的构成要素分析》，《新疆师范大学学报》，2013（01），14—19页。

文化企业的产出品是具有精神内容和价值的，包含特殊的文化属性和意识形态属性。在生产、销售文化企业产出品的过程中，文化企业会形成一条协调统一的价值链条。这个链条中包括传统管理学中的计划、组织、协调、领导和控制，也同样包含无形价值实现实物资本转化的过程。此链条将会充分反映在文化企业的战略、投资、生产和营销决策中。①

二、企业管理

企业管理是经营管理，目的是通过有计划的分工协作提高企业经营效益。在此过程中，如何把生产经营任务合理地分解到每一个员工，使之各有其责、相互配合，积极主动地为实现企业目标而努力，是提高生产经营效率的基本条件。②

（一）企业经营管理

管理活动的本质是将大家的力量集中而为一个共同目标努力。企业的经营管理必须明确经营管理权的性质与归属，把握经营管理职能的内容和形式。

1. 经营管理权

企业作为有计划的生产经营组织，依靠权威的指挥中心来安排和组织活动。谁在企业中指挥生产经营，是企业经营管理首先要解决的问题。

企业经营管理的本质，是通过剩余权益匹配机制确定经营管理权归属，并对生产经营活动进行统一的有计划的指挥。在此基础上，把资源配置流程与企业效益结合起来，对企业管理活动的价值链条进行分析，从中把握企业效益的形成方式和管理活动的运作机理。③

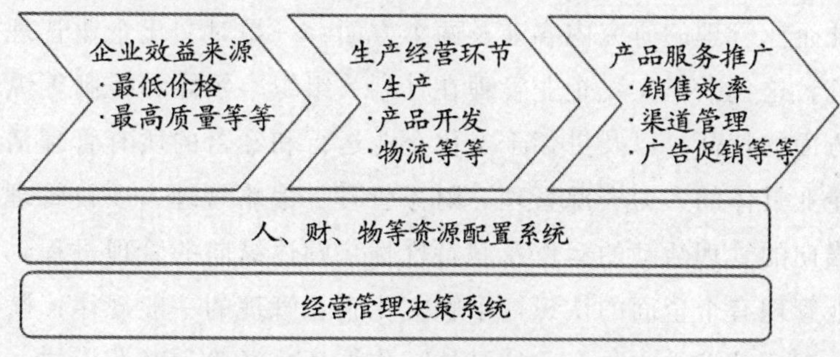

图表 8-1：企业经营管理体系示意图

图表来源：秦志华著：《企业管理》，26 页，大连，东北财经大学出版社，2011。

① 王晨编著：《文化企业管理》，17 页，长沙，湖南文艺出版社，2006。

②③ 秦志华著：《企业管理》，22、26 页，大连，东北财经大学出版社，2011。

2. 经营管理职能

把经营管理权应用于实际工作，需要找到实现途径和操作办法，经营管理职能由此产生。所谓管理职能，是指广泛存在、普遍有效、不断重复的管理要求与措施，大致可以分为以下四个具体职能。

（1）计划职能。包含制定组织目标、制定整体战略以实现这些目标并将计划逐层展开，以便协调和整合各种不同类型的活动。

（2）组织职能。每一个组织的管理者都肩负着设计组织结构的重任，其中包括确定任务和目标、选择任务执行人员、对任务进行分类组合、确定组织内部的等级结构和决策结构等。

（3）领导职能。组织的管理者必须充分发挥自己的领导职能，包括激励下属、指导他们的活动、选择最有效的沟通渠道、解决组织成员之间的冲突、解决各种突发的问题并进行创新、创建企业的文化等。

（4）控制职能。在实现组织目标的过程中，为了保证事情按既定的计划进行，必须监控组织的绩效，将实际的表现与预定的目标进行比较；如果出现任何显著的偏差，管理的任务就是使组织回到正确的轨道上来。这种监控、比较和纠正就是控制职能的含义。①

（二）文化企业管理

文化企业管理一方面包含计划、组织、领导和控制等一般管理学的内容；另一方面，由于文化产业的特殊性，文化企业又在组织结构、企业战略等方面具有不同于一般企业的特征，比如存在文化价值观和意识形态属性。

文化企业管理的研究内容涉及两个方面：一是对文化企业管理一般规律的研究，这包括了文化企业管理在计划、组织、领导和控制等纵向的管理职能方面的特征，以及贯穿于文化企业运行和经营的所有管理活动；二是文化企业具体的人力资源管理、财务管理、战略管理、项目管理、投资管理等横向的管理活动的运作及其特殊性。阐述纵向的管理过程，能够对文化企业管理有个全面的认识，了解文化企业管理的一般规律；横向的具体经营管理活动涉及文化企业的具体运作技巧、经验和经营模式，进一步阐明文化企业管理的特殊性。②

---

① ［美］斯蒂芬·P·罗宾斯，玛丽·库尔特著：《管理学（第9版）》，12页，北京，中国人民大学出版社，2008。

② 王晨编著：《文化企业管理》，24页，长沙，湖南文艺出版社，2006。

三、企业融资

(一) 企业融资定义

企业融资是社会融资的基本组成部分，是指企业作为资金需求者进行的资金融通活动。广义的企业融资是指资金在持有者之间流动，是一种以余补缺的经济行为。这是资金双向互动的过程，包括资金的融入和融出，即资金的来源和运用。狭义的企业融资主要是指资金的融入，也就是资金的来源。它既包括不同资金持有者之间的资金融通；也包括某一经济主体通过一定方式在自身体内进行的资金融通，即企业自我组织与自我调剂资金的活动，也就是通常所说的企业筹资。[①]

企业融资与一般金融机构所进行的金融活动不同，它筹措资金的目的在于运用资金为企业自身的生产经营服务，谋取更高的利润。

(二) 文化企业融资

文化企业融资是指文化企业以盈利为目的的经营性融资活动，是为了生产文化产品、提供文化服务而采取的各种筹集资金的行为。与传统企业融资相比，文化企业融资具有高利润、快增长等特点，因此文化企业成为目前吸引融资能力较强的企业。然而，文化企业的自身特性一定程度上制约了融资活动的开展。这主要体现在四个方面。

一是文化企业特有的行业成长规律。文化企业前期发展阶段的风险难以识别和控制，造成信息的不对称，故大多文化企业被传统信贷方式所排斥。二是文化企业特有的运作及盈利模式。[②] 大多文化企业的利润主要来源于文化项目的衍生收益，而衍生收益具有较高的不稳定性，难以产生持续稳定的现金流，以致未来收益与风险评估难以量化。三是文化企业特有的资产形态和结构。大多数文化企业资产以无形资产为主，缺少作为传统贷款抵押的固定资产。四是文化企业拥有特殊的体制属性。我国文化体制改革相对滞后且进展缓慢，能够进入文化市场实现持续增值的市场主体数量较少。

除了自身特性以外，阻碍文化企业融资活动开展的还有部分外部因素。一是我国缺少银企沟通平台。我国尚未建立起完善的政、银、企合作

---

① 肖翔主编：《企业融资学（第2版）》，2页，北京，清华大学出版社、北京交通大学出版社，2011。

② 陈伟，徐建华：《试论我国出版业融资的基本环境》，《大学出版》，2004（02），41—42页。

平台，信息共享程度低，缺乏信贷协调机制。二是我国缺乏支持文化企业发展的政策性奖励基金，金融机构缺少风险补偿机制。三是缺乏文化企业融资专业人才，缺乏对文化产业当前发展目标和未来发展趋势敏锐的观察力和预判力。①

文化企业的生产、经营和发展都需要充足的资本。从宏观上看，文化企业的发展已被纳入市场经济发展层面，是国家战略发展布局的一部分，是国民经济的重要组成。随着文化产业在扩大内需和调整经济结构中发挥越来越重要的作用，文化企业面临的融资问题也越发迫切。因此，加大金融对文化企业的支持力度，推进金融领域融资产品的创新，加快产业融合，是经济转型时代的重要议题。

第二节　文化企业投融资战略

企业融资已经成为企业发展战略的核心内容。随着我国投融资体制改革的推进和资本市场的不断完善，融资渠道不断拓展。在此情况下对于文化企业来说，投融资战略的选择尤为重要。

一、文化企业投融资战略概述

文化企业的投融资战略选择在企业融资活动中有着举足轻重的地位，企业融资活动能否顺利完成几乎完全取决于其融资战略的选择和制定。

（一）文化企业投融资战略定义

投资战略作为财务战略实施的主要动力之一，对财务战略实施的过程和效果都发挥着重要的作用。企业投资战略是影响其长期盈利能力的重要因素，因此企业投资战略的制定需要综合考虑各方面条件：不仅要对投资项目的可行性进行精准分析，还要对企业内部的经营管理状况、企业资金融通战略以及市场竞争环境和国家相关产业政策等进行研究和分析。在市场经济逐步完善的现代社会，投资环境成为影响投资战略制定的首要因素。

融资战略是资金筹措的战略，也是企业战略实施的首要条件。融资战略是指根据企业的内外部环境以及投资战略，对企业融资方式、渠道、规

---

① 陈波，王凡：《当前我国文化企业融资趋势、问题与成因分析》，《艺术百家》，2011（05），90—98页。

模、结构和成本等进行长期的系统考察与设计，以满足企业经营战略的资金需求。企业融资战略的制定同样要面对企业内外部环境的制约，尤其对于文化企业来说，政策环境可能直接影响市场方向的转变和产业融资趋势的变化。文化企业需要充分把握市场环境和政策环境的变化及趋势，利用企业融资机会，尽量避开环境威胁，最大程度实现企业盈利。

文化企业投融资战略既包含资金投入战略又包含资金融进战略，这是一个活动着眼于不同主体的表达方式，是文化企业在筹集资金时根据各种外部条件和内部条件以及对未来的预测所选择的资源融入和运用的最佳方案。①

（二）文化企业投融资战略的构成要素

1. 融资规模：指在某一时期内，企业采取多种办法筹集资金的总额。这是中小企业制定融资战略需要考虑的一个重要因素，融资规模的大小不仅直接决定着融资能否成功，而且影响着企业盈利能力。② 文化企业应该结合自身的经营发展状况来确定融资规模，实际所需额度与企业自筹资金的差额即为企业所需融资的规模。

2. 融资方式和渠道：融资方式即融资途径，一般可以分为直接融资和间接融资。融资渠道即资金来源，可分为内源融资和外源融资。这部分内容在本书第一章已有论述，在此不再赘述。

3. 资本成本：指企业为筹集和使用资金而付出的代价，包括资金筹集费用和资金用资费用两个部分。前者是指企业在筹集资金的过程中所产生的各种费用之和，比如发行股票、债券过程中产生的印刷费、律师费、公证费等；后者是指企业向资金所有者筹借资金而应付给资金所有者的报酬，比如银行利息、股息等。

4. 资本结构：指企业各种资本的构成比例及相互关系。资本结构是影响企业发展和融资的一个重要因素。构成资本结构的三个要素分别为成本要素、风险要素及弹性要素。文化企业应该合理配置股权、债权等资本要素的比例，发挥各种要素对资本结构的积极作用。

5. 融资风险：指文化企业在筹资活动中产生的相关风险，包括经营风险与财务风险。融资风险主要有以下几种表现类型：

---

① 吴钦春：《企业生命周期理论与企业融资战略的融合性研究》，《商业时代》，2013(11)，80—81页。

② 何雄，谷秀娟著：《中小企业发展的融资战略研究》，66页，上海，立信会计出版社，2013。

图表 8-2：文化企业融资风险类型

风险类型	风　险　内　容
信用风险	借款方在合同规定期限内发生违约、到期不能偿还贷款的风险，是银行贷款的主要风险
价值评估风险	和信用风险相辅相成。文化企业的无形资产价值评估尚未完善，存在着相当大的融资风险
完工风险	在筹集资金进行企业融资后，无法按时完成企业建设、延时完成等带来的风险
生产风险	在文化企业生产经营活动中，技术、资源、劳动力等变动给生产经营带来的风险
市场风险	文化产品在市场上供需变动和价格变动带来的风险
金融风险	资本市场上的利率、汇率等市场因子的波动带来的风险
政治风险	文化产品意识形态属性使得政治因素对企业的生产经营造成关联风险
其他风险	如环境保护风险、资本退出风险等

图表来源：何雄，谷秀娟著：《中小企业发展的融资战略研究》，71 页，上海，立信会计出版社，2013。

6. 融资效益：是制定融资战略的核心要点。在市场经济条件下，企业融资的最终目的是盈利。因此在选择融资方式和融资渠道时，文化企业最为关注的是融资活动所带来的收益。

上述六大要素构成了融资战略的内涵。其中融资规模、融资方式和融资渠道是融资战略的实现途径，资本成本、资本结构是融资战略的重要体现，融资风险是融资战略的前提，融资效益是融资战略的核心内容。① 六大要素相互作用、相互影响，具有内在一致性，共同决定着文化企业的投融资战略布局。

二、文化企业投融资战略决策

文化企业投融资战略决策是指根据企业发展战略和预期融资目标，分析、判断和决定其融资规模和投资运营方案的活动。为了更加有效地进行投融资战略决策，企业会逐渐形成某种战略决策模式和相应的战略决策步骤。

文化企业投融资战略决策涉及企业的方方面面，一般分为企业直接投融资决策和企业间接投融资决策。合理的企业投融资战略决策必须掌握科学决策的四大要素：合理可行的融资目标、企业投融资环境、投融资方

① 侯华庆：《企业融资战略中的全面和谐观》，《国际商务财会》，2010（05），63—65 页。

案、决策人员素质。[①] 在这个过程中，企业很难单凭个人或经验进行准确决策，需要一个合理的决策机构组织形式和科学的决策步骤。

（一）战略决策机构的组织形式

在文化企业内部，常见的战略决策机构组织形式是在企业中设立与企业未来发展相关的项目部和市场部，两个部门分工明确：项目部主要寻找有发展潜力的文化投资项目，并交由市场部论证；若市场部认为项目可行，则交由企业高层进行决策。这种模式分工明确，有利于企业做出正确的决策，减少风险和损失；缺点是比较耗费时间，企业不能及时掌握投资对象在市场中的实际情况，这与文化企业需要稳、准、快地抓住市场时机的需求是相背离的。

随着管理运营方式的不断创新，在大型企业或业务发展迅速、业务范围比较广泛的文化企业中，矩阵式管理受到青睐。矩阵式管理是指通过横向联系和纵向联系的管理方式，平衡企业运营中分权化与集权化问题，使各个管理部门之间相互协调和相互监督，更加高效地实现企业的工作目标。矩阵式管理组织结构具有显著优势：一是有利于资源在不同项目间配置，通过适应不断变化的外界环境要求，获得规模收益和专业化收益；二是加强了横向联系，克服了职能部门相互脱节、各自为政的现象；三是具有较大的机动性，任务一旦完成，组织即解体，保证了人力、物力、财力的高利用率；四是有利于促进员工共同学习，加速员工的成长，提高组织各部门专业水平。[②] 随着文化企业自身的探索和发展，更加科学、完善的投资决策机构组织形式还会出现。

（二）文化企业投融资战略决策步骤

战略决策是战略管理中极为重要的环节，起着承前启后的枢纽作用。根据战略决策阶段性划分，可以将文化企业投融资战略决策分为战略定位决策、战略指标决策、业务战略决策三个步骤。

1. 战略定位决策

战略决策的首要任务是制定战略定位，即解决企业“做什么”的问题。文化企业战略定位主要涉及文化企业战略管理的两个基本要素——业务范畴和独有优势。前者是指企业经营业务涉及哪些方面。文化产品可以

---

① 夏禹龙等：《论决策科学化》，《中国社会科学》，1982（03），3—25页。

② 黄凌翔：《矩阵式组织结构在股权投资公司中的应用》，《商业时代》，2007（10），52—53页。

借助内容的复制和产品品牌的延伸，实现系列产品跨行业的衍生。[①] 后者则表明文化产品和市场组合的特殊属性，并给文化企业带来竞争优势。

2. 战略指标决策

企业战略定位之后，需要确定各战略指标目标值，重点包括净利润指标、企业资本收益率目标、资本投入目标、市场份额目标、资本产出目标等。文化企业在战略指标决策时要受到企业自身资源状况的限制。通常情况下文化企业在自身产业链协调和内外部市场信息沟通上的侧重点不同，就可能形成不同的资源配置战略。

（1）市场渗透策略：指文化企业立足于现有市场，通过文化产品细分市场策略、产品组合策略、推广策略和价格策略，实现现有文化产品销售市场的扩大；同时通过这些策略锁定一批相对忠诚的文化产品消费者，树立在市场竞争中的优势。

（2）新产品开发策略：指通过分析现在的市场获得消费者预期消费数据，预测未来市场的发展走向；通过这种趋势判断不断创新自身的技术水平，利用创意人才的优势不断推出新的产品和服务，维持在市场中的竞争优势。

（3）新市场开发策略：指通过开发新市场和新消费者群体，或者谋求新的市场定位，为现有的产品开辟出新的市场。新市场开发策略对文化企业的发展至关重要。例如定位于背包客旅行的低价自助旅游就比一般旅行社早一步看到了平价市场的重要性，在新市场上抢占先机。

（4）多种经营策略：指企业通过投资新的文化产品，进入到不同的文化领域和文化行业，实现多元化经营。

3. 业务战略决策

在战略定位决策和战略指标决策基础上，企业需要制定保障指标实现的相关业务战略。相关业务战略的重点包括：提高企业资本收益率的业务战略，如成本领先战略、质量领先战略；提高可投入资本量的业务战略，如融资战略、并购战略等；提高市场份额的业务战略，如低价战略、渠道战略等；提高资本产出的业务战略，如精益生产战略、流程再造战略、信息化战略等。提高净利润的目标依赖于以上各项业务战略的制定和实施。

文化企业业务战略决策要特别注意四个方面：一是要注重发挥文化企

① 刘舜发，钱践：《论美国影视制作业的投融资机制》，《国际新闻界》，2010（10），85—92页。

业战略管理中的协同作用；二是要注意保持衍生产品所包含的核心精神要素的一致性，以便实现内容要素的转移；三是不同的文化产品通过共享销售渠道和网络，可以分担一定的成本；四是文化产品与项目的管理与开发，可以实现技能的共享与移植。①

第三节 文化企业投融资方式

随着生产规模的不断扩大，文化企业为了在市场竞争中脱颖而出，必须不断开发新产品、扩展新市场，而这些活动都需要大量的资金支持。因此文化企业需要通过一定的方式来进行投融资活动，以满足自身发展的资金需求。现阶段文化企业融资的方式多种多样，企业应该选择适合自身发展阶段和企业具体经营情况的融资方式。

一、债权融资

所谓债权融资是指企业通过借钱的方式进行融资。对于债权融资所获得的资金，企业首先要承担资金的利息，在借款到期后要向债权人偿还资金的本金。债权融资的形式主要包括：银行贷款、发行债券、民间借贷、信用担保和金融租赁等。② 在我国，最常见的文化企业债权融资方式是银行贷款、发行债券和民间借贷三种。

（一）银行贷款

银行贷款是指银行根据国家政策以一定的利率将资金贷放给资金需要者，并约定期限归还的一种经济行为。

银行贷款融资的流程主要有以下几个步骤：（1）提出申请：借款人需要提出书面的申请并且提交贷款申请书，贷款申请书的内容应该包括贷款金额、用途以及偿还方式，同时还需要提交抵押物等相关证明材料；（2）银行审批：借款人的借款申请交由银行审批，银行会对借款人进行信用等级评级并进行借贷的可行性分析；（3）签订合同：银行与借款方就借贷行为签订借款合同，在合同中要明确约定双方的权利与义务；（4）发放贷款：银行贷款自贷款发放之日开始计算利息；（5）贷后检查：银行会根据贷款的

---

① 王晨编著：《文化企业管理》，127页，长沙，湖南文艺出版社，2006。

② 陈波，王凡：《我国文化企业融资模式分析》，《学习与实践》，2011（06），112—117页。

去向和流动，对资金的使用进行监督，以确保借款方能够顺利还款；（6）贷款回收：最后一个环节就是贷款的收回或延期，借款人在贷款到期前会接到银行通知，约定还款时间，若不能偿还、需要延期还款的，需要向银行提出申请。[①]

文化企业进行银行贷款融资时，还需要咨询、担保、信托等第三方机构的介入。文化企业银行贷款融资的流程大致如图表 8-3 所示：

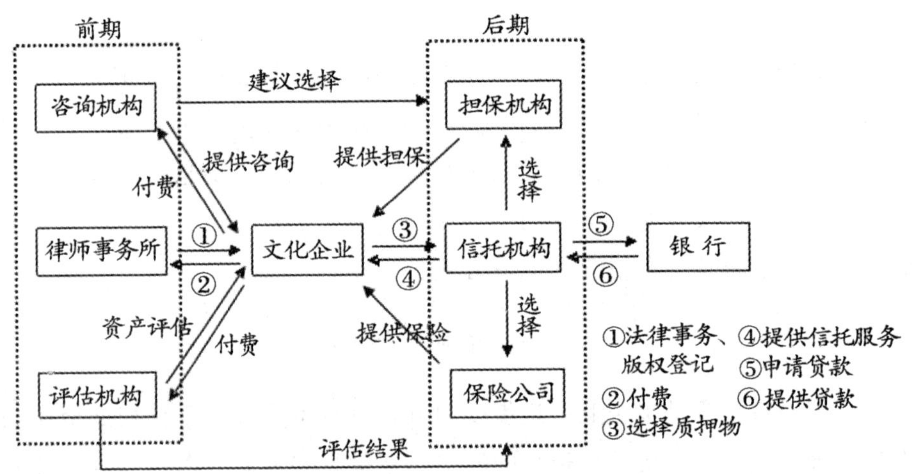

图表 8-3：文化企业银行贷款融资方式流程图

根据流程图可以看出，银行贷款的主要优点在于：（1）企业申请银行贷款只需要提供相关资料并获得银行同意，与发行股票和债券等方式相比程序较简单，融资时间短；（2）企业与银行直接就信贷条件进行协商，减少了中间的各项花销，融资的成本相对降低；（3）在经济环境发生变化时，企业可与银行协商，修改借款的数量和条件，帮助企业缓解财务状况，具有一定的借款弹性。[②]

我国文化企业普遍面临融资困境。不过随着文化产业在国民经济中的比重日益上升，国家多部委出台了扶持文化企业特别是中小型文化企业贷款融资的政策，大力推动金融资金与文化产业的有效对接，进一步改进和提升了经济环境和对文化企业发展的金融服务。良好的政策环境，使得银行贷款逐渐成为我国文化企业最常采用的债权融资方式。

---

① 王长江，李松玲：《政府融资过程中政府和银行间的信号博弈》，《审计与经济研究》，2011（05），89—96 页。

② 杜心宇，陶晶：《中小企业融资新方式——应收账款融资博弈分析》，《商业会计》，2013（09），42—44 页。

（二）发行债券

债券融资是指公司按照法律规定的合法途径发行有价证券并约定在一定期限内还本付息的融资方式。公司发行的债券实际上就是对债券持有人或债权人出具的有价凭证。按照不同的分类标准，我们可以将债券划分为多种类型：

图表 8-4：债券的划分标准与种类

划分标准	债　券　种　类
发行方式	记名债券、无记名债券
还本期限	短期债券、中期债券、长期债券
发行条件	抵押债券、信用债券
可否转换为公司普通股票	可转换债券、不可转换债券
偿还方式	定期偿还债券、随时偿还债券
是否参与盈余分配	参与公司债券、非参与公司债券
可否上市	上市债券、非上市债券

资料来源：陈晓红等编著：《中小企业融资创新与信用担保》，58 页，北京，中国人民大学出版社，2003。

无论哪种方式的债券，发行方式都有两种：一种是私募发行，又称为定向发行或私下发行，即面向少数特定投资者发行；另一种是公募发行，又称为公开发行，是由承销商组织承销团将债券向广泛的不特定投资者发行。[①] 私募发行和公募发行具有显著差异，见图表 8-5。

图表 8-5：私募发行债券与公募发行债券比较

比较内容	私募发行	公募发行
承销商	一般不需要	需要
手续	简便	复杂
发行时间	所需时间短而有效	所需时间长而费用高
流动性	差	强
发行对象	事先确定的投资者	公众投资者
债权控制	少数大债权人	债权分散

资料来源：陈晓红等编著：《中小企业融资创新与信用担保》，58 页，北京，中国人民大学出版社，2003。

债券发行主要遵循以下几个步骤：公司管理层审议通过发行决议→定制发行章程→向证券管理部门申请办理证券评级→提出发行申请→通告债

① 周星磊：《论证券私募发行中的发行对象》，《研究生法学》，2013（01），124—148 页。

券发行方式→签订承销合同→发行债券→获得债券融资款项。不同行为主体之间的关系见图表 8-6。

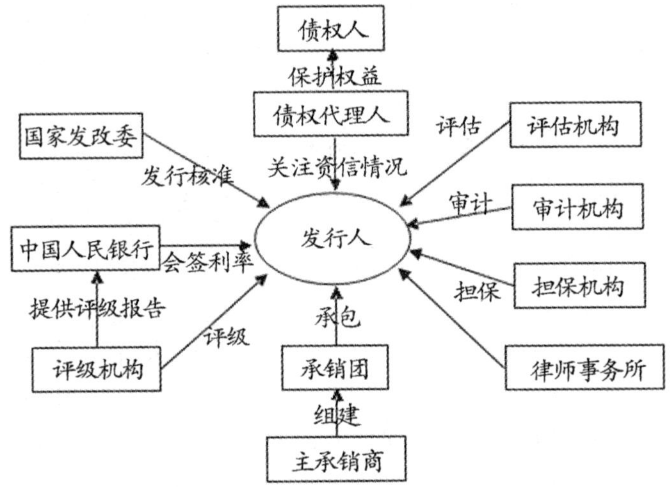

图表 8-6：文化企业债券发行流程示意图

与其他融资方式相比，债券融资的优点表现为：（1）税盾作用降低了融资成本：世界各国的税法普遍规定债券融资的利息支出在税前列支而股息则是在税后支付，这就意味着国家负担了企业融资的部分成本，企业会节省下大笔的财务费用，增加发行债券的动机；（2）债券融资的财务杠杆①作用：企业筹集资金所带来的收益在扣除需要支付给投资者的利息后的剩余部分将由原有股东分享，如果企业合理运用这笔资金将会获得可观收益，因此企业会冒着一定的风险发行债券；（3）债券融资的自主性和稳定性强：企业能够根据自身的需要来确定融资的规模和发行债券的期限，并能够自由地使用和支配资金，具有较强的自主权；（4）贷款期限长：与银行贷款相比，债券融资以中长期资金为主，在一定程度上可以弥补银行贷款在时间上的限制。

文化企业使用发行债券的方式进行融资也同样存在着不便之处：（1）与银行贷款相比，文化企业使用债券进行融资会增加融资成本；而且由于我国信息披露机制不健全，企业与银行之间存在信息不对称，债券合约的弹性较小，经济波动会对其造成影响；②（2）我国对债券发行的条件和程序

① 指利用债券筹资给企业带来的额外收益。财务杠杆系数越大，筹资的风险越大，债券融资的杠杆效益就越大。

② 郭斌：《企业债务融资方式选择理论综述及其启示》，《金融研究》，2005（03），145 页。

有严格的规定，目前只有少数大型国有企业有实力发行债券；对于资金积累不足的中小文化企业来说，这种融资渠道难度较大；（3）企业利用杠杆效应增加股东收益，同时也会增大企业的财务风险，稍有不慎就有可能面临破产危险。①

（三）民间借贷

民间借贷是指公民之间、公民与法人之间、公民与其他组织之间的借贷。民间借贷分为两种，即民间个人借贷、公民与企业之间的借贷。民间借贷融资是不通过金融机构而私下进行借贷的活动，是一种原始的直接信贷形式。

民间借贷具有供求的自发性高和利率的自主性强的特点，由此成为我国大多数文化企业尤其是以私营性质为主的中小型文化企业最常用的融资方式之一。② 不过，由于缺乏管制和规范，民间借贷风险性较高。借贷双方必须严格遵守国家法律法规的有关规定，遵循自愿互助、诚实信用原则，严防法律风险和财务风险。

二、股权融资

股权融资是指企业采用自己出资、政府有关部门投资、吸收直接投资、与其他企业合资、吸引投资基金以及公开向社会募集发行股票等方式，通过出让企业的股权来为企业融得资金的经济活动。③ 股权融资模式的主要方式有公开上市、股权出让、增资扩股、产权交易、股权收购等。通常文化企业进行股权融资时不仅依靠一种融资方式，而是多种股权融资相结合，以获得最好的融资效果。

（一）上市融资

上市融资是指企业根据公司法、证券法等要求的条件，经国家证监会批准上市发行股票的一种融资模式。企业上市可以解决融资渠道问题，同时还能完善企业的科学管理结构，提高企业知名度，迅速把企业做强做大。④

---

① 刘瑞红：《杠杆原理在企业财务管理中的应用》，《商业会计》，2014（04），87—89页。

②④ 陈波，王凡：《我国文化企业融资模式分析》，《学习与实践》，2011（06），112—117页。

③ 转引自李军著：《企业融资》，38页，北京，民主与建设出版社，1998。

1. 上市融资的流程

（1）第一阶段：企业上市前的综合评估。这一阶段的主要任务是完成股票发行的基础性工作，包括股票发行与上市辅导、各种募股文件的准备。文化企业要制订股票发行计划，其中包括股票发行的前景与可能的影响因素、发行成本、股票种类、发行时间和数量以及价格等。在股票发行过程中，投资银行要报出合理价格说服投资者购买股票，保证股票价格未被定高，保证股票能够顺利发行；同时，在股票发行期间，投资银行通过维持股价的稳定实现对文化企业的保护作用，增强二级市场的流动性，使股票价值能够真实反映公司价值。[①]

（2）第二阶段：企业内部规范重组。投资银行获取主承销商资格后，就要组建IPO小组。IPO小组除主承销商外，还应包括发行公司的高管、律师、会计师、文化行业专家（尤其是无形资产评估专家和文化市场调研预测专员）等。小组成立后对发行人进行重组，这有利于公司资本结构优化，有利于筹集到更多的资金，有利于再次融资，避免同业竞争。[②] 规范重组的完成可以增强保荐人、策略股东、其他中介机构及监管层对公司的信心。

（3）第三阶段：上市申请与审批。在发行股票的准备工作完成之后，发行人要向有关部门提出发行申请，且须得到批准方可发行。具体流程分为六步：第一，拟发行股票的发行人要在获得政府或企业主管部门同意后向所在地的证监会派出机构提出公开发行股票申请；第二，证监会对发行人提交的申请报告进行审核，初步审定发行人的预选资格；第三，获得证监会的核准后，发行人向证券交易所提交有关材料，审核通过后，出具上市承诺书；第四，证监会对申报材料进行全面的审查，通过后报中国证监会发行审核委员会复审；第五，证监会发行审核委员会复审后以投票方式对发行人的股票发行申请进行表决，并提出审核意见；第六，证监会发行审核委员会通过，由中国证监会出具批准发行的有关文件。

（4）第四阶段：正式启动上市工作。获得证监会审核批准后，企业即可公开发行股票。具体步骤包括：发出发售股票的要约，投资者向发行人

---

① 李心愉，冯旭南编著：《公司融资》，176页，北京，中国发展出版社，2008。

② 汪海粟，方中秀：《无形资产的信息披露与市场检验——基于深圳创业板上市公司数据》，《中国工业经济》，2012（08），135页。

认购，发行人与承销商依据一定的规则确认有效认购的投资者，发行人与认购者交付款项、交割股份[①]等。具体发行办法分为发售认股权证、储蓄存单、全额预缴比例配售、上网定价发行和上网竞价发行等。[②]

2. 上市融资的利弊分析

企业上市融资具有许多优点。一是与其他融资方式相比，上市融资对经营的限制较小；二是公司上市后资产净值增加，有助于未来进一步筹资；三是公司上市后更易于通过公募或私募的方式发行证券来筹资；四是发行股票还可以帮助企业收购其他企业，或用于抵押贷款。另外，对于文化企业来说，上市可以很大程度地提高知名度，树立良好的企业形象；使文化企业更加规范地运营；通过发行认股权证给员工，吸引更多优秀人才；最重要的是，股票的流通性好，兑现力强。[③]

上市融资的弊端同样不容忽视。公司上市后股东股权比例降低，股权的分散会降低原有股东对公司的控制力；上市后，企业会受到许多限制，如必须定期发布信息公告，披露企业的各种信息；公司上市的时候需要承担各种费用，这会增加融资成本，冲减上市所筹集到的资金；股票市场的压力可能会导致公司采取非最佳经营策略，为维护股票价值而追求短期利润，忽视长期发展。[④]

（二）并购融资

并购即兼并和收购。兼并指两家或者更多的独立企业、公司合并组成一家企业，通常由一家占优势的公司吸收一家或者多家公司；收购指一家企业用现金或者有价证券购买另一家企业的股票或者资产，以获得对该企业的全部或者某项资产的所有权或控制权。[⑤] 通过兼并收购，公司将筹集的资金投入新的投资项目中，从而可以使失败的企业重获生机、有活力的

---

① 股份交割指认股人在承诺认购后，必须在规定的期限内缴纳所认股份的股款，才能领取所买进的股份。同样，发行公司也必须在成交（即收到股款）后的规定日期交付所售出的股份。

② 肖翔主编：《企业融资学（第 2 版）》，69 页，北京，清华大学出版社、北京交通大学出版社，2011。

③ 陈晓红等编著：《中小企业融资创新与信用担保》，47 页，北京，中国人民大学出版社，2003。

④ 刘金章，王晓炜：《论风险投资中的制度创新》，《基建管理优化》，2002（02），14—21 页。

⑤ 王欣：《企业并购的融资问题及对策》，《中国证券期货》，2013（04），100—101 页。

企业持续繁荣。

并购融资是指并购企业为了收购被并购企业资产或股权的对价款而进行的融资活动。[①] 根据并购资金的来源，并购融资可以分为内源融资和外源融资两大类：前者包括自有资金、未分配或未使用的专项基金以及企业应付未付的税款等；后者分为债务类融资、权益类融资和债务权益混合类融资三大类。由于目前我国文化企业的并购大多是通过股权变化与调整实现的，所以这里所说的并购融资多指权益类融资方式。

2013 年我国文化产业领域并购案例频现。以文化传媒行业为例，全年共发生并购案例 50 余起，涉及资金近 400 亿元。如 1 月阿里巴巴全资收购数字音乐平台虾米网，2 月掌趣科技 8.1 亿元收购动网先锋 100%股权，4 月阿里巴巴斥资 5.86 亿美元收购新浪微博 18%股权，6 月大唐电信斥资 16.99 亿元收购要玩娱乐 100%股权，8 月百度 18.5 亿美元收购网龙网络旗下 91 无线业务，9 月腾讯 4.48 亿元战略收购搜狗 36.5%股权等。[②] 2014 年延续了 2013 年文化产业领域的并购热潮，上半年国内文化传媒产业共发生约 125 起并购重组与战略性入股事件，总交易金额达 1000 亿元。[③] 这些案例反映出近年我国文化企业并购的四大特点：

(1) 行业垂直整合加剧。在影视传媒和移动互联网等领域，并购是多元化业务布局的重要途径。以百度、阿里巴巴、腾讯为代表的网络巨头利用并购方式在移动端进行业务布局，加剧了行业的垂直整合。

(2) 收购成为企业博弈的最好选择。文化企业大多是小微企业，其产业结构特征单一，然而高投入和高技术含量的企业产品特性决定了其对于资本的巨大需求。企业要想与行业巨头抗衡，就要接受收购。

(3) 基于 PC 终端的游戏领域也是并购重点。以华谊兄弟、掌趣科技、大唐电信等为代表的上市公司加速收购游戏企业，无线市场布局逐渐形成。

(4) 并购成为业内巨头加深行业整合的共识。我国文化产业链条上的企业定位和强弱态势已基本形成，行业巨头已经形成了加深行业整合的共识，即利用并购进行企业融资整顿。

在国内文化产业并购融资如火如荼之际，我国文化企业海外并购的业

---

① 张同庆著：《信托业务法律实务》，265 页，北京，中国法制出版社，2012。

② 新元文智集团：《2014 年度中国文化产业发展与投融资状况分析报告》，2014-2。

③ 《资本喜欢什么样的“文化产业”——上半年文化产业 120 起并购事件深度分析》，虎嗅网，http：//www.huxiu.com/article/38299/1.html，2014-7-22。

绩同样不俗。例如，万达集团并购的美国第二大院线公司 AMC 于 2013 年在纽交所上市，万达集团由此获得了超过初期投资额一倍以上的回报。

目前文化企业的并购主体多是私营企业及外企；国有文化企业的跨领域整合步伐较慢，并购整合的活跃程度较低。并购融资在我国文化产业领域还有较大的发展空间。

三、风投融资

引入风险投资已经成为我国文化企业融资的一个有效途径，它有助于破解文化产业发展过程中存在着的相关障碍，激发文化产业发展的活力，促进文化产业实现跨越式发展。①

（一）风险投资的定义

风险投资，是指一种向具有广阔发展前景和巨大潜在风险的企业尤其是新兴的中小高科技企业进行的股权投资。② 与传统意义上的证券投资不同，风险投资的实质是在知识创新群体的创业阶段，帮助有潜力的人力资源转化为具有市场价值的人力资本；通过承担此过程中的经营风险，以相对较低的价格来分享人力资本的高成长性和高增值性，从中获取利润。③

文化产业是知识密集型和资金密集型的复合产业，具有成长空间大、科技含量高、投资风险高、投资回报高等特征，一定程度上满足了风险投资的偏好。④风险投资是投资方对文化企业的盈利和管理能力进行的投资活动，投资方看中的是文化企业市场和资本的不断扩大与增值。⑤

（二）风险投资的特征

1. 高成长性。风险投资看重的是企业未来的发展潜力，只要投资方的投资方向没有误差，就极有可能投资到具有巨大市场潜力和发展前景的企业。从战略目标定位和国内市场供求现状来看，文化产业具有广阔的利润空间，风险投资机构和文化企业都可以从投融资活动中获得高成长。

---

①④ 陈凤娣：《文化产业引入风险投资的机理及对策》，《福建论坛（人文社会科学版）》，2012（08），34 页。

② 陈凤娣：《我国风险投资退出方式的纵向考察及现实选择》，《亚太经济》，2013（5），127 页。

③ 周笑：《上海文化产业风险投资模式研究》，《现代视听》，2007（01），36—38 页。

⑤ 马双：《风险投资缘何偏好文化产业》，《硅谷》，2008（04），95 页。

2. 高风险性。风险投资的对象主要是刚刚起步或还没有起步的中小型新兴企业。这些文化企业规模小，尚未经过市场检验，大多没有固定资产或资金作为抵押或担保，不确定因素多。因此，高风险性是风险投资的本质特征。

3. 高收益性。风险投资是一种前瞻性投资战略，预期企业的高成长、高增值是其内在动因。投资一旦成功，可能为投资者带来几十倍甚至百倍的投资回报。

4. 低流动性。风险资本在高新技术企业创立初期就投入，在企业发展成熟后才可以通过资本市场将股权变现，获取回报，继而进行新一轮的投资运作。因此风险投资的投资期较长，通常为 4—8 年。另外，我国文化产业领域的资本退出机制尚不完善，导致风险投资的流动性降低。

（三）风险投资的流程

一般地，风险投资的运行流程可以划分为四个阶段五个机制：融资阶段（资本筹集机制）→投资阶段（组织机制）→风险管理阶段（监管机制和风险分担机制）→退出阶段（退出机制）。

1. 融资阶段：风险投资者将资金投入到风险投资机构，成立风险投资基金，期望获得高收益。风险投资者与风险投资机构是一种信托关系。

2. 投资阶段：在投资阶段，风险投资家要及时审时度势，把握市场动态和规律，将风险资金投到拥有潜力的文化企业中。

3. 风险管理阶段：这个阶段包括监管和风险分担两个方面。风险资本的特性导致风险投资存在很大的不确定性，风险投资机构需帮助文化企业建立分担和转化风险的组织。

4. 退出阶段：是决定风投机构在整个投资过程中能否回收资本、风险企业能否继续吸引风投的关键阶段。① 风险投资机构并不会进行长期持久的投资活动，最终还是要选择最优退出方式以获得投资收益。

（四）我国文化企业风投融资现状

随着中国经济持续稳定地高速增长和资本市场的逐步完善，中国成为全球资本关注的战略要地。数据显示，2014 年前两个季度，我国风险投资总额达到 40.69 亿美元，天使投资②总额达到 5755.17 万美元。

① 梁君，郑兴波：《文化产业风险投资发展对策浅析》，《财会通讯》，2012（20），18—19 页。

② 天使投资（Angel Investment）是风险投资的一种形式，是指富有的个人出资协助具有专门技术或独特理念的原创项目或小型初创企业，进行一次性的前期投资。

图表 8-7：2014 年前两个季度中国企业风险投资交易数据表

	第一季度		第二季度	
	数目（起）	融资额（亿美元）	数目（起）	融资额（亿美元）
风险投资	100	13.45	150	27.24
天使投资	35	0.326	58	0.249517

图表来源：据投资潮网站公开数据整理。

2014 年前两个季度，大规模的风险投资涌向文化产业领域，其中多媒体娱乐、游戏动漫行业尤为火热。图表 8-8 列举了该阶段这一领域主要的风险投资案例。

图表 8-8：2014 年前两季度多媒体娱乐领域和游戏动漫领域风险投资案例

多媒体娱乐领域			**游戏动漫领域**		
融资企业	**风投企业**	**投资金额**	**融资企业**	**风投企业**	**投资金额**
华数传媒	云溪资本	65.36 亿元	掌握无限	山水文化	3.6 亿元
优酷土豆	阿里巴巴	12.2 亿美元	智明星通 ELEX	中文传媒	26.6 亿元
蓝色火焰	华录百纳	25 亿元	游久网	爱使股份	11.8 亿元
欢瑞世纪	掌趣科技	1.28 亿元	飞鱼科技	新浪微博	1500 万美元
唐人影视	浙报传媒	1 亿元	联众世界	空中网	1 亿元
PPTV 聚力传媒	苏宁 & 弘毅投资	4.2 亿美元	追光动画	纪源资本 & 成为基金	2000 万美元

图表来源：据凤凰网、投资潮网站公开数据整理。

从以上数据可以看出，尽管我国文化产业领域风险投资的数量和规模在不断扩大，但仍存在一些问题：一是投资领域过分集中，分布不均匀；二是风险投资对处于重建阶段或研发阶段的文化企业的支持力度相对较小。我国政府正在不断改善整体产业环境和体制机制，积极帮助更多小微文化企业吸引风险投资。

四、其他融资

除了上述几种常见的文化企业融资方式以外，我国文化企业融资中还存在着其他的方式如企业内部融资、政策融资、夹层融资等，复合型融资方式逐渐得到广泛应用。

（一）企业内部融资

企业内部融资主要是指企业从内部挖掘潜能，利用企业信用、现存票据和固定资产现金流等因素来谋求资金的融资行为。一般说来，企业内部融资的主要方式有留存盈余融资、资产管理融资、票据贴现融资等。①

留存盈余融资是指对企业税后利润进行分配以确定企业留用的金额，这主要取决于其股利分配政策②。资产管理融资属于企业的内源融资，是指企业通过抵押、质押其资产来融资，又可分为应收账款融资和存货融资。票据贴现融资是指票据持有人在资金不足时，将商业票据转让给银行，银行按票面金额扣除贴现利息后将余额支付给收款人的一项银行授信业务。

（二）政策融资

政策融资是指企业利用各级政府为了优化产业结构、促进高新技术成果产业化或者直接支持企业发展而提供的政策性支持资金的融资活动，包括利用财政补贴、贴息贷款、优惠政策和税收优惠政策以及一些专项资金等形式。③

近几年，各级政府纷纷建立了各类文化产业基金，这类基金旨在通过无偿资助、贷款贴息或以资本金投入股本金的形式帮助文化企业实现融资。2011 年中国文化产业投资基金成立，这是我国首支以国家冠名的大型文化产业投资基金。它将引导和带动社会资金投资文化产业，推动文化产业的振兴和发展。

（三）夹层融资

夹层融资是一种介于优先债务和股本之间的融资方式，指企业或项目通过夹层资本的形式融通资金的过程。夹层资本（Mezzanine Capital）是收益和风险介于企业债务资本和股权资本之间的资本形态，本质是长期无担保的债权类风险资本。当企业进行破产清算时，优先债务提供者首先得到清偿，其次是夹层资本提供者，最后是公司的股东。因此，对投资者来说，夹层资本的风险介于优先债务和股本之间。夹层融资产品是夹层资本所依附的金融合同或金融工具，例如夹层贷款。资金供求双方对夹层融资

---

① 逯星伉：《中小企业内部融资方式及分析》，《现代商业》，2010（32），64—65 页。

② 企业常用的股利政策主要有以下几种：剩余股利政策，即最大限度地使用留存收益来满足投资，适合有一定目标资本结构的公司；固定股利政策，这有利于树立公司形象，但财务压力较大，适合成长期、信誉一般的公司；固定股利支付率政策，它能保持股利与利润间的一定比例关系，但不利于股价的稳定；稳定增长的股利政策，适合成熟的、盈利比较好的公司；正常股利加额外股利政策，股利支付比较灵活，特别适合各年盈余变化较大、现金流量较难把握的公司。

③ 陈波，王凡：《我国文化企业融资模式分析》，《学习与实践》，2011（06），112—117 页。

产品进行交易的场所，称为夹层融资市场。①

通常，当文化企业处于高速成长期，文化项目的资金需求十分大的时候，采用夹层融资要比风险投资好。夹层融资结合了固定收益资本的特点（如现金利息收入）和股权资本的特点（如转股权利），可以获得现金收益和资本升值双重收益；夹层融资的本质仍然是一种债务融资工具，投资者在融资合同中通常会加入限制性条款，对企业融资后的一些行为进行约束，从而将资产下跌风险控制到最小。夹层融资的上述优势使其成为中小企业扩张和基础设施建设的主要融资工具之一。②

第四节　文化企业投融资案例

随着我国市场经济的逐步完善和产业融合趋势的加强，文化企业投融资渠道逐渐拓宽，文化企业融资来源也渐趋多样化。在这样的形势下，越来越多的文化企业选择利用新型融资方式进行企业资金筹措，如上市融资、引进风险投资等。这些融资方式为文化企业的进一步发展提供了良好的资金铺垫，也为我国文化市场环境的持续发展注入充足的活力。

一、上市融资：华谊兄弟

2009 年 10 月，华谊兄弟传媒股份有限公司在深圳证券交易所创业板成功上市，由此开启了国内影视企业上市融资的破冰之旅。在文化产业与金融融合发展的大背景下，华谊兄弟上市具有里程碑式意义。

（一）华谊兄弟的融资过程

1994 年，华谊兄弟传媒集团③的前身华谊兄弟广告公司创办；2000 年 3 月，王中军和太合集团各出资 2500 万元，将其重组为华谊兄弟太合影视投资有限公司，王氏兄弟持有 50％股权；2001 年王氏兄弟回购 5％的股份，达到了绝对控股。

2003 年 5 月，华谊兄弟收购了西影股份发行公司 40％的股权，并改名为西影华谊电影发行有限公司。之后，华谊进入加速扩张阶段，先后进行了三轮私募，引入了 TOM 集团、雅虎中国、分众传媒等机构的投资。

①②　孙景安：《夹层融资——企业融资方式创新》，《证券市场导报》，2005-11-10。

③　华谊兄弟传媒集团一共包括五家子公司：华谊兄弟影视公司、华谊兄弟经纪公司、华谊兄弟音乐公司、华谊兄弟娱乐营销公司、华谊兄弟电视剧公司。

2004年底，华谊以7500万元、溢价3倍回购太合公司45%股权，并正式更名为华谊兄弟传媒集团；当太合以300%的投资回报率退出时，王氏兄弟已持股70%。

2005年12月，华谊进行二轮融资。王氏兄弟在增股至77%的同时，以换股方式收购了冯小刚电影工作室和张纪中影视制作公司。

2007年，华谊兄弟通过分众传媒引进众多投资机构，帮助其未来的横向并购和纵向扩张发展。通过不断的融资扩张，华谊已占有国内制片市场40%的份额、电影发行市场30%的份额。

2009年9月27日晚，证监会宣布华谊兄弟传媒股份有限公司通过第七批创业板拟上市企业审核。同年10月30日，华谊兄弟正式在创业板上市交易。

（二）华谊兄弟的私募融资

华谊兄弟的融资渠道具有多样化、全方位的特点。华谊公开上市之前，曾在资本市场进行过四轮融资。

第一，2000年3月，太合集团出资对华谊兄弟广告公司进行增资扩股；2001年，王氏兄弟从太合回购股份后以55%占绝对控股权。

第二，2004年，华谊兄弟进行了第二轮私募，引入的战略投资者是TOM集团。12月，王氏兄弟出让35%股权，向TOM募集资金1000万美元。信中利投资公司作为风险投资机构投资70万美元。

第三，2005年12月，华谊兄弟引进马云掌控的雅虎中国的投资。TOM减股20%，马云以1200万美元接手15%股权。同期，信中利投资公司所持2%股权被回购，华友世纪对华谊兄弟音乐公司进行了超过3500万元的战略性投资。

第四，2007年分众传媒联合其他投资者注资2000万美元。

“股权融资+股权回购”模式的应用，使得王氏兄弟在四轮私募完成后仍然保持着企业控股权。2011年5月，腾讯对华谊兄弟进行战略性投资，涉及总金额近4.5亿元，腾讯成为华谊兄弟第一大机构投资者。2014年11月，华谊兄弟发布公告向阿里巴巴、腾讯与平安集团定向增发A股股票1.45亿股，融资不超36亿元。其中，阿里巴巴出资15.3亿元，平安资产管理有限责任公司出资6.8亿元，腾讯出资12.8亿元。[①] 定增后，阿

① 陈妍妍：《华谊兄弟拟定增募资36亿元，阿里、腾讯、平安等参与认购》，《证券日报》，2014-11-19。

里巴巴、腾讯所持华谊兄弟股份皆为8.08%，并列华谊第二大股东。

（三）华谊兄弟的上市融资

2009年10月，经证监会核准，华谊兄弟公开发行了4200万股A股股票。此次发行采用网下向配售对象询价配售和网上向社会投资者定价发行相结合的方式，筹集资金12亿元。[①] 主承销商中信建投证券有限责任公司分别通过深交所网下发行电子平台和深交所交易系统实施。

根据上市公告，华谊兄弟将利用部分上市融资来增加电影和电视剧产能，剩余资金则用于产业链延伸业务，旨在打造集编剧、导演、制作、市场营销、院线发行、影院放映等于一体的完整产业链。

华谊兄弟2009年年报显示：创业板上市以后，公司募集资金净额为11482386.45元，总资产从2008年的555102306.22元增加到2009年的1710539276.60元，增幅为208.15%。同时，公司销售收入和盈利均有增加，货币资金较2008年同期增长1225.29%。此外，公司筹资活动产生的现金净流量[②]和筹资活动现金流入量[③]大幅增长，筹资活动产生的现金流量净额达到964232558.96元，比2008年增长585.54%。[④]

创业板上市后，华谊兄弟的流动比率[⑤]和速动比率[⑥]两项指标大幅提高；净资产的增加使得公司资产负债率降至23.87%，比较同期行业平均值的负债率49.04%，华谊兄弟告别了高债务时代，有了更大的行业稳定性和资产营运能力。[⑦]

图表8-9：华谊兄弟上市前后经营业绩主要指标对比表

时　间	2008年	2009年	增幅（%）
营业收入（元）	409346801.78	604137674.61	47.59
营业利润（元）	85886586.37	101592027.11	18.29

① 邵奇：《从华谊公司融资渠道拓展看中国影视业的发展》，《传媒》，2009（12），51—53页。

② 现金净流量指一定时期内，现金及现金等价物的流入（收入）减去流出（支出）的余额（净收入或净支出），反映了企业本期内净增加或净减少的现金及现金等价物数额。

③ 现金流入量：投资项目增加的现金收入额或现金支出节约额。

④ 李媛，张燕：《华谊兄弟上市前后对比分析》，《企业导报》，2013（15），6—7页。

⑤ 流动比率即流动资产对流动负债的比率，用来衡量企业流动资产在短期债务到期以前，可以变为现金用于偿还负债的能力。

⑥ 速动比率是指速动资产（如货币资金、短期投资、应收票据、应收账款）对流动负债的比率，可衡量企业流动资产中可以立即变现用于偿还流动负债的能力。

⑦ 李媛，张燕：《华谊兄弟上市前后对比分析》，《企业导报》，2013（15），6—7页。

续表

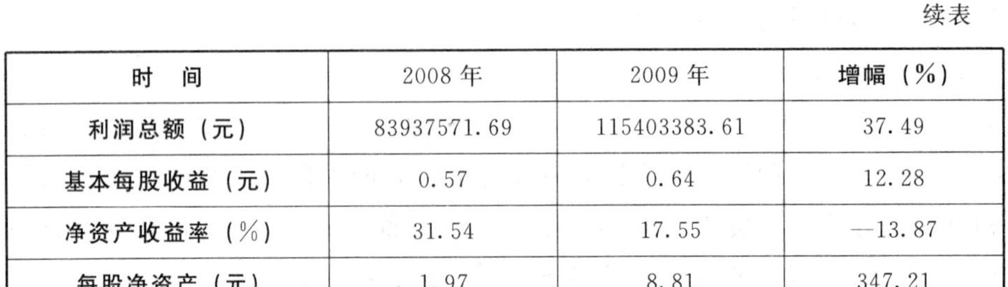

时　间	2008 年	2009 年	增幅（%）
利润总额（元）	83937571.69	115403383.61	37.49
基本每股收益（元）	0.57	0.64	12.28
净资产收益率（%）	31.54	17.55	—13.87
每股净资产（元）	1.97	8.81	347.21

数据来源：茹纯子：《华谊兄弟创业板道路之财务分析》，《商业研究》，2010（6），14—16 页。

2009 年华谊兄弟实现了营业收入的大幅增长，但营业利润却没有以相应的速度增长，原因是营业成本的大幅度增加；同时，每股利益没有与净利润同比增长，是由于公司上市募集资金到位后，净资产大幅增加。

从自有资金联合投资、股本投资、吸纳社会资金入股公司，再到上市融资，华谊兄弟融资渠道的变化反映出我国文化企业融资方式的变迁。华谊兄弟的上市不仅解决了自身的融资瓶颈，而且对我国文化产业尤其是影视剧企业的融资也产生了深远影响。

二、债券融资：中影集团

2007 年 12 月 13 日，中影集团正式发行 5 亿元集团企业债券；12 月 20 日，资金全部足额到账。中影集团由此成为中国第一家发行企业债券的文化企业。中影集团企业债券的成功发行，开辟了我国文化企业利用债券市场募集发展资金的先河。

（一）中影集团概况

中影集团成立于 1999 年 2 月，由原中国电影公司、北京电影制片厂、中国儿童电影制片厂、中国电影合作制片公司和中国电影器材公司、电影频道节目中心、北京电影洗印录像技术厂、华韵影视光盘有限责任公司等 8 家单位组成。中影集团拥有全资子公司 15 个，主要控股、参股公司近 30 个。[①] 中影集团是中国内地唯一拥有影片进口权的公司，而且是中国产量最大的电影公司。

截至 2006 年底，中影集团总资产 28.66 亿元，负债 11.47 亿元，净资产 16.96 亿元，资产负债率超过 40%；2006 年度中影集团主营业务收入为

---

① 俞剑红，张琦：《从北影到中影看中国电影制片 30 年》，《电影艺术》，2008（04），5 页。

16.61亿元，利润总额为0.69亿元，净利润为0.56亿元，经营性净现金流为2.01亿元。[①] 不断扩大的业务经营规模和不断增长的企业发展需求要求中影集团不断提高业务运营能力和融资能力。在国家政策的大力支持下，中影集团于2007年12月创新性地发行了5亿元的企业债券。

（二）中影集团的债券融资

中影集团企业债券发行的具体数据资料如图表8-10所示。

图表8-10：中影集团债券招募详情

债券名称	2007年中国电影集团公司企业债券
债券总额	人民币五亿元整
债券期限	7年期，自2007年12月13日至2014年12月12日止
债券期限和利率	本期债券为7年期固定利率债券，票面年利率为6.1%，在债券存续期内固定不变。本期债券每年付息一次，采用单利按年计息，不计复利，逾期不另计利息
发行范围及对象	本期债券通过承销团成员设置的发行网点公开发行。境内机构投资者均可购买
还本付息方式	每年付息一次，到期一次还本，最后一期利息随本金的兑付一起支付
信用等级	经大公国际资信评估有限公司综合评定，本期债券信用等级为AAA，长期主体信用等级为AA
债券担保	由中国建设银行股份有限公司授权其北京市分行提供全额无条件不可撤销的连带责任保证担保
发行期限	自2007年12月13日起至2007年12月19日止

数据来源：《2007年中国电影集团公司企业债券募集说明书》。

1. 债券发行相关机构：此次债券发行人为中国电影集团公司，法定代表人是董事长韩三平；承销团包括：主承销商招商证券股份有限公司，副主承销商南京证券有限责任公司，分销商海通证券股份有限公司、中信证券股份有限公司和中信建投证券有限责任公司。

2. 发行价格：中影集团此次发行债券采用实名制记账方式进行，由中央国债登记公司托管记载；本期债券面值100元，按照债券面值平价发行；以1000元为一个认购单位，认购金额必须是1000元的整数倍且不少于1000元。

---

① 檀秋文：《中影集团创作格局及产业发展研讨会综述》，《当代电影》，2009（09），55页。

3. 募集资金用途：本期债券募集资金将用于投资建设国家电影数字制作基地工程、发展数字影院、新建及改造影院等项目，计划总投资约为20.08亿元。

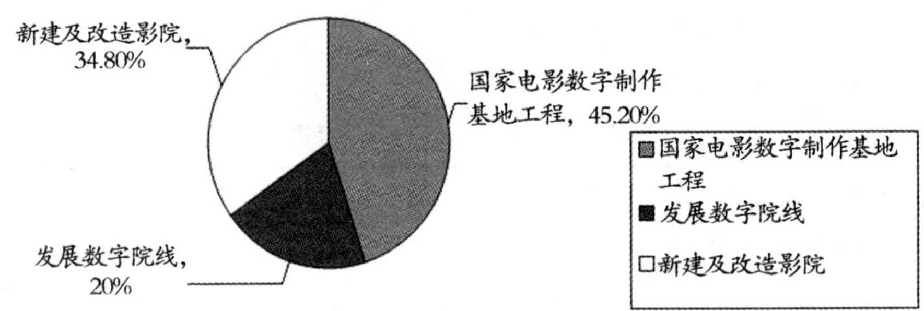

图表 8-11：中影集团债券募集资金使用意向

数据来源：《2007年中国电影集团公司企业债券募集说明书》。

（三）债券融资成果

在全球经济萎靡不振的背景下，雄厚资金的支持使得中影集团的主营业务仍然保持了良好的增长态势。截至2009年12月末，中影集团（不包含电影频道）总资产达到48.94亿元，主营业务收入24.79亿元，利润总额1.27亿元，净利润0.70亿元，经营性净现金流6.94亿元。

2010年大公国际资信评估有限公司对中影集团企业债券发行情况的跟踪评级报告显示：2009年中影集团的数字基地一期工程按照公司要求根据概算结转固定资产，数字制作基地电影制作业务也全面展开，2009年营业收入达1.5亿元。2009年中影集团控股影院27家，其中新增7家，票房总收入超过3亿元。①

发行企业债券是中影集团直接融资的第一次尝试，开创了中国文化媒体行业在企业债券市场融资的先例。② 中影集团利用融资建设数字基地，改造电影院线，拍摄多部电影，取得了良好的经济回报和社会效益。为了保持市场竞争优势，中影集团积极加快企业融资进程，谋求通过上市进一步扩大融资规模。2014年6月披露的招股书显示：中影拟发行4.67亿新股，募集46.18亿元。③ 中影集团融资之路还将继续。

① 尹鸿，程文：《2011年中国电影产业备忘》，《电影艺术》，2012（02），5页。

② 李哲：《债券融资助力中影跨越式发展》，《经济日报》，2009-11-8。

③ 周婷：《电影企业“上市热潮”背后的冷思考》，《当代电影》，2014（09），89页。

三、风险投资：触动传媒[①]

触动传媒是集户外车载新媒体与移动新媒体于一体的新媒体公司。风险投资机构的注资，促使触动传媒成为新媒体产业特别是车载移动新媒体产业中的佼佼者。

（一）触动传媒公司简介

触动传媒成立于2003年，是一家典型的新型传媒企业，其业务包括互动广告、移动应用、体验营销、增值服务等。通过不断创新和技术升级，“2012年全国装载触动传媒互动荧屏的出租车辆数增长22%，监测数据显示预计每月覆盖观众可达6800万人次。2013年触动传媒已成为全球最大的出租车内互动媒体公司，已在全国5万辆出租车上装载其互动荧屏，并向国际输出业务，其互动荧屏每月覆盖乘客近7000万”[②]。

（二）触动传媒的风投融资

根据企业不同成长阶段的不同需求，2003—2014年，触动传媒共引入五次风险投资。2006年7月，启明、亚盛、鼎嘉三家投资机构向触动传媒投资约0.5亿元，其中启明投资400万美元。2008年3月，触动传媒获得来自台湾联华电子旗下的TLC Capital牵头的风险投资，其他投资人还包括LG、Mustang、HSR、Jubilant；曾参与前一轮投资的启明创投亦追加投资1000万美金。[③] 2009年5月，TLC、启明创投和Mustang等向触动传媒投资1亿元。2012年2月，由触动传媒创始人兼CEO冯晖中及其关联公司牵头，启明创投、TLC、愈奇创投等机构共同向触动传媒投资1亿元。2014年4月，触动传媒宣布完成新一轮融资，投资方包括冯晖中及峻丰环球有限公司以及新投资方美国XO集团。

（三）触动传媒的风投评估

风险投资机构在对触动传媒投资之前要对其进行风投评估，其中包括风险评估和价值评估。

1. 触动传媒的风险评估

（1）政策风险。新媒体产业的发展在受到政府投融资政策支持的同

① 参考陈璐：《风险投资进入新媒体产业的运作分析——以触动传媒为例》，硕士学位论文，对外经济贸易大学，2013。

② 李靖：《触动传媒：技术导向型营销创新》，《中外管理》，2014（04），96—97页。

③ 《触动传媒获得C轮1亿元融资，启明创投等参与》，投资中国网，http://news.chinaventure.com.cn/2/20120209/75652.shtml，2012-2-9。

时，也受到市场监管的束缚。2009 年，上海出台了关于车载广告的相关规定，车内视频广告的投放受到了限制和监管。虽然触动传媒在 2008 年创造了 10 倍的营收增长，但在上海的市场份额表现平平。[①]

（2）技术风险。这是新媒体和高新技术企业所面临的最大风险。技术是触动传媒立命的根本。现代技术更新换代非常迅速，企业必须研发出独一无二的先进技术以保持竞争优势，这也间接增加了企业发展的成本。

（3）市场风险。随着行业不断发展，广告传媒领域的竞争逐渐加剧。触动传媒的合作方主要是出租车公司。随着移动设备的普及，车载触屏的吸引力逐渐下降，乘客的互动时间和频率都难以掌控。

（4）合作风险。触动传媒是内容和平台供应商，其业务的开展很大程度上依赖出租车公司的合作。然而，由于出租车司机不仅无法从车载设备上获利，而且还需额外缴纳押金，因此很多出租车司机对合作存在抵触情绪。这无疑限制了触动传媒的市场开发进程。

2. 触动传媒的价值评估

尽管存在各种风险，但由于触动传媒的价值高于其风险，因此风险投资机构还是愿意为其投资。

（1）技术创新的绝对优势。这是风投机构青睐触动传媒的根本原因。专利技术是高科技传媒企业的核心竞争力之一。目前触动传媒拥有 20 多项国内外技术专利，掌握互动荧屏产品的所有软件和硬件自主产权。[②] 在 3G 时代，触动传媒还将互动荧屏产品的功能拓展到人脸识别、手机互动、收发邮件等业务范围。[③]

（2）互动参与的广告模式。商业模式是风投机构选择目标企业的重要指标。触动传媒采用了互动模式：通过在荧屏上设置互动式广告按钮，实现广告与消费者的有效结合，从而更加精准地获得广告产品的市场反馈。互动模式使广告产品具有了娱乐性、参与性和有效性。凭借这一模式，触动传媒在 2009 年获得了“最受公众欢迎新媒体”奖项。[④]

（3）清晰的盈利模式。触动传媒的主要盈利模式包括：第一，基于广告发布平台的广告收入；第二，收集用户信息进行市场反馈的收入；第

---

① 苏茜倩：《公交车广告存在问题及其传播策略探究》，《现代营销（学苑版）》，2009（08），144—146 页。

② 徐颉：《冯晖中与他的“触动”王国》，《传媒》，2009（03），33—34 页。

③ 叶青：《网络与新媒体广告经营初探》，《新闻爱好者》，2009（15），32—33 页。

④ 曹礼财：《触动传媒，让广告与受众两情相悦》，《市场观察》，2009（07），90—91 页。

三，移动增值业务应用获得的收入。

（4）精确的目标定位。目标定位是决定企业盈利周期与盈利能力的重要因素，因此成为风投机构的关注点之一。车载移动户外新媒体将互动荧屏置于出租车内，主打中高端消费群体，能够更加有效地获得传播效果。

（5）可预测的投放回报。依托互动广告模式，触动传媒在进行广告营销的同时也能对乘客进行问卷调查，从而更为直接地获取目标群体的相关数据。例如，触动传媒给星巴克设计的票务推广活动就提高了活动宣传效果，有近两万个消费者提供了有效的电子邮箱地址。相关数据的获得能够帮助企业分析客户信息，进而有效地制定广告方案。

随着移动互联网技术和无线通信技术的发展，新媒体逐渐成为文化传媒领域的主流。在未来的发展中，新媒体产业与其他产业的多层次融合也成为大势所趋，新媒体产业将会以更大的发展潜力和市值空间吸引更多风险投资的关注。

第九章　中国文化投融资典型模式

现代文化产业项目必须借助资本的翅膀才能实现腾飞。文化投资与文化融资是文化产业资本运作的直接体现。由于项目特征、投资环境、经济实力等因素的差异，文化投融资方式具有多样性。本章将结合我国较为典型的文化产业项目案例，透析市场实战中的投资和融资行为。

第一节　资源主导模式

一、文化资源与文化产品

在本书第二章，我们对文化资源进行了详细分析。从经济学角度讲，资源是实现资本转化的前提和条件，资本是资源实现价值增值的结果。因此，文化资源是实现文化资本转化的前提和基础，文化资本是文化资源实现价值增值的结果。①

资源主导型文化投融资模式就是文化产业投资者为了寻求规模优势和“高度优势”将文化资源转化成文化资本的过程，这是文化产业产生巨大的社会效益和经济效益的关键和基础。在这一转化过程中，区域文化产业的发展要基于地区丰富多样的文化资源，在进行保护性利用和开发的同时融入创意的元素、借助科技和人才的力量，对文化资源进行有效的整合，对文化内涵进行充分的挖掘，打造具有地区特色的文化产品；并结合市场和文化自身发展规律，探寻出符合地区实际情况的文化产业发展道路，推动区域文化产业实现可持续发展。

文化资源向文化产品的成功转化既是一个物态的转化过程，也是一个

① 鲁中慧：《关于宁夏文化资源资本化的理论思考》，《北方民族大学学报（哲学社会科学版）》，2012（03），69页。

经济价值增值的过程；除了明显的由物向物的形态转化和由非物向物的物态转化，更重要的是质的提升和飞跃。这一过程要经历三个步骤：

首先，深入挖掘文化资源本身的文化价值，形成文化产品。针对现实的文化需求对文化资源进行优化配置，并在保护的前提下进行合理的开发，是文化产品形成的关键所在。

其次，赋予文化产品以特有的文化象征符号，形成品牌效应。这需要在文化产品开发的初期就进行，并在日后的生产、营销过程中不断予以强化，以给消费者形成最直观生动的产品意识和印象。

再次，努力提升文化载体的价值，以提升经济效益。载体价值是文化产品价值所依附的实物的价值①，是整个文化产品价值的物质组成部分。高载体价值有助于增加文化产品的总价值，甚至可以成为文化产品的卖点。

二、案例剖析：镇北堡西部影城

镇北堡西部影城也称华夏西部影城，地处宁夏银川市西郊镇北堡。镇北堡是明清时代的边防戍塞，由“旧堡”和“新堡”两座古堡组成。旧堡建于明弘治十三年（1500 年），乾隆年间毁于地震。后来清政府为了防御外敌，于乾隆五年（1740 年）在距旧堡不到 200 米远的地方修建了新堡。1962 年，张贤亮②发现了古堡的潜在价值，并于 20 世纪 80 年代将古堡介绍给了影视界，由此这里成为影视拍摄基地。随着市场经济和大众旅游的兴起，1993 年张贤亮等文化名人成立了华夏西部影视城有限公司。镇北堡西部影城开始成为以文化资源为基础，集旅游、影视为一身的旅游胜地。

（一）镇北堡西部影城发展阶段

镇北堡西部影城的成功不是一蹴而就的，它的发展经历了几个不同阶段。

一是雏形阶段。20 世纪 80 年代，电影摄制组频频到宁夏取景，时任宁夏文联主席的张贤亮向他们推荐了拥有自然荒漠风光的镇北堡。从《一个和八个》到《红高粱》，中国影片中常出现的粗犷西北地貌很多都取自

① 李庭新，李书：《文化产品价值的经济学分析》，《市场周刊（研究版）》，2005 (3)，93 页。

② 张贤亮（1936—2014），国家一级作家，“伤痕文学”的领军者，代表作有《灵与肉》《绿化树》《男人的一半是女人》等。张贤亮是宁夏西部影城的灵魂人物，曾担任宁夏华夏西部影视城有限公司董事长、中国作家协会主席团委员等职务。

镇北堡实景。

二是创意阶段。1992 年邓小平南方讲话后，全国掀起了“党政机关以及群众团体大打第三产业”的热潮，张贤亮遂产生兴办第三产业的想法，并且树立起将镇北堡办成一个影视基地的目标。

三是创业与发展阶段。1993 年，张贤亮利用他的外文版税作为贷款抵押金成立了宁夏华夏西部影视城有限公司。此后，镇北堡西部影城以古朴、原始、粗犷、荒凉、民间化为特色，发展成为宁夏重要的人文景观和旅游景点。

四是战略转型阶段。2011 年，镇北堡的定位由影视基地转换为旅游景区。在该定位的指导下，镇北堡西部影城着力打造“老银川一条街”，并推出旅游新概念“养生休闲游”。随着景区建设的不断完善，镇北堡西部影城逐渐成为中国古代北方小镇的缩影，并形成了“一体两翼”的发展格局：影视拍摄和体验式旅游相辅相成，共同发展。

（二）镇北堡西部影城资源优势分析

1. 历史文化资源。历史文化资源是人类历史和文化的结晶，主要表现为历史遗迹、历史事件等。其中历史遗迹是人类文明活动的遗留物，反映历史时代、历史文化和历史事件，供后人凭吊。镇北堡西部影城的古堡是明清时代的边防戎塞，如今成为银川市文物保护对象。除此之外，当地还有水洞沟文化遗址、贺兰山岩画、须弥山石窟、西夏文化遗存、红色文化遗存、回族建筑等众多历史文化资源，它们对于增进人类对历史的感性认知具有积极意义。

2. 影视文化资源。20 世纪 80 年代以来，我国众多导演、剧组来到镇北堡取景拍戏并取得极大成就，如：谢晋在此导演的影片《牧马人》荣获了“百花奖”，张艺谋在这里拍摄的影片《红高粱》获得了柏林“金熊奖”，滕文骥在这里导演的影片《黄河谣》得到了“蒙特利尔金奖”……镇北堡西部影城书写了“中国电影从这里走向世界”的传奇。随后，《大话西游》《新龙门客栈》《老人与狗》等优秀影片也来此拍摄。截至 2012 年，在镇北堡西部影城拍摄的影片达到 119 部，大量的服装、道具和场景成为影视城不断积累和更新着的宝贵资源，而这些资源也成为游客旅游体验的重要组成部分。

3. 民俗文化资源。宁夏非物质文化资源主要包括花儿、回族民间器乐及回族服饰、民间剪纸刺绣、宁夏说唱及说唱艺术、雕塑、回族饮食文化以及传说、故事等民风民俗文化资源。[1] 这些古朴、原始的民俗文化资源成为镇北堡西部影城的一大特色。土路、四合院民居、窗前挂着的玉米棒和红辣椒以及窗上的民间剪纸，让游客置身于西部小镇的生活场景之中。

4. 宗教文化资源。宗教文化资源是特殊意识形态下人类活动所创造的文明产物。镇北堡西部影城地理位置特殊，两座古堡被三条洪水沟环绕形成S型，很像古代的八卦图。新堡内的景点“古堡盘卦”坐落于景区中心，景区内还设南无阿弥陀佛寺。这些皆成为当地宗教文化资源的一部分。

5. 智能资源。张贤亮曾说：“如果没有智慧和艺术，镇北堡就一钱不值。我出卖的并非真正的荒凉，而是经过文化艺术装潢过的荒凉。”镇北堡西部影城“借影视艺术之体，还民俗文化之魂”，再现了祖先们的生活方式、生产方式和游乐方式，以“继承中华传统，弘扬民族文化”精神为主线，逐步实现了从“出卖荒凉”向“出卖历史文化”的跨越。

6. 名人资源。张贤亮是“伤痕文学”的领军人物，其作品在国际、国内影响甚广，张贤亮因此成为镇北堡西部影城的金字招牌。此外，镇北堡西部影城在2000年成功接待150位驻华大使，进一步提升了景区知名度。

三、镇北堡西部影城投融资方式分析

与国内众多动辄投资几千万的影视城不同，镇北堡西部影城的初始投资只有78万元，而至2014年，镇北堡西部影城的总资产已经超过2亿元。该项目的投入产出比堪称典范。资料显示，镇北堡西部影城的融资类型多属银行贷款，而其投资则主要用于影视城内的资源保护与开发。

（一）融资：版权质押贷款

1992年全国兴起“下海经商”的热潮，当时的宁夏文联希望通过兴办第三产业摆脱依靠国家财政拨款维持运转的局面。时任宁夏文联主席的张贤亮以独特的眼光选定镇北堡，决定在此地创办影视城。

镇北堡西部影城创建初期存在巨大的资金缺口。经过与银行协商，张贤亮利用其文学作品的海外版权作为抵押向银行申请贷款，并最终成功获得50万元的资金。随后，台商查竞传先生、宁夏回族自治区农建委镇北

---

① 鲁中慧：《关于宁夏文化资源资本化的理论思考》，《北方民族大学学报（哲学社会科学版）》，2012（03），69—73页。

堡林草试验场、宁夏日报社、银川晚报社及金天平律师事务所等累计集资28万元，① 共同参与影视城建设。张贤亮用这78万元资金创办了华夏西部影视城有限公司，并进行了影视城前期的基础设施建设。1993年9月，华夏西部影视城在镇北堡开业。

1994年初，中央发文指示所有党政机关团体与其所办的第三产业在人、财、物上全面脱钩，于是镇北堡西部影城转移到了张贤亮私人名下。镇北堡西部影城由此成为我国民间资本和外资创办影视城的典范。

（二）投资：文化资源保护与开发

资源主导型文化产业项目主要看中的是文化资源产生的经济效益，因此发展核心便在于资源的开发、整合和保护。发展资源主导型文化项目，需要充分挖掘区域内各类特色资源，并在已有资源基础上加速对文化资源的整合与开发利用，构建以文化资源为主的文化产业结构和产业链。

镇北堡西部影城出卖的是“经过文化包装的荒凉”。为保持这片“荒凉”的独特价值，影城每年投入大量资金用于影视城内文化资源的开发与保护。

一是修复遗址。镇北堡西部影城内的两座古堡均为黄土建筑，年久失修。张贤亮陆续投入4000万元，采取“修旧如旧”的方式对古堡进行了整修。此外，张贤亮采用可逆式措施修复景区内遗址，并将其开发成新景点“遗址廊”，实现了保护与开发的结合。

二是保护非物质文化遗产。2010年，镇北堡西部影城设立了非物质文化遗产保护专项经费，每年划拨50万元用于寻访非物质文化遗产以及为影视城内的传承人发放工资和补助等。

三是购买民间古物。张贤亮派人以低廉的价格在全国各地大量收购明清建筑构件等，将这些有历史沧桑感的物件充实到影视城内。这不仅丰富了影视城自身的文化资源，而且这些古老的物件不断升值，达成了较高的投资收益。

镇北堡西部影城依靠文化资源成长起来，这说明“文化资源＋创意＋资本”模式具有无穷的生命力。文化资源转化为文化资产能够为文化产业项目带来极大的附加值，而文化资源向文化资产的转化过程则需要借助资本的力量。伴随着《关于金融支持文化产业振兴和发展繁荣的指

---

① 钱蕾：《张贤亮：影视城至多还有20年存活期》，《第一财经日报》，转引自凤凰网，http：//culture. ifeng. com/a/20140927/42102029_0. shtml，2014-9-27。

导意见》《关于鼓励和引导民间资本进入文化领域的实施意见》《关于深入推进文化金融合作的意见》等一系列政策的发布，非公有资本进入文化产业的门槛降低，这将为资源主导型文化产业项目的转型升级带来更大机遇。

第二节 内容主导模式

一、民营电视内容产业的崛起

（一）内容产业概念

从一定程度上说，内容产业并不是一个全新产业，它只不过是行业归属的重新划分。1996 年，美国对其产业分类标准进行了调整，以“北美产业分类标准”（NAICS）代替了沿用多年的“标准产业分类”（SIC），其中很重要的一项调整就是设立了一个全新的“信息产业群”。而这一产业群并没有包括计算机，却包含了数据处理服务、信息服务业、出版业、电影和录音业、广播和传播业，这一全新的产业实际上就是内容产业。这种分类思想体现出一种对信息产业的全新理解：信息产业的重心已由信息制造业转向信息服务业，信息内容提供与信息服务方式成为信息产业发展的关键。

电视内容产业是内容产业的重要组成部分，是通过采集、加工和传输行为向受众或特定的内容消费者和广告主提供信息服务的众多的传媒个体所构成的庞大的集合体。[①]

（二）中国民营电视内容产业的崛起

1. 政策背景。在我国，电视行业一度被视为意识形态的一部分，节目制作、播出和电视网络运营等环节禁止民营资本进入。1997 年开始，政策逐渐对这一领域实施“松绑”。是年 9 月 1 日颁布实施的《广播电视管理条例》，没有专门提及个人、私营企业不可以设立广播电视节目制作经营机构，只强调制作机构要经过批准和取得广播电视节目制作经营许可。这事实上对民营公司制作影视节目有了一种默许，于是一大批有分量的民营电视节目制作公司逐渐浮上水面。2003 年 12 月 30 日，国家广电总局下发《关于促进广播影视产业发展的意见》，该文件“允许各类所有制机构作为

① 李晓枫，柯柏龄主编：《电视传播管理实务》，70 页，北京，新华出版社，2001。

经营主体进入除新闻宣传之外的广播电视节目制作业”。2009 年 8 月底，国家广电总局下发《关于认真做好广播电视制播分离改革的意见》。在“制播分离”大趋势下，各大卫视竞争加剧，纷纷高价自制或者购买综艺、影视节目，这为内容提供商提供了又一个发展机遇。

2. 突破口：内容市场。国内传媒产业链包括“内容生产—节目运营（播出）—传输网络”。民营企业虽不能占有和运营频道资源，但产业链中最关键的内容环节成为民营力量的突破口。在政策的默许下，民营资本纷纷涌向内容市场，成立相关企业提供节目策划与制作、广告投放与制作等业务。不过，这些企业不拥有传输渠道，也不能经营电视频道，它们只能制作节目。

3. 市场需求。民营力量能进入电视内容市场还得益于电视节目需求量巨大与电视台制作能力相对落后之间的矛盾，这种矛盾随着数字技术的发展达到了前所未有的程度。此外，随着经济的发展，大众对娱乐的需求变得更加迫切，传统电视节目高高再上的话语姿态和主旋律思维忽视了大众文化的潜在魅力。此时，民营电视内容提供商大力开发国内娱乐市场，恰恰填补了这一市场空白。

二、案例剖析：光线传媒

（一）光线传媒简介

光线传媒（以下简称“光线”）成立于 1998 年，定位为“中国最大的多媒体视频内容提供商和发行商”，主营电视节目制作，兼营广告、发行、大型活动、电视包装、娱乐网站、影视剧制作、演员经纪、媒体出版等多项娱乐与传媒业务，并拥有 E 视网等播出平台，致力于打造中国第一传媒娱乐品牌。

光线自成立以来，抓住时代机遇，不断发展壮大。1998 年，北京光线电视策划研究中心注册成立；1999 年应市场需求制作《中国娱乐报道》（后改名为《娱乐现场》）节目，受到观众和业界的一致好评；2000 年，光线推出了《娱乐人物周刊》《音乐风云榜》等优秀娱乐栏目并正式开通 E 视网，同年北京光线电视策划研究中心更名为北京光线传媒有限公司；2006 年，光线进军电影行业，电影《伤城》《导火线》《蝴蝶飞》《泰囧》《致我们终将逝去的青春》《中国合伙人》等陆续上映，光线跻身国内民营电影公司前三甲；2008 年 3 月，光线获得国家广电总局颁发的网络视听许可证[①]，成为首批获得此牌照的三家民营企业之一；2009 年，光线进军电视行业，推出《新上海滩》《中国兄弟连》《落地请开手机》《闲人马大姐》等脍炙人口的电视剧；2011 年，光线成功上市；2013 年，光线以电影业务为核心、电视业务为补充的运营体系初步确立，为拓展业务空间还成立了游戏部门；2014 年 6 月，光线第一部自有版权的原创游戏作品《分手大师双人跑酷》上线。

（二）光线传媒的内容优势

光线始终坚持“内容为王”的发展策略，以高质量的内容立足，逐渐建立起国内最大的娱乐视频资料库。“三网融合”和视频数字化时代为光线的内容经营提供了广阔的发展空间。那么光线是如何形成内容优势的？

1. 内容丰富，循环经营。光线利用自身掌握的娱乐资讯、明星资源、媒体资源，实现了各个节目之间的内容共享和循环利用，由此产生了雄厚的内容积累和可持续发展优势。例如，在娱乐业务方面，光线首先利用已有资源制作娱乐节目，通过销售给电视台获得初次效益；其次，再次利用已有娱乐资源举办各种活动，获得二次效益；最后，利用现场活动制成电视节目来获得三次效益。

2. 内容优势最大化。作为内容提供商，内容产品是光线的制胜法宝。内容发展到一定程度，必然形成品牌的竞争。光线的品牌化战略主要是通过明星品牌、栏目品牌和相关产品品牌实现的。光线旗下的品牌电视节目包括：国内收视率最高的王牌娱乐资讯节目《娱乐现场》、最有影响力的综合音乐品牌节目《音乐风云榜》、全国唯一的日播大型明星访谈节目《最佳现场》、大型民生类日播节目《帮帮忙》、大型日播电影电视剧排行节目《影视风云榜》、日播时尚节目《完美造型团》、大型综艺真人秀节目《音乐风云榜之音乐学院》以及大型综艺活动节目《慈善歌会》等。这些节目从不同的角度切入，全面覆盖国内娱乐市场。此外，光线积极打造“e”品牌，通过在节目名称、口号，甚至是采访话筒上突出“e”商标的方式来建立品牌价值。

3. 注重平台建设。随着中国影视传媒行业的迅速发展，影视传媒内容产业面临着品牌影响力大但盈利能力不佳、产业链中渠道分成比例过高等

---

① 即网络视听经营许可证，是经批准设立的广播电台、电视台或依法享有互联网新闻发布资格的网站开办信息网络传播新闻类视听节目业务的许可证，由广播电影电视主管部门颁发。

行业问题。而平台化拓展是破解这些问题的有利方式之一。光线作为国内最大的民营电视节目制作商，同时拥有国内最大的地面电视节目发行网。光线通过与多家电视台合作，实现“内容＋渠道”全方位传播。光线还加快构建互联网平台、E视宽带网和数字电视平台，实现内容与平台的高度融合。目前光线已在国内建立了覆盖307个地面频道（包括地市级电视台和部分省级地面电视台）的节目联供网，作为电视节目和广告的主要播放渠道。由此光线从单纯的节目制作公司转型为以节目制作为纽带、以节目联供网为节目运营平台的传媒内容运营商，降低了制作业务的渠道风险和现金流风险。

4. 构建完整产业链条。光线主营业务包含三方面：栏目制作与广告、演艺活动、影视剧。在成功打造一系列品牌化栏目的基础上，光线拓展产业链相关环节，实现娱乐产业化。目前光线已经形成了一条颇为完整的从策划、制作、包装、发行、广告到相关增值服务的产业链。

5. 工业化流水线生产。光线的娱乐内容已经实现了工业化流水线生产和经营。它独创了娱乐内容工业化流水线作业系统，将工业化生产方式引入电视制作系统从而实现内容协同效应①。传统的节目、频道制作方式较为松散，光线将其变更为直线有序化制作。内容的策划、制作、包装、发行、广告和增值业务等各个环节专业分工、环环相扣。光线凭借其专业化的流水线式生产，能够在第一时间提供丰富的娱乐、体育资讯。这是光线的大胆尝试，也是其取得成功的关键所在。

6. 独创“网式”销售模式。光线将自己的目标锁定在二线电视台上，将节目同时销售给多个城市的地方频道，从而间接达到全国覆盖。公司将经济总量排在全国前100位的城市的电视台作为主要市场，通过它们将光线的节目传播到各个地方，形成遍地开花的效果，以“网”的效应来对抗卫星电视“点”的效应。

7. 进军新媒体。2008年3月，光线获得国家广电总局颁发的网络视听许可证，从而获得网络视听经营业务的资格。这也宣告光线开始进军新媒体，破解渠道控制之困。光线在2000年就创建了当时国内最大的网上明星俱乐部E视网，并计划将娱乐视频素材全部数字化，打造互联网视频和明星社区的领军网站。

---

① 协同效应又称范围经济性，通常指某企业一起生产和出售多种产品的成本低于单独生产和出售其中各种产品的成本。

三、光线传媒的融资方式分析

2011年8月3日，光线在深交所上市，成为继华谊兄弟、华策影视之后第三家在内地上市的影视娱乐公司。回首光线传媒的上市之路，我们可以从中窥视以光线为代表的文化企业的融资模式。

1. 信用贷款

北京市政府于2006年成立了北京文化产业创意促进中心，并在交通银行和北京银行专门设立了50亿元的信贷额度支持文化产业发展。2008年7月光线与北京银行签署战略合作协议，获得北京银行提供的金融服务及1亿元的贷款，这是当时国内节目制作公司获得的最大额度贷款。此前多数影视公司的贷款主要是针对具体的影视项目，而这笔贷款首次包含了流动资金贷款。光线将这笔资金用于电视节目制作及构建全国性的电视节目网。

2. 私募基金

光线通过私募融资的方式为上市赢得资金筹码。2008年8月，光线在上市前的最后一次私募选择了纯粹的境内股权人民币基金，通过私人配售的方式出售股权（Pre-IPO）来改变整个公司股票持有结构，预计融资1亿元，占公司全部股份的15%。① 该次私募采用集中路演的形式完成。

3. 上市融资

光线的上市之路并非一片坦途，而是经历了一些曲折。2007年11月，光线与在美国纳斯达克上市的华友控股集团进行股权合并，组建“光线华友传媒娱乐集团”。合并之后的新公司拥有包括电视娱乐节目制作、电视播放网、电影电视剧生产、艺人和主持人经纪、音乐唱片业务、户外传媒等在内的多样化业务，光线将持有新公司42%的股权，未来持股比例还可继续增加。通过合并选择借壳上市将大大加速光线的上市进程。不过由于合并双方在未来发展战略方向上出现分歧，这次合并最终破裂。光线开始探索独立上市。

经过不懈努力，2011年7月15日，光线发布招股意向书，拟发行2740万股，发行后总股本为10960万股；26日实施网上、网下申购，并

---

① 《光线传媒计划融资至少5亿元》，网易科技，http：//tech.163.com/08/0821/20/4JT7BQFD000915BF.html，2008-8-21。

在深交所创业板上市。此次募集资金将投向电视节目制作、电视剧购买和数字演播中心扩建项目等，所需资金3.7782亿元。[①] 最终，上市当天光线发行价为52.5元/股，募集资金14.385亿元，当天收盘74元，市值达到81.1亿元。成功上市拉开了光线新的发展序幕。

四、光线传媒未来发展

1. 加强版权保护，避免内容同质化

内容主导型文化企业以内容为核心，而内容竞争必然落到版权储备上。我国内容版权保护政策滞后成为以光线为代表的一批内容生产商发展面临的一大障碍。由于缺乏有力的法律约束和有序的市场秩序，光线制作的原创资讯内容易被其他机构使用，从而造成节目内容同质化现象，削弱光线的优势地位。

为解决这一问题，一方面国家相关部门应加大对版权的保护力度，创造有利于行业发展的法律、制度环境；另一方面，内容生产商也应增强自身的版权意识和版权保护能力，积极开发原创内容，同时善于利用法律武器维护自己的合法权益。

2. 挖掘人才和市场，实现影视内容优质化

影视内容优质化有利于打造品牌，增强品牌含金量。影视内容创作的核心是人才。除了拥有张艺谋、冯小刚、宁浩等重量级导演之外，光线还注重挖掘新生代、新市场。在“新人策略”“内地策略”引导下诞生了赵薇导演的《致我们终将逝去的青春》、郭帆导演的《同桌的你》、邓超导演的《分手大师》等，都为光线带来了不错的收益。

光线还在影视内容的选择上注重紧跟潮流，关注观众需求。《匆匆那年》《鬼吹灯》《盗墓笔记》《诛仙》《少林寺》《港囧》等影片大打“粉丝经济”牌，而《新闺蜜时代》《古剑奇谭》等剧集也收获了高收视率和好口碑。

3. “影视＋游戏＋娱乐”，投资领域多元化

从2013年开始，大量公司通过并购等方式进入传媒行业，这在壮大行业的同时也导致行业内上市公司数量、净利润增速的指标有所下降，加上传统影视业务的不稳定性，整个市场竞争压力陡增。面对这一局面，光线积极开展资本运营，拓展业务领域。

---

① 陈静思：《光线传媒下周一起IPO路演》，东方早报网，http：//www.dfdaily.com/html/113/2011/7/16/631770.shtml，2011-7-16。

2013年，光线以自有资金82926万元收购新丽传媒[①]27.64%的股权，同时发行了短期融资券，以补充公司现金流。此举旨在弥补光线在电视剧业务上的短板和获取未来投资收益。2014年，光线加速游戏产业布局，前三季度的报告显示，光线连续进行外延式扩张，先后完成对仙海网络20%股权、蓝狐文化50.8%股权、妙趣横生26.67%股权、热蜂网络51%股权、杭州玄机科技5%股权及北京炫维时代科技40%股权的收购。[②]影视与游戏具有协同效应，光线的上述投资打通了"影视+动漫+游戏"生态链，有利于保持公司的战略优势地位。

4. 深度涉足新媒体，打造收费视频网站

随着版权意识的增强以及网络支付手段的成熟，传统影视制作公司与互联网平台之间的合作逐渐成为趋势。影视制作公司具有内容优势，互联网公司具有平台和流量优势，二者联合进入新媒体领域能够产生更大的经济效益。

为在激烈的互联网影视竞争中抢夺一杯羹，2014年光线试图与网络平台合作，打造新型视频网站。据光线透露，这一视频网站将以付费点播为唯一盈利模式，依靠独家电影和优质内容吸引用户。

第三节 创意引领模式

一、创意主导型文化产业特征

创意（Creative Idea）一词源于英文直译，字面涵义是创造新意。创意主导型文化产业项目主要是以文化资源为基础、以文化创意为核心、以高科技应用和知识产权为保障，通过满足大众的需求将文化资源产业化而制造文化产品，并渗透到产业链的各个阶段的知识密集型新兴产业。创意主导型文化产业具有鲜明特点。

1. 强调创意为王和人才为本

文化创意能力是文化产业发展的基础和关键。美国著名经济学家罗默

① 新丽传媒成立于2007年，注册于浙江横店，是一家以影视剧内容及其衍生产品的投资、制作和运营为主营业务的文化传媒企业。新丽传媒在电视剧领域的投资有《北京爱情故事》《悬崖》《辣妈正传》等，参投的电影包括《山楂树之恋》《失恋33天》等。

② 《光线传媒：业绩逐季改善，优质内容平台起势》，凤凰财经，http://finance.ifeng.com/a/20141027/13220075_0.shtml，2014-10-27。

(Paul M. Romer) 早在1986年就指出新创意会衍生出无穷的新产品、新市场，是推动一国经济成长的原动力。[①] 创意的主体是人才。谁拥有了高水平创意人才，谁就掌握了创意的主导权，就能在市场中抢占先机、发展壮大，反之则会被市场边缘化甚至被淘汰。

2. 高收益性和高风险性并存

文化产业以知识和创意为主要投入要素。创意工作者以文化艺术的新颖观念为创意，以文化创意作为主要增值手段，通过运用一定的技术整合各种资源，促使创意成为产品、产生出新的价值，使得文化产业呈现出智能化、数字化、信息化发展的趋势，极大地改变了产品原有的形态及其在市场中的地位。因而这是一种具有自主知识产权的高附加值、高收益性产业。

文化产业在具有高收益性的同时也存在高风险。文化创意产品以符号体现其价值，比较显性，容易被复制；并且文化创意产品不是基本物质性必需产品，而是精神性、文化性、娱乐性、心理性的产品，受众对其价值的认识需要一定的过程。所以文化产品市场存在较大的不确定性和市场风险。[②]

3. 高度的知识产权保护依赖性

一方面，从文化产业本身发展来看，其产品创造成本高、投入大，但复制容易，复制成本很低，与开发成本相比接近于零。在复制和网络传播技术飞速发展的今天，文化产业成为很容易受到侵权伤害的产业。

另一方面，在融资过程中，文化产业由于轻资产的特性往往存在缺乏实物抵押而无法获得融资支持的现象。通过对知识产权的保护与运用，文化产业能以无形资产质押的形式获得融资支持。可见，知识产权在文化产业发展中有着重要的应用意义，文化创意产业对知识产权的依赖较其他产业更为突出。[③]

二、案例分析：《云南映象》

(一)《云南映象》简介

全国首部大型原生态歌舞集《云南映象》是由我国著名舞蹈艺术家杨

---

① 转引自金元浦：《当代世界创意产业的概念及其特征》，《电影艺术》，2006 (05)，5页。

② 厉无畏：《文化创意产业的投融资与风险控制》，《毛泽东邓小平理论研究》，2011 (02)，1—5页。

③ 刘利成：《支持文化创意产业发展的财政政策研究》，博士学位论文，财政部财政科学研究所，2011。

丽萍出任艺术总监和总编导并领衔主演的艺术精品。该节目由云、日、月、林、火、山、羽七场组成，用极其质朴的歌声和语言，展现了彝、苗、壮、傣、哈尼和佤族原创乡土歌舞的魅力。

《云南映象》是一台融传统和现代于一体的舞台新作，它将原生的乡土歌舞精髓和民族舞经典全新整合重构，展现了云南浓郁的民族风情。《云南映象》自2003年8月8日在昆明会堂正式演出并一炮打响之后，迅速红遍全国。2004年后，《云南映象》进军海外市场，为中国的舞台艺术走向世界市场探索出了一个崭新的运作模式，其本身也已经成为一张获得广泛赞誉的“中国名片”。

（二）《云南映象》创意透析

由原创激发的差异和个性是文化产业的根基和生命。《云南映象》的成功可以说是创意的成功。《云南映象》提出了大型原生态歌舞的概念作为创意突破口和重心。杨丽萍和她的团队在充分挖掘民族优秀文化资源、名人资源以扩大项目影响力的同时，以传统的民族歌舞经典文化内涵为原型，通过创意整合和运作，由老品牌推出新品牌。

1. 原生态理念造就天人合一的艺术境界

“原生态”概念源于生物科学领域，在文化研究领域指“来源于特定民族、地域社区传统习俗生活中，植根于文化原生地，植根于特定土壤”①。原生态是自然真实的、原汁原味的状态，但这种状态又不是没有经过人为改变的原始状态；因此所谓原生态是相对概念，它指向的是一种尊重自然、尊重自身文化的精神，它同时适应了工业化、城市化背景下人们渴望回归自然的心态。这恰恰暗合了我国传统哲学思想“天人合一”的命题。

《云南映象》在舞台上展示了十多个民族原始、粗犷、充满绚丽色彩的生活，服装配饰、舞台道具、演员体系构成、动作元素、表演内容等均具有原生态的特点。顺着《云南映象》编排的线索，人们可以亲历一次人类的发展进程，从找寻太阳、土地上民族的繁衍、自然对人的关怀、家园给人的温馨，到对生与死的思考、生命的升华，无不具有丰厚的人文内涵。透过这些舞蹈，我们感受到了天人合一、身心合一的崇高与震撼。

2. 演艺模式的创新和艺术观念的转变

《云南映象》在极尽质朴的同时，通过在舞台上渲染张扬的气势，营

① 秦萍：《民族舞蹈的“原生态”文化展现探究——以〈云南映像〉为例》，《电影评介》，2008（19），86—87页。

造出震撼人心的气氛。杨丽萍突破了以往舞台艺术的均衡布局，将传统的广场活动与现代舞台艺术完美结合。《云南映象》的演员共有90余人，其中70%是来自云南村寨的少数民族演员。这些演员最小的7岁，最大的20多岁，他们的歌舞充满了生命勃发的力量。

3. 传统文化与都市时尚文化的糅合

时尚文化通过美观、新奇、独特来迎合现代都市消费者需求心理，满足人们日益增长的文化消费需求，从而赢得市场。云南民族民间歌舞具有很高的艺术价值，杨丽萍团队对这些资源进行一定的艺术加工和包装，注入现代歌舞元素，使之更符合现代人的审美情趣，因此能够打开市场，赢得观众并获得巨大的经济效益和社会影响力。

4. 科技创意理念的运用与翻新

技术在文化产业发展中的作用日趋重要，科技创新能力已经成为促进创意灵感物化、支撑文化创意产业发展的重要力量。一个艺术精品要借助高超的技术去克服困难，进而将创意构思转化为现实。

《云南映象》舞台大量使用了可移动、升降转换的装置，亦真亦幻的舞台灯光穿梭于远古和现代，在时空错位、视觉错位中构建一种震撼审美。此外，《云南映象》将传统媒体与新媒体相结合，互联网、电视网、通信网三层传播将消费者包围在《云南映象》的信息之中。

5. 传统文化的现代演绎与价值重构

文化本身是一个动态的不断分化、重组、生成的过程，同一文化在不同发展时期、不同语境下有着不同审美表达机制。云南少数民族聚集，各民族传统文化受到现代生活方式的冲击。《云南映象》把云南民族民间歌舞与现代艺术构思进行有机融合，表现出云南浓郁的民族风情和丰富的民族文化，一改传统民间歌舞过于零散纷乱、酸腻、小气局促的局面，展现了人们对生命的敬畏与传承、生态保护等永恒主题，唤起现代人对传统文化的再度解读。

三、《云南映象》融资方式分析

民族的传统文化与艺术遗产正在成为一种人文资源，在全球一体化语境下重塑了区域文化，同时也成为当地新的经济增长点。《云南映象》正是文化资源向文化资本、经济资本转型的成功案例。为树立品牌，实现可持续运营，《云南映象》团队经历了艰难的融资之路。

（一）前期：投资主体单一

《云南映象》最早的出资者是云南旅游歌舞团。2001年，云南旅游歌舞团找到杨丽萍，希望她能编排一台旅游题材的舞剧。随后杨丽萍用将近一年半的时间到各个少数民族山寨采访，足迹遍布整个云南。然而，在《云南映象》筹建后不久，由于对项目缺乏信心，云南旅游歌舞团资金撤出。

之后，杨丽萍联合股东荆林（云南山林文化有限公司总经理，《云南映象》总策划、总经理）和昆明艺丰公司依照市场运作的模式和企业化管理机制来运作《云南映象》。其中，杨丽萍以个人名义入股，荆林通过其控股的云南山林文化有限公司名义入股，而昆明艺丰公司则以器材、硬件等设备折资入股，三方总投入达700万元。三者明确分工，各司其职：杨丽萍主要负责台上的节目编排制作，荆林负责台下的管理、营销和推广，艺丰公司则主要负责灯光、音响和舞美等工作。在三者的通力合作以及云南省委宣传部的支持下，《云南映象》于2003年完成并投入商演。2005年，云南映象文化产业发展股份有限公司成立，注册资本5000万元，杨丽萍担任公司执行董事长。

（二）中期：尝试股权融资

2008年，因杨丽萍不再担当主演，《云南映象》票房大跌，合伙人选择撤出，云南映象文化产业发展股份有限公司被迫解散。随后，杨丽萍对《云南映象》的舞蹈重新编排，重组资产，成立了云南响声文化传播有限公司，并实行驻场地演出和巡演“两条腿走路”模式。与此同时，杨丽萍引入了新的合作伙伴——职业经理人王焱武①。2010年，云南杨丽萍艺术发展有限公司成立，新公司由杨丽萍负责作品，王焱武负责商业运作。

经过一系列资产重组，2011年2月云南杨丽萍艺术发展有限公司改名为杨丽萍文化传播公司（下称“杨丽萍文传”），法人代表杨丽萍，注册资本3000万元。注册资本主要由杨丽萍本人、杨丽萍企管、云南红土、云南中远、昆明创投、云南昶泰、深圳市创新投资集团有限公司（下称“深创投”）共同出资组成，杨丽萍通过杨丽萍企管合计控股杨丽萍文传70%。②

---

① 王焱武：瑞士银行特高私人资产管理部前执行董事，1996年至1999年在香港最大证券公司怡富企业融资部任经理；2000年至2007年任摩根士丹利国际股本市场部执行董事，负责中国上市公司的股票及股票相关产品的机构销售。从2012年开始，王焱武在杨丽萍文化传播公司全职工作。

② 安丽芬：《杨丽萍资本梦照进现实，深创投哺育两年待收割》，21世纪网，http：//money.21cbh.com/2014/8-2/wNMDA0MDZfMTI1NDkwNg.html，2014-8-2。

2012 年 10 月，深创投宣布向杨丽萍文传投资 3000 万元，占公司 30% 的股权。引入机构投资后，杨丽萍文传成立了新的董事局。在分工中，杨丽萍继续负责作品，而总经理王焱武和投资方代表则更多考虑资本运作。[①]当时，深创投计划推动杨丽萍文传在三到五年内 A 股上市。

（三）后期：探索上市融资

2012 年深创投与杨丽萍文传牵手后，开始力推其进入资本市场。由于适逢 IPO 暂停及受公司自身改制进程影响，杨丽萍文传 A 股 IPO 迟迟无果。随后，杨丽萍文传退而求其次，打算以借壳 ST 天龙（现为山水文化）的方式登陆 A 股。[②] 然而，ST 天龙因背后有近 1 亿元债务未还，于 2014 年 2 月公布终止筹划重大资产重组。杨丽萍文传的上市之路戛然而止。

遭遇此次失败后，杨丽萍文传转变上市策略，筹划单独上市。经过不懈努力，2014 年 10 月，杨丽萍文传完成新三板挂牌，成为国内第一家登陆新三板的舞蹈演艺企业。股权转让说明书显示杨丽萍文传总资产为 7122 万元，其中《云南映象》、2014 版《云南映象》、《孔雀》的版权所构成的文化资产达到 1105 万元，占比达到 15.5%。杨丽萍团队将争取于 2016 年完成最终上市。

企业上市不仅能使杨丽萍文传在资本市场上获得更高的关注度和知名度，也能加速其向现代企业制度转变。

四、《云南映象》发展展望

杨丽萍及其创作能力是《云南映象》的核心资产，许多观众都是为了一睹“孔雀女神”的风采而去剧场观看演出。不过，要想在资本市场中生存，“去杨丽萍化”势在必行，唯有如此方可建立稳定的商业模式。

为达成上述目标，杨丽萍团队着力培养新生代演员。新一代“孔雀女神”杨舞、登上春晚舞台的“小彩旗”等人在团队的力推下为全国人民所熟悉。新演员与改编以后的新《云南映象》将接受市场的检验。

此外，围绕核心业务，杨丽萍团队不断创新，以期保持行业竞争力。一是拓展公司业务类型，于 2014 年成立了主营舞台科技创造与制作的北京杨丽萍科技发展有限公司以及主营纪录片、广告片等制作与拍摄的云南

---

① 赵娜：《杨丽萍融资记：孔雀舞的“资本化”》，21 世纪网，http：//www.21cbh.com/HTML/2012-10-27/3NNDE0XzU0OTI3Ng.html，2012-10-27。

② 《借壳 * ST 天龙失败，杨丽萍公司冲刺新三板》，新华网，http：//news.xinhuanet.com/yzyd/fortune/20140731/c_1111873582.htm，2014-7-31。

杨丽萍影视发展有限公司；二是创作新剧，计划于2015年推出新的舞台剧《十面埋伏》，该剧结合了现代舞和京剧元素，为观众呈现不一样的观赏体验；三是投资建设“云南映象·五朵金花剧院”，该剧院以展示大理本土高端歌舞表演为主要功能，将成为杨丽萍团队与旅游业相结合的重要载体。

文化创意与资本的结合，不断推动杨丽萍及其团队走上更为广阔的舞台。

第四节　地产支撑模式

地产指在一定的土地所有制关系下作为财产的土地，包含地面及其上下空间。简单地说，地产就是在法律上有明确的权属关系的土地财产。在我国当前的市场环境下，地产支撑型文化项目大多以文化地产的面目出现。

一、文化地产与文化地产项目

文化地产是综合运用文化资源，创造文化内涵和审美艺术，以引导人居生活方式的复合地产形态。① 能够满足人类精神文化需求、促进文化项目开发。文化地产以创意为核心，立足于历史文化，盘活现实文化资源，形成文化体验、文化传播、文化发展等文化功能，能够满足人类精神文化需求、促进文化项目开发。

（一）文化地产项目运营步骤

1. 策划阶段。立足历史文化资源，盘活现实文化资源，并结合城市土地资源、企业人力物力财力等现实条件，对需要开发的文化地产项目进行前期的提案、策划、组织等工作。这一阶段的关键是资金的预算、筹措和寻求政府力量的支持。

2. 建设阶段。主要是根据前期策划，运用空间概念进行实质性的方案确定、工程设计、建筑施工、创意性文化装潢和文化布置等，并结合配套的市政工程、绿化工程和景观工程，为创意产品的生产或实现提供便利条件。

3. 市场推广阶段。结合地产功能，就所需要实现的文化产业项目的功

① 陈海燕主编：《文化与建筑》，54页，西宁，青海人民出版社，2007。

能进行包装、营销、招商、招标等市场化运作。

4. 价值增值阶段。此阶段文化地产项目正式进入文化产业项目的经营状态，地产项目的使命告一段落；文化产业企业会承担后续任务，进行文化产业项目的经营管理，并不断以新的方式、新的主题、新的特色等获得新的利润增长点。

（二）文化地产项目特征

1. 政策支持与政府主导。在城市土地资源日益匮乏的今天，政府及其政策支持对文化地产的开发有着举足轻重的作用。文化地产项目大多以政府政策为导向。2008 年 3 月，国务院办公厅颁布了《国务院办公厅关于加快发展服务业若干政策措施的实施意见》，为文化地产的开发经营提供了土地资源方面的强有力政策保障。2009 年 7 月，国务院常务会议通过了《文化产业振兴规划》，其中规定要降低准入门槛、加快建设一批产业示范基地、加强文化产业园布局和基地建设等，也为大规模的文化地产开发提供了政策许可，使文化地产可以依托文化产业的振兴而得到更大力度的开发。

2. 以文化创意为前提。文化地产是文化产业与地产业高度结合的新型地产，与传统地产模式相比有着高知识、高创新、高技术、高附加值等属性。把文化创意植入地产，可以产生有创意、有文化、有品位的地产。

3. 文化地产商是城市运营商。文化地产开发的效益通过城市形象、交通与物流、公园与绿地、社区管理与市民服务等众多形态综合展现出来。因此文化地产的开发者不仅需要具有很高的文化创新意识，也必须具备超过一般地产商的资源整合能力。

二、案例分析：西安曲江新区

（一）西安曲江新区简介

西安曲江新区原名西安曲江旅游度假区，是陕西省人民政府于 1993 年批准设立的省级旅游度假区。以文化产业和旅游产业为主导产业的曲江新区位于西安市东南，核心区域面积只有 40.97 平方千米，却辐射带动了包含曲江文化景区、大明宫遗址保护区、临潼国家旅游休闲度假区、楼观中国道文化展示区、西安城墙·曲江城墙景区、法门寺文化景区等在内的 126 平方千米的区域，形成跨区域发展大格局。

曲江新区旨在建设成为以盛唐文化为特色，以文化旅游产业为主导，集旅游、居住、休闲、会展、商贸、科教等功能为一体的大型休闲度假区。围绕这一宗旨，曲江新区逐渐形成了“一心、两带、三轴、四个板块”[①] 的发展格局。经过多年摸索，曲江新区成为国内闻名的文化产业园区：2006 年 5 月，曲江新区被文化部评为“国家文化产业示范基地”；2007 年，曲江新区入选我国首批“国家级文化产业示范园区”；2011 年曲江新区成为国家级文化产业示范区、5A 级景区和生态区。曲江新区的发展与“曲江模式”密不可分。

（二）曲江新区项目融资分析

曲江新区在规划、建设、发展过程中逐渐形成了著名的“曲江模式”：政府引进社会资本，借助社会资本的力量将旧城改造与建设主题文化公园结合起来，通过提升城市整体形象，实现土地增值和产业发展。在这一过程中，政府积极培育城市运营商，让城市运营商代替政府操作经营性项目，以获取产业经济收益。例如，曲江新区管委会[②]投资设立了西安曲江文化产业投资（集团）有限公司，该公司旗下又拥有 11 个全资子公司和多个参股、控股公司；这些公司以资本为纽带，围绕文化产业发展这一中心，多年来不仅推动了园区内基础设施和配套设施建设，而且提升了园区内文化产业链的整体价值。曲江文化产业投资（集团）有限公司已经成为曲江新区重要的融资平台。

1. 曲江新区 BOT 模式

BOT 模式是政府和城市运营商捆绑发展的最直接体现。曲江新区管委会通常会与曲江文化产业投资集团就某一建设项目签署特许回购协议，前者还会拨付建设资金给后者，以建设公园、绿地、湖泊、道路、管网等基础设施；项目完成后，曲江文化产业投资集团会将项目转交给曲江新区管委会，后者则会支付约定的资金进行回购。在此过程中，曲江新区管委会全程严密监督项目融资、建设、移交等环节，确保项目合法、合规运行。例如，2005 年中海地产投资 12 亿元的大唐芙蓉园、2008 年金地集团投资 19 亿元的曲江池遗址公园及唐城墙遗址公园最终都由曲江新区管委会回购所有。2010 年西

① “一心”：以大雁塔为核心。“两带”：唐城遗址保护绿化带和绿化景观带。“三轴”：雁塔南路旅游商业发展轴线、芙蓉东路生态休闲发展轴线和曲江大道景观轴线。“四个板块”：唐风商业板块、旅游休闲板块、科教文化板块和会展商务板块。

② 西安市人民政府的派出机构，在辖区范围内履行市级管理权限，提供项目审批、规划定点、建设管理、土地出让等一条龙服务。它具有政府职能，负责新区规划和基础设施的设计、建设与维护等；它又是一个实施企业化管理、独立核算的事业单位，同时具有不以盈利为目的、市场化运作、以文化产业发展为核心的特点。

安临潼国家旅游休闲度假区项目更为娴熟地运用了这一模式。

2010年，曲江新区管委会、临潼区政府达成合作协议，双方共同建设西安临潼国家旅游休闲度假区。按照协议，曲江新区管委会掌管土地管理和开发，临潼区政府则仅仅负责其中部分集体土地的处理以及社会行政工作。曲江新区管委会负责收取9亿元的市政配套设施收入和150亿元的土地开发收入并将这部分收入投向临潼度假区征地、拆迁、区域基础设施和公共设施的建设。协议还规定，自第4年起至第13年，曲江新区管委会和临潼区政府双方将项目开发收入按5∶5的比例分成；13年后，曲江新区管委会从临潼度假区退出，并将临潼度假区的所有管理职权全面交付临潼区政府，临潼区政府不承担曲江新区管委会在对临潼度假区实施13年管理期间的建设经营所产生的债权和债务。①

2. 曲江新区项目资金来源

曲江新区内各个项目的建设都需要巨额资金支持，这部分资金主要通过自筹、银行贷款、发行信托和基金等方式获得。

（1）自筹资金：主要由曲江新区管委会以买卖土地使用权的方式获得。在园区规划、建设过程中，政府授权曲江新区管委会，集中以低价向农民收回园区及周边的国有土地使用权，并在统一规划和公共基础设施建设的基础上，将其高价卖给开发商，以差价形式获得初期的建设资金。②这种方式的成果十分显著："曲江新区的土地2003年还只是30万元到50万元一亩，而到2009年，最低出让价格是300万元一亩，最高的600万元一亩。6年间，增值了10多倍。"③

（2）银行贷款：曲江新区主要与国家开发银行开展抵押贷款合作。2003年，国家开发银行（下称"国开行"）以土地储备中心为平台，向曲江新区提供25亿元基本建设贷款，贷款期限为15年，利率下浮5%，极大减轻了曲江的还款压力，保证了曲江的融资空间。④ 为保证自身资金安全，国开行为曲江新区贷款项目设计了基于土地收入和未来开发收益的权

---

① 崔晓刚：《曲江临潼两区共建国家旅游休闲度假区》，《西安晚报》，2009-10-27。

② 朱海霞等：《西安曲江文化产业园区运营模式的特质分析》，《中国软科学》，2011(S1)，157页。

③ 《西安投资千亿重建大明宫遗址及周边旧城改造》，新浪新闻中心，http://news.sina.com.cn/c/sd/2010-06-17/102620490109.shtml，2010-6-17。

④ 《国开行支持西安曲江新区文化产业建设案例（2）》，人民网，http://finance.people.com.cn/bank/GB/202474/232800/16162002.html，2011-11-7。

益质押模式，并要求项目方在贷款期内将土地收入按比例逐步还款。

曲江新区内的中小型文化企业大多信用不足，缺乏融资渠道。针对这一问题，国开行推动曲江成立西安曲江文化产业投资担保有限公司（下称曲江担保），注册资本2亿元；同时，国开行与曲江新区管委会签订“中小企业合作协议”，建立了以西安曲江城市建设发展有限公司为统贷平台、以曲江担保为担保平台、以曲江新区管委会为管理平台、以国开行为借款平台的“四台一会”机制。[①] 国开行的贷款有效助推了文化企业的成长与发展。

（3）信托融资：曲江新区与金融机构合作，探索信托融资模式。2009年6月，国开行成功设计信托模式，充分利用曲江文化产业投资集团信用优势，积极与陕西省国际信托股份有限公司开展合作，向曲江城中村改造项目引进信托投资资金1亿元，成为西安市城建领域的首笔信托投资资金。[②] 同年，长安信托也推出了“法门寺文化景区一期建设项目集合资金信托计划”，成功募资5000万元，预期年化收益率为6.8%。

（4）基金融资：在国开行的推动下，曲江新区涉足基金融资业务。2010年10月，国开行和曲江新区发起设立西安开元城市发展基金，首期募资30亿元，其中曲江新区出资15亿元，国开金融有限公司出资10亿元。[③] 募集到的资金将用于曲江新区扩建以及临潼国家级旅游休闲度假区、法门寺佛文化展示区及大明宫遗址区内城市基础设施建设和土地开发等与城市发展相关的项目。

（5）上市融资：曲江文化旅游集团（下称“曲江文旅”）成立于2004年，其控股股东为曲江文化产业投资集团，实际控制人为曲江新区管委会。[④] 曲江文旅运营有大唐芙蓉园、曲江海洋公园、大雁塔景区、唐大慈恩寺遗址公园、曲江池遗址公园等一大批优质景区。经过不懈努力，2012年，曲江文旅与长安信息产业（集团）股份有限公司达成合作协议，后者收购曲江文旅的文化旅游类资产，而曲江文旅也凭此实现借壳上市。曲江文旅的成功上市为曲江旅游产业的发展创造了新的机遇。

① 《国开行支持西安曲江新区文化产业建设案例（2）》，人民网，http://finance.people.com.cn/bank/GB/202474/232800/16162002.html，2011-11-7。

② 《国开行“融资＋融智”支持西安曲江新区文化产业建设》，人民网，http://finance.people.com.cn/bank/GB/202474/232800/234256/16200192.html，2011-11-7。

③ 《总负债逼近200亿元，西安曲江新区拟发私募债》，经济观察网，http://www.eeo.com.cn/2012/1121/236343.shtml，2012-11-21。

④ 赵锋：《核心资产价值不明，曲江文旅借壳隐忧》，《中国经营报》，2011-6-13。

除上述五种主要方式以外，曲江新区也尝试通过发行短期融资券、股权私募等方式融资。

三、“曲江模式”融资行为思考

曲江新区的发展离不开巨额资金支持，“曲江模式”主导下的融资行为在曲江新区发展过程中发挥着极为重要的作用。但随着国家土地政策的调整和文化产业自身的业态升级，其弊端开始显现。

（一）“曲江模式”融资特点

1. 政府主导。政府在曲江新区的融资行为中占据主导地位。首先，政府协助成立地方融资平台，以政府信用背书的方式保证项目能够顺利拿到银行的信用贷款；其次，政府为特许经营项目提供土地、基础设施、能源供应，减少特许经营项目的建设风险和运营风险；再次，政府利用财政、税收政策营造良好的投资环境，提高特许经营项目的经济强度和融资能力。

2. 土地财政。土地财政指一些地方政府依靠出让土地使用权的收入来维持地方财政支出的方式。这是曲江模式饱受诟病的主要原因。有学者认为“曲江模式”的内在规则是“圈地→文化艺术炒作→全球招标搞规划、贷款→基础建设→招商引资→地价成倍甚至数量级翻番→出让土地获得资金→炒文化概念→建主题公园→土地再次升值”。这种方式容易导致过度商业化倾向，削弱项目的文化属性。

3. “大项目＋大融资”。在政府主导和土地财政的影响下，曲江新区“大项目＋大融资”的特点应运而生。为了顺利实现土地升值的倍增效应，曲江新区内的项目一般具有大规模、大名声、大融资的特点，动辄几十亿的项目在曲江屡见不鲜。例如，大雁塔北广场项目融资 5 亿元，大唐芙蓉园项目融资 14 亿元，大明宫遗址公园融资 120 亿元。

（二）“曲江模式”融资行为现状

“曲江模式”下的融资行为正遭受政策的压力。

2013 年 4 月，银监会下发的《关于加强 2013 年地方融资平台风险监管的指导意见》要求各银行控制地方平台贷款总量，不得新增融资平台贷款规模，并首次要求融资平台全口径负债管理。

2014 年 10 月，国务院发布《国务院关于加强地方政府性债务管理的意见》，明确划清政府与企业界限，规定政府债务只能通过政府及其部门举借，不得通过企事业单位等举借。

上述政策的出台，无疑会对曲江新区管委会的融资行为造成一定的冲击。曲江新区的成功恰恰产生于我国房地产市场突飞猛进的那段时间。2012 年以来国家加强对房地产市场的调控，房地产市场唱衰之声不止，曲江新区能否再续辉煌有待观察。国内众多模仿“曲江模式”的地产支撑型文化产业项目，或许首先应该考虑“如何协调文化产业与地产之间的关系”这一核心问题。

第五节　园区集聚模式

在我国，园区集聚型文化产业项目具体表现为在“产业集聚”理论指导下建立起来的文化产业园区或类文化产业园区组织体。

一、产业集聚理论

（一）产业集聚概念

联合国工业发展组织（UNIDO）把“产业集聚”定义为：由生产销售相关或相互补充的产品、面临着相同的机遇与挑战的企业在特定经济部门和地理区位上的集中，其企业构成以中小企业为主。一般来讲，产业集聚是一组在地理上靠近的相互联系的企业和关联的机构；它们同处或相关于一个特定的产业领域，既竞争又合作，由于具有共性和互补性而联系在一

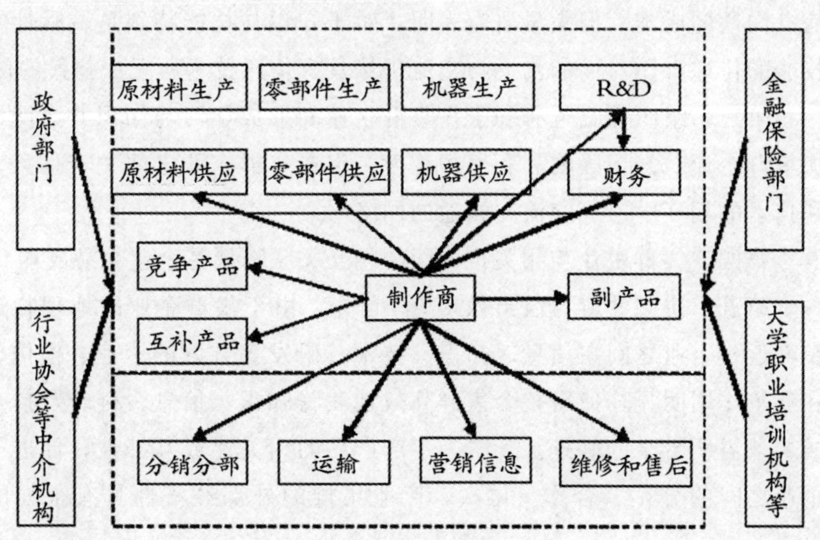

图表 9-1：产业集聚结构图

资料来源：魏守华：《企业集群中的公共政策问题研究》，《当代经济科学》，2001(06)，52 页。

起；是彼此关联的公司、专业供货商、服务供应商和相关产业的企业以及政府、相关机构（包括大学、智囊团、职业培训机构、中介机构以及行业协会等）的集聚体。[①] 由上述定义可知，在产业集聚中，除了企业外，还存在大量的组织和机构，如地方政府、协会、各类中心和研究机构等。图表 9-1 反映了产业集聚区中的各参与机构及其相互关系。

（二）文化产业园区概念

文化产业园区是指为通过创意活动获取价值的精神消费商品周边企业提供孵化和集聚功能的空间形态。其特点是通过高水准规划，确立园区整体发展战略和对产业内容进行合理布局，展示其集聚力并形成产业链，为精神消费商品生产企业提供一体化的解决方案和构建多元化的发展平台。产业联系密切的大量文化企业和相关支撑机构在园区内集聚，形成强劲、持续的竞争优势。

（三）园区集聚模式的优势

集聚模式一旦形成，就能产生强大的品牌号召力和城市文化带动力。

第一，专业化分工可以使集群企业通过有序的竞争与合作达到或接近最优生产规模。

第二，地理空间上的临近促使集群企业之间通过正式或非正式渠道分享知识和交流信息。虽然先进的信息技术已打破地域界限，并大大降低了信息沟通的成本，但大量研究表明，对于知识与技能特别是缄默性知识与技能的传递，面对面的沟通与交流仍然具有信息技术所无法替代的优势。

第三，组织性临近有利于在集群企业间形成学习与知识共享网络，增加集群企业对知识吸收和利用的程度，促成集群企业之间关于信息、知识和技术的相互学习、交流与沟通的网络。

第四，集群企业与相关机构间的相互关联降低了企业交易成本。

第五，协同效应与溢出效应[②]。首先，由于集群企业的地理临近与组织临近，企业之间在信息、知识、技术、研发等方面的示范、模仿、传播和竞争作用明显，使得整个集群高效地获得知识、信息、科研及技术创新成果外溢所带来的好处。其次，生产产品的相关性或互补性，促进了关联企业之间的分工、合作。再次，产业集群的外部经济性具有很强的隔离

---

① 王洁：《产业集聚理论与应用的研究——创意产业集聚影响因素的研究》，博士学位论文，同济大学，2007。

② 溢出效应指个体的行为给周围群体带来影响，一般来源于示范、模仿、传播和竞争。

性，集群外部企业几乎难以成为此外部经济性的获益者。[①]

二、案例分析：深圳大芬油画村和北京798艺术区

（一）深圳大芬油画村

1. 大芬油画村概况

深圳大芬村是我国商业油画产业的三大生产基地之一，被称为“中国油画第一村”。它是深圳市龙岗区布吉街道下辖的一个居民小区，全村占地面积4平方千米。商品油画是舶来品，随着全球化进程加快和生产过程的劳动密集化，其生产地逐渐由欧美国家向发展中地区转移。大芬油画村正是伴随着我国以低成本优势承接国际低水平产业分工的趋势而产生的。

大芬村紧邻深圳特区二线关外，房租价格比关内便宜，民风淳朴，劳动力成本低廉，交通便利，往返港、深方便；毗邻香港的特定地域为大芬油画的形成提供了得天独厚的地理环境，而港、深灵活的国际市场信息和大量的市场需求则为大芬油画村的形成提供了无比优越的市场环境。在这样的背景下，1989年，香港画商黄江来到大芬，租用民房进行油画的创作和经销，将油画产业带进了大芬村。

大芬油画以复制加工古典画作的“行画”为主业，附带经营国画、书法、工艺、雕塑及画框、颜料等配材。在多年的发展历练过程中，大芬村形成了以油画为主，低成本、流水线式的“行画”生产模式，带动了当地集生产、交易、培训、旅游、餐饮于一体的新型产业链的形成。如今，大芬油画村已经形成了辐射粤、闽、浙、赣及港澳地区的油画产业圈，作品远销东南亚、欧洲、美国、非洲、澳洲、中东等地的80多个国家和地区，成为名副其实的“世界油画工场”。

2. “大芬模式”的特色

大芬油画的生产，采用了典型的产业集聚模式，被称为“大芬模式”。该模式的特色主要体现在集聚体中的协作与集聚体中的创新两大方面。

（1）集聚体中的协作

首先是油画生产之间的协作。大芬村内的油画经营商、油画商之间的依附程度极高，生产协作非常普遍。他们主要采取两种生产协作方式：第一是分包式，即由较大的油画经营商将订单分包给较小的油画经营商；第

---

① 王洁：《产业集聚理论与应用的研究——创意产业集聚影响因素的研究》，博士学位论文，同济大学，2007。

二是网络合作式，即彼此规模差不多的油画经营商之间合作完成订单。

其次是油画与配套生产之间的协作。一些规模较大的油画经营商、作坊与画框厂开展合作业务，将大量的油画直接由大芬运往村外的画框厂进行画框装配；最终制成品由这些画框制造商统一打包，帮助油画经营商和作坊直接发送给客户。

协作的生产方式不仅节约了成本，也解决了淡季画工无事可干的问题；同时协作使得画商更加灵活地承接订单，画商们可根据合作伙伴的不同特长来分包业务，产品生产效率高、质量好。

（2）集聚体中的创新

一是油画制作内部的创新。大芬村油画生产协作网络的建立有其独特的背景。画商之间多是师徒或者师兄弟、朋友等关系，这使得团体内部的协作并不完全建立在利益的基础上。在这些网络之中，画师、画工充分交流油画的生产信息、油画的技法，不同的思想在这里面交叉、碰撞，一些创新的技法在这里逐渐形成并在网络之中得到推广。

二是油画与其他艺术的融合创新。油画是西方的舶来品，在大芬却真正实现了中西合璧。大芬村最早创作的油画主要是临摹西方名画，后期其他艺术进驻大芬，很多画师开始将国画里面的传统题材引入大芬油画。与此同时，油画与其他艺术融合形成的一些技法如刀画等也在大芬村内孕育和发展。如今的大芬村并不纯粹是商品油画的集散地，这里还有国画、版画、漆画、雕刻、刺绣等相关艺术产业。①

（二）北京798艺术区

1. 北京798艺术区概况

北京798艺术区前身是前民主德国援建的718联合厂，总建筑面积23万平方米，建筑明显秉承了德国包豪斯设计风格。20世纪80年代后期开始，随着改革开放的大潮，大片的厂房车间长期处于闲置状态。当时的七星集团②为了配合大山子地区的规划改造，将这部分闲置的厂房进行出租。

798艺术区的集聚效应是整个园区一步步壮大的基本动力。最初，该地区低廉的租金和良好的艺术创作环境吸引了国内外众多文化创意产业机构在此落户，自发形成了艺术、传媒、网络文化、休闲娱乐、咨询服务等

---

① 顾江主编：《文化产业经典命题100例》，32—34页，南京，东南大学出版社，2011。

② 七星集团即北京七星华电科技集团有限责任公司，于2000年12月由原700厂、706厂、707厂、718厂、797厂、798厂等六家单位整合重组而成。

多种门类的多元文化空间。随后，由于艺术家的“扎堆”效应和名人效应，以及“北京大山子国际艺术节”所产生的影响，798艺术区的影响越来越大。

2. 北京798艺术区的园区集聚

从自发形成到政府有序规划，北京798艺术区在十几年间成长为我国著名的文化创意产业区和新兴的文化创意旅游区。分析其发展过程，可以总结出798艺术区园区集聚的驱动因素和支持力因素。

（1）园区集聚的驱动因素

首先，798艺术区以独特的包豪斯风格以及大片废弃工厂的廉价租金、便利的交通和艺术氛围，吸引了大量艺术家和艺术爱好者前来驻扎；在艺术家的带领效应下，798艺术区在短短几年内形成了一个独具特色的产业聚集区，提供给人们个性化、多样化、精神化、品质化、体验化的旅游产品。此外，大众求新求变的心理预期为艺术区的规划保留与和谐发展提供了舆论支持。

其次，北京798艺术区经常举办重要的国际艺术展览、艺术活动和时尚活动，吸引了众多世界政界要人、影视明星、社会名流到此参观。经过国际国内媒体的宣传与定位，798艺术区成为国内外颇具影响力的文化产业集聚区，这增加了人们对798艺术区的向往。如今的798艺术区不再只是一个简单的文化产业园区，而俨然成为北京的一个著名旅游景点。

（2）园区集聚的支持力因素

北京798艺术区由最初民间自发形成的集聚区，演变为由政府和国有企业共同规划建设与治理的集聚区。在这一过程当中，政府的政策引导、业主的产业运作、机构的可持续发展、艺术家的存在、媒体的关注、各方面热心人士的支持①等都发挥着不可或缺的作用，其中政府支持这一因素尤为重要。

首先，在798艺术区的发展过程中存在不同利益主体的博弈，而政府便是利益协调者和总体规划者。政府参与管理798艺术区的主要目的是保护艺术区、抵御商业威胁。在该理念指导下，朝阳区政府和七星集团成立由区委常委、区委宣传部牵头的798艺术区工作领导小组和办公室，实行统一领导，统筹协调艺术区发展各项事务；制定鼓励文化产业园区发展的政策，并促使政策与园区内的企业对接，形成园区内协调发展、和谐共存

① 林天强：《当代艺术与798方式》，雅昌艺术网，http：//gallery.artron.net/20110725/n179559.html，2011-7-25。

的品牌同盟。①

其次，政府投入大量资金用于园区建设。相关部门组建了北京798文化创意产业投资股份有限公司，负责运营艺术区规划建设项目；成立七星物业管理中心，负责艺术区的日常服务和后勤保障。2006年至2011年间，政府累计向798艺术区投入了1.5亿元资金用于改善园区内环境和基础设施建设。② 此外，政府也积极引入社会资金，利用社会资金提升园区的影响力。

三、园区集聚型文化产业项目融资模式分析

(一)"政府+市场"的融资模式

集聚型文化产业园区的融资来源分为政府和市场两大部分，政府和市场在不同园区、同一园区的不同阶段发挥着不同作用。

北京798艺术区和深圳大芬村最初都是由于低廉的租金吸引了艺术群体的集聚，此时民间资本是投资主体。集聚区在发展过程中引起政府重视，于是政府开始投入资金，加强园区基础设施建设。以大芬村为例，当地政府曾投资9000多万元兴建11243.5平方米的大芬美术馆；投资9000万元兴建用于文博会的首期公共租赁住房。政府投资为园区的进一步发展创造有利条件。

实际上，与大芬油画村和北京798艺术区的自发形成不同，我国各地还存在着大量政府规划、政府设计的文化产业园，如北京国家级动漫游戏产业园、长沙天心文化产业园、上海八号桥创意园区等。这些园区广泛采用了"政府主导+市场拉动"型的融资模式，前期政府财政投资，随后政府产权管理、间接调控和企业经营相结合；既用优惠的财政税收政策来营造有利的投融资环境，又通过金融机构和企业等民间资本的注入为园区发展带来资金保障，由此构建系统性的投融资体系。

(二)集聚型文化产业园区发展规律

根据国际经验，自发形成的文化产业园区通常是由于低地价因素吸引艺术家或艺术机构入驻，并由此渐成规模。当这一地区产生一定影响力以后，"政府主导+市场拉动"模式会逐渐形成，园区内的餐饮、住宿等商业机构也会逐渐增多。不过，这一模式往往会导致地价上升，园区内租金

---

① 林天强：《当代艺术与798方式》，雅昌艺术网，http://gallery.artron.net/20110725/n179559.html，2011-7-25。

② 《798转型再出发：工厂代码变文化符号》，中国网，http://cul.china.com.cn/chuangyi/2011-06/23/content_4286659.htm，2011-6-23。

上涨，艺术家无力承担高昂房租而撤离园区。我国的北京798艺术区、深圳大芬村、宋庄，以及美国纽约苏荷区、英国邦德街、德国柏林艺术区等，莫不反映了这一规律。

地租上升和过度商业化无疑对文化产业园区造成重大损害，“以艺术始，以商业终”成为困扰北京798艺术区、深圳大芬油画村的主要问题。在市场经济条件下，园区内房租上涨无可厚非，但涨幅应遵循合理、适度的原则，并在政府可控范围之内。文化产业园区必须在集聚效应基础上布局完整的产业链，推动艺术和商业结盟，实现两者的和谐发展。

文化是地区软实力的重要象征，地方政府应抛弃短视眼光，在文化产业园区发展过程中处理好“文化”与“产业”的关系，改善投资模式和管理模式，实现园区的可持续运营。

第六节　渠道扩张模式

一、渠道理论

美国营销大师杰罗姆·麦卡锡（E. Jerome McCarthy）于1960年在其《基础营销》一书中首次将企业的营销要素归结为五个基本策略的组合，即著名的4Ps营销理论：产品（Product）、价格（Price）、渠道（Place）、促销（Promotion）和策略（Strategy）。其中，渠道是指产品从生产领域向消费领域转移时所经过的路线，是连接、承载产品和服务的载体。根据不同的标准，渠道有着不同的分类。例如，按照有无中间商，渠道可分为直接渠道和间接渠道；按照生产者和消费者之间销售中间机构的多少，渠道可以分为长渠道和短渠道；按照分销渠道中每个层次使用同种类型中间商数目的多少，渠道又可以分为宽渠道和窄渠道。

渠道的基本职能是把商品从生产者那里转移到消费者手里，它弥合了产品与使用者之间的缺口。渠道执行收集信息、沟通与传播、促成协议、辅助配合、运输仓储、资金流动等多项功能。如今许多大中型企业的竞争焦点，已从生产能力和生产规模的竞争逐步转移到分销渠道的竞争上。

二、案例分析：万达电影院线

（一）万达电影院线简介

万达电影院线隶属于万达集团，是目前亚洲银幕数排名第一的电影院线。2004 年，出于商业地产发展配套的需要，万达集团尝试进入电影行业。随即万达集团与华纳兄弟国际影院签署合作协议，后者承诺帮助万达开展院线业务。2004 年底，国家广电总局电影事业管理局批准北京万达电影院线股份有限公司成立。2005 年底，国家广电总局发布了《关于文化领域引入外资的若干意见》，由于该政策相关规定和自身经营问题，万达收回了在华纳手中的影院经营权；2006 年，万达集团与华纳兄弟正式终止合作，万达进入自有品牌影院发展时代，万达院线模式也逐步确立起来。数据显示，2009—2013 年，万达院线在票房收入、市场份额、观影人次上连续位列全国院线第一名。

图表 9-2：2007—2013 年万达院线总票房、影院数、银幕数数据

年份	总票房（亿元）	影院数	银幕数	备注
2007	＞3	37	＞200	
2008	＞5	53	＞300	
2009	8.34	51	388	
2010	＞14	71	600	
2011	17.85	83	＞700	
2012	30.87	113	1000	斥资 26 亿美元收购美国连锁影院巨头 AMC
2013	31.61	142	1247	投资 500 亿元启动青岛影视基地项目

资料来源：曹西京：《万达院线：爆米花去年赚四亿》，《新闻晨报》，2014-4-23。

2014 年 11 月底，万达院线成功上市，顺利成为国内院线第一股。纵观万达院线的发展历程，其飞速扩张离不开有效的渠道布局。

（二）万达院线的渠道策略

1. 院线联姻商业地产

万达集团主营地产业务，全国主要城市均有万达商业地产项目。万达院线成立之初便坚持捆绑商业地产的发展模式。在这一模式下，万达院线与母公司万达集团以资本为纽带，在万达旗下遍布全国的商业广场中附设影院，由院线公司租赁使用。相较以往中国电影院单门独户的状况，万达院线深度贯彻了 CED 中央娱乐区的概念，即影城必须要建立在商业广场中，旨在打造以电影为中心的新娱乐休闲中心。

为提高竞争力，主要院线一般采取增加自身影院数量的方式来抢占市场份额。地租是制约影院发展的主要因素。相较于其他院线，万达院线捆绑自家商业地产的模式恰恰消解了这一难题。除此之外，这一模式还具有以下优势：增加电影票房分账收入、为商业地产聚拢人气、实现院线与商业广场的垂直一体化管理等。

2. 拓展互联网渠道

为吸引年轻用户群体，万达院线积极拓展互联网渠道。在PC端，2010年万达电影网上线，用户可以在网站上查询影讯、购买影票；2012年下半年，新版万达电影网上线，不仅为用户提供一站式购票体验，还具备食品售卖、积分兑换等附加功能。在移动端，2012年4月“万达电影”APP上线，用户购票更为方便。数据显示，2013年万达线上售票占票房总销售量的20%，而手机移动端消费占线上售票的30%。[①] 互联网渠道的开拓不仅能够增强用户黏性，而且可以积累用户数据，并以此作为制定营销战略、发展战略的依据。

为配合互联网渠道的拓展，万达院线在影院现场放置自主终端机，用户可以在终端机上自主取票、节省等待成本，用户体验进一步提高。

3. 启动电商战略

2014年万达院线启动电子商务战略，与阿里巴巴、百度、腾讯等签订战略协议。万达院线将利用合作伙伴先进的支付技术、LBS[②] 技术、大数据分析技术和雄厚的用户资源，构建O2O（Online To Offline，线上到线下）闭环生态系统。万达院线在电商渠道策划了“万达电影预售嘉年华”“万人迷积分幸运秀”“霸气秒杀”“幸运大转盘”“盖楼抢票”“微信支付”等活动，增加用户的关注度和忠诚度。截至2014年11月初，万达院线电商销售额突破10亿元，处于行业领先地位。

三、万达院线投融资方式分析

（一）万达集团影视相关投资

1. 收购AMC院线。AMC院线成立于1920年，旗下经营有350家影院、5050块银幕，是美国第二大电影院线。2012年5月，万达集团与AMC签署并购协议，万达购买AMC 100%的股权并承担其债务。此次收购交易金额高达26亿美元，此外万达还将投入约5亿美元的运营资金。并购完成后，万达院线成为全球规模最大的电影院线运营商，并提高了自身的院线经营能

---

① 张梦依：《万达的电影逻辑》，虎嗅网，http://www.huxiu.com/article/31291/1.html，2014-4-5。

② LBS即基于位置的服务，它是通过电信移动运营商的无线电通信网络或外部定位方式获取移动终端用户的位置信息，并在地理信息系统平台的支持下为用户提供相应服务的一种增值业务。

力和品牌影响力。2013年12月，AMC在纽交所成功上市，万达获得了一倍以上的投资收益。

2. 投资青岛影视基地项目。2013年万达集团投资500亿元启动“东方影都”青岛影视基地产业园项目。青岛东方影都位于青岛市区西部，占地近600平方千米，是一个以影视产业为核心，涵盖旅游、商业等多种功能的大型综合性文化产业项目。万达将用300亿元开展影视相关项目建设，余下的200亿元用于商业地产开发。万达称已与全球多家影视巨头和艺人经纪公司达成初步协议，保证每年有30部外国电影在该基地拍摄；同时基地还将引进至少50家国内影视制作公司，确保每年不少于100部国产影视作品在此拍摄。

（二）万达集团融资方式

万达院线隶属于万达集团，万达院线的投资、融资活动均由集团统一规划、统一执行，而投资资金亦来自集团资金。作为一家以地产为主业的企业，销售回款是其现金流的重要组成部分。除此之外，万达还在资本市场上通过多种途径实现成功融资。

1. 银行贷款。银行贷款在万达集团的融资结构中占据重要地位。央行金融管理部门金融司把万达列为了全国房地产金融改革试点企业，万达由此享受绿色贷款通道，单笔贷款在5亿元以内无需审批。在这种情况下，万达与国内主要银行保持着良好的合作关系。中国银行、中国建设银行、中国农业银行都与万达集团签订了“总对总协议”，即银行总行与企业总部签订授信协议，企业在该商业银行各地各分行贷款将无须再履行既有的信贷逐级审批程序。[①] 在与银行的合作中，万达尝试金融创新，开展了资产抵押贷款和租约抵押贷款，均取得良好成效。

2. 私募基金。2005年，万达引入澳大利亚麦格理（MACQUARIE）银行作为战略投资者，后者以5000万美元和3800万美元优先债的代价持有万达9家商业广场28%的股权。[②] 2006年9月，万达与麦格理集团宣布发行1.45亿美元的“2006-1系列”商业房地产抵押贷款支持证券，其资产池组成包括位于长沙、大连、哈尔滨、济南、南京、南宁、沈阳、天津、武汉等地的9处商业物业。该证券由Dynasty Assets（Holdings）

---

① 张影，谢丽媛：《探讨万达集团的融资渠道》，《时代经贸》，2013（6），84页。

② 《万达2015年超越美国西蒙，人才短板成拦路虎?》，第一商业网，http://www.topbiz360.com/web/html/newscenter/businessproperty/101348.html，2012-2-17。

Limited发行，交易安排人是花旗环球金融亚洲有限公司和麦格理银行；该证券预定期限为2.75年，法定最终期限为5.75年，发行模式为私募。2009年万达集团开展了两轮国内私募，最终募集了超过40亿元的资金，建银国际、华控产业基金等多家投资机构最终获配入股万达商业地产。①私募完成以后，万达将10%—13%的股权出让给私募投资者。

3. 信托融资。2009年万达已尝试信托融资，2011年万达加速信托融资步伐，仅2011年上半年万达即集中发行了10款信托产品，其中多数为股权信托，产品规模在5亿—15亿元之间②。另据《2011年房地产信托发展报告》，2011年万达共发行了10款房地产信托产品，融资规模达71.76亿元。

4. 上市融资。为抢占市场，万达院线将加速布局三、四线城市。三、四线城市较长的市场培育期无疑会使万达院线承受资金压力，这种情况下上市融资是弥补资金缺口的重要方式。经过不懈努力，2014年11月28日，万达院线成功上市，成为国内院线第一股。招股书披露，万达院线预计发行3000万新股，募集20亿元资金，其中4亿元用于补充流动资金，其余16亿元用于影院建设项目。

万达院线依托万达集团强有力的资金支持，积极拓展渠道布局，赢取渠道优势。上市成功之后，万达院线的品牌价值更为突出，用于渠道布局的资金也将更为充沛。

第七节　互联网支撑模式

一、乐视集团与“乐视生态”

(一) 乐视集团简介

乐视网成立于2004年，是一家以影视剧发行为主的长视频网站。2010年8月12日，乐视网在深圳证券交易所上市，成为中国A股首家上市的网络视频公司。

2011年，乐视影业、网酒网分别成立，乐视集团（以下简称“乐视”）初步形成。2012年3月，乐视首次提出“乐视生态”理念，在该理念指导

---

① 张家齐：《万达私募40亿，创民企记录》，新京报网，http://epaper.bjnews.com.cn/html/2009-08/14/content_396367.htm，2009-8-14。

② 王肖邦：《高扩张急需“快钱”，万达半年10次信托融资》，《第一财经日报》，2011-6-20。

下乐视进军电视制造领域，极大延展了产业链条。2013 年，乐视超级电视销量处于行业前列，硬件销售成为乐视重要的利润来源。

在“乐视生态”系统内，乐视网、乐视致新、乐视影业、网酒网、乐视控股、乐视投资管理等多家子公司相继成立，其中乐视网、乐视致新、乐视影业三者发展较为成熟。

乐视网成立之初便十分重视版权保护，在其他视频网站对版权价值尚认识不足之时便低价购买了大量影视版权。随着我国版权保护制度的日益完善，版权分销[①]一度成为乐视网的重要盈利模式，2011 年乐视网年报显示网络视频版权分销收入占乐视网全年总营收的 59.5%。当前乐视网坚持“合法版权＋用户培育＋平台增值”三位一体的商业模式，积极推动两条业务线的快速成长：一是以“Hulu＋Netflix”[②] 模式为主的长视频网站业务；二是以超级电视等智能终端以及第三方开发平台 Letv Store、Letv UI 操作系统为主的乐视致新业务。通过这两条业务线，乐视网在五屏终端（院线屏、电视屏、电脑屏、平板屏、手机屏）实现品牌全覆盖。

乐视影业成立于 2011 年，它以“互联网时代的电影公司”为定位，发行了《小时代》《敢死队》《熊出没》《归来》等系列电影。在发行优秀影片的同时，乐视影业致力于构建“一定三导”[③] 和“五屏联动”的 O2O 电影市场系统，为观众提供从线上到线下全方位的观影及增值服务。同时，乐视影业大力实施国际合作战略，在好莱坞设立运营机构，并成立中美合资电影视觉知识产权研发机构，不断扩大自身在国际电影界的影响力。

乐视致新隶属于乐视网信息技术（北京）股份有限公司。经多年研发，乐视致新推出了包括乐视超级电视、乐视超级手机、乐视盒子在内的多款互联网终端产品，建立起一整套完善的电视端解决方案，并实现“硬件收入＋内容收入＋广告收入＋应用分成收入”的盈利模式。

（二）“乐视生态”的优势

“乐视生态”致力于打造基于视频产业和智能终端的“平台＋内容＋

---

① 高价购买热播影视剧独家版权，再分销给其他视频网站，从中赚取差价获利。

② Hulu 模式是以优秀的正版影视、标清质量的节目内容吸引用户访问网站，创造高访问量，而以广告收入为主要盈利来源，避免了影视版权纠纷及法律风险；Netflix 模式以高清、超高清视频节目吸引用户直接买单。

③ “定”指找准电影在消费者中的定位，“三导”指社会化媒体导航、综合服务平台“乐影客”导流、地面网络营销导购。

终端+应用”的完整生态系统，为用户提供垂直整合的完整价值链。相较于其他视频网站的横向加法联合，“乐视生态”初步建立起平台层（云视频平台和电商平台）、内容层（乐视影业、乐视网）、终端层（硬件及软件服务）和应用层（Letv Store）等层级结构，详见图表 9-3。

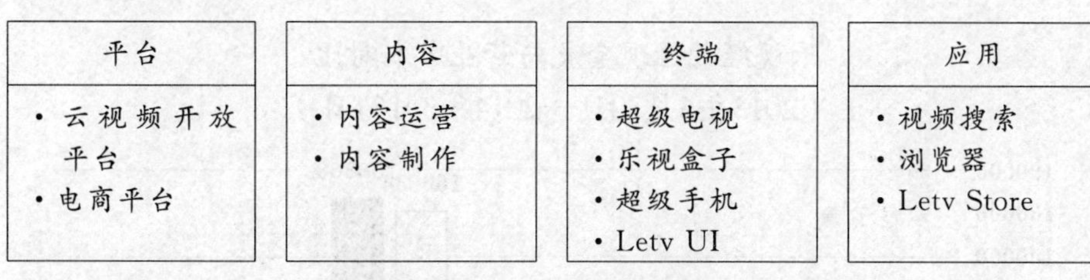

图表 9-3：“乐视生态”系统

图表来源：《关于乐视》，乐视网官网，http：//aboutus. letv. com/。

在“乐视生态”的协同效应下，2013 年乐视集团（乐视影业、乐视网、乐视致新、网酒网、各投资板块等）业务收入超过 30 亿元。良好的市场成绩得益于“乐视生态”的协同优势。

1. 业务协同：在“乐视生态”中，各业务环节相互促进，相辅相成。例如，乐视网、乐视影业的海量优质内容有利于推动超级电视的销售，而超级电视的销售则进一步为视频内容抢占用户入口，并迅速提升 Letv Store 的覆盖率。

2. 品牌协同：“乐视生态”内每个环节的品牌提升都会增加乐视品牌的整体价值。如《我是歌手》第二季独家网络转播权和 2014 世界杯网络直播权的取得，进一步吸引了观众，而这也为乐视超级电视的销售进行了品牌预热。

3. 资本协同：乐视网在国内创业板上市之后，“乐视生态”内各个环节的风吹草动都会在资本市场上获得快速的响应。系统内各环节若发展良好将直接抬升股价，例如乐视影业成功融资、超级电视热卖等都推动了乐视网股票的直接涨停。

4. 外部协同：围绕“乐视生态”，乐视与投资者、设计机构、硬件生产机构、电视端应用开发者等形成了良好的合作关系。外部协同效应有利于实现多方共赢。

二、互联网支撑下的乐视投融资方式分析

“乐视生态”的构建和海外战略的实施无疑需要巨额资金的支持。互联网具有开放性与包容性，深植于互联网的乐视采取了多元化的投融资模式。

（一）乐视融资方式

1. 股权融资

图表 9-4 反映了 2013 年年中至 2014 年第一季度末乐视经营性现金流与营业成本对比，由图表可见乐视的现金流压力一直比较大。

乐视经营性现金流与营业成本对比
（2013年6月30日—2014年3月31日）

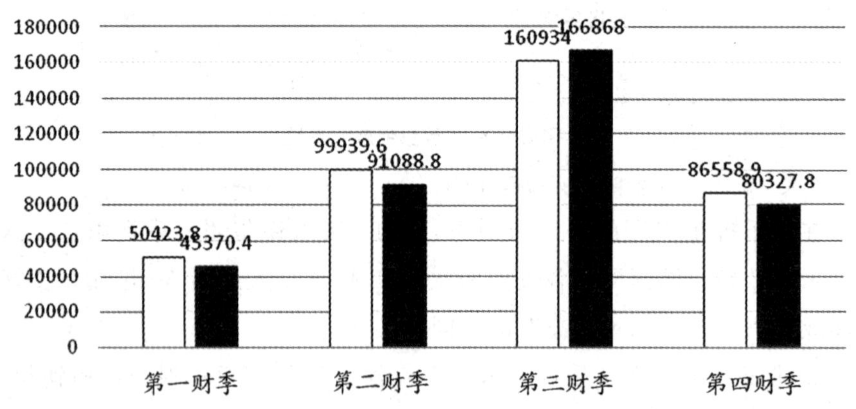

□ 经营性现金流（单位：万元） ■ 营业成本（单位：万元）

图表 9-4：乐视经营性现金流与营业成本对比

数据来源：侯云龙：《乐视网 45 亿定增补血自救》，《经济参考报》，2014-8-12。

为缓解资金窘境，2013 年 8 月乐视影业完成一轮融资，此次融资由深创投领投、乐视星云等十余家公司跟投，融资额度 2 亿元；同年 10 月，乐视网增发新股并以“现金＋股票”方式收购花儿影视，在弥补内容短板的同时也获取了 1.28 亿元的配套现金融资。

2014 年 8 月，乐视网提交再融资预案，以每股 34.76 元的价格向中信证券、蓝巨投资、宁波久元、金泰众和、贾跃亭控制的乐视控股（北京）有限公司等 5 名特定对象发行 1.29 亿股股份，募集资金为 45 亿元。9 月，乐视网完成二轮融资，恒泰资本等多家投资方参投，融资额度为 3.4 亿元。

2. 上市融资

2010 年 8 月，乐视网在深圳证券交易所上市。此次 IPO，乐视网公开发行股票 2500 万股，发行后总股本为 1 亿股，发行价格 29.20 元/股，募集资金达到 7.3 亿元。① 乐视使用其中的 2.62 亿元资金进行互联网视频基

① 《乐视网挂牌上市，A 股首家网络视频公司诞生》，新华网，http://news.xinhuanet.com/newmedia/2010-08/12/c_12437881_3.htm，2010-8-12。

础及应用平台改造升级、3G 手机流媒体电视应用平台改造升级以及研发中心扩建等项目，以提高自身在瞬息万变的互联网时代的竞争力。上市之后，乐视网的股价一路上涨。不过随后的三年内，乐视网的股票因各种原因多次停牌，引发市场对乐视资金链和经营能力的担忧。

3. 股权质押

上市公司股东经常通过股权质押的方式发展公司业务和产业布局。早在 2011 年下半年，贾跃亭和贾跃芳就将个人名下股权多次质押给上海国际信托；2013 年 2 月到 2014 年 7 月这 17 个月间，贾跃亭、贾跃芳共进行了 26 次质押和 11 次质解质押，融出机构多为银行、信托机构和证券公司。截至 2014 年 12 月，贾跃亭共持有乐视网 44.21％的股份，其中已质押股份占其所持有股份的 73.36％，占本公司总股本的 32.43％。① 通过股权质押，贾跃亭获得了充足的现金流，有效弥补了“乐视生态”构建中的资金缺口。

4. 版权分销

乐视网是国内最早购买影视剧版权的视频网站。从 2004 年开始，乐视网就利用前期介入的方式，低价购买了海量的内容库，并与上游内容制造商制定了合作的长期发展战略。通过 9 年多的版权积累，乐视网建立起视频网站行业内最全的影视剧版权库。

随着国家对盗版的打击力度进一步加大，网络视频服务提供商对影视剧版权的争夺愈发激烈，乐视则从网络视频版权分销中获得了巨大的收益。2010—2012 年，版权分销成为乐视的主要盈利来源。

5. 银行贷款

如乐视向国家开发银行北京分行申请短期流动资金贷款 9000 万元，由全资子公司乐视网（天津）信息技术有限公司提供连带责任担保。

6. 众筹

2014 年 3 月，乐视网宣布与众筹网达成合作，双方围绕用户需求，全面发力于世界杯互动产品。活动期间，乐视网通过众筹网平台对“我签 C 罗你做主”“我就是球队的代言人”“我要举办一场足球赛”“我请巨星来过夜”“超级球迷体验中心”等五个项目实施众筹。其中“我签 C 罗你做主”的众筹方式为：如果该项目能在规定的期限内成功筹集到 1 万人支持（每人 1 元钱，目标金额为 1 万元），乐视不仅将签约 C 罗作为乐视网世界

---

① 孙聪颖：《贾跃亭归位，乐视系资金链待考》，《中国经营报》，2014-12-15。

杯代言人，还将举办一系列精彩刺激的互动活动，而项目投资者均能免广告收看乐视网的全部世界杯内容。

乐视在其硬件产品乐视盒子及超级电视的设计、生产、销售过程中采用了CP2C（Customer Planning to Customer）众筹营销模式。[①] 在这一模式下，乐视用预售方式来筹措资金，并主张用户深度参与，通过“客制化的DIY”打造满足用户需求的电视产品。

众筹模式的应用一方面使乐视聚集了良好的现金流，为其后续发展提供资金支持；另一方面也精准地了解了消费者的需求，实现了高效营销。

（二）乐视投资分析

乐视的投资行为主要通过旗下投资基金来实现。

2012年7月，乐视网控股股东乐视投资管理（北京）有限公司和鑫湾资本等机构联手设立了“乐视星云影视文化基金”，该基金成为北京市首支影视文化基金。

2014年4月，乐视网与乐视控股共同发起设立“领势投并基金”，据此开展投融资和并购业务，基金总规模预计5亿—10亿元。乐视网作为基金的有限合伙人出资1000万元，乐视控股及其子公司出资9000万元，剩余部分由乐视控股负责对外募集，根据项目实际投资进度分期到位。[②]

乐视旗下的投资基金致力于投资与“乐视生态”相关联的企业，并通过这些企业的发展完善自身的内容优势、终端优势等。

从乐视这一案例来看，互联网文化企业与一般文化企业在投融资方式上类似，也采取了股权融资、上市融资、银行贷款等方式；不过互联网文化企业对新兴投融资模式的接受程度更高，它们成为新兴投融资模式的践行者和推动者。

三、“乐视生态”发展困境

尽管多元化融资渠道缓解了乐视的资金压力，但2014年下半年开始，“乐视生态”的发展由于政策约束而蒙上了一层阴影。2014年6月，国家新闻出版广电总局对未与牌照方合作的电视端视频APP下“封杀令”，要求所有互联网电视机顶盒必须停止提供电视节目时移和回看功能；对于未

① 王小琴：《浅析CP2C众筹营销模式——以乐视TV为例》，《商场现代化》，2014(15)，76—77页。

② 《乐视网拟设立并购基金》，中国网，http://finance.china.com.cn/stock/20140416/2335970.shtml，2014-4-16。

按规定整改的互联网视频企业，将取消其互联网视听牌照，并停止服务器。同时规定，电视盒子产品不得设立视频网站专区，在互联网电视业务中视频网站不得自行设立内容平台，只能向播控平台和内容平台提供内容；而乐视也被暂停了和所有牌照方的合作。由于 2013 年至 2014 年，乐视致新的硬件终端收入是乐视的最主要营收，因此上述规定对乐视来说无疑是个沉痛的打击。

为应对政策层面对互联网硬件的限制，乐视积极拓展业务范围。2014 年底，乐视提出将围绕“乐视生态”开展互联网智能汽车业务。该业务的开展需要巨额资金投入，未来乐视的资本运作值得关注。

参考文献

一、著作

[1]［美］霍利斯·钱纳里、莫尔塞斯·塞尔昆著，李小青等译：《发展的格局：1950—1970》，北京，中国财政经济出版社，1989。

[2]［美］斯蒂芬·P·罗宾斯、玛丽·库尔特著：《管理学（第9版）》，北京，中国人民大学出版社，2008。

[3]［英］路德维希·维特根斯坦著，陈嘉映译：《哲学研究》，上海，上海人民出版社，2005。

[4] 陈立波编著：《文化产业项目策划与管理》，北京，北京大学出版社，2013。

[5] 陈少峰著：《文化产业战略与商业模式》，长沙，湖南文艺出版社，2006。

[6] 陈晓红等编著：《中小企业融资创新与信用担保》，北京，中国人民大学出版社，2003。

[7] 董雪梅编著：《文化产业知识产权》，福州，福建人民出版社，2012。

[8] 董雪梅著：《公共历史文化资源的产业开发——以泉城济南为个案研究》，北京，中国青年出版社，2013。

[9] 国家统计局固定资产投资统计司编：《中国固定资产投资统计数典》，北京，中国统计出版社，2002。

[10] 何雄、谷秀娟著：《中小企业发展的融资战略研究》，上海，立信会计出版社，2013。

[11] 胡惠林主编：《文化产业概论》，昆明，云南大学出版社，2005。

[12] 皇甫晓涛著：《版权经济论》，北京，科学出版社，2011。

[13] 金元浦编著：《文化创意产业概论》，北京，高等教育出版社，2010。

[14] 郎荣燊、裘国根主编：《投资学（第3版）》，北京，中国人民大

学出版社，2010。

［15］李宝虹主编：《文化产业投资》，北京，清华大学出版社，2013。

［16］李万康编著：《艺术市场学概论》，上海，复旦大学出版社，2005。

［17］李晓枫、柯柏龄主编：《电视传播管理实务》，北京，新华出版社，2001。

［18］李心愉、冯旭南编著：《公司融资》，北京，中国发展出版社，2008。

［19］刘吉发、岳红记、陈怀平著：《文化产业学》，北京，经济管理出版社，2005。

［20］柳斌杰编著：《论文化体制改革》，北京，人民出版社，2013。

［21］卢进勇、杜奇华、杨立强著：《国际投资学》，北京，北京大学出版社，2012。

［22］陆霄虹著：《艺术品市场分析与特征价格》，江苏，南京大学出版社，2012。

［23］吕庆华著：《文化资源的产业开发》，北京，经济日报出版社，2006。

［24］秦志华著：《企业管理》，大连，东北财经大学出版社，2011。

［25］田长广编：《新编融资策划》，北京，北京大学出版社，2008。

［26］王晨编著：《文化企业管理》，长沙，湖南文艺出版社，2006。

［27］王广振著：《地方文化产业发展策略系统研究》，福州，福建人民出版社，2013。

［28］王虹、徐玖平编著：《项目融资管理（第二版）》，北京，经济管理出版社，2012。

［29］王艺著：《中国艺术品市场》，北京，文化艺术出版社，2011。

［30］王育济、齐勇锋、侯样祥、韩英等编著：《中国文化产业学术年鉴2003—2007年卷》，北京，文化艺术出版社，2009。

［31］王育济、齐勇锋、侯样祥、韩英等编著：《中国文化产业学术年鉴2008年卷》，北京，文化艺术出版社，2009。

［32］魏鹏举编著：《文化创意产业导论》，北京，中国人民大学出版社，2010。

［33］肖翔主编：《企业融资学（第2版）》，北京，清华大学出版社、北京交通大学出版社，2011。

［34］肖尤丹著：《历史视野中的著作权模式确立——权利文化与作者主体》，武汉，华中科技大学出版社，2011。

[35] 杨开明主编:《项目融资》，北京，经济管理出版社，2010。

[36] 姚林青著:《版权与文化产业发展研究》，北京，经济科学出版社，2012。

[37] 张极井著:《项目融资》，北京，中信出版社，1997。

[38] 张同庆著:《信托业务法律实务》，北京，中国法制出版社，2012。

[39] 张友臣编著:《文化产业管理学》，福州，福建人民出版社，2013。

[40] 朱相平、崔永超编著:《投资学》，北京，机械工业出版社，2013。

二、论文

[1] 陈波、王凡:《当前我国文化企业融资趋势、问题与成因分析》，《艺术百家》，2011 (05)。

[2] 陈波、王凡:《我国文化企业融资模式分析》，《学习与实践》，2011 (06)。

[3] 陈凤娣:《文化产业引入风险投资的机理及对策》，《福建论坛(人文社会科学版)》，2012 (08)。

[4] 陈清华:《中国文化产业投资机制创新研究》，博士学位论文，南京航空航天大学，2009。

[5] 陈悦:《论我国专利权双轨制保护制度》，《赤峰学院学报(汉文哲学社会科学版)》，2012 (06)。

[6] 陈赞晓:《关于文化经济理论渊源及其发展的驱动力原理探析》，《理论界》，2007 (8)。

[7] 楮晓琳: 《文化产业融资问题、现状与建议》，《经济导刊》，2010 (9)。

[8] 崔占豪、田毅等:《文化资产的期权型证券化研究》，《金融经济》，2014 (06)。

[9] 丹增:《发展文化产业与开发文化资源》，《求是》，2006 (01)。

[10] 董京波:《版权证券化中的版权及相关权利转让问题研究》，《知识产权》，2009 (02)。

[11] 范德成、刘希宋:《产业投资结构与产业结构的关系分析》，《学术交流》，2003 (01)。

[12] 高波、张志鹏:《文化资本:经济增长源泉的一种解释》，《南京大学学报》，2004 (5)。

[13] 黄亮:《我国文化产业基金研究》，博士学位论文，中国艺术研

究院，2013。

[14] 鞠宏磊：《文化产业基金的运作模式与发展思路》，《求索》，2011 (04)。

[15] 李建伟：《知识产权证券化理论分析与应用研究》，《知识产权》，2006 (01)。

[16] 李靖：《触动传媒：技术导向型营销创新》，《中外管理》，2014 (04)。

[17] 李沛新：《文化资本论：关于文化资本运营的理论与实务研究》，博士学位论文，中央民族大学，2006。

[18] 李雪静：《众筹融资模式的发展探析》，《上海金融学院学报》，2013 (06)。

[19] 李祝平、宋德勇：《论文化资本投资与经济增长关系》，《求索》，2007 (4)。

[20] 梁碧波：《文化经济学：两种不同的演进路径》，《学术交流》，2010 (6)。

[21] 梁君、郑兴波：《文化产业知识产权融资模式探究》，《改革与战略》，2012 (04)。

[22] 刘丽娟：《文化资本运营与文化产业发展研究》，博士学位论文，吉林大学，2013。

[23] 刘子惠、孟维、刘斌：《BOT：一种基础设施民间融资的创新模式》，《重庆科技学院学报》，2006 (06)。

[24] 鲁中慧：《关于宁夏文化资源资本化的理论思考》，《北方民族大学学报（哲学社会科学版）》，2012 (03)。

[25] 孟韬、张黎明、董大海：《众筹的发展及其商业模式研究》，《管理现代化》，2014 (02)。

[26] 区章嫦：《我国文化产业基金的创新发展》，《科技与企业》，2013 (18)。

[27] 邵嘉晖、陈永祥、窦莉梅、王璐、查丽娟：《西方艺术品保险市场及其风险控制研究》，《上海商学院学报》，2012 (05)。

[28] 盛和太：《PPP/BOT 项目的资本结构选择研究》，博士学位论文，清华大学，2013。

[29] 施宙、鲁成伟：《现代项目管理科学理论及其发展趋势》，《管理观察》，2008 (23)。

［30］水汝庆：《完善信用风险分散分担机制的路径》，《中国金融》，2010（22）。

［31］苏茜倩：《公交车广告存在问题及其传播策略探究》，《现代营销（学苑版）》，2009（08）。

［32］王广振、曹晋彰：《文化产业的多维分析》，《东岳论丛》，2010（11）。

［33］王广振、曹晋彰：《中国演艺产业发展反思与演绎产业链的构建》，《东岳论丛》，2013（04）。

［34］王洁：《产业集聚理论与应用的研究——创意产业集聚影响因素的研究》，博士学位论文，同济大学，2007。

［35］王述芬、何伦志、韩东：《深化我国文化产业保险市场主体改革研究》，《金融理论与实践》，2014（05）。

［36］王雄：《资产证券化（ABS）融资模式的理论与实验模拟》，《求索》，2012（08）。

［37］王英杰：《中国的资产证券化业务浅析》，《时代金融》，2014（06）。

［38］王智源：《论我国版权产业转型升级进程中的版权投融资体系建设》，《出版发行研究》，2012（05）。

［39］文杰、文鹏：《版权信托制度：版权运用机制的创新》，《出版发行研究》，2012（01）。

［40］吴钦春：《企业生命周期理论与企业融资战略的融合性研究》，《商业时代》，2013（11）。

［41］吴琼：《文化经济视域下文化资源资本融合的实践路径》，《求实》，2014（05）。

［42］西沐：《中国艺术品质押融资的现状与模式》，《中国美术》，2014（01）。

［43］冼雪琳：《我国文化产业引入资产支持证券模式的难点与对策》，《开放导报》，2010（04）。

［44］向勇、杨玉娟：《我国文化企业版权质押融资模式研究》，《福建论坛（人文社会科学版）》，2013（02）。

［45］谢伦灿：《文化产业融资的现状透视及对策分析》，《同济大学学报（社会科学版）》，2010（05）。

［46］辛文：《国外文化产业投融资体系简析》，《文化月刊》，2010

(03)。

［47］辛阳：《中美文化产业投融资比较研究》，博士学位论文，吉林大学，2013。

［48］徐洁：《中国产业投资基金发展模式研究》，博士学位论文，辽宁大学，2011。

［49］许云莉：《版权证券化：引入我国的可行性与建议》，《出版发行研究》，2008（09）。

［50］杨华、谢德明、李霖：《项目融资的BOT模式》，《财会通讯》，2003（03）。

［51］杨延超：《版权信托制度研究》，《知识产权》，2011（01）。

［52］姚林青、池建宇：《版权制度与文化产业关系的辩证分析》，《现代出版》，2011（04）。

［53］姚王信、王红、苑泽明：《知识产权担保融资及其经济后果研究》，《知识产权》，2012（01）。

［54］俞剑红、张琦：《从北影到中影看中国电影制片30年》，《电影艺术》，2008（04）。

［55］苑慧玲、王向荣、刘新民：《拓宽中小企业融资渠道的新方式——项目融资》，《企业经济》，2012（08）。

［56］张国胜、叶瑶云：《旅游资产证券化模式探索》，《管理观察》，2008（22）。

［57］张军：《项目融资策略及风险防范探讨》，《大众科技》，2013（03）。

［58］张来春：《文化经济：国内研究现状、问题与展望》，《学习与探索》，2008（5）。

［59］张立波、陈少峰：《文化产业的全产业链商业模式何以可能》，《北京联合大学学报（人文社会科学版）》，2011（04）。

［60］张立波、陈少峰：《文化企业核心竞争力的构成要素分析》，《新疆师范大学学报》，2013（01）。

［61］张连城、李方正：《中国需求结构失衡判定的国际比较》，《首都经济贸易大学学报》，2014（04）。

［62］张秀珍：《国外风险投资退出方式对我国的借鉴与启示》，《中国市场》，2006（32）。

［63］中国建投证券、国联证券：《2014年中国文化传媒业投资报告》，《资本市场》，2014（08）。

[64] 仲义：《企业自主知识产权产业化的证券化融资模式》，《现代商业》，2010（23）。

[65] 朱海霞、权东计、杨博、王峰：《西安曲江文化产业园区运营模式的特质分析》，《中国软科学》，2011（S1）。

三、报纸

[1] 吴汉东：《发扬自主创新精神加快知识产权建设》，《光明日报》，2005 年 12 月 19 日。

[2] 林璟：《资产证券化：中国外汇储备管理方式的创新》，《中国经济时报》，2007 年 3 月 23 日。

[3] 李洋、耿诺：《北京首创版权信托融资模式》，《北京日报》，2009 年 5 月 9 日。

[4] 杨帆：《中国艺术品市场金融化标志性事件》，《北京商报》，2009 年 8 月 17 日。

[5] 崔晓刚：《曲江临潼两区共建国家旅游休闲度假区》，《西安晚报》，2009 年 10 月 27 日。

[6] 李哲：《债券融资助力中影跨越式发展》，《经济日报》，2009 年 11 月 8 日。

[7] 景乃权、李黎黎：《艺术品指数：艺术品市场的风向标》，《中国文化报》，2010 年 7 月 29 日。

[8] 孙小林、周薇：《上海迪士尼项目管理团队敲定》，《21 世纪经济报道》，2010 年 8 月 27 日。

[9] 祝剑禾：《艺术收藏品投保攻略》，《京华时报》，2011 年 1 月 17 日。

[10] 许悦：《疯狂的艺术品，神秘的交易所》，《羊城晚报》，2011 年 3 月 25 日。

[11] 赵锋：《核心资产价值不明，曲江文旅借壳隐忧》，《中国经营报》，2011 年 6 月 13 日。

[12] 陈彬：《文化金融高风险高回报，版权质押需要风险分流》，《科技日报》，2012 年 1 月 12 日。

[13] 乔申颖：《当文化企业遇上债券融资》，《经济日报》，2012 年 5 月 8 日。

[14] 冯云国：《艺术品金融化反思，期权模式难走远》，《东方早报》，

2012年6月4日。

［15］方圆：《版权质押让金融与文化无缝对接》，《中国新闻出版报》，2012年6月7日。

［16］刘晓丹：《艺术品市场的信心指数究竟多高》，《美术报》，2013年2月16日。

［17］张艺：《主流艺术品指数解读》，《中国文化报》，2013年3月25日。

［18］陶鑫良：《版权：文化创意产业的灵魂》，《光明日报》，2013年6月24日。

［19］翁慧娟、林洲璐：《"资本东风"助力文化产业新飞跃》，《深圳特区报》，2013年11月14日。

［20］曹原：《探索艺术金融新思路，潍坊银行开先河投建艺术品仓库》，《上海证券报》，2014年2月17日。

［21］郑苒：《全球艺术品市场回暖：欧洲艺术基金会2013年度报告》，《中国文化报》，2014年3月27日。

［22］黄辉：《艺术品评估鉴定渴盼权威机制》，《中国文化报》，2014年4月26日。

四、政策法规

［1］《中共中央关于制定国民经济和社会发展第十个五年计划的建议》（中发〔2000〕第16号）。

［2］《国务院关于投资体制改革的决定》（国发〔2004〕20号）。

［3］《文化部关于支持和促进文化产业发展的若干意见》（文产发〔2003〕38号）。

［4］《文化产业振兴规划》（国发〔2009〕30号）。

［5］《关于大力支持小微文化企业发展的实施意见》（文产发〔2014〕27号）。

［6］《文化部财政部关于推动特色文化产业发展的指导意见》（文产发〔2014〕28号）。

［7］《关于非公有资本进入文化产业的若干决定》（国发〔2005〕10号）。

［8］《关于鼓励和引导民间投资健康发展的若干意见》（国发〔2010〕13号）

[9]《文化部关于鼓励和引导民间资本进入文化领域的实施意见》(文产发〔2012〕17号)。

[10]《关于金融支持文化产业振兴和发展繁荣的指导意见》(银发〔2010〕94号)。

[11]《动漫企业进口动漫开发生产用品免征进口税收的暂行规定》(财关税〔2011〕27号)。

[12]《国务院关于推进文化创意和设计服务与相关产业融合发展的若干意见》(国发〔2014〕10号)。

[13]《关于保险业支持文化产业发展有关工作的通知》(保监发〔2010〕109号)。

[14]《关于加强知识产权质押融资与评估管理支持中小企业发展的通知》(财企〔2010〕199号)。

[15]《价格评估机构资质认定管理办法》(内发改价字〔2005〕1090号)。

[16]《关于加强知识产权资产评估管理工作若干问题的通知》(财企〔2006〕109号)。

[17]《信贷资产证券化试点管理办法》(人行银监会公告〔2005〕7号)。

[18]《金融机构信贷资产证券化试点监督管理办法》(中国银行业监督管理委员会令〔2005〕3号)

[19]《关于信贷资产证券化有关税收政策问题的通知》(财税〔2006〕5号)。

[20]《关于贯彻落实国务院决定加强文化产权交易和艺术品交易管理的意见》(中宣发〔2011〕4号)。

[21]《关于清理整顿各类交易场所切实防范金融风险的决定》(国发〔2011〕38号)。

[22]《关于深入推进文化金融合作的意见》(文产发〔2014〕14号)。

[23]《关于认真做好广播电视制播分离改革的意见》(广发〔2009〕66号)。

[24]《国务院办公厅关于加快发展服务业若干政策措施的实施意见》(国办发〔2008〕11号)。

[25]《国务院关于加强地方政府性债务管理的意见》(国发〔2014〕43号)。

[26]《关于文化领域引入外资的若干意见》(文办发〔2005〕19号)。

五、外文文献

［1］Aaron James Henry，William Petty. *the Down Survey*：*Population and Territory in the Seventeenth Century*. Territory，Politics，Governance，2014，p. 22.

［2］Bakay L.. *Francois Quesnay and the birth of brain surgery*. Neurosurgery (Baltimore)，1985，p. 173.

［3］Peter K. Nevitt，Frank Fabozzi. *Project Financing*（*Sixth Edition*）. Eromoney Publications PLC，1995.

［4］PMI. *A Guide to the Project Management Body of Knowledge*. US：Project Management Inst.，2009，p. 2.

［5］Stephen E. Siwek. *Copyright Industries in the U. S. Economy*：*the* 2011 *Report*. International Intellectual Property Alliance，2011.

［6］*The* 2009 *UNESCO Framework for Cultural Statistics*（*FCS*）. UNESCO Institute for Statistics，2009，p. 20.

六、网站

［1］上海世博会：http：//www. expo2010. net. cn/。

［2］天津文化艺术品交易所：http：//www. tjcae. com/。

［3］潍坊银行：http：//www. wfccb. com/。

［4］雅昌艺术网：http：//www. artron. net/。

［5］中国证券监督管理委员会：http：//www. csrc. gov. cn/pub/newsite/。

［6］中国证券业协会：http：//www. sac. net. cn/。

［7］中国资产评估协会：http：//www. cas. org. cn/。

［8］中华人民共和国家知识产权局：http：//www. sipo. gov. cn/。

后 记

对文化投资的关注是我国文化产业深入发展的必然结果，文化投资学学科体系的建立亦是文化产业研究和文化产业管理学科继续发展的必然要求。

自2004年至今，我已连续11年在山东大学为文化产业管理专业本科生、硕士研究生、高校在职教师以及双学位本科生开设“文化投资学”课程，积累了大量的学术资料和丰富的教学经验。2013年开始，我和门生曹晋彰等人对文化投资学学科体系的建立和专业教材的编写做了全面论证，并系统梳理了相关的学术论文、政策法规文件、新闻报道以及经典案例等资料，认为编写文化投资学专业教材并初步建立文化投资学学科体系的条件已经成熟。

首先，明确文化投资学的学科属性。

投资学属于金融学，金融学属于经济学，因此文化投资学首先属于经济学范畴；同时，文化投资学还涉及企业管理和项目管理，因此也属于管理学范畴。总之，文化投资学是投资学的一个分支，是介于经济学和管理学之间的一门新型学科。

其次，划定文化投资学的基本内容。

第一，不同于针对传统工商业的投资学，文化投资学有自己特殊的内容。文化投资学首先要解决的便是文化经济之特殊生产要素的金融化问题，即版权和艺术品的金融化问题（经济学视角）；其次要解决的便是文化企业、文化项目以及非营利文化资源的投融资问题（管理学视角）。以上二者是文化投资学的主体内容。

第二，文化投资学作为投资学的一个分支，还应关注一般投资学的基础知识，如投资的基本概念、基本理论、基本工具；另外，文化投资学作为文化产业研究的一个领域还应理清文化产业相关的基本概念、基本理论。我们在此基础上对文化投资学学科进行较为严密的界定。

第三，文化投资学作为文化产业管理专业本科阶段的主体课程之一，还须努力做到理论与实践的结合，大胆吸收最新鲜的文化投资案例，引导学生认识现实，并形成分析问题和解决问题的能力。

根据以上宗旨，我们设计并编写了这本《文化投资学》。

我们认为，这样一种体系设计是较为合理的。既做到了全面覆盖又有效地进行了结构化处理，全面、清晰地反映了文化投资的基本问题。另外，这一体系设计也是极富弹性的，随着这一学科的不断完善与发展，各部分具体内容可以根据实际情况进行增减和调整。

本书是山东大学历史文化学院文化产业管理学系的集体成果。王育济先生和韩英老师为我指点迷津，为书稿修改提出了许多宝贵意见。编写过程中，本人确定写作大纲和体例要求，并负责全书的统稿工作；曹晋彰帮助谋划全书的结构布局；王新娟负责第二、第五和第六章的材料整理与编写；陈洁负责第一、第四、第七和第八章的编写；阎韶宁完成了第三和第九章的编写工作。此外，胡缓、李金莲、张俊梅、韩政君、李桦、孙超、杨中慧、周嘉恩、张瀚钰等同学多次相助，从不同角度提出修改意见。书稿能够顺利完成，完全归功于上述各位老师和同学。感谢之情，无以言表。在此，广振一并真诚谢过。

幸得赖炳伟先生的鼓励、福建人民出版社的支持和责任编辑的付出，使本书稿得以顺利付梓，在此特致谢忱！

最后，感谢那些为本书提供许多借鉴和参考的学者们。没有学界前辈们的丰硕成果作为基石，本书即为无源之水、无本之木。在编写过程中，凡有引用必认真注释；如有遗漏，还请学界前辈批评，我们必将诚挚致歉、认真补遗。

王广振

2015 年 5 月 20 日